依法治国·地方治理书系　　主编　江必新

四川德阳"一核三治"探索与实践

Exploration and Practice of "One Core Three Governance" in Sichuan DeYang

主编／孙成斌　姜建生　　执行主编／陈俊伶

社会科学文献出版社
SOCIAL SCIENCES ACADEMIC PRESS (CHINA)

《四川德阳"一核三治"探索与实践》编委会

专家指导委员会

主　　任：江必新

副 主 任：田明海　李文燕

委　　员：马怀德　王秀红　苏泽林　贺　荣　姜建初
　　　　　赵大程　刘贵祥　胡建淼　付子堂　陈斯喜
　　　　　何家弘　何勤华　李仲智　张春城　张景苏
　　　　　卓泽渊　单一良　姜建生　陈惊天　郝宏奎
　　　　　贾　宇　钱永刚　刘　健　王增勇

编辑委员会

主　　任：孙成斌

副 主 任：曾　蓉　　王　宏　　陈春平　　董　明　　邬汶君

成　　员：马凯华　　王克非　　王鸿江　　王居中　　王川勇
　　　　　王　婕　　叶　平　　刘孔利　　刘　鑫　　刘岷洋
　　　　　陈阳波　　杨　骏　　李得立　　杨兆红　　吴　艳
　　　　　李兴炳　　何　锐　　李媛媛　　杨　彬　　沈亦凯
　　　　　张林晓　　陈　立　　李　雯　　周杏莉　　欧阳武军
　　　　　罗真金　　聂　建　　唐昌金　　曹　东　　喻文仲
　　　　　董家荣　　游达学　　詹　敏　　熊兵华　　戴泽春

总 策 划：单一良　　姜建生　　陈惊天

执行策划：陈俊伶

组　　稿：陈俊伶　　张慧超　　耿振善　　李　强　　姚炎中
　　　　　苏海洋　　陈　静　　朱先富　　邓昭元　　刘　平
　　　　　王金锐　　王皓申

策划编辑：曹长香

美术设计：李超强

摘 要

党的十九大报告提出:"要加强农村基层基础工作,健全法治、德治、自治相结合的乡村治理体系。"

四川省德阳市深入贯彻实施依法治国方略和依法治省战略性任务,紧扣治理体系和治理能力、法治思维和法治方式、法治意识和法治习惯三大主题,坚守厉行法治政治定力,狠抓"关键少数"责任担当,推进夯基、破难、创新互促互进,努力构建以党的领导和法治、德治、自治有机结合的"一核三治"基层治理体系。

德阳市大胆探索,勇于创新,认真实践,以督查紧跟部署抓落实,以制度固化经验抓巩固,以容错机制激励基层改革创新抓提升深化,为全市科学发展、转型升级、新型城镇化、深化改革、全面小康等提供了坚强的法治保障。

德阳市在建设"一核三治"基层治理体系方面的探索与实践,为依法治市积累了丰富的经验,取得了丰硕的成果,建立了丰碑标识,意义重大,影响深远,值得借鉴。

推进国家治理体系和治理能力现代化,是全面深化改革的总目标,是新时代的重要使命之一。同时也是一个重要的学术研究课题!

《四川德阳"一核三治"探索与实践》全面梳理了德阳市推进治理体系和治理能力现代化在基层的探索与实践,并根据党的十九大精神,对未来深入推进基层治理体系和治理能力现代化建设作出了新的展望。

全书上编重点汇编了德阳市委、市政府推进"一核三治"的总体部署和市级有关部门的探索与实践。中编突出展示了德阳市各区(市)县的具体工作探索,突出各地特色。下编辑录了各条战线及基层的四十个典型实例,各有侧重,颇具特色。这些经验表明:一个法治、德治、自治的社会治理新理念和新格局正在形成!

目 录

上编 "一核三治"部门在行动

德阳市"一核三治"全面推进依法治市 …………………………………… / 003
紧扣发展主题　推进依法治理 …………………………………………… / 024
2017年"一核三治"工作推进情况 ………………………………………… / 038
德阳市健全完善"五大体系"　着力提升农村依法治理现代化水平 …… / 046
强化监督执纪问责　推动基层治理落地落实 …………………………… / 057
纪检监察干部风纪社会评价 ……………………………………………… / 062
"访治督防"闭环惩治基层"微腐败" ……………………………………… / 064
"一核三治"在基层社会治理的探索与实践 ……………………………… / 066
"三融三同"党建模式促进非公有制经济"两个健康" …………………… / 073
"两堂合一"有效推动机关法治与德治建设协同发展 …………………… / 077
五大机制成长效　维护权益谱新篇 ……………………………………… / 080
推进律师参与信访　破解"信访不信法"难题 …………………………… / 087
严格依法履职　扎实推动"一核三治"工作 ……………………………… / 091
紧扣"一核三治"治理架构　扎实推进检察工作 ………………………… / 095
构筑基层治理新理念　立足司法本职创新功 …………………………… / 099
推进"三治"融合　深化依法治教 ………………………………………… / 112
深入开展公安建设　扎实推进依法治理 ………………………………… / 117

充分发挥职能作用　加快法治政府建设 …………………… / 125
加强和完善城乡社区治理　规范推进德阳市基层自治 ……… / 129
建立教育培训机制　夯实基层治理基础 …………………… / 133
抓好"一核"与"三治"　促进精神文明建设 ……………… / 136
城市管理"六举措力"　基层治理取得实效 ………………… / 148
依法管理民族宗教事务　促进社会和谐稳定 ……………… / 150
创新举措　主动作为　在参与和深化社会治理中彰显工会作用 …… / 155
发挥联动优势　践行岗位职责 ……………………………… / 162
推行便民利民措施　加强基层公共服务 …………………… / 166

中编　"一核三治"市、县、区的实践

"一核三治"促发展　依法共建构新篇 …………………… / 173
以"一核三治"为抓手　努力构建基层现代治理体系 ……… / 185
着力构建基层治理体系　不断提升基层治理能力 ………… / 195
德阳市罗江区"三项"行动　建设法治型党组织 ………… / 204
德阳经济技术开发区"一核三治"工作经验 ………………… / 206
夯实基础　创新发展　全面推进"一核三治"建设 ……… / 216
党建引领　协调推进绵竹市基层社会治理现代化 ………… / 230
什邡市大力推进基层治理体系建设 ………………………… / 242

下编　"一核三治"基层典型经验

构建"一核三治"优化基层治理 …………………………… / 253
"五字法"依法治社区　服务工业园区 …………………… / 256
一张基层治理图　编织法治家园网 ………………………… / 259
唱响"以德固法"三部曲　建设德孝和美家园 …………… / 262
搭建检医共建预防平台　携手推进医院治理法治化 ……… / 264

标题	页码
"活力"自治 争当"最美"	/ 267
自治管理 助推发展	/ 269
"1+4+4"深化社会治理 打造和美新剑南	/ 272
双融双促 建设法治社区	/ 277
贯彻六字方针 建设法治千佛	/ 280
物业党建联建推动基层"一核三治"治理体系	/ 283
创新"一三三"工作法 构建社区治理新常态	/ 286
德阳市罗江区深化行政审批制度改革	/ 289
突出"品"字管理 注重"三个结合"推进依法治校	/ 291
以"一核三治"助推村级服务能力不断提升	/ 294
加强基层综治中心建设 推动社会治理重心向基层下移	/ 297
推进绿色发展服务"四好村"建设	/ 299
与时俱进制定实施村规民约	/ 301
"农民夜校"走出基层治理新路径	/ 304
广汉市"一核三治"工作先进事迹	/ 308
改革创新 履职践诺推动基层人大工作再上新台阶	/ 311
服务发展 共享共赢	/ 316
夯实法治基础 提升道德素质 提高治理水平	/ 320
以党建为引领 建设"四好"幸福美丽新村	/ 326
创新党员教育新模式 建设双强型党组织	/ 328
金轮镇"三进四审"工作法	/ 329
提升社区服务 打造"益·家"家庭教育示范点	/ 331
强化村规民约制度效力 不断提升社会治理水平	/ 333
绵竹年画育魂 培育和践行社会主义核心价值观	/ 337
强四好促富民 先锋引领产业兴	/ 340
探索推进村级巡检 筑牢基层监督防线	/ 346
遵道镇棚花村推进美丽家园建设	/ 348
构建"三治"结合治理体系 不断提升基层治理水平	/ 351

坚持问题导向　创新社区治理 …………………………………… / 358
建设"和睦家园"　传承家风家训 …………………………………… / 362
深入落实"五公开"　加快推进国家级基层政务公开标准化
　规范化试点 ………………………………………………………… / 366
微信立案出亮点　服务群众"零距离" …………………………… / 370
"一核"坚如磐石　"三治"春雨润物 …………………………… / 373
联合接访敞亮民工心扉 ……………………………………………… / 376

上 编

"一核三治"部门在行动

德阳市"一核三治"全面推进依法治市

中共德阳市委 德阳市人民政府

2014年以来,德阳市高度重视依法治市工作,深入贯彻依法治国方略和依法治省战略任务,认真落实依法治省纲要及决定和依法治市"两个意见",紧扣治理体系和治理能力、法治思维和法治方式、法治意识和法治习惯三大主题,坚守厉行法治政治定力,狠抓"关键少数"责任担当,推进"夯基""破难""创新"互促互进,加快构建"一核三治"基层治理体系,以督查紧跟部署抓落实,以制度固化经验抓巩固,以容错机制激励基层改革创新抓提升深化,为全市科学发展、转型升级、新型城镇化、深化改革、全面小康建设等继续走在前列提供坚强的法治保障。

一 坚持以"一核三治"为统揽,全方位构建基层治理体系

(一)明晰"一核三治"思路,提升基层治理能力

党的领导与法治、德治、自治的高度融合是德阳基层治理实践中的突出特色和基本经验。德阳市为加快推进地方治理体系和治理能力现代化,落实省委"落实到基层、落实靠基层"的要求,结合德阳实际,提出加快构建以基层党组织为领导核心,法治、德治、自治相结合的"一核三治"基层现代治理体系。坚持党委领导核心地位不动摇。把党的领导贯穿于基层治理全过程和各方面,通过领导和支持各类行政组织、经济组织、社会组织和群众自治组织依法依规依章程行使职权,强化基层党组织在基层治理中的领导核心地位。推进基层法治、德治、自治"三治一体"。深入推进基层依法治理,推动基层政权组织职能"归位",强化基层党委、人大、政府依法整合资源、推动发展、治理社会、服务群众和制度建设能力,以法治规范自我管理、体现道德

理念。加强以德治理思想引领，凸显培育和践行社会主义核心价值观的时代内涵，广泛开展道德建设主题实践活动，彰显社会细胞的主流价值，以道德滋养法治精神，为公众参与提供条件。示范带动基层群众自治。落实《城市居民委员会组织法》《村民委员会组织法》，突出村（居）民代表会议作为常设议事机构的地位，深化村民代表大会决策、村民委员会执行、村务监督委员会监督、社会组织有机参与的基层自治工作格局，以自治夯实法治基础、弘扬道德风尚。2016年4月，出台《关于进一步加强农村基层党建 全面提升农村基层社会治理水平的实施意见》；2016年7月，德阳市"探索构建基层现代治理体系"作为省级创新项目纳入统筹；2016年12月，市委八届十次常委会审议并通过《中共德阳市委关于加快构建"一核三治"基层现代治理体系的实施意见》，明确以"一核三治"为统揽推进全市基层治理。

（二）广泛开展"三讲三爱两进步"活动，涵养基层法治新风

倡导讲科学、讲法律、讲文明、爱党、爱国、爱家，实现发展进步、文明进步，抓住旌阳孝文化节、广汉保保节、绵竹年画节、罗江诗歌节等德阳民俗文化活动时机，广泛开展"传家风、立家规、树新风"活动，传承和弘扬中华传统文化。组织文艺小分队"走基层"送文化下乡，让乡村居民在娱乐中分清"真善美"、摒弃"假丑恶"。以"范家大院"为背景组织拍摄的《廉俭绍家风》《范仲淹》家规家风系列专题片在中央纪委网站等多家单位播出。以"做文明有礼的德阳人"为号召，广泛开展德阳好人、道德模范、最美人物的评选、推荐和宣传活动，推进法治文明。全市涌现出全国道德模范（提名奖）3人、中国好人3人、四川省道德模范5人、四川好人42人，3个家庭入选全国最美家庭。刘春香家庭荣获"全国文明家庭"，受到习近平总书记亲切接见。四川省优秀共产党员、烈士范天勇的事迹在全国卫生系统巡回报告。

（三）大力推行"三上三下六步工作法"，制定村规民约

以村（居）民委员会换届选举为契机，以建立健全村规民约（居民公约）为抓手，创新基层社会治理，推进基层民主建设。创造和推行了"强化领导监督、广泛宣传动员、精心组织起草、反复征求意见、依法表决备案、认真组织实施"的"六步工作法"，形成了村规民约"中江经验"。通过修订完善村规民约，广大村（居）民主体作用充分发挥，民主法制观念显著增强，农村社会和谐进步、科学积极的大环境正在形成，基本实现了自我管理、自

我服务、自我教育、自我监督。富强村运用村规民约强化依法治村的经验做法入选中共中央办公厅编纂的《基层协商民主典型案例选编》。

（四）全面推广集体"三资"平台化管理，规范基层自治运行

建立市、县、乡三级集体"三资"信息化网络监管平台，在全市所有乡镇成立集体"三资"管理服务中心，在坚持集体"三资"所有权、使用权、审批权、收益权不变的前提下，由村组委托服务中心对村组集体"三资"实行全方位管理，通过完善机制、健全制度、规范操作、强化公开，建立村级账套1749个，占总村数的98%，建立组级账套17417个，占村民小组数的88%，管理村、组两级资产总额31.13亿元，市级公示平台"德阳市阳光惠农网"的网站访问量达16万人次，使村组集体"三资"走上精细化、规范化、科学化的管理轨道。德阳市集体"三资"规范化管理受到省委王东明书记肯定批示，收入《四川依法治省年度报告NO.2（2016）》。

（五）推广村民代表会议制度，规范民主决策

德阳市罗江县以建设"中国幸福家园"为目标，在全国率先推行"村民议事代表会议制度"（简称"议事员制"），坚持把党的领导、村民自治和群众参与有机统一起来，围绕"谁来议""议得好""落得实"三大核心，通过支部核心、代表推选、决策执行、运行管理、议事公开"五项机制"建设，坚持定向产生和定向联系两个原则，由各村党支部和村委会牵头，各村组分别召开村民小组会议和户代表会议，以家庭为基本单位，每5~15户按宗族、院落等自愿结成一个单元，联名推荐1名代表，让每个家庭知道自己的代表是谁，代表也知道自己具体代表谁，即"谁代表我，我代表谁"，真正让所推选出的代表有具体的负责对象。议事代表主要以推选他的村民作为联系服务对象，定向收集意见建议，定向反馈议事结果，定向宣传政策，定向化解矛盾。目前，全市普遍建立村民议事会，民主推选村务、组务"议事员"，有效解决了过去代表"形同虚设"的问题，进一步畅通了村"两委"与群众沟通的"最后一公里"，探索出了一条民主自治、村民自主的基层依法治理新路径。"村民议事"经验得到民政部的肯定，相关做法被写进新修订的《村民委员会组织法》，罗江县村民议事代表会议制度被中央改革办编入《改革案例选编》。

(六) 建设"乡镇人大代表小组工作室",搭建代表履职平台

广汉市向阳镇按照定点、定人、定责"三定"要求规范建设"乡镇人大代表小组工作室",落实专项工作经费和无职代表误工补贴,高标准、规范化建立乡镇人大代表小组工作室,确保代表履职常态化。创新意见建议收集、分类提交、跟踪督办"三个机制",完善人大代表向原选区选民述职制度、履职监督量化考评制度、学习培训制度考核评价"三项制度",及时高效解决群众诉求,激发人大代表工作动力。市人大召开全市"乡镇人大代表小组工作室"工作推进会,119个乡镇全部建成工作室,为基层人大代表密切联系群众、履职尽责搭建了新平台,开辟基层民主法治建设新途径。全国人大常委会刊物《联络动态》专题刊载德阳市人大代表工作室做法。

(七) 全域推行"一村一律师",引导村(社区)依法治理

依托基层政务服务体系,建立"德阳市四级法律顾问(便民)服务体系平台",所有律师、法律工作者的联系电话都在便民中心(代办站)上墙公布,将村(社区)法律顾问的基本信息纳入网络系统,实现监管网络化,建立居民、村民依法办事、依法维权的基层法律服务体系,全市1775个村(社区)实现了"一村一律师(法律顾问)"的免费法律服务。德阳市推行"一村(社区)一律师(法律顾问)"制度,经2016年3月9日《人民日报》"两会特刊"专题报道引起良好反响。

(八) 抓实"法律七进",推动普法"三个转变"

健全村(社区)"两委"学法制度,开展庭审说法,实施法律顾问进楼栋专项行动,推动宣传理念从"普及知识"向"培育思维"转变;举办法治论坛、开展换位体验活动、征集"法治微心愿",打造受众广、参与度高、影响大的法治节目、专栏和网站,编印地方特色鲜明的《法律知识漫画读本》口袋书,推动宣传方式从"单向灌输"向"互动宣传"转变;每年举办"法治基层行"主题活动,组织"厚德载物 阳光法治"法治书画作品展,落实三年行动纲要、细化指导标准、严格执行考核办法,推动宣传机制从"活动式"向"常态化"转变。绵竹市"三治融合依法治校"新模式被选中《教育导报》推广,什邡市被省委、省政府评为法治宣传教育先进市,旌阳区、中江县先后荣获"全国法治县(市、区)创建活动先进单位"称号,罗江县和市司法局被全国普

法办表彰为"六五"普法中期先进单位，2016年5月26日，中央宣传部、司法部在北京召开第八次全国法治宣传教育工作会议，德阳市、旌阳区分别获批"2011~2015年全国法治宣传教育先进城市、先进区"。

二 坚持以"关键少数"为重点，多层级凝聚法治建设合力

（一）抓好"关键少数"，发挥"关键作用"

市委书记既挂帅又出征，在市委全体会议、第八次党代会、第八届人代会等全市性重要会议上总结报告情况、提出规划建议、全面部署工作，主持13次常委会议听取汇报、安排督查，每年召开"四大班子"主要领导和全体常委出席的全市依法治市工作会谋划重点，召开7次领导小组会议研究21件法治建设纲领性文件，分年度签订依法治市目标责任书。2016年11月17日，市委召开八届第五次常委（扩大）会议，市委书记亲自主持讲法，进行会前学法活动，弘扬宪法精神，率先垂范推动落实；市长每年亲自主持全市依法治市工作会议，在51次政府常务会会前带头学法，研究法治政府建设重大事项、重点工作、重要问题，每年召开全市依法行政工作会并向市人大专题报告依法行政推进情况，分年召开规范权力运行工作会、推进"放管服"改革工作会、贯彻落实《法治政府建设实施纲要（2015~2020年）》工作会，全面落实法治政府建设系列任务；市委副书记亲自审定五年工作规划和年度工作计划，亲自统筹依法治市创新布局，亲自带队深入基层一线督促指导，每月至少听取一次依法治市推进情况和专项工作报告。市委出台《关于抓住领导干部"关键少数" 全面深入推进依法治市工作落实的实施意见》，完善党委（党组）会前学法、拟任领导干部任前考法、领导班子和领导干部年度述法"三位一体"的学法用法机制，"四大班子"会前学习《中国共产党地方委员会工作条例》《环境保护法》等法律法规共106次，各级党委（党组）中心组、党委常委会、人大常委（主任）会、政府常务会、政协常委（主席）会等会前学法2200余次，举办县级领导干部学法用法知识水平考试91场次，覆盖全市县级领导干部900多人。各县（市、区）、德阳经济技术开发区、德阳高新区党（工）委书记和市级部门党委（组）书记作为本地、本部门依法治理第一责任人，在法治建设中认真切实履行职责、在本职岗位上严格依法办事、

在日常生活中严格遵守法律,把依法治市工作摆上重要日程来安排、作为重要工作来推动、列入重要目标来考核,将推进本地区、本系统法治建设与经济社会发展相结合,主动对接全面建成小康社会、全面深化改革、全面从严治党,落实重大决策法律咨询、法律支持和合法性审核机制,在"关键岗位"上发挥"关键作用"。

(二) 推行法治档案,完善考评机制

在全省率先出台《德阳市公务员法治档案实施办法(试行)》,在全市6县(市、区)129个镇乡(街道)17000余名公务员、参公管理人员以及具有执法职能的事业单位人员中,全面推行"建、查、述"三位一体的法治档案制度,分年度记载"学法、用法、守法"情况,记录违法行政行为被撤销、资金违规支出被处理等公务员法治档案"不良信息",由市委组织部、市人社局、市依法治市办开展重点核查、预警约谈、综合考评,完善对公务员综合评价的长效机制。制定实施《德阳市县级领导班子和领导干部年度考核暂行办法》和《关于改进和完善县乡党政领导班子和领导干部政绩考核工作的实施意见》,建立述职述廉述法"三位一体"干部考核考评新模式,严格自我总结、大会述职述廉述法、民主测评程序,将法治考核结果作为领导班子和领导干部年度考核"一票否决"项,对900余名市管干部及2800余名县管干部开展法治专项考核评价,实现法治考核专门化、制度化、常态化,作为领导班子及领导干部日常分析研判的重要参考,强化领导班子建设及领导干部选拔任用、培养教育、管理监督、激励约束的重要依据和干部考察的重要内容。2016年市、县、乡换届中,坚持遵循《干部选拔任用条例》,严格选拔程序,注重选拔懂经济、熟悉法律的综合性干部到重要岗位,提高班子决策法治化水平。

(三) 加强党内法治建设,推动决策规范化

把人大及其常委会依法行使职权、政府依法行政、司法机关公正司法纳入党委工作总体布局、摆上重要议事日程,召开市委人大工作会议、市委政协工作会议、市委政法工作会议,出台市委加强人大工作和建设的意见、市委加强政协协商民主建设的实施意见,编制《德阳市法治政府建设实施方案(2015~2020年)》,将依法行政作为党委政府的共同职责,及时研究解决人大、政协、政府工作中的重大问题、重要情况、重大课题。聘请高校法学专

家、本地资深律师、法律实务工作者23名作为市委、市政府法律顾问,优化《德阳市委、市政府法律顾问团工作规则》,完善重大决策和出台重要政策的法律咨询、法律支持和合法性审查机制,制定《德阳市党内规范性文件制定和备案实施办法》《德阳市行政规范性文件制定和备案实施办法》,把关《德阳市党风廉政建设巡查工作暂行办法》《关于加强新形势下发展党员和党员管理工作的实施意见》等1256件规范性文件、决策事项合法性。深入落实管党治党政治责任,推动全市各级党委、纪委有效落实"两个责任",记实重大决策事项、重要人事任免事项、重大项目安排事项和大额度资金使用事项,积极推进建立专人记录、全程记实、工作报告、保守秘密四项制度,安排专人做好记实笔记,如实、全面、准确记录"三重一大"事项决策的时间、地点、事由、方式、责任主体、结果等,做到行权留痕,责任可查,防止"权力任性"。

(四) 实施"一诺三清",全面从严治党

加强地方实践,推进"四种形态"常态化、流程化、制度化,积极探索监督执纪"四种形态"的"德阳路径"。坚持"一年一诺"、"一事一诺"、教育在前、自律在先,把廉政承诺作为落实《廉洁自律准则》的具体抓手,明确"凡行使公权力的集体和个人,均作出廉政承诺"。各级、各部门领导干部带头承诺,组织广大党员干部签订"廉政承诺书",并向社会公示。针对权力运行重要具体行为,特别是公共资源交易、政府投资工程建设项目等活动,领导干部及相关方面责任人员签订"廉政承诺书"。重点用好第一种形态,紧扣抓早抓小,把"说清"作为一项基础性、经常性工作,对苗头性、倾向性问题和反映的一般性问题,运用批评教育、谈话函询、民主生活会说明等方式,双向"说清",即干部向组织说清问题情况,组织向干部说清纪律要求,让"咬耳扯袖、红脸出汗"成为常态。注重衔接转化,消除执纪盲区,对未能"说清"问题和涉嫌轻微违纪问题,严肃认真"核清"事实,防止小问题演变成大问题。对反映失实的,及时澄清是非、消除影响。坚持有腐必反、有贪必肃,涉嫌违纪的一律查清,重点查处党的十八大后不收敛不收手,问题严重、群众反映强烈,现在重要岗位可能还要提拔使用的党员领导干部,保持惩治腐败高压态势。全市作出廉政承诺的干部9.5万余人,其他人员廉洁承诺4万人余次。全市启动"说清"程序1470人,其中由"说清"转为"核清"459人;"核清"程序899人,由"核清"转为"查清"的659人,反映失实澄清是非的99人;"查清"立案767人,给予党纪政纪处分729人,移送司法机关14人。

2016年，适用第一种形态"咬耳扯袖、红脸出汗"1585人，适用第二种形态给予党纪轻处分和组织处理724人，适用第三种形态给予党纪重处分和重大职务调整167人，适用第四种形态给予开除党籍处分并移送司法机关追究刑事责任14人，分别占"四种形态"的63.7%、29%、6.7%、0.6%。

（五）建设"五大机构"，加强市委对依法治市的领导

着力健全依法治市工作领导机构、办事机构、工作机构、保障机构和支撑机构建设，形成"五大机构"共同推进的良好局面。市委成立了以市委书记为组长、市委专职副书记等12位市领导为副组长、22个市直相关部门主要负责人为成员的依法治市领导小组，统揽研究、协调、解决依法治市重大事项和重大问题，及时安排部署涉及全市依法治市重大事项，及时协调处理涉及全局的疑难问题。领导小组办公室设在市委办公室，在市委办公室增设了法规科、法治综合科等内设专项工作机构，增核行政编制4名，抽调法院、检察院、公安局、司法局等部门精干力量4名，负责领导小组日常工作，每年法治宣传、法律七进、法治示范创建的各项工作经费约100万元纳入预算。办公室配备11名兼职副主任，分别牵头负责推进权力运行监督和责任追究、依法执政、依法行政、公正司法和社会法治、依法维护群众权益机制等依法治市重点专项工作，每季度召开办公室主任会议，听取重点专项工作推进情况。明确领导小组22个成员单位职责，确保依法治市专项工作具体落实。建立了市委、市政府法律顾问团，将市法律顾问团定位为市委、市政府法律服务机构和市依法治市领导小组及办公室的智力支撑机构，每年召开法律顾问团全体会议，拓展法律顾问工作内涵，为依法治市提供强大智力支持。由市委书记、市依法治市领导小组组长与县（市、区）委书记、市直部门（单位）主要负责同志分别签订依法治市目标责任书，各县（市、区）委书记与本县（市、区）的乡镇、街道办和县级部门主要负责同志分别签订责任书，各乡镇、街道办也分别同辖区内的村、社区签订责任书。依法治市工作作为市委、市政府重大决策部署纳入全市年度综合目标绩效考核，分差为10分，实行加扣分制，挂钩的目标绩效奖金达每人2300元/年，占全年绩效考核奖金的8.5%。三年来，市（州）委书记高度重视法治，副书记全年亲自抓法治，市委副秘书长、依法治市领导小组办公室主任全年主要精力专职抓法治，通过层层明确工作目标职责、层层落实工作任务、层层强化督查督办、层层严格考核兑现，形成党委（党组）统筹揽总、部门各司其职、条块紧密结合、

纵横联动的依法治市推进工作机制。

三 坚持以人大及常委会为主导，规范行使地方立法权

将地方立法纳入"十三五"规划，向社会公开征集立法规划建议，强化立法项目必要性、可行性和可操作性论证。依法设立市人大法制委员会、法制工作委员会等地方立法机构，开展立法人员思想政治建设、作风建设、能力建设"三项建设"，扎实开展"两学一做"学习教育活动，健全立法队伍作风状况分析研判、核查处理制度，分批到北京、浙江、深圳等地开展专题培训，学习先进经验，切实提高地方立法能力。围绕解决实际问题、回应群众期待，积极推进设区的市的地方立法工作，拟定《德阳市地方立法条例》《德阳市政府规章制定程序规定》《法制委工作规则》，健全立法起草、论证、协调、审议、评估工作机制，完善规章制定程序，积极开展与社会各方面的立法协商，充分发挥人大代表和常委会在立法中的主体作用，建立地方立法专家咨询制度，有效防止部门利益法制化。加强规范性文件备案审查，对市政府45件规范性文件开展备案登记。

四 坚持以职能转变为方向，多举措推进法治政府建设

（一）推行"四项清单"管理，行政权力公开透明运行

建立"四项清单"，权力清单、责任清单、效能清单、负面清单四项清单闭环管理，全面完成"一目录、一厅、二平台"（即行政职权目录、电子政务大厅、行政权力运行基础平台和行政权力运行监察平台运行系统）的建设任务，实现了省、市、县（区）三级行权平台的互联互通，市本级和县（市、区）均全面开通电子政务大厅，行政权力事项通过网络面向全社会进行公开"晾晒"。坚持"法无授权不可为、法定职责必须为"，编制公布38个市级部门权力清单6197项、责任清单6085项。坚持严格公正文明规范执法，建立完善执法程序，落实重大执法决定法制审核制度，建立执法全过程记录制度，推行行政执法裁量权案例指导制度，市文广新局文化市场综合执法支队获批文

化部2015~2016年度全国文化市场十大案件办案单位及重大案件办案单位。

(二) 探索"四个一"运行机制，"放管服"改革成效显著

构建"一枚图章审批、一支队伍执法、一个平台运行、一套体系服务"运行机制，设立县（市、区）行政审批局，开展相对集中行政许可权改革。坚持应减必减、该放就放，以规范性文件的方式，取消、调整和下放一大批行政审批事项，6次清理仅保留219项，坚持"简"字当头，开展商事登记制度改革，在全省率先试点"三证合一、一证三号"，创新"一照一码+×"，前置审批事项精简72.4%。已实现"五证合一、一照一码"，提高市场主体"出生率""成活率"。建立政务服务"一窗进出"机制，创新"一事一表""一事一套""一事一评"工作方法，通过节点提示、进度通报、警示亮灯等方式提升政务服务质量，三年来受理办理政务服务事项申请1629万件，按时办结率100%，实现承诺办理时限比法定时限压缩近70%。2016年9月，国务院第三次大督查第十七督查组到德阳督查，在市政务服务中心现场了解创新商事登记制度改革"一照一码+×"、"一窗进出"全程代办投资项目两个特色亮点，听取了德阳市委、市政府在服务水准上做"加法"、在审批环节上做"减法"、在行政效率上做"乘法"、在创业障碍上做"除法"，用好"加减乘除法"深化"放管服"改革的报告，给予了充分肯定。商标质押登记改革试点被国家工商总局确定为四川唯一的注册商标专用权质权登记申请受理点。市政务服务中心进入全国点赞"政务大厅"行政服务大厅典型案例展示活动百优名单，是全省唯一入围的市（州）政务服务中心。

(三) 构建三重监督模式，行政行为不断规范

构建自查自纠、层级监督、司法监督三重监督，严格规范行政行为。每年开展"行政行为不规范问题"专项整治活动，向社会公布重点执法部门关注的102条突出问题及整改情况。统筹开展年度行政执法案卷评查工作，随机抽取执法案卷、分类制定评查标准、建立复查和申诉机制、规范评查情况通报、做好执法整改，三年评查行政执法案卷2523卷，提高行政执法水平。坚持以统一受理、统一审理、统一送达"三统一"模式开展相对集中行政复议，建立以学院法学教授和律师为主、行政机关人员为辅的复议委员队伍，对全部案件采用法制办主导、专家议决、部门参与的议决模式，集中力度大、集中范围广、集中模式彻底，提高行政复议的专业性、统一性，增强行政复

议的公信力。三年来，经议决的行政争议有567件（含转结24件），得到司法和当事各方支持，加强行政应诉能力建设，在全省行政应诉工作座谈会上进行交流发言。司法机关以召开联席会、发布行政审判白皮书、邀请旁听庭审、开展专题讲座、走访座谈等形式，帮助和支持行政机关提升行政执法水平，共审结环境资源、劳动保障、政府信息公开等三类案件318件，依法撤销或确认违法行政行为，监督和支持行政机关依法行政。中院审理的川粮米业股份公司诉市食品药品监督管理局行政处罚决定一案，入选全省法院行政审判十大典型案例。

五 坚持以人权保障为依归，深层次推进司法体制改革

（一）稳步推进司法改革

认真落实司法人员分类管理制度，遴选出232名员额法官、176名员额检察官，根据业务类型和专业专长成立团队，大力推行公安机关法制员制度，建立充分保障律师依法执业和行业协会管理相结合的"两结合"管理体制。全面落实"立案登记制"改革，坚持有状必接、有案必立、有诉必理，立案登记制实施以来，登记立案总数为38511件，当场登记立案38054件，当场登记立案率为98.81%，不予登记立案率为1.32%。以庭审为中心的刑事诉讼制度改革深入发展。出台《关于推进以庭审为中心改革的实施意见》《德阳市中级人民法院刑事庭审实质化改革实施意见》，全面推进以庭审为中心的刑事诉讼制度改革，建立健全证人、鉴定人出庭制度，实现制度运行的常态化。出台依法快速办理轻微刑事案件实施细则，明确简单案件与复杂案件的区分标准和分流规则，确保审判力量得到合理分配，构建"简案快处、难案精审"工作格局。强化涉案财物管理机制，完善查封、扣押、冻结、处理涉案财物的决定、执行、解除程序，细化涉案财物认定标准，明确执行主体，健全当事人复议申诉投诉机制，建立对相关违法行为的责任追究机制。落实人民陪审员"倍增计划"，强化考评机制，避免"陪而不审""审而不议"等情况，人民陪审员参审率达84.5%。落实《领导干部干预司法活动、插手具体案件处理的记录、通报和责任追究规定》，执行非因履行职责过问案件全程留痕制度，把干扰办案和非正常过问案件情况列入卷宗必存内容，坚持有干扰必记

录、必通报、必追责。

（二）持续拓展司法公开

不断深化审判、检务、警务公开，推进阳光司法。大力推进审判流程、裁判文书、执行信息三大公开平台建设，在中国裁判文书网同步公开生效裁判文书34389份，减刑假释案件裁判文书在中国裁判文书网和减刑假释案件网同时公布，文书上网率达100%。充分运用检察门户网站、12309举报电话、检察开放日、举报宣传周、民行宣传周、乡镇检察室等有效载体，创新开展校园庭审、公开审判多媒体示证等工作，着力推进检务公开。2016年12月30日，德阳市、罗江县人民检察院门户网站获得正义网与中国信息化研究与促进网联合评选的"全国百佳检察门户网站"称号。广泛利用新闻媒体，开通公安微博、设立公安门户网站，向群众和社会各界介绍公安机关的主要职能、办事程序、服务承诺、相关政策及警务活动信息。将具有行政执法、审批职能和社会服务职能的行政审批服务、出入境管理和各派出所作为警务公开的重点，在窗口单位设置警务公开宣传栏，将民警职责、服务标准和办事流程等公布于众。

（三）着力延伸司法为民

建立两级法院诉讼服务中心和网上诉讼服务系统，形成网络服务、12368热线语音服务、法官工作站等现场服务"三位一体"的服务体系，对诉讼服务中心职能进行提档升级改造，实现了"走进一个厅，事务一站清"。推行"互联网+巡回审判"模式，在社区、学校、监狱等基层治理单位广泛设立巡回审判直播点56个，建立虚拟庭审同步录音录像、笔录同步输出显示、数据同步存储"三同步"工作机制，建立了以巡回法庭直播点为治理中介、以党政、司法、行业、基层和群众"五席联动"为一体的融合治理平台，以面向群众的治理互动和面向审判的治理反馈为两翼的治理交互通道，共同形成具有德阳实践特色的基层社会治理范式，开庭审理案件7100余件，使4500余名当事人在直播点或异地参与庭审，为当事人节约诉讼成本50余万元，30余万人次的群众观看了庭审过程并接受法治教育。成立司法救助领导小组，健全司法救助体系，简化审批程序，不断拓展司法救助的范围和方式。截至目前，为符合条件的当事人缓、减、免诉讼费120.753万元，发放司法救助金75.5万元。

（四）有效发挥司法职能

坚持在经济新常态下继续发挥法治的引领保障作用，先后争取到涉外民商事纠纷、专利纠纷（发明专利纠纷除外）的司法管辖权，率先成立破产与清算审判庭、少年和家事审判庭，积极进行专业化审判和知识产权审判三合一实践。德阳两级法院持续发布《金融商事审判白皮书》《行政审判白皮书》《知识产权司法保护状况白皮书》等，为行政执法部门规范执法、市场经营主体提高知识产权保护意识和市场风险评估意识作出权威指引。依法调节经济关系，妥善审理各类商事纠纷，服务改革创新发展。为德阳发展外向型经济和"大众创业、万众创新"提供了有力的司法保障，依法审结银行借贷、民间借贷、保险、票据等纠纷案件14485件，审结著作权、商标权等知识产权纠纷案件280件。认真落实中央"尽可能多兼并重组、少破产清算"工作要求，建立有效识别机制，对严重资不抵债的企业依法宣告破产，对有发展前景的企业依法进行重整。通过庭外重组和司法重整的充分衔接、债务重组与资本市场的有机结合、针对不同性质的普通债权采取不同的清偿方案、创造性地安排可供选择的经营性债权清偿方案以及创新债权人会议方式等措施，依法审理企业破产清算、重整案件。司法重整的"二重模式"，被最高人民法院评选为"依法审理破产案件推进供给侧结构性改革十大典型案例"。东莞市以纯集团有限公司诉朱某侵害商标权纠纷一案入选全省法院指导性案例。四川省川粮米业股份有限公司诉德阳市食品药品监督管理局行政处罚决定一案，入选四川法院行政审判十大典型案例。

（五）强力攻坚司法突出问题

构建"党委领导、人大监督、政府支持、政法委协调、法院主办、部门配合、社会各界参与"的基本解决执行难工作格局，市政府专门研究执行指挥中心项目建设，将执行救助资金增加到300万元，列入年度财政预算。选取广汉市、罗江县两个法院试点推动全市基本解决执行难。法院、国土、建设、房产管理部门共同完成最高人民法院"总对总"网络查控系统的开通运行，印发依法打击拒不执行判决、裁定等犯罪行为方案，将2000余名"老赖"列入失信被执行人名单，通过报纸、电视、网络等平台进行公开曝光，形成多部门、多行业、多领域、多手段联合信用惩戒工作新常态。全市法院共移送公安、检察机关拒执犯罪线索16人，已公开宣判3件，司法拘留86人，案件移送立案侦查和采取司法拘留后被执行人主动履行62件，金额2495.52万元。在全省首批开通运行"点对点"网络执行查控系统，陆续开通运行四川省法院执行查控系统、最高人民法院"总对总"网络执行查控系统，不断完善对被执行人财产的全方位、全覆盖查控功能。三年来，全市法院新收案件25658件，执结24725件，执结率96.37%，执行到位标的额145.29亿元。

六　以坚守"三条底线"为支撑，立体化增强人民群众获得感

（一）实施"主动警务战略"，坚守"社会稳定"底线

抓好"阳光信访""责任信访""法治信访"，深化扁平化警务指挥系统建设、常态化情报信息体系建设、动态化严打整治体系建设、一体化治安防控体系建设、民本化服务管理体系建设、精细化队伍管理体系建设，全面推进集约化警务保障体系建设，确保战略体制机制全面成形配套、成熟度稳步增强、综合效能持续放大，形成情报主导警务大格局。大力实施城区巡防专业化建设，按三类标准在全市主城区划分了52个巡区，配备专业巡防力量426人，推行网格化巡逻防控，切实增强群众安全感。实施"红袖标"工程，每个社区建立专兼职巡逻队。全市"天网"视频监控已联网运行1716个点位，并从企事业单位等接入1560个点位，建成机动车缉查布控卡口110个，由市、县、乡派出所三级扁平化警务指挥系统实行全天候巡控，实现了与地面巡防的合成，德阳经济技术开发区成立全省首个业主委员会协会——乐安社区业主委员会协会，激活社会力量共同深度治理社区，将"平安中国"示范区建设推向更高层次。

（二）健全监管责任体系，坚守"安全生产"底线

制定出台"党政同责、一岗双责、齐抓共管"监督管理办法、安全生产"四级五覆盖"实施办法、环境保护和安全生产网络化管理实施方案等系列政策，建立安全生产责任体系，成立安全隐患排查治理体系建设领导小组，全面推进企业安全生产标准化建设，推动全市780家企业"安全标准化"工作达标。加强与国际劳工组织的合作，开展中小企业可持续发展项目，推动中小企业安全生产、职业卫生持续稳定发展，建立危险化学品重大危险源定期检

查和督察制度，加强对53处涉及危险化学品重大危险源的企业安全管理，形成发展改革委、财政、安监、交通、公安部门共同参与的道路交通安全综合整治等长效机制，搭建多部门主动履职、工会组织监督发力、用人单位全方位、全员、全过程防控的职业健康安全监管平台，建立健全企业安全生产"黑名单"制度，推进企业安全生产情况与征地、贷款、工商保险费率等经济政策挂钩，倒逼企业主体责任落实。

（三）加强基层监管能力，坚守"食品药品安全"底线

切实加强基层监管所标准化建设，设立41个基层监管所，其中35个纳入标准化建设，集中为基层所采购执法车32台，监管执法能力进一步增强，三级食品安全监管网络进一步完善。切实加强食品药品生产经营领域的日常监督管理，做到巡查常态化、监督检查痕迹化、行政执法规范化，组织对食用油、大米、调味品、白酒、饮料、糖果、糕点、肉类、蔬菜制品、粮食加工企业和大型商场、超市、食品销售连锁企业以及食品批发市场等具有代表性的食品生产经营企业进行日常巡查，积极推进食品生产企业分级监管工作，试点食品生产单位追溯体系建设。实行风险研判例会制度，建立食品药品安全专家库，针对重点地区、重点部位、重点品种、重点时段和重点对象，结合监管抽检和日常检查结果，运用风险管理方法，建立覆盖整个食品药品产业链的安全责任链。

七 坚持以"五个贯穿"为主线，常态化保障改革发展民生稳定

三年来，德阳市一直把依法治市贯穿于全面深化改革，打破利益格局，提升依法治理体系和能力，落实"凡属重大改革都要于法有据"要求，坚持所有重大改革方案都经过法律咨询、获得法律支持和开展合法性审查，确保出台的63个专项改革方案和282项重大改革举措都在法治的轨道上推进；把依法治市贯穿于推动发展全过程，着眼于稳增长调结构，促进市场在资源配置中发挥决定性作用，围绕项目投资优化服务，建立并运行投资项目审批"一窗进出"机制，做到申请材料、办理环节、办理时间、自由裁量权4个"减少"，政府投资审批类项目由4个阶段压缩为1个，法定时限由80个工作日提速到4个工作日，让市场"看不见的手"和政府"看得见的手"形成合

力,"一窗式"全程代办模式被列入省委深化改革重要举措在全省推广;把依法治市贯穿于维护稳定,构建"大调解"工作格局,建立立体化社会防控网络,落实《四川省社会稳定风险评估办法》,排查矛盾纠纷68209件,调处矛盾纠纷68060件,对"罗江县撤县设区""华强沟水库建设"等1945件事项实施了稳定风险评估,涉及工程建设、政策制定、环境污染等9个方面,对评估风险较高的77件事项实行暂缓实施和不予实施,未发生重大群体性事件、恶性刑事治安案件,确保持续长效稳定;把依法治市贯穿于造福民生,每年确定就业促进、社会保障、教育公平、医疗卫生、扶贫济困等民生实事,推动公共服务均等化,严格劳动执法、教育执法、环境执法、食品药品安全执法以及城管执法等民生领域执法,开展涉民生案件专项执行活动,促进公平正义,维护群众合法权益;把依法治市贯穿于践行从严治党,建设"12345"为民服务平台,建立问题导向会诊制、明晰责任背书制、推进工作台账制、量化评价考核制、严格问责双查制"五项制度"体系,让群众分享法治成果。

八 坚持以"立体监督"为手段,持续健全权力制约机制

(一) 完善八大机构"立体监督"体系

完善党内监督、人大法律监督和工作监督、政协民主监督、行政监督、审计监督、司法监督、社会监督、舆论监督有机结合的全方位监督体系,构建形式多样、上下协同、横向到边、纵向到底的立体化监督格局。"覆盖式"监督有新突破。创新监督方式,变单一领域、某个行业、市级层面的监督为全覆盖、多行业、联动化的监督,将监督的力量与资源予以整合,强化统筹协调和协同互动,推动民主监督更有质效。市纪委制定实施《关于下级纪委向上级纪委报告同级党委常委会成员履行主体责任及廉洁从政情况的规定》,进一步健全市、县、乡三级联动的常态监督机制,严肃查处工程建设招投标、国有资产管理、教育、卫生、交通等重点领域、重点部门的腐败案件和违纪违法问题,加大明察暗访和通报曝光力度,对排名全省第90位后的县(市、区)党委主要负责人进行约谈,做实县(市、区)履行党委主体责任和纪委监督责任监管。市审计局加大对中央稳增长、促改革、调结构、惠民生、防风险政策措施落实情况的跟踪审计力度,完善审计工作机制,出台修订《德

阳市党政主要领导干部和国有企业领导人员离任经济责任交接办法（试行）》《德阳市经济责任审计结果运用办法》《德阳市社会中介机构参与政府投资建设项目审计管理办法》等系列制度，审计政府投资建设项目跟踪审计和竣工决算1600多个，审减工程结算4.88亿元，专项审计调查100个重点建设项目推进情况，狠抓审计发现问题和整改落实，对46名领导干部实施了经济责任审计，移送纪检监察部门处理11件，移送相关部门处理4件，努力实现审计监督全覆盖。"委派性"监督有新起点。印发《政协德阳市委员会关于委派民主监督小组开展民主监督工作的意见》，成立由3~7人组成的民主监督小组，组长由主席会议成员、专委会主任担任，成员由参政议政能力强、政策理论水平高、社会责任感和民主意识强、善于联系群众的委员组成。每年开展一次委派监督，就贯彻执行党的路线、方针、政策和国家法律法规的情况，贯彻落实市委、市政府有关决定、决议、决策的情况，工作人员的工作作风、服务意识、服务态度情况，遵守社会公德、职业道德和廉洁自律情况等7方面内容进行监督，对发现的问题，经市政协党组报告市委、市政府和市纪委解决。"常态化"监督有新成效。市人大常委会综合运用听取和审议专项工作报告、执法检查、预算决算审查、专题询问、视察等方式，对19个方面工作开展工作监督和法律监督，制定《德阳市人大常委会关于加强全口径预算决算审查监督工作的若干意见》，建立了对全口径预决算审查监督制度体系，组织人大代表对市教育局和市住建局的部门预算进行专题审议，扩大人大代表对监督政府管好"钱袋子"的参与度；对《德阳市公共资源交易管理办法》等45件规范性文件进行备案审查，督促市政府对不适当内容进行修改调整，维护法制的统一和权威。市政府每年开展全市行政执法案卷评查工作，采取"集中人员、集中时间、集中地点、集中案卷"等方式组织行政执法案卷评查工作，将2523卷评查结果和整改要求书面通知各部门，全面清理并公示市级部门878名行政执法人员信息，推动县级政府普遍建立行政复议委员会，通过行政复议、行政执法投诉、行政执法案卷评查，强化内部层级监督，三年受理复议案件567件，综合纠错率近12%。市政协全面开展对部门（单位）办理的1299件提案进行跟踪问效，通过开展提案跟踪问效工作，提案"办理落实率"由73.39%上升为98.37%。市委群工部建立信访举报台账，对上级交办、巡查组和"12388""12380"举报平台收到的换届纪律信访举报，实行分类归档处理，按干部管理权限和属地原则，采取交办、督办、查办等形式专项跟进，确保件件落到实处。

（二） 坚持结果监督与过程监督并重

制定《德阳市县乡领导班子换届风气监督实施方案》等，健全换届风气监督工作制度机制。出台《德阳市拟提拔任用市管干部征求党风廉政情况意见操作规程》，严把意见征求关，对拟提拔任用的381人（次）、拟表彰（考核）的30个单位和232人（次）出具党风廉政情况意见，其中，有6名拟提拔任用对象被取消资格，给予组织处理3人，1人被取消评优资格。市人大在继续坚持"一府两院"拟任命人员法律考试、履职承诺等制度的基础上，创新对常委会任命人员的任后监督，听取市经信委等7个部门负责人年度述职报告，以及市发展改革委等9个部门负责人履职计划，对市政府全体工作部门负责人工作情况开展满意度测评，测评结果当场公布，在新闻媒体上摘要予以公布。市政协通过协商议政、调研视察、督办提案、提案跟踪问效等方式强化监督，组织政协委员开展"努力提升社会治理水平 努力提升群众幸福指数"等四方面、"着力提高依法行政能力"20项专题协商讨论，开展"社会保障资金使用监管"等八方面专题协商议政，围绕"优化发展环境，促进经济发展"主题，分11个小组对53个市级部门、203个县级部门就政策服务环境、行政执法环境、就业创业环境、投资融资环境、宣传舆论环境5个方面13项内容开展民主评议，对涉及行政执法类方面问题96个及时推动有关部门立行立改。加强对行政行为的司法审查力度，审理行政案件819件，对31件不合法行政行为依法撤销或确认违法，定期通报行政机关负责人出庭情况，监督和支持行政机关依法行政，依法撤销或确认违法行政行为，监督和支持行政机关依法行政。加强舆论监督，开播《问政面对面》，以电视问政的新颖形式，直面问题，对行权部门不断改进作风、有效提升效能、切实履职尽责起到积极的促进作用。充分利用电视、电台、报刊、网络、微博、微信等方式建立社会监督体系，接受社会监督，建立受理群众举报投诉制度和网络监督机制，及时处理群众来信和媒体反映情况。《德阳晚报》金牌栏目《帮帮帮》充分发挥舆论监督作用，长期坚持与其他媒体、律师事务所一道切实维护广大群众的合法权益，维护法律的尊严，在广大群众中引起强烈反响。据不完全统计，三年来，《帮帮帮》栏目协助群众开展各类维权137件。

（三） 强化市县联动考评

将依法治市工作纳入全市社会经济发展的重要战略布局中，依法治市工作作为市委重大决策部署之一，分值均为 10 分。定期或不定期通报督察考核情况，严格实施约谈等问责制度，问责工作不力的责任单位和责任领导。一是突出分类考核。将市级部门按依法治市任务轻重分为一、二、三类，并匹配不同的基础分和加分，体现责权一致，鼓励创新履职。一类为依法治市任务重，社会影响面大的单位，如党委办公室、组织部、法院等；二类为重在为基层服务的单位，如公积金管理中心、公共资源交易中心等；三类为重在营造社会法治氛围的单位，如工会、团委、妇联等。一、二、三类单位分别匹配不同的基础分和加分分值，体现"权重责大、共同参与"。二是突出分层考核。市依法治市办考核各县（市、区）、德阳经济技术开发区、德阳高新区和市级 91 个部门，县（市、区）依法治理办公室考核镇（乡）和县级部门，县级依法治理办公室对县级部门的评分作为对市级部门评分的参考，对应加扣分，强化系统垂直推进。三是动真碰硬。考核坚持问题导向、科学考核，结合年度目标"规定动作"的完成情况和特色创新"自选动作"的进度给予客观公正的评价。三年来，绝大部分考核对象的分值均不相同，力求以考核促履职，以考核促推进。

九　德阳市法治建设存在的问题与前瞻

（一）顶层设计与基层首创互促共进

存在的问题：一是依循依法治省的规定多，深入研究地方实际特别是镇（乡）、村（社区）治理实际少，依法治省在地方、部门落地落实停留在表面；二是有的领导干部大抓法治、狠抓法治的力度不够，缺乏将地方、部门的各项事业纳入法治化轨道的能力；三是法治建设效果滞后，导致基层缺乏创新实践的意愿动力。

加快构建"一核三治"基层治理体系，提升治理能力。2017 年，推动各地、各部门坚持和强化基层党组织的领导核心作用，贯彻落实《关于加快构建"一核三治"基层现代治理体系的实施意见》，强化分层对接，推行自下而上探索、自上而下规范，制定配套文件和工作方案。全面推进党组织法治建设，加强和改进乡人大工作，优化乡级职能定位，建立村级权责清单、加强基层公共服务，加强网格化服务管理，开展法治示范创建活动，强化基层党组织深入推进基层依法治理；开展经常性宣传教育，加强思想引领，大力推进核心价值观在基层"落细落小落实",开展"三讲三爱两进步"主题实践活动,注重"家庭"等社会细胞自我滋养,广泛开展职业道德主题活动,强化基层党组织对基层以德治理的思想引领;坚持党组织示范带动,强化组织领导,加强村自治组织和机制建设,加强基层民主协商、加大城市小区自治力度,强化基层党组织对基层群众自治的示范带动。

(二) 重点突破与整体推进有机结合

存在的问题:一是推进不平衡,以点带面的效果未充分显现,以点代面的问题普遍存在;二是重任务完成,轻工作质量,个别重点行业、关键领域治理深度不足;三是对重点部门的激励约束机制不完善,部门改革创新的主动性、积极性不足。

推动常委班子和市领导"一岗双责"职责履行,充分发挥依法执政、科学立法、依法行政、公正司法、社会法治、学法用法、法纪监督问责等7个专项工作组作用,承担落实中央、省委、市委依法治市各项决策部署,分别牵头研究制定、统筹协调依法治市重点专项工作,实施或督促实施相关领域法治举措,推动相关领域开展法治创新,形成具有德阳特色的创新成果,开展相关领域年度考评等,深化专项工作组在法治建设全局"点上突破"和重点专项工作"面上拓展"的重要职能。完善对专项工作组办公室的考核机制,开展依法治市动态督查与实时考核,实行依法治市目标绩效严格考核,加大与目标管理奖金挂钩强度、排序靠后的约谈问责力度。

(三) 服务中心与自我提升统筹兼顾

存在的问题:一是法治激发市场活力、升级动力的切入不准,市场行政干涉太多和监管真空同时存在,推动经济行稳致远的途径和方式不准;二是破解立法、司法、执法突出问题和推动法治社会有序深化的方法不多,法治德阳提档升级尚需时日。

加强市委市政府重大决策部署、社会热点难点问题与法治建设的融合,打造多层次、多形式的理论研究与实践平台,筛选全面创新改革、成德同城化、脱贫攻坚、从严治党、"放管服"等10个专题开展课题研究,在谋划年度重点工作时,将法治基础、法治攻坚与法治创新作为法治建设的"三驾马车",结合地方法治实践与部门职责履行实际,分层分类确定市、县(市、区)、镇(乡)难点、创新点,在全市经济社会"一盘棋"统筹推进中提升依法治市水平。

（四）刚性制度与浓厚氛围相得益彰

存在的问题：一是制度建设系统性不足，落后于实践需要，制度的执行力不强，"稻草人""橡皮筋"制度还没有真正成为行为准则；二是法治宣传教育存在碎片化、形式化、模式化现象，生动性、时代感、特色化不足。

坚持围绕中心、服务大局，强化制度建设系统性，坚持问题导向，加大制度建设"立、改、废"力度，出台法治服务保障全面创新改革等意见；修订、优化《德阳市依法治市领导小组工作规则》《德阳市法律顾问团工作规则》《德阳市依法治市督查考核办法》。实施"七五"普法规划，将对法律体系、法律制度的宣传与对法治创新、法治实践的宣传相结合，全面拓展到立法、执法、司法、守法等法治建设的各个环节，融入经济、政治、文化、社会、生态等经济社会发展的各个领域，加强新媒体、新技术在普法中的运用，增强法治宣传教育与经济建设、政治建设、文化建设、社会建设、生态文明建设联动互通、共促共进。

（五）法治建设成效与群众获得感有效叠加

存在的问题：一是依法治市存在"上热中温下冷"的问题，镇（乡）、村（社）法治工作力度不够；二是依法治市重点专项工作、法制宣传教育工作效果评估跟进不及时。

构建自我评价、群众评价、专家评价的法治建设评估体系，构建符合德阳实际的评估模型，提升依法治市工作的科学性、针对性、指导性。避免法治建设成果断流、淡化，避免依法治市工作走弯路、避免群众获得感和考核主体感受的两极分化。

紧扣发展主题　推进依法治理

德阳市政府办公室

德阳市政府办公室按照依法治市整体安排，紧紧围绕依法治市工作大局，坚持抓重点、求实效，依法行政工作在基层治理中取得了一些新成效，总结了一些新经验。

一　率先实现"双随机一公开"全覆盖

德阳市将"双随机一公开"工作作为深化"放管服"改革的重要举措，坚决落实国务院对此提出的各项工作要求，全面推行"双随机一公开"监管模式，提前实现全覆盖的工作目标。

（一）确保清单以外无事项

全市开展了两轮随机抽查事项的清理工作，形成了全市的随机抽查事项清单。一是事项最全，全面对照省、市权力清单和部门执行的法律法规，实现了市场监管执法事项、行政执法事项100%纳入随机抽查范围。二是范围最广，在强化市场监管执法监督基础上，加大了向其他监管领域推广的力度。三是内容最实，清单中的事项由各部门对照法律法规，认真清理、层层审核，对检查事项名称、设立依据、检查内容及方式予以明确和规范。目前全市33家监督执法部门共有随机抽查事项232项，做到应进必进、应废即废。

（二）做到平台以外无检查

为规范抽取程序，统一公开形式，实现对全市"双随机一公开"工作的整体监管，市政府建立了全市行政执法"双随机一公开"监督平台。该平台分为"抽取平台"和"公告平台"，将德阳市33家行权部门全部纳入管理。执法人员库、执法对象库"两库"集中上"抽取平台"，全市的随机抽取全部在平台完成。"公告平台"嵌入德阳微信城市服务,德阳市民只要在微信中打开城市服务就能看到每一项检查的公示结果,方便人民群众进行监督,进一步形成监管合力。

(三) 实现联合执法有机制

统一平台发挥统筹作用,多途径实现联合执法。一是联合建立执法人员库,将同一执法领域的市、县两级执法人员统一入库管理,进行市、县两级执法人员的联合抽取,实现市、县两级联合执法。二是平台共享抽取信息,对被多个部门抽到的执法对象进行信息提示,要求执法部门联合进户,破解执法扰民。三是建立公管执法对象库,对属于多个部门监管的执法对象进行集中建库,按计划直接进行随机抽取,组织部门开展联合检查,实现"一次抽查、全面检查、综合会诊"。

二 行政权力依法规范公开运行

德阳市着眼强化行权平台电子监察,提升平台网上运行质效,目前基本形成权责清晰、程序严密、运行公开、监督有效的行政权力依法规范公开运行机制,确保对行政权力的有效监督,切实从源头上预防和治理腐败。

(一) 完善工作和监管机制

德阳市印发了《关于调整德阳市深化行政审批制度改革领导小组成员的通知》(德办函〔2016〕97号),明确由市深化行政审批制度改革领导小组办公室负责推进全市行政权力依法规范公开运行工作。在各县(市、区)、市级各行权部门成立与行权平台运行工作相对应的组织领导和工作协调机构,同时,市、县两级建立了由纪检部门监督、行权平台管理部门跟踪监督的监管机制,确保行权平台的规范运行。

(二) 推进行政权力上网运行

将清理出的行政权力全部纳入行政职权目录,进行规范化管理,接受电子监察系统监督。规范行政权力运行程序,编制权力运行流程图,设置风险点和监察点,固化权力运行和业务操作程序,确保权力运行的每个环节都有程序规定,防止权力滥用。每月印发全市行政权力依法规范公开运行情况通报，探索利用信息化手段实现电子表格与行权系统的数据对接。2017年1~11月，市本级共在行权平台办件30262件，比上年同期增长5.4倍，六个县（市、区）共在行权平台办件536285件，比上年同期增长16.8倍。

（三）依法加强行政权力监督

开展"常态化"专项督查和随机监督检查。为找准行权工作中存在的突出问题和薄弱环节，及时掌握部门实际情况，防控行权廉政风险，由市纪委监察局、政府办、法制办组成督查工作组，通过现场查阅行权工作台账、行权记实记录等工作资料、档案，比对行权平台网上运行情况，现场发现行权平台未同步运行行政处罚案件200余件，及时纠正行政权力事项脱离行权平台运行问题。实行"点对点"强化问责。2017年，约谈网上运行量偏低的县（市、区）2个、市级部门8个，对主要领导、分管领导开展提醒谈话16人次。启动重点监督抽查和执纪监察，对行权平台工作推进不力的3个市级部门相关责任人实施诫勉问责。发出工作通报11期、专项通报7期、"点对点"制发预防腐败建议书1份。

三 相对集中行政许可权改革取得突破性进展

按照"大胆创新、积极探索、依法实施、稳步推进"的原则，由市政务服务中心牵头，探索创新行政审批体制机制，通过优化改革试点的推进路径、运行目标和推进措施，切实解决"市场调控重审轻管，群众办事多头跑路"等难题，全面激活市场和社会发展活力。

2016年10月以来，德阳市以"简权、担责、防腐"为出发点，深入开展相对集中行政许可权改革扩大试点。2016年12月30日，德阳市6县（市、区）改革试点方案经德阳市七届九十次常务会议审议后，在全省率先以市政府名义呈报省政府。2017年初，全市六县（市、区）均建立了以党政主要领导负责的工作领导机构，强力推进相对集中行政许可权改革试点，在限额内按规定权限和程序设置行政审批局，并及时上报备案。6月28日，全市所有县（市、区）行政审批局全部挂牌成立。7月，省政府正式批复同意德阳市6个县（市、区）相对集中行政许可权改革试点方案并在县级层面全面推进。在广泛调研和听取意见建议的基础上，形成《德阳市六县（市、区）推进相对集中行政许可权改革工作方案》，并于8月28日经市委全面深化改革领导小组第十八次会议审定后报省深化行政审批制度改革领导小组办公室。同日，全市相对集中行政许可权改革工作推进会召开，会上确定了"12345"推进路径、"四个一"运行目标和"5个清单2张表"推进机制，并绘好"作战图"，排好"倒计时"，确保走在全省前列。

（一）"12345"推进路径

相对集中行政许可权改革是对行政审批体制机制的创新，德阳市以"590工程"标准"两集中两到位"机制良好运行十年为基础，结合此次改革精神，提出了"12345"推进路径。1个核心：紧紧抓住政府转变职能是推进行政审批制度改革的核心。在改革试点的过程中，要防止以各种花样名目弱化甚至取代优化服务、强化监管的审批职能转变这个核心，保证改革始终围绕核心任务，持续深入推进。2个授权：政府A部门的行政许可权既可授予行政审批局行使，也可授予政府B部门行使。3个方案：一是总体方案，各县级党委政府制订改革试点的总体方案，确定推进改革的总体原则，2017年7月14日，省政府以川府函〔2017〕125号文批复德阳市所辖六县（市、区）正式启动行政审批局运行；二是工作方案，各县级政府制订工作方案，确定推进改革的具体任务、确定各责任主体职责、推进改革试点的时间节点等；三是实施方案，各责任主体制订实施方案，具体安排改革试点的工作任务、措施和实施细则。三个方案分层级明确改革任务、责任主体、时间进度、改革成效等，确保改革试点达到预期目标。4个结合：一是结合实际，各审管部门制订审批职能动态划转方案，重建监管机制；二是结合"放管服"改革，建立"一号一窗一网一章"行政审批局运行机制；三是结合改革进度，市级统筹市、县、镇、村四级一网管四级平台建设；四是结合改革重新确定的职能、体制、机制，构建审批、服务、监管标准化体系。5个探索：一是探索相对集中模式，二是探索职能划转后的各方职责关系，三是探索新体制下的运行机制，四是探索各级一网平台关系以及市级一网管四级平台功能建设，五是探索在新体制下如何加强监管职能。

（二）"四个一"运行目标

行政审批局是推进相对集中行政许可权改革的成果之一，按照"互联网+政务服务"的改革方向，确立了行政审批局"四个一"运行目标："一号申请"，申请人凭个人身份证号或企业社会信用代码向行政审批局提出行政审批申请,作为申请人真实身份信息的凭证;"一窗受理",有别于政务服务中心各部门窗口分别面向申请人的运行模式,申请人只向行政审批局的统一窗口提交申请、领取审批结果,审批流程只在行政机关内部运行,不面向申请人;"一网通办",申请人可通过网络远程提交行政审批申请,凡政府存量的证照资料,不再需要申请人重复提交,由审批机关通过网络取用,审批结果可网上办结、网上发放;"一章审批",从政务服务中心窗口集中办公模式的各审批部门签字盖章审批,转变为行政审批局一章审批办结。

(三)"5个清单2张表"推进措施

一是建立本级政府面向社会的审批和服务事项清单。二是以事项清单为依据,建立包括审批、监管、执法三项职能齐全的全流程清单。三是以流程清单为依据,建立全流程无遗漏全环节清单。四是以环节清单为依据,建立划转行政审批局的环节职能清单(含岗位运行标准)。五是以环节清单为依据,建立行政监管责任清单及其运行机制。六是建立"一事一表"标准化申请模式。以事项、流程、环节清单为依据,按照一事项一表格,将申报材料转化为表格式标准化申请模式。七是以"一事一表"为依据,建立综合窗口一窗受理的"综合一表"。以行政审批局为责任主体,以综合窗口为载体,以办事需求为导向,优化整合相关流程;依托一网平台,以"一事一表"为依据,建立和运行"综合一表"申请制度。

2017年9月21日,罗江区正式以行政审批局名义颁发了首张营业执照。10月起,各县(市、区)行政审批局基本职能试运行。目前,全国相对集中行政许可权改革西部片区会和四川省行政审批制度改革工作现场推动暨经验交流会于12月18日在德阳市召开。

四 综合行政执法体制改革试点有序推进

德阳市作为全省唯一的省级综合行政执法体制改革试点地区,成立了由市长任组长,常务副市长任副组长,市级相关部门和旌阳区主要负责人为成员的德阳市综合行政执法体制改革试点工作领导小组,加强对改革工作的领导和统筹协调。德阳市在摸清底数的基础上,认真开展调查研究,充分征求各方意见后制订了综合行政执法体制改革试点工作实施方案,在省内率先上报并获批。综合行政执法体制改革工作启动后,进一步明确了涉改的市交通运输局、市城管执法局、市文广新局、市旅游局等相关部门和旌阳区政府的工作职责，提出工作部署。一是层级上整合市、区两级执法机构职能。在涉及改革试点的文化、旅游、交通运输、城市管理4个领域，将德阳市和旌阳区两级行政执法机构、职能予以分类整合，执法队伍统一设在市一级，旌阳区不单独设立执法队伍。改革后的4支执法队伍主要负责各自领域综合执法工作的指导、监督、考核和市辖区行政区划内的执法工作，以及跨区域和重大复杂违法违规案件的查处。二是领域内整合多支队伍形成一支综合执法队伍。在交通运输领域内，将市、区两级路政、运政、水上执法的6支队伍整合为德阳市交通运输综合行政执法支队1支队伍。三是下移执法重心并科学管理。积极推进执法重心下移，涉及改革试点的文化、交通运输、城市管理等综合行政执法支队均将向街道（乡镇）派出执法机构，分级明确职责范围，形成市、区、街道（乡镇）上下统一、职责明确、保障有力的执法体系。同时，机构编制资源配置向一线执法队伍倾斜，充实基层一线执法力量。

五 事中事后监管不断创新

按照国务院关于商事制度改革和"放管服"改革部署，市工商局不断深化商事制度改革，着力构建信用公示、信息共享、随机抽查、联合惩戒四个平台，积极探索以"大数据"为基础、信用监管为核心、"双随机"抽查为手段的市场监管新模式，以"管得更好"促进"放得更活"。

（一）建立三项机制，以"大数据"推动"大监管"

一是"大数据"监管机制。积极推进"1平台+N系统+1终端"（德阳市企业信用信息平台+行业和部门信息系统+德阳信用网）基础数据库和服务平台建设，建立统一信息标准，归集各类监管数据，促进数据融合运用。按照"谁产生、谁提供、谁负责"原则，做好企业信息全网集中、关联整合和统一公示，最终实现各类信息在相应企业名下和一张网上的"双归集"。二是信用监管机制。积极推进社会信用信息平台建设和企业信用信息公示系统建设，德阳市企业信用信息系统上线运行5年来，已采集34万余户市场主体的各类信用信息280余万条，涵盖全市36个职能部门的监管信息，公众可通过德阳信用网查询企业信用状况。狠抓年报公示制度，2013~2016年，企业年报公示率分别达 96.92%、96.39%、99.67%、100%。整合工商登记、行政审批、执法监管等信息资源，搭建准入与监管一体、跨部门信息协同、面向社会公众查询的企业信用信息系统，实现部门间数据交换、业务协同、监管警示等。三是市场监管机制。全面加强"一管"（线上线下一体化监管）、"两反"（反垄断和反不正当竞争）、"三打"（打击虚假违法广告、打击侵权假冒、打击传销）工作，形成事前有研判、有约谈警示，事中有查处、有集中突破，事后有分析、有源头治理的工作链，强化预防、监督、规范、惩处、约束"五位一体"工作机制，切实提高市场监管的精准度和有效性。出台《德阳市工商登记制度改革后续市场监管工作方案》，登记部门、审批部门、监管部门、执法部门按各自职能，加强协作，互相配合，共同抓好市场监管工作。

（二）搭建四个平台，打造以信用监管为核心的新型市场监管模式

一是动态监管平台。建立异常名录动态化管理机制，在严格执行经营异常名录、严重违法企业名单录入管理的同时，按规定建立经营异常名录、严重违法企业名单移出工作机制，并向社会公示。全市 1702 户市场主体被列入经营异常名录库，先后有 481 户市场主体按规定程序移出。二是信息共享平台。根据商事登记制度改革"前置改后置""先照后证双告知"要求，研发"先照后证"信息推送平台，全市工商部门登记的市场主体登记注册信息通过"一窗进出"平台及德阳信用网《前置改后置》专栏推送给相关审批部门或行业主管部门，较好地解决了政府部门之间行政许可和监管信息认领、反馈、交换的"信息孤岛"难题。三是随机抽查平台。在"双随机一公开"的基础上，探索增加"随机抽取第三方专业审计机构"的"三随机"抽查机制，通过制度设定来限制监管部门和执法人员的自由裁量权，抽查结果均归集到国家企业信用信息公示系统（四川），统一向社会公示，接受社会监督。四是联合惩戒平台。将侵犯消费者合法权益、制假售假、未履行信息公示义务等违法情节严重的企业及法定代表人列为重点监管对象，纳入经营异常名录或严重违法失信企业名单，在全国企业信用信息公示系统公示，通过跨部门协同监管和联合惩戒机制，使失信主体"一处违法，处处受限"。截至目前，共有 1221 户违法或失信企业被列入经营异常目录，在政府采购、工程招投标、企业上市、授予荣誉称号、企业上市申请、银行贷款时受到限制或者禁入。

（三）全力推进"多证合一""一照一码＋×"登记制度改革

出台《德阳市"一照一码＋×"登记制度改革实施方案》，实施"五证合一、一照一码"登记制度改革。"五证合一"平均办结时限仅为3天，较原来办理营业执照、组织机构代码证、税务登记证、社会保险登记证、统计证等相关事项平均耗时1个月提速10倍。

由市工商局牵头会同各相关职能部门，按照"能合尽合、科学整合、效率为先、便民惠民"的原则，整合发展改革委、公安、食药、商务、住建、旅游、海关、文广新、人民银行、出入境检验检疫等部门的16个行政审批许可部门的27项登记和备案事项，在市政务中心的支持协作下，建立"一窗受理、内部流转、同步审核、信息互认、多证合一"工作机制，变"群众奔波"为"信息跑腿"、"群众来回跑"为"部门协同办"，实现了营业执照和相关职能部门登记备案信息的"二十七证合一"。2017年5月22日，德阳市发出全省首张"二十七证合一"营业执照。截至11月30日，全市办理"多证合一、一照一码"营业执照3271份。

简化市场主体退出程序，大幅提升退出市场的时间成本。出台《德阳市企业简易注销登记改革试行办法》，与一般注销程序相比，简易注销程序由备案、公告、清算、注销四步简化为注销一步，耗时由约2个月缩短为当场办结。积极开展个体工商户"三证合一"和简易注销工作试点。截至2017年12月4日，全市有67176户个体工商户已换发加载有统一社会信用代码的营业执照，23208户个体工商户通过登记简易注销退出了市场。

六　投资审批改革取得新成效

德阳市坚持以企业为核心，以"当天开业、百日开工、当年投产"为目标，构建省、市、县三级联动并联审批机制，创新全程代办服务模式，推行"一窗进出、一诺即照、秘书代理、一表审结"服务制。

（一）一窗进出，积极打造行政审批整体服务

由综合服务窗口作为企业投资审批的综合服务前台，对外提供统一的咨询、受理、跟踪、督办、发证等综合服务，对内组织联合咨询、联合审图、联合验收、收集反馈项目推进中的问题等协同服务，从而推动政府服务从

"各自为政"向"整体服务"转变。同时，将审批部门办件起始端、完结端剥离出来由综合窗口统一控制，实现审批全过程电子化监管。

（二）一诺即照，竭力构建行政审批快车道

在一定领域、区域内先行试点企业投资项目承诺制，在企业作出书面承诺后，提供容缺受理、容缺审查、先办后补等服务，探索创新以政策性条件引导、企业信用承诺、监管有效约束为核心的新型管理模式。截至目前，已对18个项目按容缺预审方式提供了行政审批服务，进一步降低了企业办事门槛。

（三）秘书代理，打造全程精细化代办服务

在全省率先成立投资项目代办中心，招商项目签约即进入综合窗口，按项目配备秘书，负责全程指导、协调、帮办、跟踪服务，连续六年实现当年代办项目立项投资额，与当年地方固定资产投资额相当。全省政务服务工作会议制定的2017年项目年政务服务工作重点中，将德阳提出的"当天开业、百天开工、当年投产"目标作为全省政务服务系统的努力目标，并纳入全省政务系统考核指标。

（四）综合一表，助推"零跑路、网上办、不见面"

依托互联网技术，将自主准备申报资料模式转变为分类简化、智能填报模式，企业前期准备时间可再缩短50%，资料准确率达90%以上。同时，通过网上"一表制"促进申报资料电子化和申报全程网络化，已有119家企业依托系统自动生成带水印资料，实现工商注册简易快速受理、当天办结。

目前，对一般性政府投资审批类项目（除重大项目和特殊项目），其基本建设程序由原来的项目建议书、可行性研究报告、招标核准、初步设计及概算共4个阶段，压缩为项目实施方案1个阶段。合计法定时限80个工作日，提速到4个工作日办结，程序压缩75%，审批时间压缩95%。"一窗式"全程代办模式被列入省委深化改革重要举措并在全省推广。市、区两级政务服务"合署办公、同窗审批"创新机制和投资项目全程代办机制得到中央编办肯定。

七 "减证便民"行动成效显著

深入推进"减证便民"，在认真学习成都先进经验的基础上，结合德阳实

际，按照"全面、彻底、便民"的总体要求，制发《关于清理不合法不合理证明的通知》，确保四级覆盖、全面清理。

（一）拓展范围，整体联动

将市本级、县（市、区）、镇（乡）的部门和行政事业单位确定为清理主体，市本级清理时，县（市、区）、乡（镇）及时跟进，同步清理，通过条块结合促进整体联动，实现全面"体检"；将清理的对象确定为市本级其他部门（单位）和县（市、区）、镇（乡）、村（社区）开具的各种证明、手续，确保"减证便民"行动地域和行业的两个全覆盖。

（二）分层推进，分步实施

一是市级带头，自查自纠。市级各部门、各行政事业单位依照法律法规，先行对要求县乡村及同级部门开具的各种证明、手续进行集中清理，查纠各种不合法、不合理及为规避责任要求提供的证明、佐证材料等，保留、取消清单公布后，县乡比照进行清理。二是统筹揽总，审核审定。在市级部门自查清理的基础上，由市政府办为牵头单位组织相关部门，以合法性、必要性为原则，重点对拟保留的证明事项逐一进行审核，防止"走过场"和不彻底的问题。三是严格程序，公开公示。将审核后的"两张清单"在门户网站上进行公开公示，实行"清单之外无证明"，对未列入保留清单的证明事项，各部门（单位）不得要求群众再提供。

（三）网络核验，互认共享

为深化"减证便民"行动，通过解决职能部门间"信息不共享、数据不相通"的问题，彻底取消"奇葩证明、重复举证、免责形式证明"，德阳市积极筹建市政务服务大数据共享平台，以期通过网络核验，互认共享，减少证明开具和群众跑路。目前，市政府办、市政务云办、市政务服务中心已会同相关职能部门着手建设政务服务大数据共享平台，市房管局、市社保局、市卫计委、市公积金中心等15个与民生服务密切的相关部门信息数据将集中进入平台，相关部门已整理出为民办事中需要其他部门提供的信息清单。

通过清理，形成了《德阳市级部门保留的证明事项清单》和《德阳市级部门取消的证明事项清单》，市级部门共清理取消证明事项113项，保留证明事项55项，证明事项大大减少。同时，实行"清单锁定、严格控制、动态调整"、"清单之外无证明",各级各部门边清理、边取消,对保留的证明事项,进一步精简和规范了要素材料,极大减轻了群众负担,方便了企业办事。

八 "互联网+政务服务"取得新进展

(一)依托政务云,实现电子政务集约化管理

在政务云部署市、县71个部门(单位)114个信息系统,核心资源使用率CPU占36.3%,内存占32.8%,存储占77%。基本实现电子政务基础设施的节约和集约化应用,提高了政府信息化资源的共享率和电子政务的整体服务水平。目前,正在从平台架构改进、竞争机制引入等多方面入手,规划建设政务云平台(二期)。

(二)运用云计算大数据,拓展"互联网+政务服务"领域

就"互联网+政务服务"、智慧城市、智能制造、普惠金融等项目加强与阿里巴巴集团、蚂蚁金融服务集团的对接,现已初步达成合作意向,形成了《德阳行动方案》,具体工作已在推进落实中。双方就着力推动云计算应用创新——"德阳智造"、互联网外贸全套解决方案——"电商外贸升级版"、借力芝麻信用输出能力——"健康信用加强版"、打造开放金融生态——普惠金融服务等多个领域合作,不断拓展"互联网+政务服务"的内涵、外延。

(三)规范政务信息发布,实施信息惠民工程

依托电子政务大厅和实体政务服务大厅,开展"互联网+窗口服务",实现服务窗口与本部门内部网上运行,窗口部门与上级部门在服务窗口开展网上运行,窗口部门在服务窗口面向社会开展网上服务,群众办事,网络"跑路"。整合德阳市政务网和投资德阳网,建立德阳市政务服务相关信息统一发布平台,及时公开窗口受理办理的所有行政审批服务信息,为各窗口部门提供面向社会公告、公示、通知等集中发布服务,为社会提供行政审批查询服务等。市政务网进一步与政府门户网站相关功能整合,将行政审批服务与政府权力运行平台一网公开。

(四)搭建共享平台,解决"信息孤岛"问题

按照国务院《政务信息资源共享管理暂行办法》,依托市政务云中心基础

设施，加快推进市政务大数据信息资源共享交换平台建设。共享交换平台将接通政府各部门政务信息资源和全市各类重要基础性数据库资源，实现部门间数据的互联互通和共享。项目一期计划接入市公安局、市民政局等20个主要行权部门，规划建设人口、法人、社会信用等6个重要基础性数据库，实现与行权平台、"全域德阳"和智慧交通等政务信息资源共享交换，并逐步向社会开放。

（五）探索子站群建设，规范政府网站管理

加强"中国·德阳"门户网站建设，实现版面更优化，更加突出办事服务、政民互动和信息公开，并按照"政府主管、部门协办"机制办好各栏目，解决"不及时、不准确、不回应、不实用"的问题。目前，市政府门户网站群子站——市质监局、市法制办等网站已建成并上网运行，所有县级部门、乡镇不再单独建设政府网站，利用上级政府网站技术平台开设子站、栏目、频道等，主要提供信息内容。编辑集成、技术安全、运维保障等由上级政府网站承担。

（六）推进微信"城市服务"，方便群众办事

进一步推进德阳"微信城市服务"的建设，围绕"小而美"，聚合"公交线路及实况"等10个群众最关心的民生项目靠前排序上线，让群众更加方便快捷地在手机终端上办理和查询，实现"零距离"办事、"零跑路"服务，打造成一站式、全天候、多方位的"互联网+政务服务"。

九 执法行为进一步规范、公正、文明

（一）强化行政执法人员监督管理

一是严格执行行政执法人员资格管理制度。严把入口关，坚持公共法律知识考试和专业法律知识考试同时合格才能申领执法证件。组织开展德阳市第17次行政执法人员资格认证考试，全市共1400余名执法人员参加考试，考试总合格率为77%。同时，认真组织开展了2017年度行政执法证件年审工作，对全市行政执法人员主体资格进行全面审查，共年审市级部门行政执法证件975个，年审通过905个，未通过70个。通过清理未发现合同工、临时

工执法行为。二是加强行政执法证件管理。市级部门均开通IC卡系统,建立行政执法人员档案,指定专人负责管理,认真审核办证资料,每年一季度按时开展证件年审,确保证件的有效性,执法人员的姓名、证件编号等基本信息在部门网站上公开并动态更新。三是建立行政执法人员法律知识培训长效机制。建立行政执法人员培训制度,由市法制办牵头组织实施公共法律知识培训。2017年2月,组织开展了法治政府建设专题培训,邀请专家学者就《四川省行政处罚听证程序规定》及立法技术等内容进行了解读,全市59个市级部门的分管领导、法制机构负责人、执法机构负责人以及市、县两级法制办共计300余人参加。

(二) 积极推进"三项制度"试点工作

为规范行政执法行为,市法制办从2016年起通过重点培育、专题培训等方式积极推动行政执法"三项制度"建设,并指导部分重点行政执法部门开展了试点工作,取得了一定成果。2017年,德阳市积极组织申报全省行政执法"三项制度"试点。2017年8月,省政府办公厅正式下发通知,明确德阳市在全域范围内推行行政执法"三项制度"试点工作。11月,市政府印发《德阳市推行行政执法公示制度 执法全过程记录制度 重大执法决定法制审核制度试点工作实施方案》,标志着德阳市三项制度试点工作正式启动。

(三) 强化重点领域行政执法监督力度

一是结合国家环保督查、安全生产大检查等重点工作,按照《四川省行政执法监督条例》要求,组织工作组对工程项目建设、交通安全、食品药品安全、环境保护等重点领域开展了行政执法监督检查工作,形成督查工作报告,针对执法领域存在的问题提出整改建议和意见,督促相关部门进一步规范完善执法行为和程序,确保执法行为公正合法。二是组织开展了第十一次行政执法案卷评查工作,在全市行政执法部门执法台账中随机抽取行政许可、行政处罚等各类执法案卷120余卷,集中时间、集中人员进行逐卷评查,对卷宗实体、程序以及归档等方面存在的问题全面记实,并通过点对点发函指出的形式,要求相关执法部门整改完善,推进执法部门规范、公正、文明执法。

(四) 实行行政权力清单动态管理

公开"晾晒"权力清单,对行政许可、行政征收等十类权力事项进行彻底清理规范,按照行政审批权力岗位和流程,进一步明确风险防控点和责任点。对照省政府办《关于印发〈四川省权力清单(2016年本)〉的通知》(川办发〔2016〕108号)要求,集中人员、集中时间,依据有关法律法规和上级要求进行清理和审核。目前已完成《德阳市市本级权力清单(2017年本,第一批)》的清理和公布,包含27个市级部门共2686项行政权力事项。

(五) 深化相对集中行政复议权工作

继续坚持"三统一"(统一受理、统一审理、统一送达)模式开展相对集中行政复议权工作,进一步规范行政复议案件受理、中止、延期等审批流程。2017年4月,"德阳市率先推行行政复议委员会制度"被省法治政府建设工作领导小组评为"四川省法治政府建设十个创新案例"之一,由市法制办办理的"业委会不服某局作出行政决定的行政复议案"被省依法治省办选入"法治中国·四川经典案例"。截至目前,市政府行政复议委员会收到行政复议申请93件,已审结86件。同时,针对办理行政复议案件中发现的问题,及时向有关部门发出行政复议意见书、行政复议建议书各一份。

2017年"一核三治"工作推进情况

中共德阳市委政法委员会

2017年以来，市委政法委在省、市的坚强领导下，发挥综治职能，坚持以"联动融合、开放共治、依法治理、科技支撑"理念为引领；做到常规工作抓经常、出精品，重点工作抓关键、出亮点，着力解决社会治理的源头性、基础性问题，切实增强人民群众的安全感和满意度，全市社会大局平稳，治安形势持续向好，圆满完成党的十九大等重要时间段社会安全稳定工作。

一 "雪亮工程"建设应用情况

（一）农村"雪亮工程"建设任务的完成情况

德阳市高度重视"雪亮工程"建设工作，将其纳入"四好"幸福美丽新村示范带建设，同步规划、同步实施、同步考核验收，采取财政投入、引导社会资金投入、用好城乡建设用地增减挂钩试点政策等方式，加大资金保障力度，切实加强"雪亮工程"建设。截至目前，全市233个"雪亮工程"村的建设任务已基本完成，仅旌阳区部分村因设备供应商货源短缺部分设备暂时无法到位。什邡市已实现"雪亮工程"全覆盖。广汉市203个村已纳入三年整体规划，实行一次报批分批建设，方案已经广汉市委、市政府同意并落实了专项经费；罗江区"雪亮工程"已纳入区应急指挥平台建设，由区政府统一组织实施；绵竹市"雪亮工程"已纳入区域整体规划，分片组织实施，三年全域覆盖。

（二）平台建设及联通应用情况

2017年，全市共建成县级应急指挥中心7个、乡（镇）平台63个、村级平台396个、摄像头769个（累计2036个），接入派出所63个，入户543户

（累计4685户），安装使用手机App应用545个（累计4660个）。

（三）平台联通及应用情况

市、县（市、区）、乡镇（街道）、村（社区）四级"雪亮工程"平台纵向已基本联通，并全部接入同级综治中心，横向基本实现与公安机关公共安全视频监控图像（"天网"）并网互联，罗江区、绵竹市已完成应急指挥平台硬件建设，目前尚在设备调试中。全市公安机关、综治、基层群众及相关部门切实加强"雪亮工程"实际应用推广，在预防、查处违法犯罪方面发挥了巨大作用，全市利用"雪亮工程"视频监控系统破案300余件。

二 综治中心规范化建设情况

市委、市政府将综治中心规范化建设作为夯实综治基层基础，深化平安建设的重要举措早部署早安排。市委常委会进行了专题研究部署，要求全市政法综治系统要切实加强领导，精心组织、周密安排、认真实施，按照省综治办"先试点，后推开"的要求，年内完成德阳市本级综治中心规范化建设，旌阳区、什邡市作为试点地区，年内100%完成区（市）、乡镇（街道）、社区综治中心规范化建设，村综治中心完成50%以上。截至目前，德阳市本级综治中心建设已进入单一来源采购程序，预计12月中旬完成建设并上线运行；旌阳区区综治中心和11个乡镇、3个街道、99个村、98个社区综治中心均完成了挂牌工作，其中，1个乡镇、24个村已经完成标准化建设，其余综治中心正在完善信息化系统，基本完成全年建设任务。什邡市乡镇（街道）、村（社区）综治中心建设任务已基本完成，个别乡镇（街道）、村（社区）综治中心因设备供应商货源短缺问题，目前尚在建设工作收尾阶段；什邡市因规划建设高规格综治中心及场地选址等问题建设进度相对滞后，目前已完成选址并进入财务评价阶段。非试点县（市、区）广汉市完成一个乡镇综治中心建设；中江县完成县级综治中心和1个乡镇、3个村综治中心；罗江区完成了2个社区综治中心；绵竹市已完成建设方案。已建成的综治中心均整合了网格化服务管理、矛盾纠纷多元化解、"雪亮工程"等系统及相关职能部门资源，县级及以下综治中心按照实体化要求，重点处理非警务事件，运行使用情况正常。

三　网格化服务管理工作情况

(一) 监管中心职能定位及工作运行情况

建立县 (市、区) 网格化监管中心7个, 乡镇 (街道) 网格化服务管理中心127个, 村 (社区) 网格化服务管理工作站1710个。县 (市、区) 网格化监管中心认真履行分流指派、督办考核、分析研判的职能, 分析研判、分流指派、跟踪督办非警务事件8572件。乡镇 (街道)、村 (社区) 网格化服务管理中心 (工作站) 认真指导、督促网格管理员履行"五大员"职责, 切实做好社情民意收集、矛盾纠纷排查化解、安全隐患排查整治、政策法律法规宣传、公共服务代办等工作任务。

(二) 专兼职网格管理员队伍建设情况

认真贯彻落实省综治办工作部署和要求, 结合网格化服务管理系统升级工作, 对全市网格划分、网格管理员配备、职责、管理、培训等进行了进一步规范。全市按300~500户划分网格2999个; 配备专职网格员587人, 兼职网格员2948人, 共计3635人, 网格员配备率达1∶1.21, 持有手持终端机2088台, 城乡网格化服务管理实现了全覆盖。全市分级分类组织开展了"禁毒工作网格化"、社区矫正、严重精神障碍患者管理、高层建筑消防安全、危爆物品管理、寄递物流安全管理等专题培训; 协助省综治办组织开展了"9+×"综治信息系统培训; 11月15日, 全省《进一步加强和完善网格化服务管理指导意见》视频解读会议以后, 市综治办又安排各地认真贯彻落实, 并结合实际组织召开了网格管理员培训会, 网格员队伍参训率达100%。完善网格员工作督导考核机制, 坚持月通报制度, 对网格员活跃度和信息采集量进行定量、定性分析, 并通报当地党委、政府, 督促网格管理中心、工作站、社区网格员认真履行职能职责, 切实抓好网格化服务管理各项工作。

(三) 网格管理员发挥作用情况

全市网格员积极协助公安机关开展流动人口服务管理、一标三实工作, 协助职能部门做好吸毒人员、严重精神障碍患者、社区服刑人员、刑满释放人员等特殊人群服务管理工作, 建立健全网格治安隐患发现机制。城区网格员坚持一日双巡,农村网格员坚持走村串户,及时、规范收集、录入基础信息,帮助居民群众解决实际困难和问题。全市流动人口宣传核查信息累计发送569389条,民警带领开展工作已累计发送187563条;特殊人群服务管理累计发送信息472129条,群防群治工作累计发送信息45044条;职能部门整体签收率均达到90%以上。全市未出现因排查遗漏的治安安全和社会稳定隐患引发的"神不知鬼不觉"事件。

四 矛盾纠纷多元化解工作情况

(一)工作机制建设情况

认真贯彻落实省委办公厅、省政府办公厅《关于构建"大调解"工作体系 有效化解社会矛盾纠纷的意见》《关于完善矛盾纠纷多元化解机制的实施意见》精神,根据川委办〔2016〕45号文相关要求,结合德阳实际制发了《德阳市矛盾纠纷多元化解机制实施方案》。明确和规范了全市矛盾纠纷多元化解组织建设、平台建设、运行机制、保障机制、持续发展机制等,完成了全市各级"矛盾纠纷'大调解'工作领导小组"及协调中心更名工作。建立了市、县、乡(镇)、村(社区)四级矛盾纠纷排查研判调处机制,每月一常规研判,突发重大问题马上研判,并形成研判联席会议纪要;与信访(信访联席办)、维稳部门联合建立了多元共治机制,常规信息月月互通,重点案件时时互报,疑难案件及时共商。

(二)化解体系建设情况

全市共建立矛盾纠纷多元化解协调中心136个,市、县、乡三级"矛盾纠纷多元化解协调中心"专职副主任全部配备到位。全市共建成乡镇(街道)人民调解委员会127个,村(社区)人民调解委员会1776个,企事业单位人民调解委员会51个,人民调解小组16758个,农村中心户调解室27554个,个人命名调解室12个,其他性质调解室263个,注册使用"随手调"终端864个;建立行业专业调解组织30个(其中,医疗纠纷调解委员会6个、交通事故纠纷调解委员会8个、消费争议纠纷调解委员会1个、劳动争议调解委员会7个、婚姻家庭调解委员会7个、保险纠纷调解委员会1个),形成了纵向覆盖市、县(市、区)、乡镇(街道)、村(社区)四级,横向覆盖各领域、各行业及社会管理各方面的调解组织网络。

（三）矛盾纠纷排查化解情况

紧紧围绕党的十九大安保这一主线，以强化矛盾纠纷源头化解为核心，切实加强矛盾纠纷源头排查研判化解，共排查矛盾纠纷 21047 余件，调处 19784 件（其中，婚姻家庭纠纷 2418 件、医疗纠纷 146 件，交通事故纠纷 1954 件，邻里纠纷 3400 件，其他矛盾纠纷 11866 件），涉及调解金额 8121.74 万元，调解成功率达 94% 以上；排查重大矛盾纠纷及隐患 60 余件，上报省矛盾纠纷多元化解办 2 件，涉稳重点人员 10 人，并全部做好了稳控化解工作。市医疗纠纷人民调解委员会被国家司法部表彰为"全国模范人民调解委员会"，另有 3 名个人被授予"全国模范人民调解员"，2 件医疗纠纷调解案件获中华全国人民调解员协会评定的行业性、专业性矛盾纠纷排查化解典型案例。

（四）"公调对接""诉调对接"开展情况

建立党委、政府牵头、部门参与、公安机关行政调解、人民调解和司法调解相互衔接、良性互动的多层次、全方位矛盾纠纷多元化解模式。司法行政系统会同公安系统在城区公安派出所设立驻所人民调解室 16 个，20 个一类城区派出所已完成 80%。全市公安机关受理行政调解案件 15569 件，调解成功 14208 件（其中一次调解成功 12703 件，二次以上调解成功 1505 件），成功率达 91.3%。受理行政复议 4 件，维持 3 件，终止 1 件；办理刑事复核案件 7 件，维持 6 件，未结 1 件。

建立完善律师参与调解制度，完善律师参与化解和代理涉法涉诉信访案件制度，受理案件 2842 件，调处成功 563 件，引导进入司法程序 2279 件，有效形成了人民法院与社会调解组织在职能上良性互动、在作用上优势互补。

（五）"民转刑"命案防范工作情况

建立居民纠纷管控动态机制和人民调解员制度，依托网格化服务管理机制，按照风险处置工作要求，分类管控处置。确保矛盾不上交、人员不上行，坚决防止"民转刑"命案的发生。1~11 月，全市"民转刑"立案 8 起，死亡 8 人，未发生一起一次性死亡 3 人以上的"民转刑"命案。

（六）多元化解创新项目推广应用情况

积极推广应用电商消费维权绿色通道（直通车）创新项目，制定了《电商消费维权绿色通道（直通车）管理规定》。目前，德阳市电商消费维权绿色通道（直通车）已涵盖了京东、淘宝、唯品会等19家市场占有率较高、信誉较好的电商企业（平台）加入电商消费维权直通车平台。该平台的开通，拓宽了消费争议解决途径，切实解决了消费投诉以地域管理、部门职权划分为主的调处方式不能适应网络交易无地域限制、虚拟性等问题，实现了消费者跨地区、跨部门投诉，对提高消费争议解决效率、降低消费者维权成本起到了积极作用。自2016年5月开通至今，市消委会通过电商消费维权直通车处理网络消费投诉51件，为消费者挽回经济损失7.51万元。在全省矛盾纠纷多元化解工作创新项目评选中，电商消费维权直通车被省矛盾纠纷"大调解"工作领导小组评为2016年度矛盾纠纷多元化解工作省级优秀创新项目。

探索试点家事调解及审判工作机制改革，将矛盾纠纷多元化解工作与家事审判结合，建立家事调解委员会，形成以家事法官为主导，家事调解员、调查员、心理疏导员等多方面参与的家事审判工作格局。2017年1～11月，共受理婚姻家庭继承类民事一审案件642件，审结590件，结案率为91.9%；其中调解、撤诉388件，调撤率为65.8%，上诉9件，服判息诉率98.5%，尚无发改案件，得到省高院的充分肯定。

五　突出问题专项整治情况

（一）肇事肇祸等严重精神障碍患者排查管控情况

卫计部门登记录入国家严重精神障碍患者管理系统16756人，并按照有关规定定期进行随访及危险性评估；公安部门录入公安易肇事肇祸管控系统2304人。认真贯彻落实严重精神障碍患者监护人以奖代补政策，市、县（市、区）两级财政共安排补贴资金300余万元。市综治办、市公安局、市卫计委联合印发了《关于进一步加强严重精神障碍患者管控工作的通知》，进一步明确了部门职责任务，并对各级各部门开展随访管理，具体明确了部门间沟通协作、数据共享更新等事项；同时，德阳市正在探索完善肇事肇祸严重精神障碍患者管理办法，已完成征求部门意见并形成初稿。

（二）寄递物流依法常态化管理情况

制定完善了《德阳市寄递渠道清理整顿专项行动工作实施方案》，对全市共有独立法人民营快递企业34家、分支机构178家、营业网点845个、乡镇网点482个、快递从业人员1385人进行逐一摸排登记,纳入实名制管理。市综治办联合公安、交通、邮政出动检查人员120余人次,对全市80余家邮政快递营业网点和乡镇网点进行了随机抽查,责令停业整顿快递企业(网点)7家,罚款处罚4家,取缔2家。全面启用安易递实名收寄系统,从源头上加强寄递物流安全管理,全市寄递物流业"3个100%"要求全部落实到位;2017年5月,德阳市通过寄递网点工作人员举报破获一起跨14省22个地区的特大团伙网络贩毒案。

(三) 吸毒人员社会化管理情况

强化禁毒专项治理,将市、县两级禁毒办分别设在市、县(市、区)党委政法委,市禁毒办配备一名专职副主任(副县级)负责日常工作,由市委组织部从市禁毒委成员单位和基层抽调9名工作人员集中办公,开展日常相关工作。严格按照"以打开路,全警动员,重拳猛击"的总体要求,大力开展"利剑"专项行动、"5·14"堵源截流专项行动、"4·14"打击制毒犯罪专项行动、"百日攻坚破案竞赛"等专项行动。截至11月20日,全市毒品刑事案件起诉人员388人,查获吸毒人员3132人。推进吸毒人员管理与网格化管理深度融合,最新统计结果显示,德阳市社区戒毒执行率达95%以上(动态数据)。

2017年第一季度,德阳市旌阳区因社区戒毒(康复)工作开展不力,造成社区戒毒(康复)执行率仅为4.2%,区主要领导被省综治办、禁毒办约谈。为扭转工作被动局面,旌阳区深刻反思,认真查找工作中的不足,及时调整了区禁毒委领导小组,以社区为基础,以家庭为依托,建立了戒毒治疗、康复指导、救助服务功能兼备的戒毒工作新体系,完善了考核制度,落实了督导责任,强化了业务培训,明确了工作重点和方法步骤,并确定了年底前实现社区戒毒执行率达80%以上的工作目标。全区各责任部门、乡镇(街道)投入大量人力、物力到社区戒毒(康复)中,确保了工作有序有力推进。通过全区上下集中攻坚,截至三季度末,全区共执行社区戒毒(康复)163人,未执行45人,执行率为78.37%。经查,未执行人员中有11人不属于旌阳区管辖范畴,目前市禁毒办正在协调处理。旌阳区社区戒毒(康复)执行率低的问题已彻底扭转。

六 落实综治领导责任情况

市委常委会专题学习了《四川省健全落实社会治安综合治理领导责任制实施办法》。制定并印发了《德阳市健全落实社会治安综合治理领导责任制实施办法》和《德阳市社会治安综合治理五部门联席会议制度》，对综治领导职责、奖惩办法、流程进行了明确。特别是将维护良好的社会治安环境明确为全社会共同的责任，并强调各相关主管部门应主动监督、激励人民团体、事业单位、企业法人及其领导班子、领导干部、领导人员履行综治社会责任，在推进非公有制企业落实综治责任方面作了有益探索。将"公布综治、维稳、防邪'示范单位'"在实施办法中进行了明确，让公布示范单位"有据可循"。将"综治机构不健全、人员配备不到位"纳入对党政领导班子、领导干部责任督导和追究范围，将"因教育管理不到位，单位职工出现严重违法犯罪"纳入责任督导和追究范围。将"县（市、区）平安建设群众满意度测评全省排位靠后"纳入责任督导和追究范围。全市有1个地区因"综治机构不健全、人员配备不到位"被市综治办发函督办；因工作不力或履职不到位，全市共有7个单位（地区）、11人被问责，5个乡镇（街道）一把手被约谈。

下一步，德阳市将在省委政法委的领导下，省依法治省办的支持下，认真学习贯彻党的十九大精神，切实把十九大精神特别是习近平新时代中国特色社会主义思想作为统揽综合治理工作的思想旗帜、理论指引、根本遵循，着力提升社会治安综合治理能力与水平，坚持联动融合、开放共治，坚持科技引领、信息支撑，加快推进社会治安防控体系建设，深入推进综合治理中心规范化、"雪亮工程"和社区网格化建设，着力培育共建共治共享的社会治理格局，扎实抓好社会治安综合治理各项工作，确保全市社会大局持续稳定。

德阳市健全完善"五大体系" 着力提升农村依法治理现代化水平

德阳市委组织部

德阳市紧紧围绕省委治蜀兴川方略、市委"五个走在前列"奋斗目标，紧扣加强农村党的建设、巩固党的执政基础、提升农村社会治理水平这一主线，以健全完善政治保障、管控约束、民主自治、多元监管、帮扶示范"五大体系"为重点，积极构建以村党组织为领导核心，村民会议或村民代表会议决策，村民委员会执行，群团组织、集体经济组织、农民合作社组织、社会组织为补充的"一元多核、合作共治"的村级治理体系，不断提升农村依法治理现代化水平，为农村改革发展稳定提供有力保障。

一 经验做法

（一）推行党建责任清单，探索构建农村依法治理"政治保障"体系

针对农村党建工作薄弱、党组织及书记推动依法治理能力较弱的问题，以责任清单为基础，以考核评价为抓手，以动态管理为手段，构建全面落实农村党建责任闭合体系，夯实党在农村的执政基础、工作基础，为推动农村依法治理提供坚强的政治保障。

第一，分层建立责任清单，明确党建工作要求。分层建立责任清单，构建起横向到边、纵向到底、内容全面覆盖的农村党建责任体系，让乡镇、村党组织及书记清楚该干什么、怎么干。一是明确"两层级"责任纵向到底。健全完善乡镇党委书记、村党组织书记党建工作责任制，结合农村工作实际，分别明确乡镇党委、村党组织两个层面党建工作责任，将乡镇、村从严治党要求本土化、具体化，将从严治党各项工作任务落实到乡、村。二是规定"三主

体"责任横向到边。分别明确乡镇、村党组织、党组织书记及其他班子成员3个主体从严治党责任，将农村基层党建工作多项内容整合到一张清单上，使中央、省委、市委从严治党要求在农村具体到人、量化到事。三是划分"六大块"内容全面覆盖。从农村工作实际出发，划分"从严加强思想政治教育""从严规范完善党内政治生活""从严加强干部人才队伍建设""从严推进基层党的建设""从严推进作风持续转变""从严加强党风廉政建设"等六大方面，拟出责任条目100余条，实现党建工作内容全覆盖，让党建工作责任标准更加具体、要求更加明确、工作更加规范。

第二，科学制定考核细则，强化党建执行督查。采取"334"（三考核三述职四测评）考核办法，让乡镇、村党组织清楚党建工作述什么、怎么述、考什么、怎么考。一是效果评价使考核由"虚"变"实"。在考核细则中设置改作风、促清廉、助发展等效果评价环节，对"坚定理想信念、切实改善作风、保持清正廉洁，增进班子团结，助推经济社会发展"等党建工作成效划出20道"硬杠杠"进行量化考核，把定性评价与定量评价有机结合，使考核更实。二是四类测评使考核由"内"变"外"。规定乡镇、村党组织书记要向"上级党委班子成员、本级党员干部、党员群众代表及服务对象"进行专项述职，接受述职对象测评，把内部考评与社会评价有机结合，使考核更公正。三是综合评价使考核由"单"变"多"。考核采取听汇报、查资料、看实地、测成效等方式，对照乡镇、村党建责任清单内容，对"基础工作、重点任务、效果评价"3个方面内容进行全方位量化综合评价，按照"好、一般、差"进行评价，使考核更科学。

第三，强化工作推进举措，助推党建责任落实。建立"三项机制"，实现落实从严治党责任全程动态管理，让党建责任在农村落地生根。一是建立分片联系指导机制。建立市、县领导农村党建工作联系点，各县（市、区）组建农村党建工作分片联系指导工作组，定期深入乡镇、村开展调研指导，掌握从严治党责任落实情况，加强思想教育引领，指导工作开展，收集农村创新做法和特色经验，及时纠正存在问题。二是建立履责全程记实机制。建立党员干部履责日志，乡镇、村党组织按照责任清单内容，将工作开展情况"一事一记一档"，对工作开展效果作出评价，提出对应意见措施，让责任主体履责情况有据可查。中江县设计并印发《主体责任履责记实本》3500本，成立记实督查小组，定期开展调研检查，对责任清单落实情况进行综合评估，分类建立考核台账，对存在的问题要求限期整改、及时销账。三是建立定时督查通报机制。各县（市、区）农村党建工作分片联系指导工作组定期深入乡镇、村开展督促检查，每季度末汇总工作推进情况，每年开展1次集中检查，及时通报发现问题，促进各乡镇、村有效落实从严治党责任，及时制定整改措施，抓好整改落实。

（二）规范完善村规民约，探索构建农村依法治理"管控约束"体系

全市1417个村紧密结合实际，充分发挥党组织领导核心作用，创新思路方法，规范村规民约，推动实现农村自主管理、村民自我约束，全面提升农村依法治理科学化水平。

第一，"三级把关"确保村规民约合法合规，促使管控更严谨。坚持把党的领导贯穿规范村规民约的全过程，充分发挥县（市、区）委、乡镇党委、村级党组织的核心领导作用，确保党的方针政策在基层得到有效落实。一是组织部门牵头抓总。县（市、区）委将规范村规民约作为提升基层依法治理水平的重要抓手，将村规民约纳入加强农村基层党建工作的10项重点任务之一，由组织部门牵头揽总抓落实，以乡镇为单位，督促各村制定规范村规民约。二是乡镇党委严格审查。乡镇党委成立专门工作小组加强监督指导，切实履行法律赋予的对村规民约的备案审查职责，加强对村规民约的合法性审查，及时责令改正与宪法、法律、法规和国家政策相抵触的村规民约，确保村规民约合情合理合法。三是村党组织制定实施。村级党组织负责做好准备筹划、宣传动员、起草制定、组织实施、村民引导工作，把好村规民约起草关，坚持以村民自治相关法律法规为依据，使村规民约制定工作法制化、制度化、规范化，做到制定过程符合法定程序，条文内容符合法律规范，确保依法治市要求贯穿到村规民约中。

第二，"四个步骤"凸显农民群众主体地位，保证约束更有效。在村规民约制定过程中，全程组织农民群众参与，确保顺应民意、贴合民心。一是广泛宣传动员。通过召开动员会、培训会、村民会议、坝坝会，利用广播、标语、村务公开栏等多种宣传方式，向广大农民群众宣传制定村规民约的目的、意义，全力争取群众的理解和支持。二是精心组织起草。在起草村规民约时，紧紧围绕村民关心的公共环境卫生、公共基础设施、公共道德、家庭美德、公益事业办理、集体资产处理等热点问题，因地制宜，突出特色性、针对性、实用性、可操作性，保障村民"读得懂、记得住、用得上"。三是反复征求意

见。村规民约初稿形成后，通过印发、村务公开栏、广播、电话、短信等方式告知村民，召集群众开展讨论。组织乡镇干部、村干部深入田间地头，广泛收集意见建议，使村规民约真实反映民声、吸纳民计、博取民智、饱含民意。四是依法表决草案。村规民约草案形成后，各村召开由本村过半数18周岁以上公民或本村2/3以上户代表参加的村民会议，对草案进行依法表决。经表决通过，报乡镇党委、政府备案，乡镇党委审查合格后，出具准予备案通知书，由各村正式张榜公布。

第三，"三大举措"构建农村基层法治良序，推动执行更彻底。注重强引导、造氛围、抓执行，确保村规民约在农村得到有效推进和落实，提升农村依法治理水平。一是加强教育引导。坚持把宣传教育群众遵守村规民约作为村党组织做好群众工作的重要内容，村党员带头执行，强化督促检查，通过广播、短信、张榜、编印微故事、口袋书、纳入乡村儿童教材等多种形式进行广泛宣传，让村民入脑入心，增强村规民约执行的自觉性。二是调动参与热情。开展村民承诺践诺活动，引导组织村民签订遵守村规民约承诺书，广泛调动村民参与的积极性、主动性，强化自我约束意识，形成"我制定，我签字，我承诺，我执行"的良好氛围。三是严格执行落实。开展"三讲三爱两进步""五好家庭"评选等活动，表扬奖励模范遵守村规民约的村民，批评并督促纠正违反规定的村民，增强村规民约的权威性和约束力，推动村规民约落地见效，形成农村新风良俗和法治良序。

（三）建立村民议事机制，探索构建农村依法治理"民主自治"体系

针对村民自治中民主管理制度不完善，群众参与村务渠道不畅、积极性不高等问题，探索推行村民议事代表会议制度，把党的领导、村民自治、群众参与有机统一起来，探索出一条民主自治、村民自主的基层依法治理新路径。

第一，围绕"两个定向"，建立代表推选机制。制定《村民议事代表会议制度》，坚持定向原则，规范村民议事代表推选工作，选举组建村级"民主议事决策委员会"和组级"民主议事决策协调工作小组"。一是定向产生。由各村党组织和村委会牵头，各村分别召开村民小组会议和户代表会议，以家庭为基本单位，每5~15户按宗族、院落等自愿结成一个单元，联名推荐1名代表，让每个家庭知道自己的代表是谁，代表也知道自己具体代表谁，即"谁代表我，我代表谁"，真正让推选出的代表有具体的负责对象。二是定向联

系。议事代表主要以推选他的村民作为联系服务对象，定向收集意见，定向反馈议事结果，定向宣传政策，定向化解矛盾。罗江区102个村全部建立村民议事会，民主推选村务、组务"议事员"，有效解决了过去代表"形同虚设"的问题，进一步畅通了村"两委"与群众沟通的"最后一公里"。

第二，突出"三个作用"，建立核心保障机制。充分发挥村党组织在民主议事中的"三个作用"，确保党的各项方针政策在基层宣传和落实不走样。一是发挥事前组织者的作用。村党组织负责做好村民议事会所有民主议事活动的召集工作和组织工作，但不干预议事和表决，村党组书记兼任村民议事代表会议主席，严格按照议事程序开展工作。二是发挥事中监督者的作用。村党组织负责监督民主议事活动全过程，确保议事结果符合党的路线、方针、政策和国家法律法规，对涉及法律"红线"的议事结果，及时指出并重新组织开展新一轮议事。三是发挥事后指导者的作用。村党组织负责指导民主议事结果的执行和落实，帮助协调解决推进过程中遇到的问题和困难，确保议事结果落到实处、取得实效。

第三，坚持"三位一体"，建立决策执行机制。按照基层民主自治的基本原则，厘清村党组织、议事会、村委会三者之间的关系，进一步形成分工明确、互为补充、相互监督"三位一体"的新型村级治理框架，有效解决了过去村"两委"权责不清的问题，构建了基层民主自治的长效运转机制。一是村党组织导向把关。村党组织以组织召集、正确引导、政策把关为重点，充分发挥好领导核心作用，推动民主管理和村民自治的有效有序开展。二是议事会决策监督。村民议事会接受村党组织、村委会的领导，在村民会议授权的范围内，对村里各项公共事务进行民主讨论和决策，保障好代表的知情权、参与权、议决权，并对村"两委"及成员履职、议定事项落实及集体资产、资金使用等情况进行监督。三是村委会执行落实。村民议事会形成决定后，交由村民委员会执行落实，并通过村务公开栏、互联网"村治在线"等及时公布落实情况，广而告之，接受监督。

第四，制定"四个规则"，建立运行管理机制。抓住议事制度的关键环节，制定工作规则，明确权利义务、健全运行机制，搭建起"宣传政策法规、通报村组事务、办理群众事务"的平台。一是制定会议召开规则。由各村组民主议事决策机构自行确定议事召集人、议事内容、议事方式等，明确与之配套的村规民约和议事公开方式。召开议事会时，实到会代表必须达应到会代表的2/3。二是制定议题确定规则。村党组织、村委会、村民议事会代表或代表联名可提议商议事项。议事会成员必须每月一次深入所在村户家中收集议题。交由村党组织审定后提交议事会审定议决，并提前3天将会议议题通知村民议事代表和列席人员。三是制定"议事日"规则。各村组设立固定的"议事日"定期议事决策、宣传政策法规、通报村组事务、听取群众意见、办理群众事务。同时建立"急事召会"规则，针对紧急事务，第一时间召开议事会讨论决策。四是制定议事决策规则。涉及全村的有关事项由村民议事会议决；涉及一个或几个村民小组的有关事项，由相应组村民议事代表议决。对于群众分歧较大或代表不便公开表态等事项，采取代表投票的形式决定。

第五，强化"三个公开"，建立议事透明机制。公开透明是村民议事会制度的核心。一是明确公开内容。各村组确定固定公开场所，定期将需议事会议决内容予以公示，对重要工作或涉及群众利益的重大事项，必须在5日内公示，确保群众知晓，维护群众权益。二是确定公开方案。各村组由组长拟定组务公开方案，报该组"民主议事决策协调工作小组"讨论审核，并在组"议事员"逐户征求群众意见的基础上，提交村委会集体讨论确定后，反馈给该村民小组予以公开。村委会对组务公开有关事项进行备案。三是强化财务公开。明确村组财务开支权限，村财务开支实行"两笔会签"制，即村委会主任一支笔，村"议事员"代表一支笔，两者缺一不可。组财务开支须得到全体组"议事员"签字同意，组长审批后才能执行。

（四）强化村务监督力度，探索构建农村依法治理"多元监管"体系

加强村务监督工作力度，从源头上遏制发生在农民群众身边的不正之风和腐败问题，促使村"两委"依法履责、依法办事，有序推进农村依法治理进程。

第一，建强村级监督机构，确保监管"规范化"。针对部分村务监督委员会作用发挥不明显、工作职责不清晰等问题，切实加强组织建设，进一步规范工作运行、促进作用发挥。一是选优配强力量。为确保村务监督不拘于人情、不流于形式，注重在离任村干部、德高望重的群众代表中选拔村务监督委员会负责人，其他成员从村民议事代表中选拔产生。村务监督委员会负责人及成员候选人原则上与村"两委"干部无亲属关系、利益纠葛，确保监督的公正性。二是规范工作职责。明确村务监督委员会主要职责：监督村民会议和村民代表会议决议的执行情况，监督村委会等村级组织依法履行职责；

加强村级资源、资产、资金管理监督，参与制订集体财务计划和各项财务管理制度；加强工程项目建设、惠农政策措施落实监督，主动收集和认真受理村民对村务管理的意见建议。中江县各个村务监督委员会的成员主动深入群众，听取意见建议，及时向村"两委"反映，对群众有疑问或可能产生误解的，向群众详细解释有关政策法规，消除误会，赢得支持，在干部群众之间架设一座"连心桥"。三是完善运行机制。建立村务情况分析制度，定期召开会议，研判、梳理村务财务等情况，及时发现苗头性问题，及时提醒督促解决。建立村务监督工作报告制度，村务监督委员会定期向村党组织、村民会议或村民代表会议报告工作，对发现的重要问题及时向党组织反映。建立评议考核制度，每年由村民会议或村民代表会议对村务监督委员会工作进行评议，由乡镇对村务监督委员会履职情况进行考核。什邡市大力推行村监督委员会工作日志及工作月报制度，村监督委员会负责人根据监督工作情况，据实填报集体工作日志和工作月报表，每月28日前上报乡镇纪委审查存档。

第二，注重党员群众参与，确保监管"广泛化"。充分发挥基层党员群众对村务工作的监督作用，保障参与权、知情权、建议权，提升村务监管的民主化水平。一是重大事项征求意见。村党组织对涉及经济发展、公益事业建设、重大资金的使用等事项，都在事前按照先党内后党外的原则，广泛征求党员及各方面群众代表的意见建议。党员群众意见与村党组织计划有较大分歧时，暂停事项推进，经召开村民代表大会共同商议后再行决定。二是党员旁听基层党组织会议。乡镇党委、村党组织凡召开涉及经济、政治、文化、社会、文明建设和党的建设等重大问题及与党员群众生产生活密切相关的会议，要邀请本乡镇、本村内的普通党员参与旁听，确保各项中心工作、重要工作党员都知晓。三是开通政风行风热线。为进一步畅通群众举报渠道，市纪委开通政风行风热线，形成来信、来访、电话、网站、微博五位一体的诉求渠道，纪委书记亲自接听热线，限时办理、及时回复、定期曝光，做到事事有回音、件件有着落。中江县广福镇实胜村村民通过德阳市政风行风热线，举报村主任在办理残疾人补助、五保、低保、养老保险手续等事务过程中收受红包礼金，经查实，中江县纪委给予该村村主任留党察看两年处分。

第三，健全社会评价制度，确保监管"多元化"。健全完善农村党组织领导班子及其成员工作社会评价制度，充分发挥广大党员群众的监督作用，促进农村党组织和班子成员更好地履职尽责。一是明确评价重点。将涉及乡镇、村党的建设、经济发展以及与农民群众生产生活密切相关的中心工作、重要工作都纳入社会评价范围，乡镇党委书记、村党组书记党建责任落实情况作为评价重点，领导班子成员根据分管领域、工作职能的差异分别明确评价重点。二是开展满意度测评。农村党组织在年度工作总结和本届班子届终召开大会，领导班子成员接受党代表、人大代表、政协委员和下级党组织负责人和党员，以及各方面群众代表的满意度测评，将测评通过会议和媒体等方式向社会公开，接受党员群众质询。三是强化整改提升。要求民主测评满意度低的农村党组织领导班子及成员针对党员群众提出的问题公开作出说明，深入剖析存在问题和落后原因，提出具体整改措施，明确工作目标和完成时限，整改全过程接受党员群众监督。

（五）着眼营造和谐环境，探索建立农村依法治理"帮扶示范"体系

立足农村热点、难点问题，大力化解农村矛盾，切实加强关爱帮扶、注重强化典型带动，为农民群众解难事、送温暖、树榜样，努力在农村营造良好的法治环境。

第一，深化"大调解"工作。坚持"以防为主，调防结合，多种手段，协同作战"的工作方针，运用好"大调解"工作机制，有效协调农民群众利益诉求，及时化解利益冲突。一是以提高能力为目标，加强调解队伍建设。加强对人民调解员的培训，继续完善人民调解专家库，聘请退休公务员、法官、检察官、律师以及医师等专家、专业技术人才、社会志愿者加入人民调解员队伍，充实人民调解员专家库、人才库，发挥示范带动作用，提高化解复杂疑难纠纷的能力和水平。绵竹市积极推进调解网络进农家院落，建立大调解协调中心（室）223个，设立专兼职调解员2000余名，调解信息员17000余人。二是以服务群众为目标，排查调处矛盾纠纷。建立健全矛盾纠纷定期排查机制，组织调解员经常深入基层、深入农村，摸清底数，建立台账，抓早、抓小、抓苗头，及时发现可能导致矛盾纠纷激化的潜在因素，努力把矛盾化解在基层、把问题解决在当地、把隐患消除在萌芽状态。三是以维护稳定为目标，健全三调联动机制。着力完善人民调解、行政调解、司法调解联动的工作机制，推进人民调解工作向农村劳动争议、征地拆迁、环境保护等矛盾纠纷多发领域拓展，建立行业性、专业性人民调解组织，提高化解农村矛盾纠纷的能力与水平。

第二，建立"邻里乡亲互助会"。大力弘扬中华民族邻里互助的传统美

德，探索试点建立"邻里乡亲互助会"，把政府的惠民工程化作群众的自觉行动，把政府单一的为民服务拓展到群众的互帮互助。一是筹集互助金帮扶困难群众。邻里乡亲互助会定期对所有收到的捐赠及帮扶情况进行公示，张贴出互助金捐赠明细和帮扶明细，做到互助金来源和使用公开透明。二是成立互助队强化邻里互帮。各个"邻里乡亲互助会"根据自身实际情况，成立了数量不等、功能不同的互助队，为辖区弱者、病者等劳动力缺失群体在生产生活方面提供技术和劳动力帮助，深入空巢老人、留守儿童家中亲切交流，送去精神慰问。三是管理规范化确保有序运转。不定期召开"邻里乡亲互助会"工作培训会，纪委、财政、民政等部门对乡镇分管领导和互助会负责人进行成立登记、申报材料、财务管理、内部机制等方面知识的培训。民政部门制定下发《关于进一步加强"邻里乡亲互助会"工作规范管理的通知》，指导帮助各个"邻里乡亲互助会"进一步规范内部管理机制，确保正常运转。

第三，加强"民主法治示范村"创建。以推进依法治市为契机，大力开展"民主法治示范村"创建活动，在全市范围内打造一批示范典型。一是制定创建标准。制定"民主法治示范村"评选细则，明确组织健全、选举规范、民主决策、民主管理、民主监督、法制教育、社会稳定、各项事业全面进步的创建标准，鼓励各村结合发展实际，积极探索"法治乡村"建设新模式、新内容。二是选树先进典型。加大先进典型选树力度，在全市范围内评比表彰"民主法治示范村"，一批民主建设成效显著、依法自治水平较高、农村社会和谐稳定的法治示范村脱颖而出，在全社会树立起良好的学习榜样。罗江区鄢家镇星光村、新盛镇金龙村、蟠龙镇宝峰村被评为德阳市民主法治示范村，鄢家镇星光村还将参与省级民主法治示范村的评选。三是加强分类指导。对法律意识淡薄、乡村自治粗放、治安矛盾突出、村务运行机制缺失的村进行重点研判、加强分类指导，及时清除"法治乡村"建设的不利因素，逐步在农村形成良好的法治工作氛围。

二 取得成效

在前期工作中，农村依法治理工作取得了3个方面成效。

一是基层政权和民主政治得以推进。通过开展"民主法治村"等创建活动，"四议两公开一监督"制度得到有效落实。民主决策扎实有效，全市农村普遍建立了村民代表会议制度，重大村务都须提交村民会议或村民代表会议讨论决定；民主管理规范有序，大多数农村建立了村民会议决策、村民代表会议议事等制度；民主监督形式多样，村务公开、民主理财普遍推开。

二是社会事业和法治水平得以发展。通过依法治理工作的深入开展，激发和调动了农民群众参与管理、发展生产、增加收入、脱贫致富奔小康的积极性、创造性，促进了农村经济与社会公益事业的不断发展，各项社会事务法治化管理水平不断提高，促进了农村政治文明、物质文明和精神文明建设的协调发展。

三是法律意识和法治观念得以增强。与农民群众密切相关的法律法规得到广泛宣传普及，农民学法用法的积极性不断提升，法律知识不断丰富，法治观念不断增强，农民参与村级事务管理的意识明显提高，参政议政的能力和建设社会主义新农村的积极性有了显著提高。农村广大基层干部依法管理、依法办事的观念开始树立，管理农村事务的能力逐步提高，党群干群关系更加密切。

三 存在问题

目前，德阳市农村依法治理还存在一些问题和不足，从党组织自身看，农村人才缺乏，发展党员后备力量不足，"无人办事"问题比较突出。从党组织功能定位上看，一些基层党组织功能定位不明确和功能转换不到位，将大部分精力放在无关紧要的小事上，忽略了党组织的政治属性和领导功能。从农村党员队伍来看，普遍存在队伍老化、文化水平偏低、作用发挥不明显等问题。同时，随着改革开放和市场经济的发展，农村大量优秀人才外流，致使农村党员发展后继乏力，进一步制约了农村党员队伍先锋模范作用的发挥。

四 思考建议

今后，农村基层依法治理工作要以法治宣传为先导、以依法治理为目标、以法律服务为重点、以队伍建设为保障，积极推进农村基层民主法治建设。

（一）围绕中心，服务大局，在确立新目标上狠下功夫

紧紧围绕农村改革、发展、稳定的实际，积极开展有针对性的法治宣传教育。大力开展以宪法为核心的法治宣传教育，进一步增强农村广大干部群

众的宪法意识，树立和维护宪法权威。注重学习宣传农村基本经营、土地管理、民主管理、农业支持保护、城乡经济社会发展一体化、收入分配、社会保障、医疗卫生、社会救助、房屋拆迁、土地征用与补偿、土地承包经营权流转、户籍制度改革等法律法规，大力开展"民主法治""法律进村"等各项活动，进一步推进农村基层民主法治建设。

（二）开拓思路，与时俱进，在开创新局面上狠下功夫

从群众的现实需要出发开展法治宣传教育，紧密结合广大农民群众的文化需求和思维习惯，选择农民群众最喜爱、最容易接受的宣传方式，让人民群众在潜移默化中增强法律意识，在寓教于乐中提高农民法治观念。立足"关注农业、关心农村、关爱农民，注重民生、尊重民意、维护民利"，创新农村法治宣传教育载体，在农村开展各项活动。集中轮训农村"两委"干部，引导村民依法解决各种矛盾和纠纷，依法表达自己的利益诉求。抓紧抓好进城务工人员和流动人员的法治宣传教育，组织宣传骨干在每年春节放假期间深入乡村巡回宣讲等活动，增强进城务工农民的法律意识和依法维权意识。

（三）整合资源，统筹城乡，在促进新发展上狠下功夫

注重发挥司法行政人民调解、法律服务、法律援助、安置帮教等法治宣传教育功能，融法治宣传教育于人民调解、法律服务以及对刑释解教人员安置帮教的全过程，提高法治宣传教育的社会效果。充分发挥离职村干部、人民调解员、村综治专干、法律明白人、司法助理员、学法用法示范户、基层法律服务工作者的作用，开展法治宣传教育。加强农村法治教育阵地建设，充分发挥报刊、电视、广播和网络等大众传媒的作用，将网络教育向农村延伸，形成多形式、立体化、全覆盖的法治宣传教育网络体系。

强化监督执纪问责　推动基层治理落地落实

德阳市纪委

2017年以来，市纪委监察局围绕市委中心工作，服务经济发展大局，强化监督执纪问责，创新开展纪检监察工作，助推"一核三治"基层现代治理体系落实落地。

（一）围绕中心，加强监督检查

开展扶贫领域"3+X"专项整治，每月对扶贫资金使用、扶贫项目推进、干部作风情况等三个方面11类具体问题开展专项督查，发现问题169个，并以"罚点球"方式向县（市、区）通报，责令限期整改到位。深入藏区、彝区开展一线监督检查，对116名援建干部作风情况、174个援建项目实施情况、3702万元援建资金使用情况进行督查，发现问题23个，提出整改意见44条。开展环保"三大战役"纪律督查，建立24小时全天候监督制度，深入环境敏感区域开展突击夜查、暗查，组建追责问责组，对中央环保督察组交办问题线索和相关违纪违规问题快查快办、严肃问责。截至目前，全市问责143名党员干部，点名通报14个单位、35名相关责任人。

（二）定期开展谈话提醒，强化责任落实

分层分类签订责任书，实行清单式痕迹化管理，"一人一单""一年一账"，督促落实"第一责任人"职责和"一岗双责"。健全常态约谈提醒制度，市委书记带头对"四大班子"成员、法检两院党组书记、社会评价排名靠后县（市、区）一把手进行谈话提醒；纪委书记与县乡党委书记、市级部门党组书记以及派驻机构负责人开展个别和集体谈心谈话500余人次。出台《党员领导干部向市委常委（扩大）会议述责述廉办法》，组织市党政领导，县（市、区）和市级部门一把手，以"口头+书面"的方式，向市委常委（扩大）会议述责述廉。约谈提醒和述责述廉做法被中央纪委网站刊登。

（三）提高政治站位，深化巡察监督

坚持问题导向，提高政治站位，构建以《德阳市委巡察工作实施细则》为总纲，巡察工作流程、操作规程等制度为配套的"1+X"制度体系，制定巡察五年工作规划，建立巡察组长、人员和专业人才库，开展精准化培训，推动巡察工作规范化、制度化、常态化。2017年第一轮巡察已顺利完成，共巡察4个地区、单位，谈话748人次，受理信访举报1887件，发现问题线索234个，立案16件16人，提出意见建议21条，实现"开门红"。第二轮巡察创新采用"一轮多批"方式，分三批对20个单位开展巡察，目前第三批巡察组已进驻。

（四）开展"清风行动·2017"，深入排查问题

深化升级"清风行动"，把走访范围从村（社区）拓展到市县两级部门（单位）。3月以来，全市1163名专、兼职纪检监察干部集中两个月时间，全员参与、全域覆盖，走访村（社区）1778个，走访企业和个体工商业者2800余户，市、县党政机关134个，累计走访群众1.5万余人，瞄准干部作风、政策执行、扶贫救助等方面问题，收集意见建议1.1万余条，发现问题1152个。提炼工作经验，将"清风行动"固化为长效机制，每年主动走出去，把执纪推进到"一线"，把线索发现在"一线"，把问题解决在"一线"。

（五）督促整改落实，回应群众诉求

认真履行正风肃纪牵头责任，坚持"谁的孩子谁抱走，谁的问题谁解决"原则，专门召开"惩治'微腐败'提升获得感"推进会，对"清风行动"梳理的意见建议和问题进行集中交办，纪检监察业务范围内即报即办、限期反馈，业务范围外的转相关职能部门，跟踪问效、挂账销号，推动形成齐抓共管合力。在《德阳日报》、德阳电视台、"廉洁德阳"网站和微信开办"回音壁"，向群众公开反馈意见建议办理情况，倒逼责任单位和地区抓好整改落实，确保群众诉求件件有落实、事事有回音。

（六）惩治"微腐败"，增强群众获得感

对"清风行动"、监督检查、信访举报、执纪审查发现的问题线索进行分

析研判，对问题反映严重、基层办案阻力大的线索，实施片区协作办案、异地交叉办案、挂牌提级督办。2017年以来，全市查处群众身边的不正之风和腐败案件507件，处分313人，组织处理229人。通过户外大型广告屏，城市LED屏、出租车广告、电台电视台滚动播出惩治"微腐败"宣传标语和公益广告，采取组建"宣传队"、设置流动接访点等方式，解读目标任务、宣传措施成效，大力营造全社会支持参与的浓厚氛围。

（七）坚持惩防结合，治病救人

一是坚持自律与他律相结合，在全市范围开展廉政"再承诺"，组织主动说清的党员干部作"问题已说清"承诺，组织其他党员干部作出"无违纪问题"承诺，相关情况存档保存，背离承诺、顶风违纪的一律从严处理。二是坚持严管与厚爱相结合，要求违纪违规人员限期主动向组织说清有关问题，在法纪框架内给予从轻处理，让"病树""歪树"拥有一次改过自新、宽大处理的机会。截至2017年10月，257人主动向组织"说清"问题，涉及124个单位，上缴违纪违规金额79余万元。三是坚持治病与救人相结合，把握"四种形态"柔性化处置，抓住适用和转化两个关键环节，规范操作流程，严格适用范围，实现精准转化。1~10月纪律审查中，"四种形态"分别占比47%、40%、8%、5%，适用形态转化案例62件。

（八）开展专项治理，重典治乱

坚持"打蛇打七寸"，开展扶贫救助、砂石开采、征地拆迁和工程建设四大重点领域突出问题专项治理，集中力量查处突出问题、纠正行业乱象。一是整合各级纪检监察机构人员，从司法、公安、审计和工程建设相关单位抽调30余名业务能手，建立快速反应、工作联动、督查督办等工作机制，强化市、县、乡三级联动，打破部门间"条块"分割，形成全域发力、多级联动的工作态势。二是对2016年以来重点领域问题线索进行大清理、大排查，变"等米下锅"为"主动出击"，截至目前，深度梳理研判问题线索497条。建立问题线索处置"绿色通道"，通过自办、领办、提办、交办等方式进行集中查办、挂牌督办，督促限时处置问题线索43条，加快推进执纪审查81件。三是积极做好"后半篇"文章，实施"一案一总结""一案一反思"，对重点领域违纪案件进行深入剖析，撰写问题分析报告，分别发放"整改通知"和"预防腐败建议书"，引导各级各单位完善制度、强化内控。截至目前，重点领域问题治理已立案审查 199 件，给予党政纪处分 188 人，发布重点领域典型案例通报 32 期，点名道姓通报曝光 62 人。

（九）持续发力，惩贪治腐

一是持续加大纪律审查力度，聚焦"六项纪律"，加强问题线索的拓展、研判和处置，坚决铲除腐败"污染源"。1~10 月，全市接受信访举报 779 件，同比增长 63.7%；处置问题线索 1680 件，同比增长 45%；立案 954 件，同比增长 40.7%；给予党纪政纪处分 909 人，同比增长 196%，移送司法机关处理 24 人，同比增长 200%。二是建立信访举报信息分析机制，每周分类统计信访来源、问题属地、违纪性质和违纪领域等方面指标，分析苗头性、倾向性和其他值得关注的问题，动态更新干部廉政档案系统，为研判"树木"与"森林"的关系提供依据。三是严格执行《监督执纪工作规则（试行）》，修订完善立案审查报批、执纪审查专题会议、谈话备案管理、谈话室音像资料管理等系列制度，严格落实审查安全责任，全面强化过程监督和制度约束，规范审查行为，确保办案安全。

（十）打造廉政教育基地，以优秀传统文化涵养党风政风

在省纪委统筹谋划、悉心指导下，协调各方面力量参与，深入研究、科学规划，高起点制定"家风文化园"项目策划方案，努力打造"全省一流、全国知名"的廉政教育基地，与法纪警示教育基地刚柔并济、相辅而行。实施"家风助廉·五个一批"工程，召开首届家风家规建设研讨会，以点带面、全面推进家风家规建设，加快推进旌阳区孝廉文化基地、什邡箭台村"和睦家园"等试点示范项目，以优秀传统文化涵养党风政风、纯洁社风民风。

（十一）开展专题宣传，营造廉洁氛围

在全市开展了"510（我要廉）廉政宣传月"活动，举办廉政川剧展演、廉政文艺演出和廉政书画展览 20 余场次，开展"行风热线直播车县乡行"及廉政文化乡村行、社区行、企业行、校园行等活动 130 余场次。建立"现场听审明纪法"警示教育机制，组织各级领导干部及家属旁听职务犯罪案件庭审宣判，以"身边事教育身边人"。积极打响"廉洁德阳"品牌，把市纪委官方网站、微博、微信公众号统一更名为"廉洁德阳"集中开展宣传，联合德阳电视台开办《廉洁德阳》专题栏目。

（十二）深化廉政风险防控，创新预防腐败机制

深化完善廉政风险防控"A 计划"工程，梳理 A 级风险单位 263 个、A 级风险点 7218 个，正在对市、县两级 75 个单位、109 个 A 级风险岗位开展抽查审计，着重对 20 个工程建设项目岗位进行审计。截至目前，共发现问题 161 个，反馈意见建议 138 条，移送线索 1 条。德阳市随机抽查审计工作在全省交流。强化"三重一大"事项监督，成立 9 个专项监督抽查组，对 30 个重点部门（单位）60 个事项开展交叉检查，发现突出问题 44 个、涉嫌违纪问题线索 3 条。截至目前，总共发出"预防腐败建议书"32 份，整改通知书 6 份，健全完善相关制度流程 36 个。注重"大数据"运用，采集"三资"信息化监管平台、干部廉政档案等信息数据，整合跨部门数据，尝试对各村（社区）"微腐败"状况精准"画像"。

（十三）严格内控管理，提升执纪水平

建立纪检干部接受警示教育长效机制，组织纪检监察干部旁听案件庭审，定期参观监狱、法纪教育基地，定期观看警示教育片，增强自律意识，坚定扛起队伍建设政治责任。开办"纪委书记讲坛""清廉夜校"，开展岗位练兵、全员接访、上挂下派，表扬优秀党员，选树岗位标兵，实施纪律审查人才骨干培养"百人计划"，分层分类组织业务培训 7500 余人次。启动系统内 A 级廉政风险岗位随机抽查审计，对一个内设机构、一个派驻机构开展抽查审计。建立"周统计、月分析、季研判"工作机制，狠抓过程管理，强化督查督办。借鉴全省党风廉政建设社会评价模式，建立纪检监察干部风纪社会评价机制，通过电话访问和网上问卷调查，电话访评 9.4 万余名干部群众，涵盖市级 107 个党群部门、政府部门、公共服务行业和 127 个乡镇（街道），获得有效样本 1.48 万余个。网上问卷调查访问量 3742 次，收集有效表单 634 份，收集问题和意见建议 246 条。坚决严防"灯下黑"，2017 年以来，全市受理纪检监察干部信访举报 42 件，立案审查 6 件。

纪检监察干部风纪社会评价

德阳市纪委办公室

德阳市积极探索纪检监察干部监督新模式、新路径，出台《德阳市纪检监察干部风纪社会评价实施办法（试行）》，将社会评价机制引入纪检监察干部监督工作中，创新开展纪检监察干部风纪社会评价，采取"电话访评"+"问卷调查"的方式，全面客观真实掌握市、县、乡三级1100余名纪检监察干部作风、纪律状况，用实际行动回答"谁来监督纪委"的问题。

一 线上线下同步，全面真实客观

纪检监察干部风纪社会评价从2017年开始每年开展一次，以热线电话访评、书面问卷调查、网上随机问卷的方式进行，通过走访同纪检监察业务密切相关群体、随机调查党员干部群众的方式，全面真实客观掌握纪检监察干部风纪状况。热线电话访评是委托德阳市民意调查中心，通过计算机辅助调查系统（CATI系统）民意调查热线"12340"，计算机按规则随机抽取全市党员、干部、群众开展电话访评，与年度党风廉政建设社会满意度评价同步开展。书面问卷调查是专门向"两代表一委员"、纪委委员、特邀监察员、管理和服务对象、新闻媒体人等群体面对面发放调查问卷，定向开展问卷测评。网上随机问卷是在市纪委官网官博开辟风纪评价《问卷调查》专栏，科学设置问卷题目，发链接邀请党员干部群众广泛参与。在第一季度试点评价中，电话访评9.4万余名干部群众，涵盖市级107个党群部门、政府部门、公共服务行业和127个乡镇（街道）。书面问卷调查、网上随机问卷访问量3742次，收集有效表单634份，收集问题和意见建议246条。

二 指标细化精准，量化"问诊把脉"

风纪评价内容紧紧围绕"风纪"二字，从履行职责、遵守纪律、工作作风三个方面进行细化，分类设置"好""一般""不好""不清楚"四个具体指标，并对评价"不好"的具体事例进行追问，切实摸清评价依据，获取问题线索，对纪检监察干部队伍风纪状况进行"问诊把脉"。从一季度试点评价来看，72.2%的受访者对纪检监察干部的风纪情况总体评价为"好"，17.4%的受访者评价为"一般"，0.7%的受访者明确表示"不好"，9.7%的受访者表示"不清楚"。从评价数据来看，在超七成说"好"的受访者中，党政机关、国家公职人员对纪检监察干部风纪情况评价最高，越往基层，普通群众对纪检监察干部的满意度越低。从群众反馈的意见建议来看，受访者对纪检监察干部"执纪不力、包庇纵容、推诿敷衍、律己不严"等问题反映较为强烈，诊断出了全市纪检监察队伍当前存在的问题。

三 强化结果运用，切实整改提升

建立"台账+清单+限时"工作机制，对收集到的246条问题和意见建议分类建立工作台账，制定责任清单，明确完成时限，以"发点球"的方式，分别向六县（市、区）纪委和市纪委相关室、市级派驻机构派发"意见建议交办函"18份、移送问题线索2件。采取"专项督察+常态督察+回访督察"方式，组建由纪检干部、特邀监察员组成的执纪督察队，开展明察暗访、随机督察70余次，专门督察纪检监察干部作风纪律执行、问题整改等情况。对意见建议多、群众反映强烈的地区（部门），市、县两级纪委分层分类、专项约谈提醒100余人次，督促问题整改。同时，把风纪测评结果纳入县级纪委、派驻机构以及纪检监察干部年度考核，年终兑现奖惩。

"访治督防"闭环惩治基层"微腐败"

德阳市纪委办公室

2017年3月以来,德阳市打出"全员访、重点治、定点督、前瞻防"组合拳,发起全域惩治基层"微腐败"的凌厉攻势,全市立案查处"微腐败"问题471件,给予党纪政纪处分205人,组织处理178人。

全员走访,全域覆盖,摸清"微腐"底数。集中开展走基层"清风行动·2017",全市1163名专兼职纪检监察干部全员走访,全域覆盖127个乡镇(街道)1774个村(社区),定向查访企业和个体工商业者2800余户,随机面访群众1.5万余人,发现基层党员干部侵占挪用、优亲厚友、吃拿卡要等问题线索1240个,收集干部作风不实、政策宣传不广、交通出行不便、发展环境不优等意见建议11430条,全面摸清基层"微腐败"底数和群众期盼。市、县两级纪委对"清风行动"、监督检查、信访举报、执纪审查发现的问题线索进行综合分析研判,梳理出群众反映强烈、腐败易发多发的重点领域和突出问题。

重点领域,重点整治,纠正"微腐"乱象。聚焦亟须整治的扶贫救助、砂石开采、征地拆迁和工程建设等四大重点领域,市纪委书记牵头挂帅成立工作专班,从司法、公安、审计和建设部门抽调30余名业务能手,集中力量、集中时间、全域联动整治突出问题、纠正行业乱象。对2016年以来重点领域问题线索进行大清理、大排查,变"等米下锅"为"主动出击",深度梳理研判问题线索365条。建立重点领域问题线索处置"绿色通道",通过自办、领办、提办、交办等方式进行集中查办,挂牌督办43条问题线索、81件审查案件,对问题反映严重、基层办案阻力大的线索,实施协作办案、交叉办案、提级督办。截至目前,重点领域专项治理共立案审查182件,给予党政纪处分59人,发出通报20期,曝光62人。

定向交办,定点督导,助力"微腐"治理。建立"台账制"+"清单制"+"限时制"工作机制,分类建立基层"微腐败"、建议意见"两本数据台账",

召开专题交办会，市纪委分别向县（市、区）纪委、市级有关部门党组"一对一"指定交办问题线索和意见建议，要求限期办理、限时反馈。按照纪委班子成员包县督导、纪检干部驻镇"作战"的工作模式，实施"百人联百镇"计划，组织127名市、县两级纪委副科级以上干部"一对一"督查指导127个乡镇（街道），每月分两次走出"机关门"，深入基层一线督导乡镇"微腐败"整治情况。实施"百人联百所"计划，组织27个市级部门党组（党委）108名领导班子成员分别联系指导266个基层站所、行业协会，走进"农家户"，收集意见建议、发现问题线索。截至目前，发现并纠正乡镇（街道）主体责任落实不力、公开公示不到位等问题215个，收集干部群众意见建议1138条，发现问题线索1146个。

前移关口，前瞻预防，构筑"微腐"防线。在《德阳日报》、德阳电台电视台、市纪委官网官微设立"曝光台"，通报曝光"微腐败"典型案例95起；开通"回音壁"，"每周一"公开回复"清风行动·2017"群众反映的问题及意见建议办理情况。实施"一案一教育""一案一警示"，组织70余个案发单位对违纪违法案件深入剖析，组织1200余名基层干部及家属旁听职务犯罪案件庭审宣判，接受警示教育。开展"问题必说清""全员再承诺"，全市257人主动向组织"说清"问题，主动上缴违纪款79万余元。深化A级廉政风险岗位抽查审计，对60个A级风险岗位、18个工程建设项目和政府采购项目开展抽查审计、全程审计，发现问题、堵塞漏洞。成立9个专项抽查组，对全市"三重一大"事项数量多、金额大、风险高的30个重点部门（单位）开展交叉检查，发现突出问题44个，发出《预防腐败建议书》23份。运用现代信息技术，试点建设城市保障性住房领域监督"大数据"比对平台，对城市保障性住房领域实时预警、动态监督。

"一核三治"在基层社会治理的探索与实践

中共德阳市委宣传部

党的十九大提出:"要加强农村基层基础工作,健全自治、法治、德治相结合的乡村治理体系。"2017年以来,我们在罗江区星光、长堰、天台、万安四个村开展"四好"村示范创建活动,探索构建以党的领导和法治、德治、自治有机结合的基层现代治理体系,以核心价值观持续推进文明乡村、法治乡村建设,努力建设"业兴、家富、人和、村美"的幸福美丽新村。目前,"四好"示范村产业发展注入新动力、社会文明呈现新风尚。

一 构建"一核三治"基层现代治理体系的背景

(一)新型城镇化的快速推进

随着城镇化进程加速,农村社会结构正发生深刻变动,农民思想观念也随之发生深刻变化。这些变化在给农村经济社会发展带来巨大活力的同时,也给乡村治理带来了一系列新问题、新挑战,尤其是在基层农村,农村文化、道德、社会规范的传承出现断裂和"空白区"。一些地方干群关系不和谐,基层民主管理制度不健全,基层党组织凝聚力不强,公共服务和社会服务能力比较差。解决这些问题仅仅靠行政管理这只"有形的手"远远不够,还需借助乡村道德约束这只"无形的手"。

(二)依法治国方略的全面实施

党的十八届四中全会明确指出,推进多层次多领域依法治理,坚持系统治理、依法治理、综合治理、源头治理,深化基层组织和部门、行业依法治理,支持各类社会主体自我约束、自我管理,发挥市民公约、村规民约、行业规章、团体章程等社会规范在社会治理中的积极作用。2016年4月,省委、省政府作出了全面开展"四好"村创建的重大决策。2017年2月,市委书记亲自主持召开专题会,研究罗江"四好村"示范点创建工作,作出"罗江先行、德阳示范、四川经验、全国推广"的重要指示,全面开展"四好村"创建活动,积极构建点亮、线美、面广的幸福美丽新村建设新格局。在打造"幸福美丽新村"过程中,如何让法治新时代扮亮美好乡村是摆在我们面前迫切需要解决的重要课题。

(三) 移风易俗工作的进一步深化

随着农村经济社会的快速发展,农民"口袋"富起来了,但脑袋没有同步"富起来",农村的精神文明水平还相对低下,部分地区铺张浪费严重,盲目攀比,红白喜事讲排场,大操大办;聚众赌博的现象日益严重;公共意识薄弱,环境卫生脏乱差,这些与社会主义核心价值观所倡导的文明格格不入。用法治手段推动养成好习惯、形成好风气,引导群众主动移风易俗,全面深入推进基层依法治理刻不容缓。

二 构建"一核三治"基层现代治理体系,建设幸福美丽新村的主要做法

目前,罗江区"四好"示范村包括星光、长堰、天台、万安四个村,地域面积15.6平方千米,辖47个村(居)民小组、2827户、8333人,2016年农民人均纯收入14653元。2017年以来,"四好"示范村探索构建以党的领导、法治、德治、自治有机结合的基层现代治理体系,持续推进法治乡村建设,努力建设"业兴、家富、人和、村美"的幸福美丽新村。目前,"四好"示范村产业发展注入新动力、社会文明呈现新风尚,"四好"创建深入有序推进。

(一) 突出核心领导,抓好"两委"作用发挥

在"四好"示范村的创建过程中,秉承"举好一面旗,走好一条路"的理念,充分发挥镇村两级党组织的战斗堡垒作用。一是牵好头。组织和召集村民(代表)开展各项经济政治和社会活动,确保村民自觉地广泛参与村级事务管理。二是把好关。在村民(代表)的各项活动中,坚持党的基本原则

和政策，把握好法律法规，确保村民的集体议事活动符合政策法规。三是服好务。对于村民集体议定和决策的事项，不横加干涉、不主观臆断，不折不扣地落实和执行，还权于民，确保群众普遍意愿的实现。

（二） 突出法治育人，抓好法治乡村建设

2017年以来，"四好"示范村以"用得上、听得懂、看得见、信得过"为工作理念，大力开展法治文化进院落、法治宣传进家庭、法治知识进头脑、法律服务进村组行动，引导村民知法用法，为幸福美丽新村建设营造了良好的法治环境。

1. 开展法治宣传进万家行动，宣传百姓"用得上"的普法内容

围绕转型发展和新农村建设，在全镇开展"优化大环境、服务大发展"的法治宣传活动，普及宅基地纠纷、土地流转、征地补偿等法律法规；春运期间开展反传销、防盗防诈骗"送法进村（居）"专项行动，切实维护农村群众人身、财产安全；围绕婚姻家庭矛盾、邻里纠纷，举办"当家人"法律知识培训，力求家庭"主事人"懂法守法；针对财产分割、以房养老问题，开展"送法上门"关爱服务，帮助高龄老人安享晚年。

2. 开展法治知识进头脑行动，进行群众"听得懂"的普法教育

依托文化、科技、卫生"三下乡"平台，开展法治小品、普法快板书、法律知识表演、唱歌等群众喜闻乐见的法治文艺演出。借助"以案说法"活动，以案例对法律知识进行形象生动的诠释讲解，让群众直观了解法律条文，明辨法律是非。结合新春文化活动在示范村开展法治灯谜、法律知识竞赛等形式多样的活动，不断增强法治宣传教育工作的吸引力和感染力。

3. 开展法治文化进院落行动，打造村民"看得见"的普法阵地

以自然村落为基本单位，开展"村村通"广播站建设，实现全镇每个村月月有法制宣传教育活动。创建法治文化广场，让广大村民在休闲娱乐中潜移默化地增强法律意识。各村以农民夜校、法治宣传画廊、法律图书室等固有阵地为基本单位，开展常态化法制宣传教育，统筹发挥各类普法资源的综合作用。

4. 开展法治服务进村组行动，建立村民"信得过"的普法队伍

加大村（社区）法律顾问制度建设的力度，组织引导律师、基层法律服务工作者承担农村（社区）法律顾问工作，出台考核办法，建立村级组织对法律顾问服务评价机制，激励乡村（社区）法律顾问利用自身法律专业优势，

定期为村（社区）进行"法律体检"，为基层组织依法决策、依法管理提供法律意见和建议。依托村"两委"干部，充分发挥大学生村官、老党员、老干部、退休法律工作者的作用，建立常驻农村的普法宣传队伍。

（三）突出德治化人，抓好社会风气净化

1. 以文化活动为载体，革除陋风恶习

针对部分村存在的封建迷信、"黄赌毒"、大操大办等陋风恶习，依托广播电视村村通、乡镇综合文化站、文化信息资源共享、农家书屋等重点文化惠民工程，以农村文化艺术节、乡村坝坝会、农民读书节等大活动为载体，广泛开展广场舞、篮球、读书教育等群众喜闻乐见的文娱体育活动，引导村民主动革除陋习，推动移风易俗，养成健康文明的生活习惯。

2. 以先进典型为引领，培育新风新尚

深入推进群众性精神文明创建，在农户中广泛开展"文明家庭""文明十星户""文明村镇"等创建活动，发动广大群众积极参与，使群众自觉成为道德建设的传播者和实践者，形成讲文明、除陋习、树新风的良好社会氛围。目前，示范村在创建活动中评选"星级文明户"10户、"好媳妇户"8户、"好婆婆户"6户，"模范丈夫户"1户，"脱贫攻坚先进户"1户。

3. 以家风家训为带动，弘扬传统美德

广泛开展"传家风、立家规、树新风"活动，通过在家谱村史、牌匾楹联、经典家训中寻找和长辈口述、家人共议等形式挖掘整理编写弘扬传统美德、体现时代要求、贴近生活实际的格言、家规、家训。建设家风家训堂，引导家家户户写家风、晒家训，将好家规集中展示陈列。倡导家庭成员通过家信、微信、短信等形式"写家书"，传承优秀家风家训家规。

（四）突出自治树人，抓好村民自治管理

1. 建好村民自治组织

在自治机构上，建立晚上村民议事代表会、公民道德协会、邻里乡亲互助会；在人员组成上，由村干部、老党员、退休老干部和有威信的群众代表组成，同时吸纳了乡贤能人、第一书记和驻村工作队力量；在工作形式上，定期或不定期召开通气会，通报情况，总结经验。目前，"四好"示范村都成立了村民议事代表会、公民道德协会、邻里乡亲互助会。

2. 订好村规民约

各村立足实际，按照"找短板、解难题"的要求，认真做好村规民约的订立。在内容上突出公德性。把宣传村规民约与加强村民社会公德教育、开展崇尚科学、破除迷信等活动紧密结合起来，大力倡导社会公德、职业道德、家庭美德、个人品德"四德"教育。在实施上突出实用性。按照易记、易懂、易行的原则，紧紧抓住群众日常生活所关注关心的各种问题，如环境卫生、文明养殖、教育孩子、诚信生产等提出具体的行为要求，把推行村规民约与解决基层实际问题有机结合起来。

3. 搞好村民自治

"四好"示范村创建过程中，在坚持党委、政府主导地位的前提下，改变过去村民自治由干部"替民做主"的做法，引导村民积极参与乡村治理。尤其是在此次风貌改造过程中，充分尊重群众的主体地位，集中全部村民的智慧，积极引导村民改水、改厕、改厨、改圈，建设污水处理体系，对蓝色彩钢棚拆除或者改色，对门厅围墙改造，这样就使幸福美丽新村的建设改造过程成为群众自我管理、自我教育、自我服务的过程。

三 "一核三治"基层现代治理体系的实施效果

（一）推动了农村经济社会发展

"一核三治"基层现代治理体系在"四好"示范村的实践，保障了村民的知情权、参与权、决策权、监督权，增强了村民的主人翁意识和责任感，充分调动了广大群众参与新农村建设的主动性、积极性，从而推动了农村征地拆迁、安置补偿、产业结构调整、公益事业发展及道路建设等工作的顺利实施，促进了农村经济快速发展。

（二）促进了农村社会和谐稳定

通过"一核三治"的实施，"四好"示范村村民遵法守法的意识得到加强，村社干部依法办事的能力得到提高，办事依法、遇事找法、解决问题用法、化解矛盾靠法的法治良序正在形成，乡村矛盾纠纷减少，安全意识增强，治安形势好转，邻里关系和睦，干群关系融洽。

（三）带动了农村社会风气好转

通过"一核三治"基层现代治理体系的实施，村民对各级组织、村集体的归属感、认同感得到了明显提高。过去，天台村村民过去有比较严重的"等靠要"思想，有些人想方设法争取低保等救助。现在，村民们自力更生、互帮互助意识大大增强，生活得到改善的村民主动要求不再享受救助，有的还主动捐助有困难的村民，转变了农村社会风气，促进了和谐稳定。

（四）提升了乡村治理水平

"四好"示范村以"一核三治"基层现代治理体系的实施为契机，基本建立起党委与政府引导、村级基层组织主导、基层群众广泛参与、社会各界踊跃支持的农村治理体系，推动了基层社会管理向乡村治理方式的创新和转变，提升了党委政府依法治理基层的水平和村组干部依法开展基层自治工作的能力；进一步增强了群众"自己事情自己办"的意识，村民"四自"能力和水平不断增强，参与村级事务的积极性、主动性明显提高。

四 "一核三治"基层现代治理体系的启示

（一）充分发挥党组织领导核心作用和政府主导作用

在"一核三治"基层现代治理体系的建立和实施过程中始终坚持党的领导。把强化基层社会治理工作作为党政"精细管理"的重要内容，深化村民自治的重要载体全面推广。始终坚持发挥政府的主导作用，部门统筹推进、共同督导。

（二）充分发挥人民群众的主体作用

群众是一切创造的主体，建设幸福美丽新村也不例外。"四好"示范村充分尊重群众主体地位，积极组织动员群众投入新村的规划、建设、管理全过程，使村民们学法、用法、敬法、守法观念进一步增强的同时，实现了从被动发展到主动参与的转变，自我约束和自我管理能力显著提升。这也是依法治国基本方略在基层工作中的具体体现。

（三）充分发挥法治的规范和保障作用

"一核三治"基层现代治理体系的建立和实施过程中，特别是村规民约的制定过程中始终坚持以村民自治法律法规为依据，使村规民约制定工作法制化、制度化、规范化，坚持做到"三符合"，即制定过程要符合法定程序，条文内容要符合法律规范，公布实施要符合法治精神，保证了村规民约制定实施工作在法治的轨道上运行。

"三融三同"党建模式促进非公有制经济"两个健康"

中共德阳市委统战部

为推动非公有制经济组织党组织发挥核心作用,中共德阳市委统战部坚持把非公有制经济组织党的建设作为实现非公有制经济健康发展、非公有制经济人士健康成长"两个健康"的着力点,不断探索"三融三同"党建模式,为企业发展与非公有制企业党建有效融合,为非公有制经济组织党组织开展活动和发挥作用提供了方法载体和有效抓手。在市委"两新"组织工委领导下,成立了全市非公有制经济组织综合党委,设立了新经济组织办公室,加上民政系统的新社会组织综合党委和新社会组织办公室、党建工作指导站及各产业园区党群活动服务中心(工作部)形成了横向到边、纵向到底的非公有制企业党建网络体系;全市已建立非公有制企业党组织1296个,创建非公有制企业党建工作示范点130个,聘请党建指导员453名,党员人数达11171名。

一 坚持政治引导与企业发展融合互动,实现生产经营与党的建设目标同向

一是充分发挥统战部、工商联密切联系企业的优势,针对性开展培训工作,把对企业出资人的党建教育制度化、规范化。近年来,坚持每年组织非公有制经济人士前往清华大学、复旦大学等著名高校集中学习国内外的经济形势和国家宏观经济政策形势及党的理论方针政策等基本知识,参观学习北京、上海、广州等地知名企业党建工作开展情况。组织非公有制经济人士参加省、市有关部门举办的各种学习20多次,达3000多人(次),在培训中接受"感党恩,跟党走"和爱国主义等教育。二是结合"万企帮万村"等活动,引导民营企业自觉投入脱贫攻坚工作中,通过帮贫济困感受党全心全意为人民服务的宗旨,激发非公有制企业人士的社会责任感和回报社会意识,

自 2015 年 7 月至 2016 年 9 月底,四川蓝剑饮品集团有限公司、四川宏华石油设备公司等 44 家民营企业累计捐款捐物 1725.64 万元,其中个人捐款捐物 257.05 万元,企业捐款捐物 1468.59 万元。三是牵头协调建立各级领导联系企业制度,采取走访、座谈、电话联系等方式加强与规模以上非公有制企业的联系,及时为企业排忧解难。同时发挥统战部非公有制经济组织综合党委和新经济组织办公室的作用,指导非公有制企业党组织充分发挥党员先锋模范作用,为企业化解困难和危机提供服务;发挥党组织在企业中的政治核心优势,引导党组织把党的工作同企业生产目标结合起来,为企业的可持续发展提供有力的思想政治保障。在"服务+引导"中增进了企业职工群众对党组织的认同感和归属感。按照"围绕发展抓党建、抓好党建促发展"的总体思路,在广大党员中大力开展"我为企业建言献策""岗位练兵""三比三亮"(比思想、比作风、比奉献,亮身份、亮承诺、亮行为)等活动,引导党员在企业发展中创先争优,指导企业党组织和党员围绕企业发展战略调整、发展方式转变集思广益,群策群力,有效激发了党员的荣誉感和归属感,实现党建工作与经济发展同频共振。

二 坚持企业管理与群众参与融合互促,实现群团建设与行政管理行动同步

由统战部牵头抓总,市总工会、团市委和妇联分头落实,按照党建带群团、群团建设促党建的原则,构建起以党组织建设为核心,工会、团委、妇联全面发展、统筹规划、相互促进的党组织建设整体格局。一方面扩大了群团的组织覆盖、工作覆盖和影响覆盖,实现了党建带统战,统战抓党建的工作衔接;另一方面,形成了党建与群团建设、企业增收增效相互联动,形成合力,开创了党建工作的新局面。各级工会、共青团、妇女组织在巩固原有基层组织的基础上,不断拓展工作的新领域,动员和引导非公有制经济组织积极建立群团组织,规范程序、落实人员、健全组织、严格管理、开展活动。统战部充分利用整体资源,统一设计、统一部署、统一落实,通过各种形式吸引和凝聚职工、先进青年、妇女加入工会、共青团、妇联。以活动为载体把群团组织的智慧和力量凝聚到和谐发展的目标上来,积极开展"创建学习型党组织,争做学习型党员"、"创建学习型组织,争做知识型职工"活动、"青春创业、岗位建功"竞赛、争创青年文明号和青年岗位能手活动、"双学双比"和

"巾帼建功"等各群团组织富有品牌特色的活动,为企业管理、增效增收培养、扶持和发现人才、稳定队伍,使广大党员、职工、团员青年、妇女的理论水平和政治觉悟有明显提高,群团的先进性和凝聚力明显增强,覆盖面明显扩大,投身经济建设和促进社会全面和谐发展的积极性明显提高。

三 坚持党建引领与企业文化融合互补,实现企业精神与党的宗旨发展内涵同频

为适应员工新要求新期盼、提升员工幸福感,密切联系新的社会阶层人士,在非公有制经济组织中大力推动"家园"文化建设,号召职工群众爱厂如家,培育利益共生、事业共融、成就共享的企业文化。通过家园文化建设,既满足了员工的需求,也打造了非公有制企业的软实力,彰显了党建引领企业发展的重要作用。一是大力开展文体活动,丰富职工文化生活。结合"全国文明城市"和"全国卫生城市"创建活动,大力开展爱国卫生运动,整理卫生,规范秩序。结合主题党日活动,大力开展征文比赛、演讲比赛等文体活动,实现了党建工作和企业经济、文化建设共同发展的多赢局面。通过开展歌咏比赛、"我的入党故事"征文比赛、"忆党恩、跟党走"朗诵比赛等活动,进一步丰富党建工作内涵,增强了非公有制企业党员的自豪感、荣誉感和使命感。二是突出党建带群建,强化职工人文关怀。在春节、端午、重阳、三八妇女节等节日期间,组织工会、妇联等群团组织关心慰问困难职工。在推动非公有制企业党建工作规范化的基础上,指导企业党组织建立党务工作室、党员活动室和便民服务室,既满足党务工作需要,又为党员和职工提供思想教育、谈心交流、诉求表达、心理咨询等服务,让全体员工切实感受到德阳企业"家文化"的温暖。三是建立联系关怀机制,维护员工合法权益。发挥经济统战职能,着重加强对非公有制企业的服务工作。加强维权服务。协调市工商联"损害民营企业权益行为投诉中心"为民营企业维权和解决纠纷,维护非公有制经济组织的合法权益。为企业搭建平台。利用与境外、省内外友好商会关系,积极为会员提供服务和帮助。组织企业参加各类博览会、经济论坛等,促进企业与外界的联系、沟通,拓宽了企业家的视野,提高企业的知名度。加强协调沟通,维护员工合法权益。组织非公有制企业党组织开展谈心服务,做到"三必谈三必访",做值得信赖的"主心骨"和"贴心人";建立困难党员和职工信息台账,开展党内关怀、结对帮扶、扶贫济困等

活动，解决党员和职工的实际困难。

  自开展"三融三同"党建工作以来，全市非公有制经济党建工作以强基固本、素质提升和作用发挥为重点，积极进取、扎实工作，取得显著成效，先后开展了党建工作"星火计划"、星期五谈心谈话、"转转会"定期交流、"12371"短信平台等有效做法，受到了各级领导、省内外同行和新闻媒体的广泛关注。省委组织部多次点名德阳到省上作交流发言，宜宾、阿坝等地先后组团来德阳实地考察、现场交流，《人民日报》《中国组织人事报》《四川日报》等有影响的主流媒体，先后50余次报道德阳市实施"星火计划"等工作的经验成果，进一步打响了德阳"两新"党建在全省全国的品牌。

"两堂合一"有效推动机关法治与德治建设协同发展

中共德阳市直属机关工作委员会

习近平总书记在主持中央政治局第三十七次集体学习时强调，必须坚持依法治国和以德治国相结合，使法治和德治在国家治理中相互补充、相互促进、相得益彰，推进国家治理体系和治理能力现代化。这是机关法治建设和精神文明建设的着力点，是提升机关党建科学化水平的需要，是新时代中国特色社会主义建设的必然要求。市直机关工委结合自身职责，紧密结合机关特点，以做好党员思想建设、共享活动平台、选树先进典型为抓手，在"法律进机关"、精神文明建设等工作中整合资源，不断夯实机关基层党组织的思想、组织、作风建设，打造机关法治与德治建设协同发展的新格局。

一 依托党员教育平台，推动法治教育

坚持把抓好思想教育，提高机关党员干部素质，作为保障各项工作有序开展的首要任务。立足职能将社会主义核心价值观教育、法治教育纳入党员学习教育工作，努力提升机关党员干部法治思维和依法行政能力，不断增强全面推进依法执政、依法行政的自觉性和坚定性。

1. 抓住"关键少数"，引领学法用法

在机关党组织中开展"书记讲法"活动，在"两学一做"学习教育中，将依法治理和法律法规知识纳入领导干部和机关党组织书记讲党课的必讲内容。市直各部门机关党组织书记把依法治理和法律法规知识以及《中国共产党廉洁自律准则》《中国共产党纪律处分条例》等纳入讲课内容。全市机关单位普遍建立和完善领导干部学法考勤、学法档案、学法情况通报等制度和督察机制，确保学法用法效果。

2. 深入推动经常性学法

积极组织市级机关开展《宪法》《行政诉讼法》等法治讲座，发放《〈行

政诉讼法〉干部学习手册》600余册，培训受众人数达5000余人。

3. 在党员教育中开展法治培训

把依法执政、依法行政和法律法规知识纳入党务干部和预备党员培训，为提升市级机关干部职工法治思维、提升依法办事能力打牢基础。

4. 开展法律知识考试

组织市直机关县级领导干部开展法律知识考试，考试参考率100%，合格率98%。通过以考督学、以考促学、以考促用的方式，进一步增强机关干部学法、用法意识。

二 整合活动载体，推动法治与德治宣传

激发党员主观能动性，依托机关精神文明建设活动平台，开展"法治道德讲堂"、志愿服务、党员巡讲等活动，加强普法宣传教育，营造浓厚的学法用法氛围。

1. 推动法治讲堂与道德讲堂"两堂合一"

打开思路、整合资源，把依法治理、法律法规知识融入"讲堂"内容，推动建立"道德法治讲堂"，机关核心价值观和依法治理、法治观念教育工作取得显著成效。一是印发《关于2017年市直机关开展"道德法治讲堂"活动的通知》（德市工委〔2017〕23号）。制定了活动规划，对活动的开展作出了切实可行的安排部署。二是结合机关实际加强活动阵地和队伍建设。提出由"口长"单位牵头，"口内"单位通力配合，以整合和新建相结合的方式，创建"道德法治讲堂"。规范"六个一"标准，打造一批特点突出、成效明显的"道德法治示范"讲堂，组建专家宣讲、模范典型宣讲、群众宣讲三类宣讲队伍，以完善的"硬件"保障活动效果。三是以培育和践行社会主义核心价值观为根本，规范活动流程和内容。在每一场道德讲堂实施过程中，开展唱道德歌、学模范、诵道德法治经典、谈感悟、送吉祥"五个一"活动，让干部职工以"我听、我看、我讲、我议、我选、我行"的形式参与"道德法治讲堂"活动。引导机关干部职工增强爱岗敬业、诚信友善、遵纪守法、社会责任意识，提升机关干部职工道德法律素质，提升机关依法执政、依法行政、优质服务水平，树立机关单位良好的内外形象。四是统筹协调，安排市直机关九大口轮流承办"德阳道德法治讲坛"活动。组织机关单位每周三在德阳文庙开展法治、德治教育活动。截至目前，活动已开展44场次，参与群

众 3500 余人。据统计，2017 年市直机关各单位开展"法治道德讲堂"172次，参与人员 13760 余人。

2. 推动法律志愿服务活动

以机关党员志愿服务队为抓手，结合"一固定""双引领"和"三共建"。整合法治资料、信息、阵地及人才等资源，共同搭建网络沟通、信息交换等平台。发动机关党组织号召机关党员、驻村干部和法律服务志愿者深入社区、走村入户，送法到基层、宣法到田间，通过普及法治教育，使全社会崇尚道德、恪守诚信、遵纪守法，进而推动全社会树立法治意识，形成守法光荣、违法可耻的社会氛围。

3. 推动法治巡讲

与市委组织部、市委宣传部联合举办"两学一做"知识竞赛，将党内法规知识纳入其中。注重发挥先进榜样的示范引领作用，挖掘筛选出 7 名公检法、城管执法、劳动监察等司法执法部门的优秀党员进入全市机关先进典型巡回宣讲报告团，历时 2 个月，在 6 县（市、区）和市直机关各大口举办法治先进典型事迹巡讲 15 场，现场受众累计达 10000 余人。

三　运用法治思维，规范文明创建活动

充分发挥法治思维与法治方式在文明创建进程中的引领和推动作用，确保机关文明创建始终在法治的轨道上有序进行。机关工委持续加强开展机关文明创建活动，努力激发内生动力。在完善制度建设的同时，规范推优流程，保障推优工作公平公正有序推进。2017 年开展机关市级文明单位创建活动，推荐 2 个单位成功创建市级文明单位；开展机关德阳市首届文明家庭推荐活动，推荐市直机关 5 个家庭参与评选，其中 2 个入选第一届德阳市文明家庭，1 个入选四川省首届文明家庭；开展机关德阳市志愿服务先进典型推荐评选活动，推荐优秀志愿服务项目 6 个、优秀志愿者 9 人、优秀志愿组织 8 个。

通过加强法治道德教育和平台整合，实现机关道德和法治建设双管齐下，同步推进。使机关各级领导干部和职工熟悉掌握与职能职责相关的法律知识，增强社会主义法治理念，提高依法行政能力和水平，在全面依法治国中发挥党员先锋模范作用，号召带领群众知法守法。

五大机制成长效　维护权益谱新篇

德阳市委群众工作部

德阳市紧紧围绕"把群众诉求解决好、把群众权益维护好、把群众情绪疏导好、把群众意愿反映好"的目标，以夯实基层基础为切入点，以健全"五大机制"为突破口，不断健全和完善党委、政府主导的维护群众权益机制，初步形成了党委领导、政府负责、群工部门统筹协调、相关部门齐抓共管、人民群众积极参与的群众工作大格局，确保了社会和谐稳定。2015年以来，全市在重大活动和重要敏感时段实现了"零进京"非正常上访、"零到省"集体上访，信访总量和越级上访逐年下降。

一　健全民情研判机制，实现社情民意快速处理

（一）将民情收集延伸到基层一线

一是建立民情快递机制。在村组（社区）建立以干部为主的党委、政府主干线信息员队伍，以重要领域、重点部位、重点行业、大型商场为重点建立专、群结合的民情信息员队伍。同时，在每一个村民小组和城市居民小区（楼院）设置统一标识、统一规格、统一样式的"民情信息箱"，由民情信息员每天收集、筛选、整理群众的利益诉求和意见建议，初步建立起"组收集、村（社区）梳理、乡镇（街道）处理、县（市、区）负责、市统筹"的民情信息快速专递机制。二是定期开展民情调研。建立各级领导干部和机关干部、党代表、人大代表定期定点联系村组（社区）、基层群众制度，定期组织他们深入群众调研，做到调查研究在一线、收集民情在一线、化解矛盾在一线、融洽关系在一线。三是实行民情责任区。按照以乡镇（街道）为片、村（社区）为格、组（小区）为点的模式，建立"领导包片、部门驻格、干部定点"的民情责任区，由包片领导、驻格部门、定点干部与乡镇（街道）、村（社区）、组（小区）签订民情责任书，将民情责任进一步细化量化，纳入年度目标考核。2016年

以来，全市共收集涉及群众切身利益的政策调整、项目建设、物资供应等方面群众的意见和反映900余条，为党委、政府决策提供了第一手资料。

（二）将民情研判深化成常态机制

一是乡镇（街道）建立民情"一事一议"制度。乡镇（街道）每半月针对群众反映的热点、难点问题召开"一事一议"会议，进行分析讨论，提出具体工作方案和解决措施；对需要上一级解决的热点、难点问题，及时整理，专题上报。二是县（市、区）建立民情专题会议制度。县（市、区）针对收集到的民情信息，每月召开一次民情工作例会，通报需要引起关注、重视的热点问题，制订措施解决群众反映的民生问题。三是建立民情联席会议机制。对群众反映的重大问题和信访突出问题，进行定期分析研判，研究制定解决措施和办法。

（三）将民情办理定位为事要解决

建立由分管领导负责、群工部门牵头、相关部门协同配合的民情信息快速办理制度，一般性问题在一周内办理、复杂问题半月内办理、特殊疑难问题一月内办理，切实把民情办理的出发点和落脚点放在"事要解决"上。一是及时报送重要民情呈批单。对收集到的重要民情，特别是涉及范围广、参与人数多、社会影响大的民情信息，及时填报重要民情呈批单，在第一时间呈报市委、市政府分管领导阅批后认真办理。二是严格使用民情办理"三联单"。对于领导签批的重要民情信息，一律严格采用民情办理"三联单"（一联由群工部门留底，二联由承办单位或责任单位留底，三联为承办单位办结后反馈群工部门的回执单）进行交办，切实把责任压实、把问题解决。三是下发重点民情信息通知单。对重点民情信息，由群工部门以"重点民情办理通知单"的形式下发责任单位，并会同纪检监察、党委督查室、市目标督查室等相关部门，组成联合调查督导组进行检查指导。2017年以来，全市共办理涉及社会保障、征地拆迁、环境保护、医疗卫生等方面的民情信息147件，有效维护了群众权益和社会稳定。

二 健全利益协调机制，实现群众利益群众议办

（一）坚持群众的诉求群众议

坚持把信访听证作为化解群众矛盾、融洽当事双方关系的一项重要制度，

为信访群众与责任单位搭建一个平等对话、多方参与的工作平台,通过群众的诉求群众议、群众的理由群众说,把问题摆在明处,把观点亮在桌面,给当事人一个明白,最终达到息诉罢访、维护社会和谐稳定的目的。广汉市三水镇宝莲村村民孔凡珍代丈夫肖永江在1975年金河磷矿炸药被盗案中被冤枉关押和被扣发关押期间的工资待遇等问题,连续多年到省进京上访,被省上列为督办积案,社会影响极大。2015年11月,通过召开听证会,查出金河磷矿在办理肖永江退休问题上存在瑕疵等问题,最后形成了"以人为本,充分解决其生活困难,给予一定困难补助,促使其息诉罢访"的工作思路,促成了孔凡珍彻底息访罢诉。

(二) 坚持群众的事项群众办

坚持以村(社区)为重点,按照群众的事项群众办的原则,建立村(居)民定期民主议事制度,以村民小组(居民小区)为单位推选群众议事代表,参与由村(社区)党支部设立的群众议事代表会议,定向收集民情、定向参与议事、定向反馈议事结果、定向宣传政策法律、定向疏导不满情绪、定向参与议事事项的督促执行。罗江区家和社区民主直选议事代表241名,召开议事代表会议30余次,民主议决涉及群众切身利益事项50余个,调解矛盾纠纷84件,引导就业521人,完成拆迁300余户,实现了矛盾可控、服务到家、群众满意。

(三) 坚持发展利益群众共享

充分发挥人民群众在社会创造中的主体作用,建立科学高效的群众利益共享协调处理机制,积极妥善解决相关利益争议,在公平、公正的原则下,实现利益共享。1998年以来,德阳被辞退的民办教师、乡镇八大员等因身份问题、待遇问题以及生活保障等问题,先后到市委、市政府、省政府和北京上访。市委、市政府本着"尊重历史、以人为本、构建和谐"的原则,出台了《关于解决乡镇机构编外临聘人员养老保险问题的意见》,使他们绝大多数"老有所养""病有所医"的问题基本得到解决。

三 健全诉求表达机制,实现既架天线又接地气

(一) 畅通领导接访主渠道

坚持每周二有一名市领导到市群众工作中心接待群众,各县(市、区)

坚持每天有一名县级领导到县（市、区）群众工作中心接待群众。同时，大力推动市领导和市级有关部门主要负责人到各县（市、区）下访，县（市、区）领导和县（市、区）有关部门主要负责人到乡镇（街道）下访，乡镇（街道）干部"进村入户"走访，使领导干部接访成为解决问题、化解矛盾、沟通联系、促进和谐的重要形式。2017年1~9月，市领导参加接访36人次，共接待来访群众113批次843人次，下访33人次，接待群众104批次752人次，各县（市、区）领导接访766批次3211人次，促进了一大批矛盾纠纷和信访问题的有效解决。

（二）畅通网络诉求快渠道

依托网络平台建立起一套完整的市（县、市、区）长信箱管理及办理系统，使网络问政工作常态化、制度化、实效化。同时，市委、市政府坚持把"重视网络舆情"纳入维护群众权益的一项重要内容，定期收集网络舆情，印发《网络舆情报告》。市委、市政府主要领导坚持上网阅批群众来信和签批处理意见，并由市委群工部交办、督办；其他市领导坚持"上网访民意、下网解民忧"，保障了群众诉求和社情民意在网络上"无障碍通行"，使群众诉求得到了"最低成本、最高效率"的处理。

（三）畅通民生服务新渠道

一是拓展"绿色邮政"。将"绿色邮政"信箱开设到每一个村组（社区），由村组（社区）民情信息员负责，定期开箱，及时投递，做好登记。2016年以来，全市通过"绿色邮政"化解的群众诉求达1020件次。二是设立"民情热线"。在市、县（市、区）、乡镇（街道）群众工作中心设立"12345"为民服务平台，及时回答群众咨询、救助等非应急类民生问题，并加强协调、交办、督办和回访，做到"民有所呼、我有所应"。三是坚持开展"五进村（社区）"。按照服务民生、服务群众的要求，定期或不定期组织开展以"接访进村（社区）、调解进村（社区）、法律进村（社区）、培训进村（社区）、服务进村（社区）"为主题的"五进村（社区）"活动。广汉市雒城镇以"法律进社区"为主题，推行律师进社区为群众提供法律服务。绵竹市孝德镇大力开展"接访和调解进村（社区）"，实现了"矛盾在村组（社区）化解、纠纷在乡镇（街道）止步"。

四 健全矛盾调处机制，实现矛盾纠纷依法化解

（一）领导亲抓强力度

对于一些历史遗留、解决难度大的信访突出问题和群体性事件，坚持市委、市政府主要领导亲自抓、副书记和分管市领导亲自包案，为矛盾纠纷有效化解奠定了坚实基础。2017年4月，市委书记、市长亲自将2017年省联席办交办和市联席办排查梳理的32件信访积案、27名涉信涉稳重点人员交办给各县（市、区）委书记、县（市、区）长和德阳经济技术开发区、市级部门的主要领导，签订责任书，明确化解稳控目标，并纳入年终目标考核，确保突出疑难问题的责任有效落实。市委书记多次主持召开专题会议，研究领导干部接访下访包案工作，确保信访问题化解在源头、解决在基层，并亲自包案化解突出信访问题。市委副书记、市长多次召开信访突出问题专题分析会，对包案信访事项进行研判并亲自确定化解稳控方案。

（二）帮扶救助强解困

对于一些诉求不合理但生活确有困难的信访群众，坚持在政策允许的范围内，通过困难补助、帮扶救助等方式，想方设法帮助信访人解决生产生活中的实际困难。针对德阳市军队转业志愿兵就企业下岗失业后年龄大、就业难以及生活困难等问题，市委、市政府组成由市委群工部牵头的联合工作组进行专题调研，制定了失业军队退役人员帮扶解困措施，将家庭困难的纳入低保范围和医疗救助，对有就业意愿的安置到政府公益性岗位就业。

（三）三级终结强化解

对于一些诉求无政策依据的信访案件，积极引导信访人通过"三级终结"，实行案结事了。什邡市洛水镇居民王永敏以洛水镇原糖果厂强占其150平方米宅基地为由，要求领取150平方米的征地补偿款。在调查中没有任何证据能证明洛水镇糖果厂非法占用了王永敏的宅基地，什邡市多次向其作出处理答复和政策解释，但其始终固执己见，仍不断闹访。目前，已通过"三级终结"有关程序，对该信访事项实施了终结。

（四）依法处置强教育

对于诉求无政策依据，又不依法上访的，或者该信访事项已经实施终结和签订了息诉罢访书的，依法予以处置。广汉市新丰镇居民林维刚以其在广汉市南昌路被拆迁房屋的安置补偿过低为由，先后多次到省进京上访。广汉市委、市政府依据相关政策法规对提出的合理诉求解决到位，同时从以人为本、人文关怀的角度解决了其低保、就业和社保问题，林维刚也签订了息诉罢访承诺书。但在签订息诉罢访承诺书之后，林维刚再次进京上访，并提出新的无理要求。对此，公安机关依法对其进行了教育和处理。

五 健全权益保障机制，依靠公开公正促进和谐

（一）强化"三公开"

一是实行权力公开。在每一个村（社区）设立一块领导干部告示牌，对领导分工、办事项目、办事程序、政务信息、议事规则等事项和各级各部门，特别是具有较强行政管理权力的部门、领导的联系方式、监督方式向群众公开。二是实行村务公开。在村成立村务公开领导小组，明确村党支部书记和村委会主任为村务公开的第一责任人，设立村务公开栏和干群互动栏，村民对村级财务、农民负担、集体经济项目经营情况、计划生育、征用土地及宅基地审批和救灾扶贫等方面，有不明白或想知道而尚未公开的，均可在互动栏上写明，村务公开领导小组在两日内，就互动栏内的相关提问进行核实、解释与答复。三是实行信息公开。建立村（社区）和组（小区）信息公开制度，将村（社区）务管理、应急信息、议定事项、有关政策法律法规向村（居）民公开。

（二）加强"两监督"

一是加强舆论监督。充分发挥中央、省新闻媒体驻德阳机构和本地新闻媒体的舆情反映和监督作用，完善了分类梳理、归口报送、统筹协调、公开透明、快速回复和应急处置机制。政策明确、界定清楚的咨询类信息，由主管部门通过广播电视、报刊网络进行直接答复；属于行政效能方面的监督类信息，由群工部门转交监察部门按相关法律法规、政策规定督促处理；属于

倾向性、普遍性的民情类信息，由群工部门会同党委督查室和市目标督查室进行专案督办，每月对舆情调处情况进行专题通报和向党委、政府专题报告。二是加强群众监督。市委、市政府出台了《关于在全市建立村监督委员会的实施意见》，在全市1600多个村（社区）设立了监督委员会。监督委员会由村民代表自主选举产生，独立行使村务监督权，对村级财务、村"两委"工作、各组工作进行全面监督。

（三）完善"一评估"

在市、县（市、区）健全和完善了以民意调查、专家评价、听证评估为主要内容的信访风险评估机制，对重大工程项目和重大政策制定可能出现的社会风险、矛盾纠纷和各种不稳定因素进行评估；对涉及群众切身利益的决策，事先听取群众意见，汇聚民意、集中民智，对出台重大决策或涉及多数群众利益的决定实行事前听证，邀请群众代表和相关部门负责人进行讨论，对多数群众不支持的事项暂缓实施，对通过听证评估的事项，召开大会作出承诺，接受群众监督，做到有明显不稳定风险的政策不出台或暂缓出台、绝大多数群众不支持的项目不立项或暂缓立项。2015年以来，市委、市政府设立的重大项目建设、重要政策调整和涉及民生的重大事项共20余项，都通过了信访风险评估。

推进律师参与信访 破解"信访不信法"难题

德阳市委群工部

2017年,德阳推出"律师参与化解和代理信访事项"制度,并在市委群工部及市直政法各部门设点试行,着力破解群众"信访不信法"难题,有力推动了人民群众合理诉求的解决、合法权益的维护,为德阳社会大局和谐稳定奠定了良好基础。

一 建立健全"四大机制"

坚持以机制建设为牵引,确保律师参与信访工作取得实效。一是建立选派机制。在市委群工部和市群众工作中心设立信访法律服务工作站,在每周二市领导接待日派驻律师参与接待来访群众。加强与市司法局、市律师协会的协调联动,严格筛选律师事务所,精心选聘接访律师,把好律师"入口关"。加强参与信访工作律师队伍建设,设定了参与信访工作律师事务所的入库门槛和律师的执业规范,认真筛选并确定了10家综合业务能力较强、信访工作经验丰富的事务所,在10家律师事务所骨干力量中,选拔了60名具有三年以上执业经历,熟悉市情、社情、民情,具备较强社会责任感和丰富涉法涉诉信访工作经验的优秀律师组成参与信访案件专家库,让真正有社会担当、热心公益的律师事务所和律师参与到信访工作中来。根据律师年龄、执业年限和专业特长等不同情况,合理搭配值班律师,做到年龄中青搭配、执业年限均衡、专业特长互补,充分发挥每名值班律师的自身优势,切实提升服务质量和服务效率,确保接访律师服务质量。二是建立培训机制。坚持以交流培训为抓手,促进法律服务工作与信访工作在律师参与信访过程中深度结合。在深入研究和充分对接的基础上,编印了律师参与信访工作的有关资料,为律师参与涉法涉诉信访工作提供了详细的政策和法律依据。加强对进驻律师参与信访工作的培训，请市委群工部和市群众工作中心的业务负责人从信访业务知识、工作程序以及具体信访案例分析等方面对值班律师进行培训，引导律师关注支持和参与信访工作。采取集中学习和座谈交流相结合的形式，定期或不定期召开市群众工作中心与进驻律师的业务交流座谈会，相互交流学习在日常接访工作中的好经验、好做法，进一步提升值班律师的接访能力，不断推动律师参与信访工作深入扎实开展，确保了参与信访工作的律师当好信访群众的"咨询员""引导员""调解员""服务员"。三是建立化解机制。充分发挥好值班律师作为第三方的作用，提升律师参与信访工作制度化、规范化水平，进一步完善了律师参与矛盾纠纷和特殊疑难信访问题化解的相关制度。制定了律师参与信访工作规定，明确岗位职责、工作方式、工作程序和纪律约束，确保信访接谈、案件会商、案件评查、法制宣传、矛盾纠纷化解等各项信访工作规范化开展。构建了群工信访部门与律师的信访沟通协作机制，做到与律师互通情况、交流信息，分析信访工作形势，对疑难信访案件实行联合会商评查，为信访事项的化解提供法律意见或建议，提出相关工作对策和措施。四是建立接访机制。把做好日常接访作为律师参与信访工作的重中之重，通过认真组织接访、定期分析反馈，强化支持保障，推动律师参与信访工作实现法律效果、政治效果和社会效果的统一。完善来访接待制度，要求值班律师在工作中做到举止文明、态度和蔼、专业解答，实行接办、转办、督办等工作机制，制定了筛选、受理、调处"三步走"的接访程序，对超出受理范围的，引导信访群众通过诉讼、仲裁、行政复议等法律途径解决，实现来访事项依法分流。

二　充分发挥"三个作用"

一是充分发挥律师的桥梁作用。建立了市、县（市、区）、乡镇（街道）、村组（社区）统一聘用信访代理员机制和"心由'代理'操、话由'代理'说、路由'代理'跑、事由'代理'办"的信访代理制度，将律师纳入各级信访代理员队伍，为信访群众代理信访事项，促进群众依法、逐级、有序上访。同时，律师作为一种非官方的中介力量，其专业性和中立性会让信访群众觉得便于沟通，值得信赖，信访人大多愿意给予律师充分的信任，心平气和地向律师说明自身情况以及表达自己的信访诉求。二是充分发挥化解作用。将律师纳入信访事项第三方评估专家库和矛盾纠纷调解员队伍，充分发挥在矛盾纠纷和信访事项中的化解作用。一方面，充分发挥律师面对信访人所发挥的矛盾化解作用。律师由于具备专业的法律素养，熟悉国家的法律和政策，也拥有丰富的司法实践经验，能够迅速了解信访内容，找出信访的争议焦点，通过向信访人分析信访事实，解释其信访诉求是否具有合理性及合法性，进而提供律师意见，积极引导信访人通过法律途径化解信访矛盾。另一方面，充分发挥律师对信访责任部门的矛盾化解作用。针对一些跨地区、跨部门的特殊疑难信访问题，律师通过对信访人需求的了解、分析，能够从法律的角度将更为客观的事实向信访相关责任部门反映，让其更为清晰地了解信访问题，弄清哪些地方存在不当行为或者违法情况，防止推诿扯皮问题，从而更加主动地优化化解方案，促进信访矛盾的化解。三是充分发挥缓解作用。针对信访诉求高且缺乏合法合理依据的信访人，由于许多信访人缺乏基本法律知识，特别是部分长期信访人情绪不稳定，容易出现越级信访以及采用极端做法解决问题。为此，要充分发挥律师"懂法律，懂政策"的专业优势，采取以案释法的形式，通过与信访人面对面的沟通、解答，提高信访人的法律意识和法制观念，分析利害关系，用法律来说服其回归理性，放弃采取违法手段信访的想法，促使信访人通过正常渠道、采取合法形式信访，避免群体性、重复性上访事件的发生，从而达到依法解决信访问题的目的和遏制矛盾激化的作用。

三 不断强化"三重保障"

一是强化工作保障。德阳市群众工作中心按照"八有"标准（有专门的接待场所、有专门的工作人员、有统一规格的名称挂牌、有办公电话、有计算机等现代办公设备、有规范的工作台账、有完善的工作制度、有基本的便民服务设施）设立德阳市信访法律服务工作站，为律师正常开展工作提供必要的工作场地和办公设备。同时，为律师参与信访工作提供必要的工作经费，并列入每年信访工作经费预算，与信访工作经费一并保障。二是强化沟通对接。建立与驻站律师管理单位定期沟通对接机制，确定了专门机构负责与市司法局和市律师协会的沟通对接工作。将驻站律师纳入市群众工作中心工作人员实施教育管理，明确专门人员即时收集驻站律师对具体信访事项提出的意见建议，每周签收驻站律师的工作日志，每月对驻站律师工作成效向相关单位反馈，做到事有人做、责有人负。三是强化权利保障。坚持在律师参与信访工作中正确界定和尊重律师的独立地位，充分支持、配合律师的工作，使律师的权利得到充分保障。在信访事项调查处理过程中，重点保障律师的知情权、阅卷权、申请调取证据权、发表意见权等执业权利，使律师能够全面及时了解相关案件情况，共同研究化解信访案件方法。特别是对一些重要的疑难信访案件，当律师出具的律师意见书认可的信访化解方案合法时，相关责任单位才能通过信访核查化解方案，并对不合理的信访进行终结。同时，对律师的意见建议及时反馈，合理意见予以采纳，不予采纳的，及时作出说明。近年来，全市参与信访工作的律师140余名，参与接待来访群众332批次885人次，参与处理疑难复杂信访事项68件次，服务信访工作决策19件次，参与信访督查19人次，赢得了广大信访群众的热烈欢迎和充分肯定。

严格依法履职　扎实推动"一核三治"工作

德阳市人大常委会办公室

为加快推进地方治理体系和治理能力现代化，落实省委"落实到基层、落实靠基层"的要求，按照德阳市委加快构建以基层党组织为核心、法治德治自治相结合的"一核三治"基层现代化体系的要求，市人大严格依法履职，把人大立法、监督等工作和推动"一核三治"工作相结合，通过加强机关建设、科学立法、深化人大代表小组工作室和强化监督等工作，推动了"一核三治"基层治理能力建设迈上一个新台阶。

一　强化认识，加强机关法治建设

（一）强化党的建设，深入学习宣传党内法规

市人大常委会通过会前学法、机关学习会等方式，大力宣传《关于新形势下党内政治生活的若干准则》《中国共产党党内监督条例》《中国共产党廉洁自律准则》《中国共产党纪律处分条例》《中国共产党问责条例》等各项党内法规，教育引导机关党员干部坚定理想信念，牢固树立依法治国理念。

（二）开展法治示范创建活动，不断推进法律进机关活动深入开展

通过开展德阳市人大常委会法治宣传教育第七个五年规划，坚持把学习宣传宪法摆在首要位置，大力开展宪法教育，坚持在常委会、党组会前学习《地方各级人民代表大会和地方各级人民政府组织法》《水污染防治法》《四川省农村扶贫开发条例》等法律法规。

二 推动科学立法，推进地方法治

（一）科学编制立法规划

在广泛征集各方面立法建议的基础上，市人大紧密围绕全市中心工作和人民群众的重大关切，认真研究、评审公开征集的立法项目建议，找准立法需求，编制了内容涵盖城市管理、物业管理、城乡规划、饮用水水源保护和绵竹年画保护等10个立法项目的2017~2022年立法规划和2017年度立法计划。

（二）积极推进重点立法项目

积极推动《德阳市地方立法条例（草案）》通过市八届人大一次会议审议，并获得省人大常委会批准，顺利施行。组织市政府法制办、市住建局、市城管执法局开展城市管理、物业管理两部地方性法规的立法工作，充分发挥人大在立法工作中的主导作用。目前，《德阳市城市管理条例（草案）》通过市八届人大常委会第二次审议，《德阳市物业管理条例（草案）》已通过市八届人大常委会第一次审议，正按照工作程序收集修改意见对条例草案进行修改。

（三）探索建立地方立法协作推进机制

一是细化分工，明确职责，为立法工作的开展奠定了坚实基础。通过发布公告、问卷调查、座谈会等形式面向全市广泛征集立法需求，主动"开门立法"，认真了解、梳理群众的诉求以及德阳市在城市管理、物业管理中迫切需要解决的问题，有针对性地开展立法工作，提高地方性法规的可操作性，增强立法工作的现实意义。在草案起草过程中，立法起草组组织10余次研讨会、座谈会，对草案的条文内容，尤其是对涉及各部门的内容进行集中研讨，将争议提前解决，极大地提高了草案的质量；立法过程中还严格践行民主立法、科学立法，积极开展了草案论证、听证工作。二是组建立法督导组，强化监督，保证立法进度按期推进。通过对起草组的工作推进情况进行监督检查，确保了立法程序到位，法规草案内容合理合法，工作进度按期推进。三是地方立法领导小组做好综合协调，整合各方力量，科学配置资源，确保立法工作有序推进。地方立法领导小组认真组织开展考察、调研，为做好立法工作积累了宝贵的工作经验，多次召开立法工作协调会，对两部地方性法规草案中涉及的部门职权交叉、责任不清等问题进行研讨，协调解决了立法进程中遇到的各种疑难问题，定期不定期对立法工作进行督导，牢牢把握好立法工作进度和法规质量。

三 继续深化乡镇人大代表小组工作室建设

乡镇人大代表小组工作室建设是加强基层社会主义民主法治建设、推进人民代表大会制度理论和实践创新、加强县乡人大工作和建设的具体实践。德阳市人大常委会认真学习贯彻中央精神，加强依法治市阵地建设，建立代表小组工作室，把代表组织起来，定期联系人民群众，听取群众的意见和呼声，加强对政府依法行政工作的监督，提升了代表和基层群众的法治观念，为法律法规宣传提供了媒介。

一是加强了依法治市阵地建设。推进乡镇人大代表小组工作室建设，对于促进代表依法执行代表职务，促进代表工作制度化、规范化，提高代表活动质量，发挥代表在推进基层民主法治建设、密切与人民群众的联系等方面有积极意义。目前全市119个乡镇已全面建成代表小组工作室，为代表依法履职、依法监督、加强与群众的沟通建立了良好的平台。

二是搭建代表依法履职载体。乡镇代表小组工作室的建立运行，为代表闭会期间履职开辟了一条新途径，既避免了代表个人履职的局限，又能充分发挥代表的主观能动性，使代表成为法律和党的方针政策的宣讲员，民情、民意、民智的传达员，政府推进工作的监督员，促进了代表履职的常态化、规范化、具体化。比如，旌阳区孝泉镇人大代表小组工作室每周安排县、乡人大代表收集反馈选民的意见和建议。罗江区蟠龙镇把全镇区、镇代表分片联系走访群众，收集产业发展意见和建议。

三是切实推动"一核三治"基层现代治理体系建设。在全市119个乡镇全面建成代表小组工作室的基础上，结合"一核三治"基层现代治理体系建设，坚持乡镇党委领导，维护党的核心地位，切实加强对政府依法行政工作的监督，提升代表和基层群众的法治观念，推动基层法治、德治、自治不断发展，营造良好的社会法治氛围。

四是丰富法治宣传手段。人大代表在联系群众工作中通过电话、手机短信、宣传手册等方式对法律法规、"人大代表小组工作室"工作制度和职能进行广泛宣传。通过发挥人大代表小组工作室作用，紧紧围绕党委中心工作和社会热点问题，开展法治培训和法治宣传活动，推动法治宣传教育有关载体优化实践。

四 抓好监督工作，强化建议督办

（一）加强对人大常委会任命人员的任后监督

坚持依法听取和审议市政府工作部门负责人年度履职打算和履职总结并进行测评的工作制度，在此基础上，探索将人大选举的"一府两院"领导人员和常委会任命的"两院"工作人员纳入监督范围，更好地发挥人大监督作用。2017年初，31名政府部门负责人在市八届人大常委会第一次会议上做了履职打算报告，10月底，市人大常委会组织4个调研组对市交通局、市城管执法局、市商务局、市审计局主要负责人的履职情况进行调研，并在主任会议上听取了部门履职情况的调研报告，实现德阳市首次任命干部的任中监督，推动了德阳市法治建设。

（二）坚持抓好代表建议督办工作

对事关全局、百姓关注的代表建议进行重点督办，切实推动改进工作、解决问题，推动基层治理现代化建设。通过对建议办理、承办单位答复、代表反馈意见等环节进行全程跟踪，督促相关部门规范办理程序，提高办理质量，激发代表依法履职的积极性。

市八届人大一次会议期间，市人大代表共提出建议198件，闭会期间提出建议8件，共计206件，比上年增加77件，是近年来代表建议数量最多的一次。这些建议，由市政府组织办理190件，由市委有关部门、市人大常委会办公室办理16件。截至8月31日，已办结205件，会议期间代表所提建议全部办结，闭会期间代表所提建议办结7件（1件因办理时限未到，还在办理中）。从代表建议所提问题解决程度看，已经解决或基本解决的114件，占55.6%；正在着手解决或列入规划逐步解决的84件，占41.0%；须在今后具备条件时加以解决或须向上级有关部门反映的7件，占3.4%。

紧扣"一核三治"治理架构 扎实推进检察工作

德阳市人民检察院

"一核三治"是德阳基层治理实践中的突出特色和基本经验,在以基层党组织为领导核心、法治德治自治相结合的"一核三治"基层治理框架下,自治与法治、德治都是基层治理不可或缺、不可偏废的重要方式,三者相互联系、相互促进、相得益彰。

一 紧扣治理体系和治理能力现代化 创新"一核三治"基层治理架构

加快构建"一核三治"基层现代治理体系,是对全市检察机关"一核多元、合作共治"的要求。为认真贯彻落实党的十九大精神,积极响应习近平总书记基层治理新要求,全市检察机关认真完善党领导立法、保证执法、支持司法、带头守法工作制度,发挥党组织在推进法治建设中的领导核心作用,切实坚持依法治市和依规治党、制度治党统筹推进、一体建设,制定了多项加强党内法规制度建设的实施意见,如《关于进一步加强和改进全市检察机关意识形态工作的实施意见》《2017年度市检察院党组理论学习中心组学习实施意见》《关于印发全市检察机关关于深入开展系列党内法规和〈检察人员纪律处分条例〉学习宣传教育活动方案的通知》等,切实提高党内法规制度质量,强化党内法规制度执行力。构建党组领导、联席会议统筹协调、检察院主题推进、有关部门各司其职的工作格局,合力破解生效判决执行难题。

二 紧扣法治思维和法治方式推动各项检察创新亮点工作的有序开展

(一) 积极参与推动军民融合发展

党的十八大以来,党中央着眼于实现强军梦、中国梦,鲜明提出了军民深度融合的时代命题,并上升为国家战略,开创了军民融合模式的新局面。为深入贯彻落实习近平总书记在庆祝建军90周年大会、中央军民融合发展委员会第一次全体会议和中央政治局第四十二次集体学习时的重要讲话精神,认真落实省第十一次党代会、市第八次党代会精神,进一步明确服务保障军民融合发展的方向和路径,提升检察机关服务大局的能力和质效,结合德阳市情和检察工作实际,制定《德阳市人民检察院关于充分发挥检察职能 服务军民融合发展的实施意见》。军民融合发展是盘活用好存量资源、优化配置增量资源的科学路径,是推动国家治理体系和治理能力现代化的重大举措,是以习近平总书记为核心的党中央系列新思想、新理念、新战略的具体实践,关乎国家安全和发展全局,既是兴国之举,又是强军之策。作为国务院确定的全面创新改革试验先行区,德阳把全面创新改革试验作为"一号工程",把军民融合作为改革试验的重要内容,紧紧围绕国家高端装备产业创新发展示范基地建设,大力推动装备制造企业"民参军",促进军工企业"军转民",通过打造军民融合产业集群、搭建军民融合交流平台、构建军民融合人才高地等措施,推动经济建设和国防建设协调发展、平衡发展、兼容发展。全市检察机关切实增强主动意识、服务意识、问题意识和创新意识,准确掌握全面改革创新试验的政策走向和具体举措,找准检察机关与建设国家高端装备产业创新发展示范基地、推进军民融合发展的结合点和切入点,及时发现、研究、解决改革创新中的司法问题,积极营造鼓励创新、支持改革、宽容失误的司法氛围,努力为军民融合发展打造宽严有序、松紧有度、公开透明的法治环境。以具备军工生产资质企业和保密资质企业为重点,深入开展法制宣讲和警示教育,提升企业职工尤其是管理人员的法治意识。发挥检察建议的作用,认真分析不同行业、不同领域存在的具体问题和风险,协助相关企业完善内控机制,堵塞制度机制漏洞,防范职务犯罪,为"1+N"带动发展模式依法有序推进提供司法保障。同时,积极配合相关部门做好相关企业行贿档案查询工作，严格规范涉军案件律师、诉讼代理人接待工作和涉军案件财物监管工作。加强对军民融合发展中重大、疑难案件和新类型案件相关信息的收集分析，定期通报司法办案情况，研究应对策略。对可能影响创新改革和军民融合、存在金融风险隐患的苗头性问题、类案问题及时开展调查研究，定期分析相关领域犯罪规律，为党委、人大、政府决策、立法提供参考。同时，坚持法治专门保障与各部门协同配合相结合，建立与公安、法院、海关、发展改革、国资等部门经常性联络机制，形成对军民融合发展的服务保障工作合力，共同研究全面创新改革试验过程中的风险防范、矛盾化解，解决工作难题，共同推动"一区五园"基础设施共建共享、产业发展共推共融、人才资源共育共用。

（二）积极推进未成年人帮教工作建设

市检察院牵头起草的《德阳市未成年人犯罪社会化帮教预防体系工作意见》，经市委常委会审议通过。该项工作意见的出台，是检察院未成年人检察工作在现有观护基地建设基础上制定的规范性文件，标志着德阳市未成年人犯罪社会化帮教制度全面建立。多部门协同推进帮教观护基地建设，将社会资源引入帮教体系，德阳市两级政法委、检察院联合当地教育局、职业学校、企业主管部门及爱心企业，择优选择有社会责任感、符合建立帮教基地条件的单位建立犯罪未成年人帮教基地，对违法犯罪未成年人开展法律咨询、考察帮教、心理辅导、不良行为矫正等工作。同时，市检察院未成年人检察处会同旌阳区检察院共同制订观护方案，将涉罪未成年人的社会观护同学校教学活动安排相结合，组织观护对象开展文艺表演、主题演讲等积极向上的文化活动，帮助涉罪未成年人尽快重返社会。另外，开展多方位教育观护，观护志愿者全程参与对涉罪未成年人的观护帮教，提出对观护对象的具体评价，并结合青少年事务社工开展的常规性观护课程结果，综合考量评估帮教期间的表现，作为对所涉案件作出相关处理决定的重要参考，从而更加全面地了解、掌握犯罪未成人的学习、生活、工作情况，全方位增强管理、感化工作的针对性。同时，积极探索建立与犯罪未成年人帮教预防工作相关的制度，包括制定了《附条件不起诉帮教考察实施细则（试行）》《取保候审未成年人观护帮教工作手册》《关于共建涉罪未成年人帮教（观护）基地的实施意见》《观护考察帮教质量效果评估表》等文件，建立了"一帮教一档案"的档案管理制度。加强观护基地工作人员队伍建设。全市在落实帮教基地建设中，重要环节是选任政治、业务素质好，熟悉未成年人特点，具有犯罪学、社会学、教育学、心理学等专业知识的人员参与该项工作。同时，通过定期对观护基地工作开展情况进行考察，对工作突出的单位及个人予以激励，促进队伍整体建设。市检察院组织两级检察院未成年人检察干警参加了四川大学华西医院和四川西南心理咨询师培训中心联合举办的心理咨询师培训班，其中7名干警取得国家三级心理咨询师资格证，为从事帮教工作奠定了基础。

市检察院未成年人检察处会同旌阳区未成年人检察科在旌阳区黄许职业中专学校建立未成年人社会观护基地，探索对涉罪未成年人开展社会观护工作，得到了省检察院和德阳市委、市政府的肯定，并作为全市未成年人检察工作联系点培训班的参观展示项目。截至目前，已有多名涉罪未成年人在基地接受观护帮教，取得了较好的社会效果。

三　继续深入推进检察机关"一核三治"工作

市检察院将以党的十九大精神的贯彻落实继续推进"一核三治"工作，切实提升自治、法治、德治能力，提高服务大局的精准性。全市检察机关立足社会经济发展大局，找准切入点和结合点，充分发挥检察职能，努力为建设成都国际化大都市北部新城、率先全面建成小康社会提供和谐稳定的社会环境、健康有序的市场环境、廉洁高效的政务环境和公平正义的法治环境。清醒认识"提档升位"的整体性特征，在保持自侦工作强劲势头的同时，注重补齐部分业务工作存在的"短板"。在鼓励部分先进基层检察院高位求进的同时，注重指导帮助部分基层检察院解决发展中存在的各种问题和困难，实现一盘棋、大发展。

构筑基层治理新理念 立足司法本职创新功

德阳市司法局

近年来，德阳市司法局紧紧围绕中心工作，深刻把握基层治理的新情况、新变化、新要求，按照抓重点解难题、抓基层强基础、抓改革保稳定的思路，积极作为，真抓实干，积累了"一核三治"基层治理新经验。

一 深入推进"法律七进"

全市各级各部门以"法律七进"为抓手，大力推进以基层党组织为核心、自治法治德治相结合的"一核三治"基层现代治理体系建设，取得了初步成效。

（一）深入推进"法律七进"，夯实"一核三治"基层现代治理体系根基

一是"三大转变"引领"法律七进"。通过"大宣传、大培训、大竞赛、大推进"深化"法律七进"，创新法治文化建设，夯实"一核三治"基层现代治理体系根基。"三个转变"经验做法得到省委书记的肯定性批示。推动"普及知识"向"培育思维"转变，健全学法制度，开展庭审说法，实行法律顾问进楼栋专项行动，强化定制普法、生动讲法和理性释法。推动"单向灌输"向"互动宣传"转变，举办法治知识大赛、群众法治文艺演出，开通普法微博、微信和App客户端，开展"实地问答""身边人讲身边事""普法微时代"活动。推动由"活动式"向"常态化"转变，出台三年行动纲要、工作指导标准、考核暂行办法和每一"进"实施方案，强化机制建立、载体拓展和效果落地。市城管执法局突出特色城管，开通了"德阳城管服务"微信公众号，主动回应市民关注的问题，该微信公众号荣获了"2016年度最受网民喜爱的四川政务机构"中的"最具温情奖"，以及"最具区域贡献政务

网易号";推出了城市管理类电视栏目——《城管在线》和《就事论事》，打造了具有较大影响力的"城管小卢""市政小波"等网上新闻发言人。

二是"四大格局"保障"法律七进"。德阳市"法律七进"工作在全省率先形成了由依法治市办主抓、市司法局总牵头抓、各职能部门分头抓和责任单位具体抓的"四大格局"，强化责任主体，确保了每一"进"都有部门管、有人抓。依法治市办主要负责全市"法律七进"总体规划、标准制定和协调工作，司法行政部门负责"法律七进"实施方案的制订和指导、检查、考核工作，各职能部门负责本行业系统"法律七进"分项实施方案的制订和指导、检查、考核工作，各责任单位具体负责本单位"法律七进"工作的具体实施工作。

三是"八大抓手"做实"法律七进"。抓普法队伍，组建了"七五"普法讲师团和市委市政府法律顾问团，培养了26136名村（社区）"法律明白人"，组建了202支法律服务小分队，成立了379所中小学法律援助工作站，1778个村（社区）全部聘任法律顾问。抓典型示范，以2014年4月10日"法律七进"中江现场推进会为契机，在全市开展"法律七进"示范点建设，通过典型引路，以点带面，推进"法律七进"在基层全面开花、落地生根，"中江经验"已在全省推广。目前，全市已培育省级"法律七进"示范点6个，市级"法律七进"示范点50个。德阳经验受到兄弟市（州）肯定，内江、宜宾、资阳、阿坝等10余个市（州）纷纷到德阳考察学习。广汉市雒城镇三北社区采取"阳光法律讲堂"形式，将社区居民学法用法引入常态化、制度化的经验做法，在全省得到推广；富强村运用村规民约强化依法治村的经验做法选入中共中央办公厅编纂的《基层协商民主典型案例选编》，在全国范围进行推广。德阳创新推广"一村（社区）一律师"工作方法在《人民日报》刊载。德阳经济技术开发区乐安社区成立了全省首个业委会协会，通过物业党建联建，大幅提升了社区自治能力和意识。罗江区鄢家镇星光村系省级文明村和首批省级"四好村"，坚持"一核三治，助推'四好'村建设"模式，以建设"幸福家园"为目标，在全国率先推行"村民议事代表会议制度"，以宣传、教育、引导，着力破旧立新、移风易俗，树文明新风为抓手，推进可复制、可持续的"1+3"（即农户产业、环境、文明）共同发展模式，构建"四自"（即自我管理、自我约束、自我服务、自我发展）新型农村社会治理架构，实现"三讲、三爱、两进步"（即讲科学、讲法律、讲文明，爱党、爱国、爱家，发展进步、文明进步）。抓品牌阵地，建成德阳市中院、德阳监狱等21个市级法治教育基地,成为干部群众学法的重要平台;命名了绵竹市兴隆学校等16个青少年模拟法庭,成为学生法治实践的重要载体;德阳电视台《警官说案》《就事论是》《庭审说法》,德阳日报社《普法专刊》《每周一案》,德阳广播电视台《法治德阳》等以案说法栏目,已成为人民日常生活不可或缺的"法治大餐"。抓法治创建,在全省率先开展法治示范创建活动,积极探索构建以党的领导为核心、法治德治自治有机结合的基层现代治理体系,三年来,48个单位被命名为省级法治示范,631个单位被命名为市级法治示范。同时,建立了德阳市省市级法治示范动态管理暂行办法,推动各类法治示范树旗帜立标杆,起到很好的示范带动作用。抓法治文化,2014年以来,德阳市将法治文化设施建设纳入党委政府民生工程,先后建成东湖山法治文化主题公园等18个法治文化主题公园(广场、长廊),以及村(社区)"五个一"法治文化设施,创新推进法治文化小区(院落)、法治文化机关建设,建成旌阳区扬嘉镇新隆村洪家法治院落、广汉市雒城镇三北社区蜀景苑法治文化小区、德阳经济技术开发区八角街道团结小区等一大批基层法治文化阵地,成为广大群众学法的主阵地;开展了"法润德阳·法治文艺进万家"法治巡演活动和法治微电影创作征集活动,创作法治微电影48部,开展法治微电影展播3600余场次,创作法治文艺作品20余个,开展法治文艺巡演160余场次,开展法治电影进乡村(社区)活动1600余场次;针对精准扶贫开展法治宣讲活动400余场次,让群众切实感受到"法治就在身边";创新编印《法律知识漫画读本》《中华人民共和国宪法读本》《防范非法集资宣传教育读本》《德阳市"法律七进"以案释法读本》等普法读物,开发了手提袋、围裙、雨伞、茶杯等法治产品,法治已融入群众的生产生活。抓普法责任制,德阳市结合工作实际,制定出台了《德阳市国家机关"谁执法谁普法"责任制实施细则(试行)》《德阳市落实"谁执法谁普法"责任制考核评价办法(试行)》等系列文件,建立起了"谁执法谁普法"责任制考核评价体系,"谁执法谁普法"责任得到全面落实。抓以案释法,建立了法官、检察官、行政执法人员和律师以案释法制度,推进典型案例库建设,定期发布典型案例,不断增强普法实效。市中级人民法院系统充分利用庭审网络直播、进学校进社区进厂矿巡回审判、公民旁听庭审等方式开展以案释法活动,检察系统组建了检察官"以案释法"宣讲团,绵竹市检察院、什邡市检察院加强与电视台、广播电台的合作,开通了《小双姐姐讲故事》《小米微讲堂》等栏目,三年来,全市共开展"以案释法"活动2.6万余场次,受教育群众达42万余人次。市中级法院大力推进"互联网+巡回审判"活动,与警院、建院、商贸校等高校合作开展"互联网+巡回审判"活动,在什邡法院召开"互联网+庭审直播"工作现场推进会,全市已开展"互联网+庭审直播"和巡回审判230余场次,收到了很好的社会效果。抓特色创新,在旌阳区人民法院率先成立全省第一个律师驻法院调解工作室,发挥律师在预防和化解矛盾纠纷中的专业优势、职业优势和实践优势,推动多元化纠纷解决体系,对民商事案件及刑事附带民事纠纷的民事部分进行调解,有利于及时化解民商事纠纷,有效缓解法院"案多人少"的矛盾,节约司法资源和诉讼成本,对推动完善多元化纠纷解决体系有重要意义;成立"诉讼与公证协同服务中心",充分发挥公证制度在推进多元化纠纷解决机制改革中的作用,建立了法律文书委托公证送达机制,为审判工作"减负增效",借力公证参与法院司法辅助事务,缓解"案多人少"矛盾;成立少年和家事审判庭,建立健全了家事纠纷多元化解机制,转变了家事案件审理方式,妥善化解婚姻家庭矛盾,维护家庭关系和谐稳定。绵竹市率先启动"一核三治"工作,开展"美丽家园"五年攻坚行动,以遵道镇棚花村农村治理示范点为样板,确定了农业村"1+1+6"(党建为龙头、产业为支撑,抓好德治、法治、自治,治脏、治乱、治危)和城镇社区"1+4+4"治理体系,以此推动151个农业村标准化建设。

(二) 特色法治文化创新引领"一核三治"基层现代治理体系内涵

德阳注重挖掘得天独厚的绵竹年画文化和德孝文化资源,以弘扬传统文化为抓手,深化基层"一核三治",打造"德孝文化禁毒帮教示范基地",推动非物质文化遗产绵竹年画进监所,德孝文化、绵竹年画文化和戒毒工作"三位一体"在女子强戒所成功实践,开启了女子强戒所以德育人、以艺育人新模式,中央级媒体《人民法治》对相关工作进行了报道。

绵竹市清道学校以法治教育为根基,依托绵竹年画村发源地的优势,积极引入"年画文化"融入校园法治文化,创编年画校本课程,创编《法治年画宣传图册》,让学生在法治实践中培育法治观念。

为传承非物质文化遗产绵竹年画,增强普法的实效,创编绵竹画释法画册,主要运用绵竹年画释法,结合"法律七进",通过生动活泼的形式、独特新颖的载体,搭建法治文化建设平台,打造富有地方特色和时代精神的法治文化,重点对依法治国理念、党纪党规以及重点普及法律法规等进行解读。

二 深化村社法律顾问制度建设

基层是社会的细胞，也是社会矛盾的主要源头，创新社会治理，推进良法善治，实现治理体系和治理能力现代化，重心在基层，难点也在基层。2012年以来，德阳市司法局在新时代法治实践中，依托基层政务服务体系，与德阳市政务服务中心配合，在市委、市政府的领导下，发挥便民服务站在基层社会治理中的支撑作用，强化"一村一律师"制度建设和落实，变过去群众找法律帮助为律师上门为农民、居民服务，逐步构建起基层社会治理和社会维稳的法治化长效机制，取得了较好成效。德阳在全省率先实现了"一村（社区）一律师（法律顾问）"全覆盖。2016年3月9日，《人民日报》第14版"两会特刊"登载了《农村法律服务不再"奢侈"》，以四川省雅安市一位基层全国人大代表的视角，对德阳市开展"一村（社区）一律师（法律顾问）"工作的成效进行了简要报道，"一村（社区）一律师（法律顾问）"成为德阳"法律七进"的法治品牌。

目前，全市所有村（社区）均已配备1名驻村律师，并将律师的基本信息在互联网和所在村社便民服务站公开，全天候免费为群众提供法律咨询和法律服务。2017年以来，全市村（社区）法律顾问走访村（社区）3700余次，解答群众法律咨询17700余人次，提供法律意见和建议3600余次，开展村（社区）普法讲座3110次，帮助村（社区）调解纠纷756起，协助处理信访事项230件。

德阳市县两级司法局积极组织律师开展法律服务进乡村、进社区，不断完善"四级联动"法律服务体系，把村（社区）法律顾问工作做成了服务群众、维护社会稳定的民心工程。

一是整合资源，优化配置。2012年以来，市司法局会同市级有关部门，积极整合资源，着力构建市、县、乡镇、村（社区）"四级联动"法律服务体系，积极推进法律服务下基层。市政府办先后印发或转发了《关于深入开展法律服务的实施方案》《关于推进村（社区）法律服务工作的实施办法》《关于进一步推进法律服务下基层的通知》《关于进一步加强村（社区）法律顾问制度建设的实施意见》等文件，明确提出在全市范围内推行"一村（社区）一律师（顾问）"制度，并就村（社区）法律顾问的配备方式、工作职责、服务方式、管理方式、经费保障等内容提出了具体要求和指导意见。

2017年，进一步健全法律顾问选派机制，充分调动和整合法律服务资源，广泛动员和组织律师、基层法律服务工作者、公证员、司法鉴定人积极参与村（社区）法律顾问建设。

二是加强监管，保障服务。2014年5月，在德阳普法网建立了"德阳市四级法律顾问（便民）服务体系平台"，将全市1778个村（社区）法律顾问的基本信息以及律师事务所和司法行政部门投诉监督电话向社会公示，接受社会监督和投诉，实现了村（社区）法律顾问监管网络化。同时，市政务服务中心、司法行政部门纪检监察人员不定期抽取一定比例的村（社区）法律顾问，以普通村（居）民身份电话咨询法律事务的方式对法律顾问的工作态度、工作情况进行暗查暗访，并将发现的问题及时反馈给有关律师事务所或基层法律服务所，责令限期整改。

三是加强组织，强化保障。为使法律顾问能有效开展工作，村（社区）为法律顾问提供必要的工作条件，认真对待并积极采纳法律顾问提出的法律意见和建议，市政府办在《关于进一步加强村（社区）法律顾问制度建设的实施意见》中明确提出实行政府购买法律服务，村（社区）法律顾问工作经费由各县（市、区）财政和乡镇（街道）予以保障，并且倡导和支持社会力量资助村（社区）法律顾问工作。各县（市、区）司法局积极争取政府支持，采用政府购买法律服务和财政补贴的方式，保障村（社区）法律顾问工作经费。以旌阳区为例，2013年起该区每年安排专项工作经费40万元，15个乡镇（街道）配套工作经费20万元，用于村（社区）法律顾问制度建设。

四是完善机制，确保实效。通过整合政务资源做实服务平台，充分运用政务服务已有软硬件资源，依托群众熟悉的政务服务体系，在市、县（市、区）、乡镇（街道）、村（社区）政务服务中心（便民服务站）增设法律服务窗口，构建"四级平台"，高效便捷地开展法律服务工作；实行定期坐诊答疑、24小时受理、走村入户协调等方式，把法律服务送到村（社区）和干部群众手中；法律顾问通过开展法律咨询、法治宣传、法治讲座，不断增强干部群众法律意识，培养法治思维，引导基层干部和群众尊法学法守法用法，基层办事依法、遇事找法、解决问题用法、化解矛盾靠法逐渐形成一种习惯；不断健全台账管理、交流会商、检查督促、奖惩激励、要情报告等机制，推进"一村（社区）一律师（法律顾问）"标准化、科学化建设，确保村（社区）法律顾问工作的规范性和延续性；切实把"一村（社区）一律师（法律顾问）"制度与社情民意收集、社会安全稳定等工作有机结合起来，实现信息资源共享，增强防范和处置重大稳定问题、群体性事件的工作合力。

三 建立全省首个律师调解工作室

律师是全面依法治国、建设社会主义法治国家的重要力量，在预防和化解矛盾纠纷方面具有独特的专业优势、职业优势和实践优势。为深化律师制度改革，拓展律师业务领域，实现律师专业法律服务与调解这一中国特色非诉讼纠纷解决机制相结合，进一步发挥律师在全面依法治国中的职能作用，2017年9月30日，最高人民法院、司法部联合印发了《关于开展律师调解试点工作的意见》，明确四川是首批试点省份。

2017年10月31日，德阳市司法局协调，组织四川仁竞律师事务所在旌阳区人民法院合作成立律师驻法院调解工作室，成为四川省首个律师驻法院调解工作室。该工作室的成立拉开了四川省律师调解试点工作的序幕。11月6日，《人民日报》第11版以《四川推动多元化解纠纷 成立首个律师调解工作室》为题对其进行了报道。11月1日《四川日报》、11月2日《四川法制报》也就该事项进行了报道。

一是律师充当"和事佬"。由律师事务所选派执业3年以上、有丰富民商事案件从业经验的律师在工作室轮班担任调解员，对民商事案件及刑事附带民事部分，作为第三方召集双方当事人免费进行调解，引导矛盾双方在法律框架内理性化解纠纷。二是司法确认"上保险"。当事人申请调解或人民法院、行政机关移送至工作室的纠纷，经调解达成的具有民事合同性质的调解协议，当事人可按民事特别程序向法院申请确认效力；法院立案后委托工作室进行调解达成协议的，也可以由法院审查后出具调解书。三是公益服务"减诉累"。探索建立以公益为主的律师调解机制，先期由律师事务所承担相应办公经费及案件调解补助，同时探索采取由政府购买服务方式提供经费保障，常态化免费向当事人提供服务。自成立以来，调解工作室已受理调解案件16件，调解成功2件。

下一步，市司法局、市律师协会将与市中级人民法院协作，进一步建立完善调解工作制度和诉调对接机制，拟在全市推进律师调解工作，实现全市法院全覆盖。将按照四川省高级人民法院、四川省司法厅印发的《关于开展律师调解试点工作的实施方案》进一步明确律师参与调解的准入门槛，建立健全律师调解工作资质管理制度，明确承办律师调解工作的律师事务所和律师资质条件,包括人员规模、执业年限、办案数量、诚信状况等,保证调解服务优质高效,为全面深化依法治国实践、推进法治德阳建设贡献力量。

四 积极开展公证参与司法辅助事务工作

为充分发挥公证制度在推进多元化纠纷解决机制改革中的作用,借力公证参与法院司法辅助事务,缓解"案多人少"矛盾,落实中共中央办公厅、国务院办公厅《关于完善矛盾纠纷多元化解机制的意见》和最高人民法院、司法部《关于开展公证参与人民法院辅助事务试点工作的通知》精神。2017年7月12日,德阳市在旌阳区人民法院挂牌成立了全省第二家"诉讼与公证协同服务中心"。旌阳区法院与四川省公证协会德阳办事处签订了《诉讼与公证协同服务合作备忘录》,对公证参与司法辅助的合作事宜达成一致。中心的成立翻开了德阳公证行业与法院系统深度合作的新篇章,标志着德阳市在构建多元化纠纷解决机制的进程中迈出了关键一步,预示着公证制度与司法制度的多元融合,为诉讼与公证对接机制注入新的内涵,也为推进依法治市、建设法治德阳提供新的动力。

一是深度参与调解工作。公证机构受人民法院的委派在家事、商事等领域开展调解,发挥了诉前引导程序性作用,开展调解前置程序改革。德阳市诚信公证处办理的八角井街道福家社区农转非房屋拆迁安置"婚姻家庭"纠纷、长达10年之久的多子女赡养老人纠纷、天元镇三元社区农转非居民潘某继承纠纷等,均通过公证调解得到妥善解决。二是深度参与取证工作。公证机构受人民法院委托,对当事人婚姻状况、亲属关系、财产状况、未成年子女抚养情况、书面文书等进行核实和调查取证。德阳市诚信公证处为城南街道办饶益二组254户"小二楼拆迁项目"委托书内容及签字真实性进行核查、核实后,向法院和国土等有关部门出具了取证报告。三是深度参与送达工作。公证机构受人民法院委托,参与案件各个阶段的司法送达事务。旌湖公证处受旌阳区法院委托,从2017年4月以来送达法律文书2100余件。四是深度参与保全工作。公证机构在协助人民法院核实被保全财产信息和被保全财产线索,核实被保全动产的权属和占有、使用情况等。德阳市诚信公证处办理了德阳金领商贸实业有限公司涉及财产清点纠纷一案的诉前公证保全,对德阳智芮物流有限公司破产清算债权人会议过程进行录音录像保全公证,对沙河社区饶益四组小二楼拆迁重建安置工作中涉及业主家庭成员、亲属的投票表决过程及结果进行保全公证，对德阳中通机电设备制造有限公司诉浙江省申发轴瓦有限公司侵害该公司实用新型专利纠纷进行公证保全，对特变电工诉河南某公司网络侵权进行公证，对徐某诉德阳市野阳食业有限公司生产的"丸子汤"鸡味调味料正面使用"南肖墙"商标专用权侵权进行公证。五是深度参与执行工作。公证机构参与人民法院执行中的和解、调解、送达工作，协助人民法院搜集核实执行线索、查控执行标的，协助清点和管理查封、扣押财物。全市公证机构办理金融机构涉及的借款、保证、抵押、质押等合同赋强公证1100余件，办理具有合法资质开展相关业务的富登、金坤小贷公司涉及的授信合同、贷款合同、担保合同赋强公证等920余件。

五　律师捐资助学惠民生

为发扬德阳律师的社会责任和公益意识，支持德阳教育事业的发展，助推德阳家庭经济困难且品学兼优的应届高中毕业生顺利完成普通高等教育阶段的学业，在市司法局、市律师协会倡导下，由市律师协会于2017年7月在德阳市教育基金会设立律师助学基金，开创德阳市律师行业捐资助学新模式。

一是律师教育助学常态化。市律师协会与德阳市教育基金会签订教育助学捐赠协议，初步协议期限为10年，每年由市律师协会无偿向市教育基金会捐赠3万元，资助对象为德阳市各高中学校就读且被全日制普通高等院校录取的家庭经济困难应届毕业生。捐赠资金纳入市教育局"金秋助学"公益活动统一管理，采用逐年申请方式，每年计划一次性资助10名学生。对极个别家庭经济特别困难的学生予以连年资助直至学业结束。二是积极开展金秋助学活动。8月24日，德阳市司法局、市律师协会举行2017年"金秋圆梦·助你上大学"助学金颁发仪式，颁发了第一笔律师公益助学金3000元，帮助困难家庭子女罗娇继续完成大学学业，解决了她的后顾之忧。8月28日，德阳市委政法委、市司法局、市律协、省女子强戒所"金秋圆梦·助你上大学"助学金颁发仪式在中江县富兴镇举行。市委常委、政法委书记出席并讲话。结合脱贫攻坚工作，向2017年考入大学的25名贫困户子女和家庭困难的学生，每人捐赠助学金3000元，帮助他们圆梦大学、完成学业，用真才实学回报祖国、回报社会，为德阳经济社会发展做出积极的贡献。

六 完善德阳法律援助服务圈

法律援助服务圈作为党的十八届四中全会提出的"建设完备的法律服务体系"的重要组成部分，在推进覆盖城乡居民的公共法律服务体系建设，加强民生领域法律服务，保证人民群众在遇到法律问题或者权利受到侵害时获得及时有效的法律帮助发挥着重要作用。

一是抓制度，强民生。为推进法律援助工作发展，德阳市司法局制定下发《德阳市法律援助民生工程实施方案》。指导各县（市、区）法律援助中心根据目标任务，制订相应的实施方案，提出阶段目标和考核标准，建立季度督查制度。各县（市、区）法律援助中心积极向当地党委、政府领导汇报，争取党委、政府对法律援助工作的重视和支持。从人员配备、社会宣传、扩大援助范围、构建1小时法律援助服务圈等方面着手，努力推动全市法律援助工作健康发展，确保目标任务的有序推进。目前，全市建立7个规范化法律援助接待受理大厅，建立规范化乡镇（街道）法律援助工作站98个，全市法律援助注册律师34人。"12348"法律服务热线提档升级，提档升级后的热线平台设置三个接听席位，分为四个端口，一是法律咨询，二是公证咨询，三是司法鉴定咨询，四是服务质量投诉。热线提供24小时法律服务。

二是抓阵地，拓延伸。构建纵横相交的法律援助网络，实现市、县（市、区）、乡镇（街道）、村（社区）四级全覆盖。横向上，以规范化法律援助中心为主，全市法律援助中心启动业务办理平台，实现网上办理，提升了法律援助工作的系统化、高效化水平，横向延伸到在市政务中心、惠民帮扶中心、群众接待中心、劳动监察支队分别设立法律援助窗口，安排律师开展法律咨询、受理援助案件。在市、县（市、区）两级的妇联、残联、工会、农办、团委、关工委、教育局、军分区（武装部）、民宗局等部门设立法律援助工作站；在德阳监狱、阿坝监狱、省女子强戒所、德阳市看守所设立法律援助工作站；在德阳市劳动人事争议仲裁庭设立法律援助工作站；在全市379所中小学校建立法律援助工作站，率先在全省实现学校法律援助全覆盖；在企业建立法律援助工作站，为劳动者开展法律服务；建立全省首批"为侨法律服务站"。纵向上，市、县（市、区）、乡镇（街道）、村（社区）四级建立了法律援助机构，部分乡镇（街道）设置了法律服务专区，整合法律援助、公证、律师、司法鉴定各项资源，集中为群众提供高效、便捷的"一站式"法律服务。全市所有个村（社区）设立了法律援助点，制作"法律服务便民卡"，方便群众就近咨询。实现了纵横相交的"四级"法律援助服务体系。

三是抓创新，保权益。为加大弱势群体维权工作力度，德阳市司法局和市妇联通过政府购买社会服务的方式，对妇联的群团工作职责与司法行政、人民调解、法律援助、律师服务等资源进行整合，在律师事务所设立妇女儿童维权服务中心，探索建立以司法行政和妇联为主导，律师专业团队承办的法律咨询、婚姻家庭纠纷调解、法律援助、反家暴等法律事务的专业化、一体化妇女儿童维权长效机制。开展农民工讨薪"暖冬"法律援助专项活动，在年末岁初集中开展农民工讨薪"暖冬"专项法律援助活动，为农民工开通绿色通道，推行便民服务，实现应援尽援。对农民工讨薪的法律援助案件，简化审批手续，实行"窗口当日受理、领导当日审批、案件当日指派"的工作制度。在农民工讨薪、工伤法律援助案件100%受理的基础上，尽可能将其他社会保险待遇、交通事故人身损害赔偿等案件列入法律援助范围，满足农民工维权的实际需求。

七 健全人民调解强法治、促和谐工作

随着改革的深化，社会主要矛盾的转化、利益关系的调整、生产生活方式的改变，各种原因引发的矛盾纠纷不断增多。党的十八届四中全会强调，要"健全依法维权和化解矛盾纠纷机制""强化法律在维护群众权益、化解社会矛盾中的权威地位"，对进一步规范矛盾纠纷化解工作、正确处理人民内部矛盾意义重大。人民调解是预防和化解矛盾纠纷的重要手段。2017年，市医疗纠纷人民调解委员会被司法部表彰为"全国模范人民调解委员会"，3人被表彰为"全国模范人民调解员"，2件医疗纠纷调解案件被中华全国人民调解员协会评定为行业性、专业性矛盾纠纷排查化解典型案例。

一是抓队伍建设。全市人民调解组织在村（社区）、乡镇（街道）实现了全覆盖，现有村（社区）调委会1778个、乡镇（街道）调委会127个，人民调解小组10651个；全市现有医疗纠纷调委会6个、交通事故纠纷调委会7个、婚姻家庭纠纷调委会7个、劳动争议调委会6个、保险纠纷调委会1个。2017年，全市调解组织排查纠纷2406件，预防纠纷1236件，受理矛盾纠纷9584件，调解成功9372件，调解率达100%，调解成功率97.79%，协议涉及金额6964.33万元，防止民转刑13件243人，防止群体性上访126件2898

人，防止群体性械斗3件21人。化解医疗纠纷126件，交通事故纠纷1583件，婚姻家庭纠纷2008件，环境污染纠纷145件，物业纠纷168件。二是抓联动机制。为推进"公调对接"机制常态化，与市公安局联合印发了《关于进一步加快推进德阳市人民调解与治安调解衔接联动的通知》，加强对全市21个一类（城区）派出所人民调解组织入驻情况的联合督查，确保年内入驻率达到100%。目前，全市一类（城区）派出所人民调解组织已入驻12个。为加强全市劳动争议调解组织建设，与市总工会联合印发了《关于加强劳动争议人民调解工作的实施意见》，在市本级和县（市、区）建立劳动争议人民调解委员会，负责调解本行政辖区内的劳动争议。三是抓试点改革。率先在全省推进司法所建设深改试点工作，将加强司法所建设纳入市委深化改革项目，在全省率先以市委办、市政府办印发了《关于进一步加强司法所建设的实施意见》，《四川法制报》和省司法厅工作简报进行了专题报道。在全省政法编制管理创新现场会上，中央编办一司副司长对经济技术开发区分局八角井司法所政法专编管理创新及规范便民的做法给予了高度评价。目前，全市有127个司法所，已建成规范化司法所92个，建成率72.4%，超过试点地区水平（65%）。四是抓便民服务。以八角井司法所为"样板"，以"人性化"服务为宗旨，合理设置了阳光法律服务触摸屏、法律服务便民箱、在线学习平台、便民通道、法治宣传物品等，建立了司法所社区法律服务中心。2017年，全市有26个基层法律服务所，89名基层法律服务工作者担任了682个村（社区）的法律顾问。积极协助村（居）两委制定完善村民自治章程和村规民约，帮助村委会审查修订各项合同、协议，协助村民处理涉法事务；积极开展农村法治宣传教育，主动调解农村矛盾纠纷，有效维护了农村社会稳定，推动了农村基层民主政治建设，为农村经济发展创造了良好的法治环境。

八　强化社区矫正中心建设和特殊人群管理工作

2017年，德阳市大力开展社区矫正"规范化建设年"活动，精心组织实施，狠抓措施落实，提升了社区矫正规范化建设水平，推动社区矫正依法有序开展。截至2017年10月底，全市累计接收社区服刑人员8867人，累计解除矫正7152人，现在册社区服刑人员1715人，较好地实现了社区服刑人员无脱管、漏管目标，重新犯罪率控制在2‰，取得了良好的法律效果和社会效果。

一是强中心建设。2016年，进一步推进和规范全市社区矫正中心建设，充分发挥社区矫正的刑罚执行和监督管理作用,强化对社区服刑人员的管理、教育和帮扶,促进社区矫正工作法制化、规范化、科学化发展。在旌阳区、绵竹市分别建成集监管、教育、帮扶于一体的社区矫正中心2个,负责社区矫正执行工作。2017年在广汉市建设社区矫正中心1个,目前正在建设中。旌阳区社区矫正中心和绵竹市社区矫正中心工作人员已经配齐,形成县(市、区)社区矫正中心、司法所、村(社区)三级工作平台和社区矫正工作网络。社区矫正中心建立完善了岗位职责、绩效考核、工作例会、请示报告、责任追究、档案管理等内部监督管理制度;建立完善了集中教育、心理矫治、就业帮扶、社区服务、临时救助等工作制度,建立完善了社区矫正工作人员培训等制度。二是强资源整合。为推进社区矫正工作进行有益探索,德阳市司法局积极整合村(社区)等基层组织资源和社会力量,2015年3月在全省率先建立了德阳经济技术开发区龙井社区矫正工作站,作为社区矫正工作的"前沿阵地"。近两年来,全市共建立社区矫正工作站41个,建立健全了二级社区矫正组织,聘请和吸收热心志愿者参与社区矫正工作。全市以政府购买服务的形式公开择优招聘社区矫正协管员89名。建立了以社区民警、社区工作人员、社区服刑人员亲属及社区志愿者组成的帮教监管队伍,积极做好教、引、管工作。着力拓展德阳市网格化三项重点工作,把网格员纳入社区矫正志愿者队伍,定时对辖区网格内社区服刑人员动态进行一日双巡,及时将信息报送司法所,建立健全了发现、处置、上报、交办、办结、回访联动运行机制,健全了社区矫正工作网格,使社区矫正工作开展无死角,无遗漏。三是强智力合作。2016年市司法局与四川司法警官职业学院联合成立了"德阳市社区矫正中心""社区矫正大学生志愿者工作站",开展社区矫正有关的学术研究和社区矫正志愿者工作。与四川司法警官职业学院通过召开座谈会和问卷调查的形式开展了社区矫正专业2017级人才培养调研。通过社区矫正中心、社区矫正大学生志愿者工作站和司法行政系统实习基地的资源整合,依托监狱平台供需对接做好全市的社区矫正工作。

推进"三治"融合 深化依法治教

德阳市教育局

党的十八届四中全会提出建设中国特色社会主义法治体系、建设社会主义法治国家的总目标。教育领域是全面依法治国系统工程的重要组成部分，如何创造性地开展这项工作，而不是流于形式"走过场"？德阳市教育局通过建立健全法治、德治和自治"三治"融合的依法治教新模式，全面提升教育系统治理体系和治理能力现代化，保障德阳市教育事业健康稳定发展。

一 "三治"的内容及功能

法治、德治和自治三者各自包含了哪些内容，承载了哪些功能呢？

（一）夯实法治基石，保障教育稳定

一是立足依法行政，护航健康发展。结合政务平台建设再次清理权力、责任清单，积极推进"法无授权不可为、法定职责必须为"的履职方式。加强规范性文件合法性审查、健全法律顾问制度，实现依法科学民主决策。关注教育热点，加强乱收费、违规补课、学生资助、食堂管理领域的执法力度。

二是重视学校章程，完善治理结构。推进章程建设，逐步形成现代学校法人治理体系。成都师院德阳高中的"四会两制"、德阳七中的"三位一体"管理，都是学校以章程为核心完善法人治理结构的成果体现。目前全市基本形成"一校一章程，一校一制度，一校一特色"局面。

三是整合立体资源，形成法治合力。实现学校法治副校长、法治辅导员及法律顾问全覆盖。与法检等部门密切合作，以教育云平台推进"庭审直播进行时"活动开展。借助法治教育、核心价值观教育实践基地，积极开展青少年法治教育活动，形成政府、学校、社区的法治合力。

四是关注民生诉求，保证教育公平。加快普惠性民办幼儿园建设，截至

目前，已提供逾5000个公益性学前教育学位。进一步完善进城务工随迁子女义务教育政策，以"五统一两同等"原则公平提供教育服务。保障残疾儿童就学权，2017年新入学残疾儿童288名。

（二）树立德治理想，提升办学品质

一是德治融入理想教育。广泛开展"爱学习、爱劳动、爱祖国"和"我的中国梦"宣传教育。以家国情怀教育和人格修养教育为重点，组织开展经典诵读活动。用好《德阳市中小学社会主义核心价值观教育故事读本》，以通俗易懂的故事深入浅出地阐释社会主义核心价值观的丰富内涵，拓展教育内容。

二是德治融入文化建设。以构建社会主义核心价值观为导向，将德治与文化建设有机融合，助推学校特色发展。绵竹清道学校在年画创作指导过程中有意识地融入讲规则、重法治的内容。什邡实验小学在校园内"绘"说话的石头，开辟"开放式图书走廊"，将价值观教育潜移默化地浸润到校园建设的各个方面。

三是德治融入队伍建设。借力北京师范大学等教育高地，率先抓好德育骨干教师培训，坚定理想信念，提升育人方略；同时，积极推进"名师工作室"建设，目前全市已有市级以上"名师工作室"30个，传递了先进的教育理念、激昂的教育情怀和高超的教育技能。

（三）追求自治境界，培养现代公民

一是小学阶段重养成。全市小学高度重视以"自律"为取向，以"自治"为体验的养成教育。罗江区略坪小学从岗位设置、班级事务、器物管理和校外设计等四大领域推进学生全面"自治"，让学生体验自律自觉、自由自主的状态，形成了诸如"人走地面净，桌椅一条线"的环境规范、"有序靠右，轻上缓下"的楼道礼仪等。

二是初中阶段重渗透。初中阶段，学校把法治教育与道德教育、心理教育、生命教育紧密结合，与安全、禁毒、环境、国防等专项教育有机整合，不断打造丰富多彩的法治教育特色活动，渗透于学习、生活、工作的各个方面，引导师生学法、知法、守法。

三是高中阶段重管理。高中阶段，创设自我教育环境、激发自我管理意识、提高自我管理水平是重要的法治教育途径。绵竹南轩中学建立了以学生会和校团委为主体的学校学生自治、以年级管理委员会为主体的年级学生自治以及以值周班级为主体的班级学生自治的三级结构,最大限度地调动学生的内在动力,积极参与依法治校、民主管理。

二 "三治"融合推进教育治理

如何促进法治、德治和自治"三治"融合呢?我们通过"四强化、四突出"引领教育治理实践。

(一) 强化普法教育,突出教育治理的基础

针对机关干部,主要从以下三个方面入手。

一是抓关键——落实领导干部学法。严格落实《德阳市教育系统领导干部学法用法实施意见》,明确学法计划和具体要求。坚持党政联席会前学法、领导干部专题学习等制度;组织领导干部参加市委组织部开展的法律知识水平测试,强化法治意识。

二是重中坚——强化行政执法人员学法。加大教育行政执法人员培训力度,结合行政权力清理工作开展本部门执法人员专门学习活动。通过学习促进执法人员运用行政许可、行政给付等手段依法保障学校、教师和学生的权益,运用行政处罚、行政强制等手段依法纠正学校的违法、违规行为。

三是顾全面——普及全体职工学法。以讲座培训的形式提升全体职工依法治理的能力和水平。先后邀请省委党校、四川大学、浙江大学等知名学府专家教授以及一线法官检察官开展法治主题讲座,提升全体职工的法律素养。

针对各级各类学校,主要从以下三个方面入手。

一是提升校长、办学者法律素养。市教育局党政联席会前学法及各种专题法律学习学校校长全部列席;凡新任校级干部,任职前市教育工委都要考察其掌握相关法律知识和依法治校理念的情况。

二是全面普及教职工法律知识。将法律知识纳入全体教师继续教育范畴,以规定的课程(每学期 5 学时)统一要求;对专门从事法治教学的教师和法治辅导员,组织参加专门培训。同时,各校充分利用学校法律援助工作站资源开展形式多样的教职工法律培训,效果明显。

三是学生普法教育常抓不懈。根据大、中、小学校学生不同的法律需求,明确不同阶段学生普法教育的主要内容,增强针对性和实效性。对大学生加强现代法学基础理论、民事刑事和市场经济法律知识教育;对中学生进行社

会主义民主与法治理念教育，使学生提高自我约束、自我保护能力；对小学生进行初步的法律意识、权利意识和自我保护意识的启蒙教育。

（二）强化依法行政，突出教育治理的关键

重点从三个方面转变领导方式和管理方式，运用法律引导来保障教育改革发展。

一是规范行政权力。再次完善《德阳市教育局行政权力清单》，明确法定职权，纠正不作为、乱作为。优化权力运行流程，加强权力运行风险防控。对取消、下放的行政权力同步研究事中事后监管措施。在教育局门户网站开辟为民服务《阳光行动》政务公示公开专栏，公开权力事项和办事流程。

二是规范决策行为。健全决策机制，把行政合法性作为行政决策的基本要求，完善"三重一大"决策和运行全程纪实制度。建立法律顾问、法规科、纪工委人员列席党政联席会制度，凡重大决策必做合法性审查；建立相关人参与制度，凡重大决策必向行政相对人以及其他相关人征求意见，保证行政决策合理性。

三是预防教育腐败。组织全体干部参观阿坝监狱，组织机关干部到市法院旁听职务犯罪案件审判等，通过各种形式的警示教育提醒全体党员干部深刻领会法治精神。同时，在13所直属学校各确定了一名兼职纪检监察员，在全市学校逐步探索纪检监察员制度。

（三）强化依法治校，突出教育治理的重点

学校作为具有公共管理职能的社会组织，需要按照法律至上、保障权利、制约权力的原则，实行依法治校。

一是提升学校治理能力。各学校以现代学校制度建设作为依法治校工作的核心抓手，在教育行政部门的指导下制定、修订办学章程，树立"章程就是学校宪法"的意识。在此基础上建立健全各种办事程序、内部组织规则、议事规则等，形成健全、规范、统一的制度体系，激发学校办学活力和竞争力。

二是完善学校治理结构。根据学校特点和需要，以教学、科研为中心，在规定的机构限额内，按照精简、高效的原则自主设置各种职能部门，健全重要部门、岗位的权力监督和制约机制。建立和完善教师聘任制度，制定权利义务平衡、目标任务明确、具有可执行性的聘任合同。

三是积极开辟"第二课堂"。编印出版《德阳市"法律陪伴我成长"中小学生法制漫画优秀作品集》，以轻松愉悦的法治文化产品对学生进行法治浸润。东汽小学学生扮演记者采访各行业执法者，开展"法律陪伴我成长"主题活动；德阳五中学生通过"进法庭、穿法袍、执法槌"参与法治体验；市一小与市法院联合开展模拟法庭，并通过云朵教室使肖家场小学共同参与。

四是持续开展法治示范创建。各级各类学校以"依法办学、民主管理、以人为本、和谐发展"为目标，积极开展创建申报工作。我们精心制订评估指标体系，重点从学校管理制度、校内运行机制、规范办学行为、民主决策机制等方面进行审查。截至目前，已有51所市级依法治校示范校、11所省级依法治校示范校。

（四）强化教育创新，突出教育治理的亮点

一是法治教育基地建设创新。绵竹兴隆学校"法律陪伴我成长"体验活动中心特色明显，该中心集法律知识宣传、法治文化推广和法治成果展示于一体，内设模拟法庭、法规飞行棋、法治谜语墙等，学生定期在中心开展法治讲座、模拟法庭、法治小游戏。

二是法治教育平台建设创新。市一小与市法院联合开展的模拟法庭活动通过教育网站同步播出，旌阳区肖家场小学的学生在云朵教室同步观看。云朵课堂互动使得法治教育打破了地界限制，优质的法治教育成果得到了共享。

三是法治教育人力资源拓展。截至目前，全市各级各类学校已经做到法律援助全覆盖、法律顾问全覆盖。同时，积极开展"人人都是法治辅导员"活动，加强本校各学科教师法治素养提升培训与"法律渗透"课程教育科研。

深入开展公安建设　扎实推进依法治理

德阳市公安局

习近平总书记在党的十九大报告中旗帜鲜明地指出，要健全自治、法治、德治相结合的乡村治理体系，德阳市公安机关结合公安实际，围绕"法治公安建设"，以"主动警务战略"为着力点，大力推进"一核三治"基层现代治理体系建设，取得了明显成效。

一　治安防控一体化，安保维稳更有力

健全完善一体化社会治安防控体系，将公安专业防控真正提升到主动预防层面，有力支撑和引领社会防控。

一是加强治安重点人员稳控。组织对有肇事肇祸既往史的精神病患者、可能有现实危害的严重精神障碍患者，进行全面摸底排查，一人一档实施建档管理，并将摸排出的2300条信息录入全国重性精神病人管理信息系统，切实做到"危险性等级清、去向清、救治情况清和精神状态清"。会同卫计部门落实服务救治措施，强化日常管控，防止其肇事肇祸，危及自身及公共安全。十九大期间，更是坚决完成省厅关于治安重点人员的系列管控指令和要求，坚决将治安重点人员稳控在本地。同时，组织各地治安部门深入排查各类行为极端人员，特别是对辖区生活无来源、长期患病、精神失常异常、长期缠访闹访、心理失衡对社会不满等治安重点人员，及时纳入管控视线，加强疏导教育。对行为反常、有明显重新违法犯罪嫌疑的刑满释放人员，逐人登记在案，加大管控力度，坚决将个人极端暴力犯罪处置在发生之前。

二是强化防控体系的顶层研究设计。德阳市副市长2017年多次深入中江、绵竹等地开展治安防控基础调研，市公安局副局长、支队长也多次率队到上海、浙江、泸州等地学习考察治安防控先进经验；8月2日，德阳市副市长亲自主持召开会议，专题研究进一步深化一体化社会治安防控体系建设工

作，深入分析2017年以来刑事发案规律特点和重点派出所、社区、巡区刑事案件分布情况，围绕进一步强化社会治安防范，提升公安专业防控能力，大力压降发案，特别是有效控制和减少重点派出所、社区、巡区发案，提出了一系列针对性措施和工作要求。

三是组织主城区多发案派出所开展治安整治、创建"平安社区（巡区、小区）"活动。在开发区分局庐山路派出所、旌阳区分局旌阳派出所、广汉市局城北派出所、什邡市局城东派出所、绵竹市局城中派出所、中江县局城关派出所、罗江区万安派出所等主城区多发案派出所，组织开展为期3个月的治安整治、创建"平安社区（巡区、小区）"活动。建立安全指数监测评价机制，按照县（市、区）、主城区派出所、巡区、社区四个层级单元，组织开展安全指数测评，并适时将测评分数对外发布，引起群众关心、社会关注、领导重视，推动平安创建工作。组织社区民警采取入户上门宣传、发放宣传单、张贴温馨提示和依托微信、微博等多种形式，大力开展安全防范宣传工作，提高群众的防范意识和自防能力；督促指导单位、小区、商家店铺安装入侵报警、周界围栏、视频监控等技防设施，加快"两车"智能防盗系统的推广应用。同时，指导各地全面强化治安隐患排查、案件发案回访、小区三防设施建设等防范举措，不断压降发案。

四是严密城区网格化巡逻防控。以城区巡防专业化建设为支撑，在主城区派出所均建立了巡防中队，按全面严密控制的一类巡区、突出重点控制的二类巡区、灵活机动控制的三类巡区，划分了53个巡区，配备专业巡防力量434人；标准化配齐了巡逻车辆及装备，常态使用巡逻力量视频单兵传送设备，全面推行接处警巡逻防控一体化工作模式。组织修订了《全市公安机关治安防控等级响应工作规范》，根据"四色预警"和重大安保需要，严格落实市、县（市、区）、派出所、巡区四个层级"常态型、关注型、加强型、严控型"治安防控等级响应机制。

五是强化单位内部治安保卫。加快推进治安保卫重点单位信息系统建设，加强对水、电、气、油、广电、通信、国防军工等关系国计民生的重要目标和党政首脑机关、金融机构、涉枪涉爆等重点反恐单位内部治安保卫的监督检查，督促、指导完善内部安全保卫制度和突发事件工作预案，强化治安保卫力量建设和培训，落实人防、物防、技防措施全覆盖。

六是做好环蓉环绵护城河治安卡点工作。严格按照省厅要求，在省两会、西博会、绵阳科博会和党的十九大等重大安保时段及时开启环蓉、环绵治安检查卡点，加强对可疑车辆、人员和物品的盘查力度，有效发挥了治安卡点的武装"震慑"和"过滤"作用。

二 打击整治动态化，问题治理更精准

一是进一步拓展破案打击专业化建设领域，健全完善打击犯罪新机制，特别是八类暴力案件攻坚能力持续提高，推动"主动警务战略"的整体提升。2017年1~10月，全市公安机关共破获刑事案件6694起，刑拘数、逮捕数、起诉数同比分别增加2.5%、4.6%、9.4%，打击处理质效进一步显现。全市共破获侵财案件2072件，抓获违法犯罪嫌疑人422名；抓获年前网上逃犯48名，清网率达61.53%；打掉团伙23个，破获系列案件37串；起诉犯罪嫌疑人243名，追回被盗抢汽车23辆，为人民群众挽回经济损失586万余元。

二是严打"黄赌"违法犯罪。从受理群众举报、布建特情耳目、暗访摸排等多渠道入手，全面搜集、挖掘涉赌涉黄违法犯罪线索，进一步健全常态化排查整治机制，建立涉黄涉赌重点场所黑名单制度并定期更新，综合采取专群结合、网上网下结合、常态检查与动态暗访结合、属地查禁与异地调警整治结合、集中整治和长效治理结合等有效措施，强力挤压黄赌违法犯罪活动空间，取得明显成效。2017年1~10月，全市公安机关共清查宾馆、桑拿洗浴、歌舞厅、电玩城等场所1980家次，销毁赌博游戏机1200余台；查处涉赌案件249件，处理违法人员386人，查处涉黄案件83件，处理违法人员116人，起诉涉黄涉赌犯罪嫌疑人85名。

三是严打涉枪涉爆违法犯罪。深入开展治爆缉枪专项行动，采取重点打击、集中收缴、网上治理、全面整治、强化管控等措施，扎实开展涉爆安全隐患排查治理，全力收缴各种非法枪支弹药、爆炸物品，严厉打击涉枪涉爆违法犯罪活动，全力侦破涉枪涉爆案件，全力缉捕涉枪涉爆犯罪在逃人员，坚决遏制涉枪涉爆违法犯罪高发势头。截至10月底，全市共计收缴各类枪支291支、子弹10361发、雷管2526枚、管制刀具375把，破获各类涉枪涉爆刑事案件31起，抓获违法犯罪嫌疑人22人。

四是严打涉烟违法犯罪。深入开展物流运输和邮政寄递涉烟违法犯罪行为集中整治专项行动，会同烟草、邮政等部门检查物流快递点3930个/次，查获寄递假烟案件741起、真烟案件17起，收缴"假私非"三烟总数142.112万支，货值175.609202万元。在侦破的"4·1生产、销售伪劣产品案"中，刑拘3

人、逮捕1人、移送起诉4人；侦办的"3·18"假烟网络案2017年5月被省烟草发展工作领导小组表彰为涉烟大案要案一等奖。

五是开展治安防控整治战术行动。针对岁末年初治安形势和发案规律，在全市组织开展为期三个月的治安防控整治战术行动。通过摸"人头"、打"黄赌"、查"隐患"、防"盗抢"等系列战术行动，确保管住重点人员、打掉黄赌场所、清除安全隐患、压降多发案件，为人民群众欢度元旦、春节创造良好的社会治安秩序。

六是深入开展"飓风"系列治安清查整治。2017年1月以来，根据治安状况，每月组织全市公安机关开展一次集中清查整治行动，对城郊接合部、"城中村"、出租房屋等治安重点区域开展集中清查，对旅馆酒店、歌舞娱乐、电子游艺等治安复杂场所开展突击检查，对犯罪嫌疑人、在逃人员等开展集中抓捕，启动治安检查卡点盘查可疑人员、车辆，有效净化了全市社会治安环境。

七是深入推进危爆物品和寄递物流专项整治。会同市综治办等6部门联合制定了《全市深入推进危爆物品和寄递物流专项整治行动工作方案》，进一步加强危爆物品管控，严格民爆物品购买、运输、爆破作业等环节的安全监管措施，检查涉爆单位100余家，整改消除安全隐患19处，全面堵塞管控漏洞，确保德阳市枪爆危险物品的绝对安全。进一步加强物流寄递业监管，推进物流寄递业实名管理，强力推动落实"三个100%"制度，收寄件信息系统安装使用、登记上传率达89.5%，走在全省前列；2017年以来，共检查寄递物流网点813个，对不实名登记、不开箱验视的网点移交邮政管理部门处罚7起，处罚金额6.5万元。

八是强化"三电"、油气田及输油气管道保护。扎实开展"平安三电"创建活动，指导"三电"企业设立专（兼）职巡护队员，开展"三电"设施破坏盗窃的守护和巡控，加强"三电"设施安全保护工作。组织开展严厉打击整治涉油气违法犯罪专项行动，以"打盗油、防暴恐、建机制、保平安"为重点，以打开路、以打促防、以打促建，依法严厉打击整治涉油气违法犯罪活动，切实提升了德阳市油气设施安全保护水平。

九是严厉打击食品药品违法犯罪，市公安局于3月下旬专门成立了打击食品药品违法犯罪专业队伍，相继侦办了一批食品药品违法犯罪案件，如德阳市人民医院销售假药案，中江县凯江镇一卤鸭子加工场负责人生产、销售有毒、有害食品案涉案金额达53万余元的非法经营药品案等。

三 服务管理民本化，便民利民更高效

将保障安全与服务民生相结合，不断优化完善服务管理机制和方法举措，提升治安服务管理效能。

一是深化派出所勤务机制改革。持续开展派出所分类管理，全面完善四大类派出所配套的组织架构和勤务模式，督促指导全市12个二类派出所全面完成勤务指挥室建设，规范运行机制。进一步落实社区民警专职化，在二类派出所辖区合理设置社区警务室，大力强化社区警务专项考核评价，巩固深化社区警务"五化"建设成果。加强对各地派出所、社区警务考核评价工作的指导，督促各地严格落实市局规定的一类、二类派出所基础工作考核内容及分值占70%以上，三类、四类基础工作考核内容及分值占60%以上的派出所分类考核要求。

二是深入开展"一标三实"基础信息采集维护。围绕"应采尽采、应销尽销、常态维护"的总体目标，以社区警务专业化为机制支撑，大力推行"信息化＋重点走访"工作模式，通过系统碰撞、内外数据整合、以房管人和单位全覆盖分级分类做好基础信息采集录入和维护更新。截至10月底，全市实有人口信息维护更新66万余条、查漏补缺5.4万余条，未采集的户籍人口清理登记、核查落地率达81.41%；全市共新建立流动人口信息申报点7874个，通过外网申报并审核录入流动人口信息3.5万余条；在采集维护基础信息的同时，各地进一步强化信息深度应用，基础信息服务维护稳定，侦查办案、治安管理成为常态，截至5月31日，全市公安机关通过"一标三实"信息采集服务实战成效647条。

三是深化户籍制度改革。继续调整完善现行落户政策，以具有合法稳定就业和合法稳定住所（含租赁）、参加社会保障年限、连续居住年限等为主要指标，促进有能力在城镇稳定就业和生活的农业转移人口有序实现市民化，做到真正意义上的"零门槛"；截至10月底，全市通过户改"八条措施"共办理入户城镇人口16471户28083人。

四是改革创新旅馆业治安管理模式。按照"先纳入管理、再逐步规范"的工作思路，将小旅馆、留宿洗浴按摩场所、民俗接待点、"家庭式"旅店、"农家乐"式旅店纳入旅馆业治安管理信息系统进行管理，采取实地测试等措施全面落实旅馆、桑拿留宿洗浴等场所"四实"工作制度，确保信息录入率、

上传率达到100%。2017年以来，全市已通过旅馆业治安管理信息系统抓获网上逃犯29名。

五是加强"低慢小"航空器安全管控。组织对无人机等"低慢小"航空器生产销售企业和使用单位进行排查，掌握持有、使用"低慢小"航空器的人员情况、器具数量，全市持有使用民用无人驾驶航空器个人58人59台，全市持有使用民用无人驾驶航空器单位13个60台。全市组装销售民用无人驾驶航空器企业1家、经营销售企业2家，并全部录入警务综合平台"一标三实"基础信息系统加强管理。重点组织广汉市局以净空保护区为重点开展网格化巡防巡控，及时发现、制止和查处违法违规飞行活动，加大对违法违规飞行行为的打击处理力度。

六是加强治安安全监管。加强对民爆物品购买、运输、爆破作业等环节的安全监管，全面堵塞管控漏洞，确保德阳市枪爆危险物品的绝对安全；推广散装汽油销售实名登记信息系统安装应用，督促落实购买散装汽油实名登记制度。严格大型活动安全许可，对批准举办的大型群众性活动，督促主办单位制订完善安保方案和应急预案，严格落实各项安保措施，会同有关部门深入活动举办场地进行全面细致的安全大检查，及时督促整改各类活动安全隐患。尤其在2017年四川国际航空航天展览会安全保卫工作中，市局成立了以梁晓军副市长为指挥长的安保工作指挥部，下设综合协调、情报信息、现场安保、无人机管控、住地安保、交通安全等17个工作组，加班加点制订完善了航展安全保卫工作总方案、交通安全保障专项方案、交通组织诱导专项方案、飞行安全配合专项方案和17个分方案，投入安保力量1.4万余人次，圆满完成了航展安保任务，赢得了各级领导、中外嘉宾和广大群众的广泛赞誉。

四 "法律七进"常态化，普法宣传成效好

全市公安机关以"提升群众安全感、树立公安新形象"为目标，以"法律七进"为载体，大力宣传法律法规，让群众知法、懂法、守法。同时，加强与新闻媒体沟通。市公安局主办德阳公安微信、交通广播电台，交警开办德阳公安交警微信服务平台，中江建立"一网"（门户网站）、"三微"（微博、微信、微视）宣传平台，广汉开通"广汉公安"互联网网站和微博，利用电子政务网面向全社会宣传法律知识，利用"交通安全电影下乡"宣传依法治市工作，什邡开辟了《民警在身边》《什邡公安》专栏，"什邡刑侦""交警在

线"等微信、微博；绵竹在电视台上开办《关注警营》专栏，宣传公安机关依法治市工作。特别是创新宣传方式，深入开展"法律七进"活动。发布法治宣传信息、微博、微信、短信1901条。

一是结合"精准扶贫""走基层""双联双帮""支部联系社区""万警进万家"等亲民助民活动，进社区、学校开展集中普法、治安防范宣传。把法律宣传普及融入社会管理和服务的全过程，深入机关、社区、企业和单位开展经常性的法律宣传，面向广大群众宣传法律法规，促使广大人民了解掌握维护自身合法权益、解决矛盾纠纷的法律途径和法律知识。

二是与各项宣传日相结合。全市公安机关举行了"110，守护您的平安"、"5·15"打击和防范经济犯罪、"6·1"儿童节反拐宣传活动、"6·26"国际禁毒日集中禁毒宣传、"11·9"消防日、"12·4"宪法暨法制宣传日等主题宣传活动，开展贴近群众的法治宣传活动，增强全社会学法尊法守法用法意识。全年全市公安机关共开展各项宣传活动500余次，共向群众免费发放警察年画4000余份，发放各类安全防范宣传资料50000余份，书写春联200余副，提供公安法律咨询2800余人次。

三是与执法实践相结合。执法部门民警在行政、刑事执法活动中，采取说理、说法的执法方式，在执法过程中向管理对象、违法犯罪人讲清说透法律规定，让"法律在身边"，提升了普法效果。

四是与新媒体运用相结合。市、县公安局全部建立互联网门户网站，开通公安微博。推出"中江方言警方宣传卡通小品"系列视频、"今天我来当警察"系列体验活动、"基层民警的一天"系列报道等，特别是制作推出的《中江话防骗宣传卡通小品》及《中江方言防集资诈骗宣传警方卡通视频》，得到了央视网、腾讯网、凤凰网、四川电视台、《华西都市报》、德阳电视台、《德阳晚报》等媒体的报道；旌阳推出旌阳公安手机报，绵竹在电视台开通《关注警营》栏目，广汉推出"交通安全电影下乡"活动，县（区）公安局部分派出所建立社区QQ群、企业QQ群，运用新媒体传播快、范围广的优势，开展法律宣传。

五是开展法治文化建设。开办法治访谈节目。走进德阳广播"行走的直播间""德阳公安禁毒宣传走进电台直播间"2场网上在线访谈活动。开设专题节目栏目。在德阳电视台《直播德阳》栏目开设专题警视节目《警视110》，2017年已制作播出节目40余期，在德阳电视台教育频道开设《少年警讯》，以青少年儿童的视角结合法制宣传，提升青少年儿童法治和安全防范意识。市局精心策划组织了"德阳公安微警校""萌娃争当小警察"活动,拍摄制作的《小萌警的特殊任务》《德阳警方成功处置市区劫持人质案》《警察年画》等微视频、微广告作品,荣获市禁毒委禁毒微视频、文艺节目比赛一、二等奖等奖项。

充分发挥职能作用　加快法治政府建设

德阳市法制办公室

德阳市法制办紧扣"一核心三治理"这一主题，充分发挥政府法制机构的职能作用，突出重点、主动作为、开拓进取，不断提升全市依法行政水平，推进法治政府建设向纵深发展，为把德阳打造成世界智造之都、国际文化名城、生态田园典范、成都北部新城提供良好的法治保障。

一　抓住一个关键，切实推进对法治政府建设工作的组织领导

为统筹布局全市法治政府建设工作，市法制办研究拟订了《德阳市法治政府建设实施方案（2016～2020年）》和《德阳市人民政府2017年度法治政府建设工作安排》，并得到市委、市政府的高度重视。市法制办认真履行法治政府建设领导小组办公室职责，组织协调市政府召开全市法治政府建设工作会议和法治政府建设领导小组工作会议，专题传达学习全省法治政府建设电视电话会议精神，研究贯彻落实意见，安排部署全市法治政府建设工作有关事宜。此外，市法制办认真做好会前学法选题、学法计划拟订、学法材料审定等市政府常务会会前学法的准备工作，保证常务会会前学法制度的落实，通过落实政府常务会会前学法制度，进一步提升政府领导干部的法治思维水平，推动全市法治政府建设工作。

二　把握四个重点，全力提升政府及其工作部门依法治理能力和水平

（一）夯实法治政府建设基础

实行行政权力清单动态管理，公开"晾晒"权力清单，对行政许可、行

政征收等十类权力事项进行彻底清理规范，按照行政审批权力岗位和流程，进一步明确风险防控点和责任点。对照省政府办《关于印发〈四川省权力清单（2016年本）〉的通知》（川办发〔2016〕108号）要求，集中人员、集中时间依据有关法律法规和上级要求进行了清理和审核。目前已完成《德阳市市本级权力清单（2017年本，第一批）》的清理和公布，共包含27个市级部门共2686项行政权力事项。

（二）稳步推进政府科学立法

一是科学编制立法计划。将立法工作纳入年度法治政府建设工作安排，成立了法规草案起草工作领导小组，认真开展立法需求的前期调研，向社会广泛征集立法项目建议，加强与市人大常委会立法规划（计划）的衔接，提请市政府制定出台2017年立法工作计划，作为各部门开展立法工作的主要依据。二是严格政府立法程序。完成《德阳市人民政府拟定地方性法规草案和制定规章程序规定》的制定，以市政府1号令公布施行。组织起草审查了两部地方性法规草案。其中，《德阳市城市管理条例（草案）》已通过市人大常委会二审；《德阳市物业管理条例（草案）》已通过市人大常委会一审。三是抓好调研项目督促落实。对列入2017年立法计划的调研项目开展督促和指导，组织专家论证。调研论证充分、立法条件成熟的项目，将列为2018年制定类项目。

（三）发挥政府参谋助手作用

一是推进行政决策法定程序的严格落实。把公众参与、专家论证、风险评估、合法性审查、集体讨论决定确定为重大行政决策法定程序，进一步完善合法性审查机制，严格实行重大行政决策草案合法性审查，未经审查的，不得提请政府审议。截至目前，市法制办审核各类文件、协议、涉法事务共计580余件次，出具法律审核意见书140余份。内容涉及社会救助、医疗保险、土地征收、企业改制、特许经营、政府采购、招商引资、政企合作、财政奖补以及重大项目建设和改革等各方面。为政府提供法律支持。二是把好规范性文件合法性审查关口。1~10月，共对市政府拟出台的32件规范性文件进行了合法性审查，向省政府及市人大常委会报备规范性文件4件，受理各县（市、区）和市级部门上报市政府备案的规范性文件29件，有效预防和降低政府规范性文件可能存在的法律风险。三是建立健全法律顾问机制。市委、市政府成立了德阳市委、市政府法律顾问团，并出台《德阳市委、市政府法律顾问团工作规则》，进一步加强了法律顾问管理工作。同时，为推动市级有关部门普遍建立法律顾问制度，市法制办在调研基础上出台《关于加强法律顾问管理工作的通知》，对部门法律顾问管理、备案等工作提出具体的工作要求。截至目前，各县（市、区）政府、德阳经济技术开发区管委会全部建立了法律顾问制度，完善了法律顾问管理制度，市级部门报备聘请法律顾问共计50名。全市127个乡镇（街道）中，已有103个聘请了法律顾问。

（四）全面履行监督指导职责

一是严格落实行政执法人员资格认证制度。进一步规范执法证件的申领、日常动态管理工作，对未经考试合格取得行政执法证件的严禁上岗从事行政执法活动。9月3日，组织了第十七次行政执法人员资格认证考试，全市共有1500余名行政执法人员参考，合格率为77.1%。二是认真开展行政执法案件评查工作。采取"集中人员、集中时间、集中地点、集中案卷"的方式组织开展了市本级第十一次案卷评查工作，对市级行政执法部门2016年的近120卷行政执法案卷开展评查。三是不断规范自由裁量权行使。确定了细化行政执法裁量标准的原则和方向，牵头组织市级主要执法部门制定完成了本部门行政执法裁量标准，并通过门户网站向社会公布。四是积极推进"三项制度"试点工作。作为省政府确定的"三项制度"试点单位，德阳市在学习考察、调研座谈、广泛征求意见的基础上，结合德阳实际，制定印发《德阳市推行行政执法公示制度执法全过程记录制度重大执法决定法制审核制度试点工作实施方案》，行政执法"三项制度"试点工作全面启动。五是深入推进依法行政示范单位创建活动。印发了《关于做好2017年度依法行政示范单位创建工作的通知》，指导市级相关部门、各县（市、区）法制办等单位积极做好示范单位创建材料的申报工作。2017年，市、县两级共有46个部门提出创建申报。目前，市法制办已组成检查验收组对各部门创建工作情况进行实地检查验收，检查验收结束后将向市依法治市办推荐拟命名的2017年度依法行政示范单位候选名单。

三　提升两大能力，不断强化行政复议和行政应诉对推进法治政府建设的保障作用

（一）深化相对集中行政复议权工作

市法制办以行政复议规范化建设作为提升行政复议能力的重要抓手，通

过行政复议，及时化解行政争议，纠正行政机关违法或不当的行政行为。一是规范制度建设。继续坚持"三统一"（统一受理、统一审理、统一送达）模式开展相对集中行使行政复议权工作，进一步规范行政复议案件受理、中止、延期等审批流程。2017年4月，"德阳市率先推行行政复议委员会制度"被省法治政府建设工作领导小组评为"四川省法治政府建设十个创新案例"之一，由市法制办办理的"业委会不服某局作出行政决定的行政复议案"被省依法治省办选入"法治中国·四川经典案例"。二是加强行政应诉工作机制和能力建设。积极配合人民法院开展行政审判工作，按照德阳市《行政机关负责人出庭应诉沟通协调机制》相关要求，重点开展了行政机关负责人出庭应诉专项督查。三是创新案件审理方式。改变以往复议机关内部小范围审理模式，引入外部力量参与和监督案件审理，聘任委员22名，主要由院校法学专家、执业律师等人员组成，增加了行政复议案件的透明度和社会公信力。截至目前，市政府行政复议委员收到行政复议申请93件，已审结86件。同时，针对办理行政复议案件中发现的问题，及时向有关部门发出行政复议意见书、行政复议建议书各一份。

（二）加强行政应诉工作机制和能力建设

一是积极配合人民法院开展行政审判工作，按照德阳市《行政机关负责人出庭应诉沟通协调机制》相关要求，重点开展了行政机关负责人出庭应诉专项督查。2017年，全市行政机关负责人出庭应诉率约55%，出庭应诉率较上年有所提高，高于上年全省平均水平。截至2017年10月，市政府法制办出庭应诉52件次。二是召开了行政复议应诉联席会议，重点通报了行政机关负责人出庭应诉情况，督促行政机关负责人不断提高行政应诉率。印发《关于进一步推进行政调解工作的通知》（德行调发〔2017〕1号），指导市政府有关部门继续开展行政调解工作，加强行政调解、行政复议和行政诉讼工作衔接，建设多元化矛盾纠纷化解机制。三是市政府法制办主要领导、分管领导率先垂范，主动出庭应诉，全程参与案件审理，起到了良好的示范带头作用。

加强和完善城乡社区治理 规范推进德阳市基层自治

德阳市民政局

党的十九大报告提出，加强社区治理体系建设，推动社会治理重心向基层下移，发挥社会组织作用，实现政府治理和社会调节、居民自治良性互动。城乡社区是社会治理的基本单元，创新城乡社区治理是提升社会管理水平和改善民生的重要途径。市民政局按照市委、市政府统一部署，抓好第十届村（居）委会选举工作，求真务实把准基层治理突破方向，善作善成抓实基层自治工作，积极推进德阳市"一核三治"基层现代治理体系建设。

一 实行民主选举，持续加强基层自治组织人才队伍建设

村居"两委"班子是村级各项工作的领导核心，是村（社区）工作的领头雁、排头兵，基层自治组织人才队伍建设对村（社区）发展尤为重要。市民政双管齐下，持续加强基层自治组织人才队伍建设。

（一）按时保质完成换届选举

按照省委、省政府第十届村（居）委会换届选举工作统一部署，在市委、市政府坚强领导下，认真遵照市委书记、市长"决战全胜"的工作要求，全市按时保质完成"2016换届年"村（居）委会选举工作。全市1417个村委会、357个社区居委会全部成功换届，一次性选举成功率达99.8%，社区直选率为97.2%。本届选举共登记选民2676708人，参加投票2400575人，参选率89.7%；共提名初步候选人14672人，正式候选人9538人，选出新一届村（居）委会成员5999名，其中党员4589人，占76.5%，高中及以上文化程度3961名，占66%。 大批奉公守法、品行良好、公道正派、热心公益、具有

一定文化水平和工作能力的同志充实到村（居）委会班子，夯实了德阳市基层自治的组织基础。

（二）规范建立自治组织教育培训机制

建立健全村（居）委会成员教育培训机制，推动出台《德阳市人民政府办公室关于进一步建立健全村（居）委会成员教育培训机制的通知》（德办函〔2017〕30号），明确"两个目标"：一是建立健全政治理论教育、综合管理能力和致富技能培训相结合的教育培训体系，形成以德为先、能力培养贯穿始终的教育培训机制；二是到2019年底，第十届村（居）委会成员培训实现全覆盖，全市村（居）委会成员后备人才储备体系基本建立。2017年，市民政局开展全市村（居）民委员会主任示范培训1次，各县（市、区）民政局累计开展培训11次，参培人员累计2350余人次，发放培训资料6000余册，新任村（社区）主任培训率达100%。

（三）做好村（居）委会特别法人统一社会信用代码赋码工作

严格按照《四川省民政厅办公室关于做好基层群众性自治组织特别法人统一社会信用代码赋码工作的通知》（厅办〔2017〕87号）要求，认真组织，成立专项工作组，及时指导各县（市、区）民政局展开数据录入比对，同步建立和完善村（居）委会数据台账，确保基础信息不重不漏、准确无误。截至11月20日，德阳市1774个村（社区）全部完成系统数据比对录入，是全省少有的按时按质完成赋码工作的市。

二 深化基层协商议事，基层民主管理回归日常生活

市民政局创新推动全市村（社区）治理现代化，拓宽思路、积极探索，以罗江区为试点在全国率先推行"村民议事代表会议制度"，通过"两议""五化"，将"党委领导、村民自治、群众参与"有机统一，形成成熟的经验模式后，印发《德阳市村（居）民代表议事会议制度指导意见》，用制度体系明确基层人民协商的权利和行使办法，将协商议题细分为村（社区）与小组两个层级，全面深化城乡社区协商形式，结合议题的性质、利益关系、复杂程度和影响范围等，打破户籍限制，邀请老党员、企业负责人、专业技术人员、常住人员等"临时议事代表"共同参与议事协商，全面深入推广村（居）民代表议事

会议制度，促进基层协商议事常态化，让基层民主回归日常生活。2017年1~10月，全市1774个村（社区）参与民主议事协商累计75.1万人，共处理办结问题26391件，处理协商办结率达98.6%，基层协商议事逐渐成为一种常态，既亮了集体"家底"，又安了群众心底，民主管理深入人心，群众自治步入快车道。

三 修订完善强化落实，充分发挥村规民约的作用

一是换届选举结束后，德阳市所有村（社区）及时修订完善村规民约（居民公约），绵竹市203个村（社区）更是在修订完善的基础上，统一采用"蓝底白字"装订、公示。二是组织参与民政部优秀村规民约征集活动，严格按照征集范围和条件，全市共选送特色鲜明、简洁实用的村规民约30余篇。三是调集全局之力开展村规民约修订专项督查工作，成立6个督查小组，由局领导任组长，实行"分片包干"、责任到人，抓好督查工作。督查共随机抽查了35个村（社区），准确真实地了解各地村规民约修订及执行全过程，确保每一位群众自觉参与村规民约的修订和执行，形成"我制定、我签字、我遵守"的良好氛围。

四 强化民主监督，不断拓展基层自治监督渠道

一是有效发挥监督委员会监督作用。2017年4月，全市各村（社区）完成监督委员会选举，新一届监督委员会对村（社区）组经济往来事项、"三重一大"事务决策执行情况以及其他应公开的事项加强了监督、审查和审核，对村（居）委会成员履职情况进行民主评议。二是有效发挥村（居）民代表的监督作用。健全村（居）民自治章程，指导村（居）民代表参与本村（社区）公共事务管理，监督重大决策执行全过程，有效发挥村（居）民代表的监督作用。三是有效发挥社会监督作用。管好用好集体"三资"信息化监管平台系统、德阳阳光惠农网，采用现代信息技术，加强社会群众的查询监督作用。

五 探索基层自治的新方式，创新推进村（社区）减负工作

以旌阳区为试点，持续推动社区服务综合服务信息平台建设，推动各类

社区信息系统向社区公共服务综合信息平台迁移或集成，第一阶段完成了PC端软件和手机App的开发，初步实现公共服务任何时段、任何地域无缝式覆盖，社区综合服务信息平台子板块已在陕西馆社区试运行。第二阶段建设已完成招标，正快步有序建设。广汉市以"为村"手机微信App为载体，探索村（社区）公共服务新模式，目前已经实现区域全覆盖。着力推进社区社会组织有序参与社区服务工作，在梳理社区群众需求、设计整合项目基础上，全年共计投入80万元，重点在旌阳区、广汉市、什邡市购买社会组织服务，扶持26个社区社会组织承接31个项目，从社区为老服务、慈善救助、青少年及残疾人服务、社区融合等方面入手，示范性地为社区居民提供公共服务。

德阳民政求真务实，以基层"自治"为突破口，积极促进德阳市"一核三治"基层现代治理体系建设。但基层现代治理体系建设是一项系统性基础性的重大工程，不可能一蹴而就，我们将持续努力，久久为功，不断提高现代治理能力和水平，为把德阳打造成"世界智造之都、国际文化名城、成都北部新城"奠定坚实的基层基础。

建立教育培训机制 夯实基层治理基础

德阳市民政局

近年来，德阳市牢固树立人才资源为第一资源的观念，建立健全村（居）委会成员教育培训机制，着力培养一支有文化、懂技术、会经营，群众拥护的新型村（社区）自治组织工作队伍，强化了德阳市基层自治基础，促进德阳市"一核三治"基层现代治理体系的有序构建。

一 明确"两个目标"，制定教育培训长远规划

市政府办公室出台了《关于进一步建立健全村（居）委会成员教育培训机制的通知》（德办函〔2017〕30号），明确提出"两个目标"：一是建立健全政治理论教育、综合管理能力和致富技能培训相结合的教育培训体系，形成以德为先、能力培养贯穿始终的教育培训机制；二是到2019年底，第十届村（居）委会成员培训实现全覆盖，全市村（居）委会成员后备人才储备体系基本建立。该通知指明了德阳市村（居）委会成员教育培训的建设方向，绘制了教育培训机制的宏伟蓝图。

二 抓好"三个环节"，保障教育培训落地落实

通过扩大培训对象、丰富培训内容、完善考核督促，切实保障村（居）委会成员教育培训落地落实，发挥实效。一是扩大培训对象。将全市1417个村、357个社区的5999名村（居）委会成员全部纳入教育培训范围。其中，优先培训本届村（居）委会换届选举产生的新任成员2145人。2017年，市民政局开展全市村（居）民委员会主任示范培训1次，各县（市、区）民政局累计开展培训11次，新任村（社区）主任培训率达100%。二是丰富培训内容。坚持以人为本、按需施教，把社会需求、岗位需求和个人自身需求有机

结合，实现组织发展与个人发展双重推进。教育培训内容主要从政治理论、政策法规、业务知识、农业技术四个方面入手，重点学习习近平总书记系列重要讲话精神和省市重大决策部署、涉及基层社会治理方面的政策法规，组织基层群众开展自治理论及实践运用，提升公共服务业务技能和农业技术等。三是完善考核督促。对所有参训人员学习情况进行考核，考核结果反馈到各乡镇（街道），不合格者当年不能评优选先。同时，建立培训档案，丰富后备基层人才体系，为村（社区）自治组织换届选举提供依据。

三 发挥"四个作用"，突出团结致富共建共享

着力发挥村（居）民委员会成员教育培训机制的发展助推器、基层治理导向仪、维稳黏合剂、教科书的作用，让教育培训成果看得见、摸得着，基层群众在村（社区）团结致富中得到实惠。

一是发挥教科书作用，实现了教育培训规范化。创新出台《关于进一步建立健全全村（居）委会成员教育培训机制的通知》，正式将村（居）委会成员培训工作制度化、规范化，使今后德阳市的村（居）委会成员培训工作有章可依、有据可循，是对培训工作的极大促进，有效保障了村（居）委会成员整体素质的提升。德阳市民政局在2017年第十届村（居）民委员会换届选举后，于6月底进行示范培训，从班级设置、受训对象确定、课程安排、效果运用等各环节科学设计精心实施，为全市村（居）委会成员培训工作发挥了示范带动作用，全市培训工作规范有序推进。

二是发挥助推器作用，推动了村级经济发展。培训中重点对农村经济政策、农业结构调整及农业产业化、城乡社区公共服务能力等进行详细讲解和经验交流，增强了新一届村（居）民委员会成员带领本地区农村致富增收的能力，推动了村级经济的发展。绵竹市2017年村（居）民委员会主任培训中，绵竹市委副书记、市政府市长强调提出，"谋增收，努力做强集体经济，拓宽群众增收渠道"。

三是发挥黏合剂作用，促进了基层和谐稳定。通过教育培训，强化村（社区）主任工作职责，在村（社区）党支部的领导下、村委会的组织下逐步健全了民主议事制度、民主评议制度、民主生活制度、代表会议制度、财务公开制度、服务项目工作制度，依法民主讨论制定村（居）民自治章程、村规民约（居民公约）。各类参与主体在交流互动中消除了误会隔阂，和睦了

邻里关系，彰显了基层和谐共治、共建共享的发展理念。

四是发挥导向仪作用，提升了基层治理水平。培训工作围绕新形势下村（社区）普遍存在的困难和问题展开。村（社区）干部掌握了与上级部门、驻地单位及社会组织沟通协调的方法和技巧，学会了如何寻求政策、技术、信息和资金等方面的帮扶，如何规范有效征求本地党员干部和群众的建议，最大限度地发挥人民群众的主观能动性，取得广大基层群众的支持，有效解决了基层实际问题，提升了基层治理活力和水平。

抓好"一核"与"三治"
促进精神文明建设

德阳市精神文明建设委员会办公室

近年来,德阳市文明办将"一核三治"有关工作与精神文明建设和"四好村"示范带建设工作有机结合,同安排、同部署、同考核、同促进,积累了精神文明战线的依法治理新经验。

一 主要做法及成效

(一) 将"一核三治"与文明创建工作有机融合,文明创建成效明显

2017年,德阳市文明办将"一核三治"工作与文明创建工作有机融合,将法治教育、法治宣传、学法用法守法等融入文明城市、文明单位(村镇)、文明校园、文明社区、文明家庭等创建之中,融入文明行业、文明窗口、道德模范、身边好人、孝星少年等评选之中,融入农村精神文明建设和"四好村"建设之中,纳入文明城市创建目标绩效考核,纳入文明单位目标绩效考核,纳入"以法治形成好风气、养成好习惯"专项工作考核。在各级文明单位扎实开展"三讲三爱两进步"主题实践活动,提倡"讲科学、讲法律、讲文明,爱党、爱国、爱家,发展进步、文明进步"。推进市县乡村文明创建体系建设,以文明创建活动为抓手,以培育和践行社会主义核心价值观为主线,以创建全国文明城市为龙头,积极推进文明社区、文明家庭等"文明细胞"建设,实现了"一核三治"工作与文明创建工作的有机相融、相互促进。

1. 深化全国文明单位(文明村镇)创建活动

2017年3月23日至24日召开全国文明单位(村镇)培训会,省文明办专家老师重点对全国文明单位(村镇)的创建模式和流程等内容进行了培训。8月18日召开全国文明单位(村镇)培训会,重点对2017新版"全国文明

单位测评体系""全国文明村镇测评体系"进行解读,并对各单位创建材料进行初审、指导。2017年市文明办加大对各县(市、区)开展文明单位(村镇)创建活动的指导力度,10月对申报创建和复查的第五届全国文明单位、全国文明村镇逐单位逐村镇进行了面对面的指导,顺利通过省文明办考评督导工作组检查验收。2017年,德阳市气象局、广汉市三星堆博物馆、移动德阳分公司等3个单位成功创成全国文明单位,广汉市三水镇友谊村、罗江区鄢家镇星光村、中江县集凤镇石垭子村、什邡市师古镇红豆村、德阳市旌阳区孝感镇等5个村镇成功创成全国文明村镇。德阳市国税局等5个单位、德阳市旌阳区孝泉镇等10个村镇顺利通过复查验收。移动德阳分公司和市工商局等6个单位顺利通过行业系统组织的全国文明单位创建和复查验收。截至目前,德阳市共创成全国文明单位14个、全国文明村镇15个。

2. 深化省级、市级文明单位、文明村镇、文明社区创建活动

组织实施"百村千村"文明创建行动,着力抓好道德讲堂、志愿服务站、讲文明树新风公益广告"一堂一站一广告"建设,打造示范村镇。印发了《关于做好德阳市市级文明单位(村镇、社区)申报推荐工作的通知》(德市文明〔2017〕10号),经市文明委领导同意,对德阳市城市管理行政执法局等115个新确定的市级文明单位、旌阳区和新镇福兴村等137个新确定的市级文明村镇、旌阳区城北街道春兰巷社区等62个新确定的市级文明社区和中共德阳市委组织部等404个继续保持市级文明单位、广汉市新丰镇同善村等26个继续保持市级文明村镇、旌阳区旌阳街道文庙社区等54个继续保持市级文明社区的单位进行了表扬通报。对广汉市审计局等8家单位,因一把手严重违纪或违法犯罪撤销文明单位资格。截至目前,德阳市创成省级文明单位138个、省级文明村镇38个、省级文明社区12个、市级文明单位519个、市级文明村镇163个、市级文明社区116个。

3. 深化文明家庭创建工作

一是积极推荐全国最美家庭。吕燕家庭、何雪家庭两户被评为全国最美家庭。2016年中江县刘春香家庭获得"全国文明家庭"荣誉称号。二是开展最美家庭评选活动。2017年市文明办、市妇联积极开展最美家庭评选活动,评选了20户市级最美家庭。三是积极推荐四川省首届文明家庭。按省文明办要求推荐10户,张艳家庭等9户家庭被评为首届四川省文明家庭。四是开展了第一届德阳市文明家庭推评活动。印发了《关于做好第一届德阳市文明家庭推选工作的通知》,经市推选办成员单位初审筛选、预审投票、网络投票等环节,由市文明委领导同意,推评了50户第一届德阳市文明家庭候选家庭。五是开展文明家庭巡讲活动。市文明办组织文明家庭、道德模范等进行巡讲活动,共3次1000余人受到教育。

4. 深化文明校园创建活动

贯彻落实习近平总书记关于"广泛开展文明校园创建活动"的重要指示,推动"千校示范万校联动"文明校园创建工作。按照文明校园标准要求,对照省、市级文明校园考评细则,突出抓好师德师风、校园文化、学风校风建设,做好文明校园创建工作,学校100%覆盖,师生100%参与,督查100%到位,进一步提高校园文明程度,提升学校的育人环境。表彰2016年度市级文明校园,启动2017年创建工作,力争2020年全市80%的学校文明校园要创建成功。截至目前,共创成全国文明校园1所、省级文明校园25所、市级文明校园33所。全市建成467所乡村少年宫,56个乡村学校少年宫获得中央专项彩票公益金支持。

5. 深化文明行业、窗口单位创建活动

为认真贯彻落实中央文明委《关于深化群众性精神文明创建活动的指导意见》中"重点推动与群众生活关系密切的窗口行业的文明创建工作,开展具有行业特色、职业特点、工作特性的创建活动,自觉承担社会责任,着力树立良好形象,确保提供文明优质服务"和"全国文明城市测评体系"中"窗口单位开展文明行业创建"的要求,市文明办组织开展了文明行业、文明窗口、文明标兵创建活动。市文明委对四川省德阳市地方税务局等13个市级文明行业单位、四川省德阳市地方税务局第一直属税务分局办税服务厅等53个市级文明窗口、德阳市城市综合管理指挥中心的薛莉等53个市级文明标兵进行表扬通报。

6. 开展道德典范选树活动

将"一核三治"相关内容纳入道德典范选树活动,成效明显。截至目前,获得"全国道德模范"荣誉称号3人(含提名奖)、"四川省道德模范"荣誉称号8人、德阳市道德模范56人,中国好人4人,四川好人54人。

7. 加强市民文明公约宣传

将社会主义核心价值观融入市民文明公约,修订完善了《德阳市市民文明公约》。2015年以来,发放《德阳市民文明手册》22万份,发放数量占建成区常住人口(42.13万人)的比重为52.22%,覆盖建成区常住的每个家庭、每个学校、每个窗口、每个企事业单位;2016年发放《文明德阳我们共同的选择》等宣传资料44万份，2017年发放《文明德阳我们共建的家园》等宣传资料58万份，发放数量占建成区常住人口的比重分别为104.44%、137.67%。2017年印发了《关于在市区机关单位和国有大型企业开展问卷调查的通知》，2015年以来，共发放调查问卷118万余份，电话访问、面访3.2万余人，征求群众关于城市管理、社会治安、教育、医疗、卫生、环境治理等各类意见建议4000余条。

8. 扎实开展志愿服务活动

将"一核三治"相关内容融入志愿服务活动之中，志愿服务活动扎实有效开展。全市志愿服务工作形成了市、县两级联动指导网络。建成标准化社区（镇、村、乡）志愿服务工作站78个、文化志愿服务基地7个、志愿服务组织孵化基地1个，在邮政报刊亭建立了100个"学雷锋·一家亲"志愿服务点，为志愿服务的组织建设和活动开展提供了有效平台。截至10月底，德阳市在"德阳志愿"服务网注册志愿者4.57万名、队伍443支，在团市委"志愿四川"注册志愿者14.3万名，在消防支队注册志愿者1.7万余名。进一步提升志愿服务队伍领军人物的号召力，发挥"鲁鹏志愿者联盟""爱之援义工协会""啄木鸟志愿服务队"等志愿服务组织和队伍的引领作用，推进志愿服务组织体系建设，把志愿服务落细落小落实。立足城乡社区，先后开展了"弘扬雷锋精神，建设文明德阳""众筹时光·情系桑榆"主题志愿服务活动，开展了"码上学雷锋"主题志愿服务进机关、学校、社区和窗口行业，开展了"新书节""互联网+圆梦村小""弘扬雷锋精神·践行核心价值观"知识竞赛、心得征文和公益广告征集等系列活动。8月至9月，组织开展了德阳市志愿服务先进典型评选活动，各级文明办共推选出64名优秀志愿者候选人、24个优秀志愿服务候选项目、30个优秀志愿服务候选组织、17个优秀志愿服务候选社区，并按要求向省上推荐参加"四川志愿·携手圆梦"第五届四川省志愿服务评选活动。

（二）将"一核三治"与农村精神文明建设有机融合，农村精神文明建设水平显著提升

深入贯彻落实推动移风易俗、树立文明乡风电视电话会议精神，以大力整治农村铺张浪费、炫富攀比、天价彩礼、大操大办、薄养厚葬、封建迷信、赌博败家等陋习作为移风易俗的突破口，推动乡风民风美起来。以民风建设和环境整治为重点，深化文明村镇、文明集市、星级文明户、文明家庭等创建活动，努力建设美丽乡村、扮亮美丽德阳。全市各级文明单位以"以城带乡，共建美丽乡村"为载体，落实城市支援美丽乡村建设的各项政策，发挥好文明单位示范作用，以"美丽乡村、文化院坝""新家园、新生活、新风尚""双联双帮""结对子、种文化""三下乡"等多种形式，推动农村精神文明建设发展。

2017年6月24日至25日，中宣部、中央文明办在山东省淄博市召开全国农村精神文明建设工作经验交流会。德阳市《"四好村"：农村精神文明建设的德阳"样本"》经验做法被中央文明办作为书面交流材料印发，并在6月22日《精神文明报》头版全文刊发。此次会议四川省选报了2个书面交流经验材料上报中央，德阳经验是四川唯一上报并入选的地级市经验。近年来，德阳市文明办全面贯彻落实习近平总书记系列重要讲话精神，紧紧围绕"三个美起来"目标，以省委提出的"住上好房子、过上好日子、养成好习惯、形成好风气"四好村建设为引领，以文明村镇创建为抓手，以法治、德治、自治方式，坚持高位谋划、精准切入、务实落地，推动农村精神文明建设水平显著提升。

1. 住上好房子，环境美起来

坚持把解决"住上好房子"作为乡村文明建设硬需求来抓，从而提升农村和谐宜居优美新家园的整体建设水平。一是突出整体需求抓规划。由市文明委牵头，按照"市县统筹，乡镇主抓，做好规划，分村实施"的路径，站在"'四好村'建设的范式、脱贫攻坚的升级版"这一新起点，以新农村建设规划为基本蓝图，打整体战、融合仗，以可复制可推广"好房子"示范点建设为模板，逐年逐步逐层进行全域推广。二是突出改造升级抓建设。采取"原汁原味，不搞大拆大建，就地取材进行改造，保留川西民居风格"原则，把新建房、改造房与环境中相应的山、水、路、田等同步修建改扩。"十二五"期间，投入道路建设27.7亿元，全市农村公路里程达7559千米，投入农田水利建设38.8亿元，新增季节水能力1.2亿立方米；高标准农田建设201余万亩，完成计划任务的106%。实现村村房好、路净、水洁、田园美。三是突出人居环境抓整治。农村生活垃圾"户定点、组分类、村收集、镇转运、县处理""五步走"生态处理模式经验在全省推广，2015年作为第一批城市通过住建部农村生活垃圾治理验收，2017年被确定为全国第一批生活垃圾分类示范城市。通过改善安居、整治环境，让农民实实在在感受到精神文明建设为农村宜居美化环境带来的变化。

2. 过上好日子，家业兴起来

坚持把农村特色产业、特色产品作为过上好日子的经济支撑来抓，从而带动整个农村精神文明建设呈现新兴面貌。一是把主导产业做好。指导各地紧紧围绕优质稻、蔬菜、中药材、烟叶、食用菌、蚕桑、种子等八大优势产业，抓产业结构调整，大力推进农民专业合作社、种养殖大户以及农产品专业化市场的培植，在改善农业生产条件、提高农业综合生产能力、提升农业综合效益、增加农民收入方面实现新突破。二是把特色产业做优。各县（市、区）根据自身产业发展的需要，因地制宜建立发展了许多各具特色的示范园、示范片、示范区。罗江万安镇天马山早熟梨示范园区、中江"中江白芍"等道地药材规范化种植示范片、广汉兴隆镇天台村现代农业示范园、旌阳区黄许西甜瓜示范园以及绵竹梨树、枇杷、猕猴桃生产示范区等，为农村带来了可观的经济收入。三是把旅游产业做强。吸引工商民间资本下乡，充分挖掘"三国文化""孝德文化"等旅游特色文化，投资70亿元，建设德孝文创小镇、雪茄风情小镇、古乐仓山·博泓康养小镇、白马关文旅小镇等14个特色文化小镇。全市各镇均形成1~2个特色旅游文化品牌，建休闲吧、酒吧、农家乐、度假休闲旅店等设施。特色文化产业的发展，美了环境、强了经济，为农村精神文明建设提供了坚强支撑。

3. 养成好习惯，精神富起来

坚持把培育践行社会主义核心价值观和文明村镇评比有机融入乡村文明建设。一是抓核心价值观进村入户。开展"年画上墙"工作，精心绘制反映社会主义核心价值观、"三讲三爱两进步"等内容的宣传年画30万平方米，以生动形象的方式引导群众树立文明、健康、科学的生活理念。组织制定家具摆好、衣被叠好、农具放好、禽畜管好、柴草堆好、卫生搞好"六个好"生活习惯标准，创作《好习惯，六做到》快板、儿歌《好习惯从娃娃抓起》，通过群众表演宣传，带动促进养成好习惯。二是抓本土文化潜移默化。创新传承德孝文化、年画文化、三国文化、民俗文化等德阳特色优秀文化，发挥文化乡贤作用，培育出罗江鄢家嫂子歌舞团、中江太婆龙灯、仓山大乐等一批有影响的农民文艺团体。深入推进文化精品工程，涌现出动画片《年画村的故事》等一批优秀作品，在文化熏陶中培育好习惯。三是抓文明村镇同频共振。把"做得好不好，微信扫一扫"活动，融入创建文明家庭、文明户、文明村镇、文明集贸市场活动，随时随地曝光脏乱差、表扬好习惯。已有全国文明村镇15个、省级文明村镇38个。广泛开展"传家风、立家规、树新风"、文明家庭、最美家庭等评选活动，1户荣获全国文明家庭称号、4户荣获全国最美家庭称号，3户家规入选四川省"天府好家规"。全市467所乡村学校实现少年宫建设全覆盖。全市671个市级以上文明单位与村镇结对共建，呈现城乡文明创建共振效应。

4. 形成好风气，风尚新起来

坚持以有力举措开展移风易俗，促进农村形成崇德向善之风、勤俭节约之风、文明健康之风。一是以村规民约，"约"出好风气。全市1432个行政村，全部制定了村规民约，形成"强化领导监督、广泛宣传动员、精心组织起草、反复征求意见、依法表决备案、认真组织实施"的"六步工作法"。运用村规民约强化依法治村的经验做法入选中共中央办公厅编纂的《基层协商民主典型案例选编》。二是以典型引领，"引"出好风气。突出道德实践活动。实施道德建设工程，呈现出道德伦理文化共勉效应。全市1776个行政村（社区）建成"农村广播道德讲堂"，254个县级以上文明村镇建成固定道德讲堂，119个乡镇建成德孝红黑榜。在挖掘历史文化名人及传承优秀历史文化的基础上拍摄的《范家大院》（范仲淹）家规家风系列专题片在中纪委网站播出。三是以村民自治，"管"出好风气。建立推广"五会"，即"红白理事会、自治理事会、道德理事会、邻里互助会、新乡贤志愿协会"等村民自治组织，让广大群众把参与管理的过程变成找到自尊、树立自信的过程，让移风易俗真正变成群众的自觉行动。以建设"中国幸福家园"为目标，在全国率先推行"村民议事代表会议制度"，经验得到民政部的肯定，做法被写进新修订的《村民委员会组织法》。

（三）将"一核三治"与"四好村"创建有机结合，"四好村"创建水平大幅度提升

2017年，配合制定了《德阳市"养成好习惯、形成好风气"专项工作实施方案》《德阳市市级"四好村"创建考评办法（试行）》，代起草了《用法治推动养成好习惯形成好风气的实施方案》，印发了《德阳市用法治推动养成好习惯形成好风气的专项督查调研实施方案》，4个专项调研组通过专项督查调研基层点位、听取汇报、查阅资料、走访座谈、问卷调查等形式，对各县（市区）、德阳经济技术开发区及39个市级相关部门进行了督查调研，形成了《关于开展"用法治推动养成好习惯形成好风气"专项督查调研情况的报告》。组织人员到什邡市湔氐镇龙泉村，绵竹市金花镇玄郎村，广汉市新平镇桂红村，罗江区星光村、金铃村等"四好村"进行调研，组织实施"百镇千

村"文明创建行动，着力抓好道德讲堂、志愿服务、讲文明树新风公益广告"一堂一站一广告"建设。目前，全市144个市级部门、文明单位与建成区107个社区以一对一或多对一的方式进行了结对共建；全市671个全国、省级、市级文明单位与村镇结对共建，坚持以城带乡、以乡促城路径。全市农村道德讲堂达到300余个，志愿服务队达到1500余支，讲文明树新风公益广告、"年画上墙"达到4.3万平方米。

二 结合"一核三治"，扎实开展各项活动

2017年，市文明办结合"一核三治"，开展了用法治推动形成好风气、养成好习惯系列活动。其一，2017年6月市文明办牵头对"用法治推动养成好习惯形成好风气"进行专项督查调研。市文明办主任亲自抓安排部署、亲自抓督查调研、亲自抓督查实效，并实地对广汉市、什邡市以及什邡市方亭街道外西街社区、元石镇箭台村、金雁社区等进行了督查调研。4个专项调研组通过专项督查调研基层点位、听取汇报、查阅资料、走访座谈、问卷调查等形式，对各县（市区）、德阳经济技术开发区及39个市级相关部门进行了督查调研，顺利完成了专项督查调研任务。其二，圆满完成中央文明办调研任务。4月25日，中央、省文明办调研组一行到德阳市调研农村精神文明建设情况，实地察看了罗江区星光村、金铃村和绵竹市玄郎村三个点位，重点对文明村镇创建和移风易俗工作进行了调研。中央、省文明办调研组一行对德阳市农村精神文明建设、"四好村"建设等工作给予了充分肯定。其三，开展市级"四好村"抽查考评工作。11月8日至9日，由市文明办牵头带队，市委农工办、市民政局、市住建局、市公安局、市交通局相关科室共8人参加抽查考评工作。对中江县拟申报的27个村和罗江区拟申报的40个村中的9个村抽查考评并形成抽查考核报告。其四，将学法守法用法印制在发放的12万份《德阳市民文明手册》上，通过免费发放给市民进行广泛宣传发动。

三 特色亮点及示范点位建设情况

（一）依法治村，积极培育践行农民的价值观

2014年以来，市文明办以广汉市新平镇桂红村为试点培育践行"我们的

价值观"。在市文明办和广汉市文明办的指导下，该村重点从公益广告上墙、编印实用手册、制定村规民约、"十星文明户"创评、"德孝"典范评选、打造文化院坝、张贴"红黑榜"、设立"幸福美丽新村"基金、小额贷款授信等九项活动开展示范，其经验已在全市推广。2015年广汉市新平镇桂红村被评为全国文明村，是省市文明办"美丽乡村、文化院坝"示范点，具体做法如下。

（1）抓好"广而告之"，把核心价值观的"种子"撒入百姓心中。一是打造文化墙面。该村以《我们的价值观》年画系列公益广告和桂红村"文明公约"、"十星级文明户"评选标准等内容，统一绘制"文化墙"。设立14块宣传展板，建设3号渠文化走廊。二是举办道德讲堂。通过"专家讲堂"和"广播讲座"宣讲党的方针政策、法律法规、村规民约、先进文化理念等内容和涌现出的各类先进人物和典型事迹，以身边人身边事影响群众。

（2）抓好土壤培育，把核心价值观的"雨露"润入百姓心灵。一是探索建立"红黑榜"。建立"红黑榜"制度，表彰村民个人和集体获得的各类荣誉，曝光村民不孝敬长辈、不讲诚信以及违反法律法规的行为。二是开展"十星"评选。把社会主义核心价值观内容融入"十星级文明户"评选标准，结合评选活动以及"诚信红黑榜"，建立小额贷款授信机制，对于评选出的"八星级""九星级"和"十星级"文明户分别给予4万元、4.5万元和5万元的授信额度，反之，进入诚信黑榜的则被记录在村委会开具的各项证明材料中。三是开展"德孝"活动。每年以不同主题庆祝重阳节，通过集体祝寿、关心慰问、义务服务的形式，让广大老人度过温馨愉快而且充满意义的重阳节，大力弘扬社会主义核心价值观，传承尊老敬老孝老的传统美德。

（3）抓好创建保障，把核心价值观的"果实"送入百姓心坎。一是打造文化院坝，强化农村文化阵地建设。新建文化院坝2个，新增健身器材16件，新购音响设备2套、电脑6台，文化书屋新增藏书1000余册。二是成立创建基金，保障创建活动长效开展。设立广汉市新平镇"幸福美丽乡村"创建基金，主要奖励文明创建活动中涌现的先进社、院落和家庭。2014~2017年从已筹集的70余万元资金中拿出25万元，建设"美丽新村"。

（二）打造德孝基地，以德孝文化促乡风文明

旌阳区孝泉镇是川西平原一大古镇，拥有2000多年的德孝文化传统，是中国古代二十四孝之一"安安送米"故事的发祥地，素有"德孝之乡""大孝故里"的美誉，也是全国文明村镇、国家级重点小城镇、全国社会科学普及教育

基地、四川省百镇建设试点镇、省级历史文化名镇。近年来，该镇深入挖掘优秀传统文化、加强道德伦理教化、发展特色文化旅游，以弘扬德孝文化为抓手，促进乡风文明，形成了"小孝持家、大孝爱国"的良好社会风气。

（1）丰富孝址遗迹文化内涵。进一步打造龙护舍利宝塔、德孝城等孝址遗迹，修复修建姜公坟、姜孝祠、孝水桥、孝子亭、孝泉井、古代"二十四孝"雕塑群、"一门三孝"石刻长廊等具有德孝文化特色的景观景点。设立道德讲堂、孝文化研究院、特色文化院坝等传承、弘扬德孝文化的窗口，每年开展道德讲堂活动6次以上，组织孝文化研讨活动2次，举办特色群众文化活动近10场次，覆盖孝泉及周边群众10万余人次，让更多的群众了解孝泉的历史、接受德孝文化洗礼、感受德孝文化神韵。

（2）传承弘扬德孝文化美德。1996年至今，坚持开展"孝子孝媳孝星""好公公好婆婆""最美家庭""班级、校园、镇区小孝星"等评选表彰活动，先后涌现出无私照顾丈夫幺爸20余年的省级道德模范廖成菊、全国孝心少年杨铅坤等孝子孝星300余人。孝泉镇32条（个）街道、广场、小区皆以"德""孝"命名，将德孝文化融入村规民约中，结合党员积分评星活动，倡导广大党员干部群众以孝德养廉德，用廉德尽孝道。如今，尊敬老人、孝顺父母，以孝敬老人为荣、以虐待老人为耻，已经成为孝泉人民共同信守的美德。

（3）做大做强德孝文化产业。秉承"以文化人，以文兴镇"的理念，每年举办"孝文化旅游周"、"上九会"、"感天大孝祭"、德孝文化研讨会、非遗展示、特色商贸交流等活动20余（场）次，接待全国各地游客30余万人次，带动孝泉及周边第三产业蓬勃发展，实现旅游收入8000余万元。2014年9月，《中华孝道（一）》特种邮票全国首发式在"中国德孝城"举行，"涌泉跃鲤"的故事荣登"国家名片"在全国发行，增强了老百姓的信心。成立孝文化产业园，大力引进商业开发项目落地和外地企业入驻，解决孝泉镇剩余劳动力就业问题，造福当地百姓。

（三）移风易俗出新出招，村民自治成效好

四川省罗江区新盛镇金铃村以"住上好房子、过上好日子、养成好习惯、形成好风气"为目标，通过开展村庄风貌改造、家训上墙、文明户评星等系列活动，推动移风易俗，小村庄有了"大变样"。

（1）新村建设注入文明元素，村容村貌提档升级。着力打造具有川西文化特色的"艾家坝"农民公园，增设健身器材，搭戏台、建广场，组建乡村文艺队，丰富村民精神文化生活。在道路沿线醒目墙体绘制社会主义核心价值观年画，提升村庄"精气神"。按照每家每户房前有花园、果园、菜园的思路，修建贫困户集中安置点，打造金铃村乡风文明、村容整洁的特色民居。

（2）文明户评星上墙，家规家训广为传诵。以培育和践行社会主义核心价值观为根本，充分发挥先进典型的示范带动作用，引导村民争创"十星级文明户"。广泛征集家规家训，并将弘扬家规家训与评星活动有机结合，每户的家规家训与星级情况进行同步公示，便于邻里乡亲相互学习借鉴和监督，助力邻里和谐、文明进步。

（3）选树身边好人，好家庭引领好风气。坚持评选"好婆婆""好媳妇"等身边好人，挖掘群众身边孝老爱亲、家庭和睦的感人故事，并进行表彰和宣传，树立正面典型，示范带动村民争当先进、争做模范。实施"细胞工程"，以家庭为单位深化文明创建，开展"最美家庭"评选，以小家促大家，带动周围邻里养成好习惯、形成好风气。

（4）送礼不超过200元，村民们放下面子"包袱"。全村2072人，喜事、丧事加起来几乎月月有"人夫"走，村民近一半的收入都要花在红白事上。2017年由村党支部牵头，通过广泛征求群众意见，组织村民代表大会，审议通过了《新盛镇金铃村村规民约》，其中规定，送礼不能超过200元。送礼的人减少了负担，办事的人也顾及成本，从源头上控制住了红白事大操大办的不良风气。

（四）推祖坟建公墓，移风易俗动真格

罗江区鄢家镇星光村通过村民自治的方式开展推祖坟建公墓活动，挑战"祖坟不可动"的陈旧观念。

（1）由来。推动"四好村"建设，需要借助外力引资引智。很多投资商过来考察以后，觉得星光村居住环境优美、文化底蕴深厚，是个好地方。但漫步园中，走不了几步就有个坟头，影响游客游玩的心情，为了更好地发展乡村旅游，打造乡村旅游示范点，星光村以此次德阳市"四好村"示范区建设为契机，以"养成好习惯、形成好风气"双引领为抓手，引导群众开展移风易俗形成文明乡风，才有了迁坟、建设公益性墓地集中安置点的想法。

（2）阻力。传统的孝道和中国几千年入土为安的传统观念根深蒂固，刚开始村民并不接受，认为挖祖坟是大逆不道的事情，愧对列祖列宗，极力反对，群众阻力很大。

（3）方式。村两委通过召开夜会、院坝会、板凳会，入户走访座谈，逐一做村民的工作；同时以5~10户院落为一个单元，推选村民议事代表，村两委先做村民议事代表的工作，然后让村民议事代表再到所代表的院落去做工作，充分发挥村民自治的作用，宣传厚养薄葬等移风易俗理念和集中安葬、生态安葬的好处。对现有的坟头可以进行平整（平整后在上面种植花草和果树），也可以免费搬迁到集中安置点。

（4）现状。从2017年4月3日起，由该村村主任带头平整自己家的祖坟，村民们现已接受和认可这样一种安葬方式和理念。截至目前，已平整了186座坟头，搬迁了4座到集中安置点。

（5）好处。还地于耕，促进绿色、生态发展，更好地推动星光村的乡村旅游发展，为子孙后代造福，为乡村振兴战略夯实基础。

（五）以"广播道德讲堂"引领文明风尚

2015年以来，中江县利用广播"村村响"工程，创新在760个村开设农村广播道德讲堂，以"身边人讲身边事、身边人讲自己事、身边事教身边人"的方式开讲，广泛传播党的政策、法律法规等，深受群众欢迎。

（1）中江县文明办统一录制了四川话版及普通话版广播光碟，在各村广播道德讲堂每日滚动播放。内容涵盖24字社会主义核心价值观、公民基本道德规范、"四德"、"三种风尚"（勤劳节俭、遵德守礼、孝老敬老）以及方针政策、法律法规等。

（2）在全市"推进移风易俗 树立文明乡风"主题实践活动中，农村广播道德讲堂发挥积极作用。通过曝光滥发请柬、大摆宴席、大量燃放烟花鞭炮、薄养厚葬等不文明行为，引导村民树立勤劳节俭、清洁卫生、自尊自强、厚养薄葬的新观念。富兴镇富强村在每次播放坝坝电影之前，都要先开展"广播道德讲堂"活动。据村民周正寿本人介绍，以前他赌博成性，输掉家里钱财，不顾家人死活，生活暗淡。现在他重新规划目标，不但戒了赌，还积极带动村民种植瓜蒌致富，成为一名受人尊敬的村干部，得到老百姓拥护。

城市管理"六举措力" 基层治理取得实效

德阳市城市管理行政执法局

德阳市城市管理行政执法局党委积极贯彻落实市委《关于加快构建"一核三治"基层现代治理体系的实施意见》，创新推出"六种管理"模式，打造多元共治的城市管理工作格局，不断推动城市管理提质增效。

一是推行共建管理。与辖区基层组织、企事业单位等开展共建活动，建立共建工作机制，定期召开联席会议，促进工作互联互通，协调帮助解决街道、乡镇、社区城市管理方面的问题，实现辖区共建共治共管，城市乱象整治成效大大提升。开展"城校共建"活动，与德阳中学等10所学校建立了共建管理机制，实现城市管理服务对辖区学校的全覆盖，开展城市管理宣传进学校、校园周边市容环境秩序治理，收到了"引导一个学生、带动一个家庭、影响整个社会"的良好效果。

二是推行志愿管理。主动与辖区党政机关、企事业单位和其他社会组织联系，以文明劝导员、法律宣传员、事件报告员、管理体验员等角色，招募800余名城市管理志愿者充实到城市管理队伍，开展城管法律宣传、免费疏通下水道等城管服务活动达20余项，服务市民2000余人。依托"星期六志愿者广场"活动平台，建立完善党员服务队周六活动日制度，在文庙广场利用半天时间开展志愿服务活动，共举办28次，参与活动的单位、志愿团体20余家，服务市民群众3000余人，充分利用志愿服务力量弘扬社会正能量。

三是推行自治管理。在市区长江西路等街道探索实行商家自治管理模式，建立经营业主微信群，加强政策宣传，鼓励和引导自觉履行《经营自律公约》，自纠和监督行业内跨门经营等违法行为，并由城管给予星级考评，得到200余家经营业主支持，收到较好的提醒、约束和沟通效果。探索推进社区自治管理。通过城市管理市民代表制度、制订文明公约、招募城市管理文明劝导员等方式，探索实施人人有责、人人尽责的社区自治管理模式，增进了社区文明和谐。

四是推行舆论管理。与新浪网、今日头条等近10家媒体建立合作关系，推出文庙广场节日乱象市民最不满意投票、城市不文明现象市民投票等一系列民意测评活动，借助媒体曝光城市管理领域的违法违规行为现象，对群众反映较多、当事人有较大抵制的现象形成强大舆论攻势，促使乱象治理更加稳妥，管理环境不断优化。

五是推行开放管理。坚持开门开放管理城市，开展"城管开放日""执法体验日"活动，聘请人大代表、政协委员等10名政风行风监督员建言献策，呼吁广大市民自觉学习并遵守相关法律法规，主动参与城市管理。推出"德阳城管服务"微信公众号，开启"互联网＋城市管理"移动政务新模式，面向社会举办"让流动商贩融入城市"市民好点子征集、满意度测评等活动，社会公众参与城市管理的载体、平台、渠道不断拓展。"德阳城管服务"微信公众号在"最受网民喜爱的市场政务机构"评选中荣获"最具温情奖"，并被网易评为"最具区域贡献政务网易号"。

六是创新特色服务管理。全省率先开展城管岗亭开放服务，为市民免费提供雨伞、饮用水、急救药品、针线盒等物品，以及法律咨询、非机动车轮胎打气等服务，切实把城管执法岗亭建成沟通市民的"连心亭"、服务市民的"暖心亭"。按"统一经营地点、统一经营时间、统一经营内容、统一形象标识、统一规范管理"的"五统一"原则，规划设立了21处便民服务点，弥补市场不足，缓解市民"买菜难"问题。引导设立的"文庙广场老味道""彩泉·小食代""舌尖上的工农村"等特色便民服务点成为城市新地标，满足了德阳人的"舌尖享受"。积极探索流动商贩"潮汐式"管理模式，规划设置果蔬、小百货等临时便民服务点，分时、分级、分区、定点管理，"集中来，集中散，集中管理"，实现了流动商贩与城市生活和谐共融、协调共生，从无序发展到有序规范、从流动经营到固定经营的转变，受到市民欢迎，被《人民日报》官方微博等多家媒体转载报道。

依法管理民族宗教事务
促进社会和谐稳定

德阳市民族宗教事务局

近年来，德阳市民族宗教事务局在德阳市依法治市工作的统一安排部署和省民族宗教事务委员会的关心指导下，以民族宗教事务规范化、法治化管理为突破口，将法治宣传、法治示范与法律服务相结合，不断提高民族宗教工作干部、少数民族群众和宗教界人士尊法、学法、守法、用法的自觉性，维护了他们的合法权益，也为全市经济发展、社会和谐稳定作出了积极贡献。

一 在行使部门职能中始终坚持依法执政

2015年来，根据中央和省、市关于法治工作的安排部署，特别是结合推进依法治市工作和民族宗教工作实际，统筹安排，督促检查，协调推进。一是坚持主要领导为第一责任人、其他班子成员"一岗双责"。把法治建设纳入"一把手"工程，成立"德阳市民族宗教事务局推进依法治市工作领导小组"，主要领导担任组长负总责，分管领导具体抓。局领导班子经常性召开法治建设工作会议，适时研究法治工作，集体审定有关法治建设方面的制度、规定和文件。二是完善科学民主决策机制。认真落实法治建设工作责任制、岗位责任制、责任追究制，并结合民族宗教工作实际进一步健全完善了重大行政决策集体讨论决定制度、意见征求制度、局务会集体研究决定等民主决策机制，提高了民主执政能力和决策水平。三是建立干部职工法治档案。为11名在职干部职工建立"干部职工法治档案"。内容涉及法治考核登记表、述职述廉述法报告、培训记录、个人法治宣讲记录等。全方位反映了干部职工尊法、学法、守法、用法等方面的具体情况。四是对法治工作制度进行全面梳理，对领导班子的学法制度、法制讲座制度、法律集中培训制度、法制教育考试考核制度、学法情况登记制度等制度进行修订完善。五是加强对领导干部依法执政工作的监督。把领导干部党风廉政建设和执政能力水平纳入法治建设轨道，坚持"三重一大"记实制度，坚持述职述廉述法报告制度，让权力在公众的监督下阳光运行。

二 在处理具体事务中切实做到依法行政

（一）规范公共权力运行

一是认真按照行政许可事项的分类，对行政权力项目进行认真梳理，将本部门的34个行权项目报送市法制办备案。并加强行政权力公开运行监察平台建设，按要求录入了34项行政权力事项。二是完成监察点位和风险防控点位设置，启用行政效能电子监察系统。所有权力事项的实施都由电子监察平台严格监控，实现了全程监督、实时监督、预警纠错和效能评估。

（二）加强执法人员队伍建设

把执法人员队伍建设作为一项重要内容。一是组织行政执法人员通过互联网，在网上参加法律法规知识自主学习。二是切实落实好会前学法制度，利用每周干部职工学习会，加强行政执法知识学习。三是组织执法人员积极参加市委组织部、市人社局、市委党校组织的有关法律法规等方面的学习培训。四是畅通监督投诉渠道，健全服务对象和人民群众对执法行为的监督，促进依法行政。

（三）深入推进政务信息公开

认真贯彻实施《政府信息公开条例》，做好与广大人民群众利益密切相关的政府信息公开工作，保证政府信息及时、全面和准确公开。全面推进办事公开，依法公开行政管理和公共服务事项的办理信息，为工作对象提供优质、高效、便捷的服务。

三 加强宣传引导，营造良好的社会法治环境

一是建立普法工作网。民族、宗教业务科室积极与省级业务主管部门相关处室加强联系，县（市、区）民族宗教工作部门相应成立了普法工作机构，

各全市性宗教团体加强法制宣传培训工作。以上措施织成民族宗教领域全面覆盖的普法宣传网络。二是积极开展"法律进机关"活动。把法律作为机关干部职工学习的重要内容，切实坚持会前学法制度。把法制宣传教育融入管理和服务全过程，做到有计划、有安排、有落实、有检查。三是积极开展"法律进社区"活动。通过在少数民族聚居社区开展形式多样的民族法制宣传活动，围绕中心，贴近群众，创新形式，寓教于乐，在少数民族群众中大力宣传各民族"共同团结进步，共同繁荣发展"，为依法管理民族事务、维护社会和谐稳定营造良好的工作氛围。四是积极开展"法律进宗教活动场所"活动。帮助宗教团体、宗教活动场所建立健全各项规章制度，严格照章行事。宗教活动场所采取法律上墙以及将法律宣传融入讲经说法等方式，向信教群众普及有关法律法规知识。五是关注少数民族流动人口和青少年学生的法制宣传教育。以维护少数民族群众根本利益和合法权益为重点，采取有效措施，加强对城市少数民族流动人口的法制教育，让他们了解和掌握解决矛盾纠纷、维护合法权益的法律途径。积极与教育部门协调，加强青少年民族法律法规和民族知识的宣传教育，努力培养青少年的爱国意识、民族团结意识和权利义务意识。

四 认真学法用法，努力提升干部职工法治思维和法治水平

把领导干部学法和民族宗教行政执法人员学法纳入常态化学习管理。一是每年组织领导干部和行政执法人员参加公务员在职培训，及时更新法律知识，领导干部带头参加公务员学法考试，并通过年度述职述廉述法，报告学法用法执法情况。二是把法治学习教育纳入中心组学习内容，在制订年度支部学习计划时，安排法律知识学习和讨论。三是坚持周五会前学法活动，将法律法规与政治理论学习相结合，保证学习时间、内容落到实处。四是结合"12·4"全国法制宣传日和宪法日活动，组织全体干部职工学习法律法规知识。五是德阳市民族宗教事务局报请市法制办备案后，积极举行了全市民族干部《宗教事务条例》、宗教政策法规相关知识考试，内容主要涉及宪法、文物保护、教育、消防、安全、建筑、赔偿、社保、食品卫生、消费者权益保护、《宗教事务条例》、宗教政策法规、财务监督管理以及"法律进宗教活动场所"等领域的相关知识，效果非常好。

五 扎紧制度笼子，切实加强对权力运行的有效监督

一是局主要领导与市委签订党风廉政建设责任书，局纪检监察员和市纪委签订监督责任书，局主要领导与局分管领导、分管领导与各科室负责人分别签订党风廉政建设责任书，明确了工作职责，强化责任追究。二是深化廉政风险防控"A计划"。明确民族成分更改等A级风险岗位，落实本单位主要负责人、分管领导、纪检监察员、防控员等监管防控责任，建立A级廉政风险监管台账。对在A级风险监管中发现的腐败问题实施"一案双查"，杜绝不廉洁行为的发生。三是深化为民服务"阳光行动"，推进党务政务办事公开。结合省政府政务管理服务办公室关于民族宗教工作部门的职权目录，进一步清理行政权力事项，规范运行流程，明确岗位职责，严格权力监督。通过"一网二厅"对权力事项目录、流程图、办事流程、所需资料、办理时限等进行公示，同时提供办事指南、一次性告知清单等纸质材料，方便少数民族和宗教界人士办事，并接受市纪委相关部门的检查。四是认真做好干部廉政档案及预警系统的管理运用工作，对关键岗位严格实施权力监管。根据干部岗位调整及时更新系统内容，加大领导干部婚丧嫁娶等个人事项报告的监督管理；逢重大节假日、入党纪念日等发出蓝色提醒卡，"三早"信息化预警机制初显成效。

六 突出抓好"法律进宗教活动场所"活动

近年来，民族宗教事务局按照德阳市依法治市领导小组的统一安排部署，扎实开展"法律进宗教活动场所"工作，进一步增强了宗教界人士和信教群众尊法、学法、守法、用法的意识，营造了办事依法、遇事找法、解决问题用法、化解矛盾靠法的良好法治氛围。一是把"法律进宗教活动场所"工作纳入年初制定的年度工作要点，纳入民族宗教工作年度目标检查考核内容。二是每年都坚持举行法治示范现场推进会，广泛宣传动员，在全市营造浓厚的"法律进宗教活动场所"氛围，迅速掀起活动热潮。市人大民族宗教事务外侨委、市委统战部、市政协联谊委、各县级民族宗教事务部门，各全市性宗教团体副秘书长等人员参加会议。三是市、县（市、区）民族宗教事务局指导每个宗教活动场所设置了"法律进寺观教堂、我们在行动"等主题的宣传专栏，悬挂宣传标语。四是主要领导、分管领导始终坚持带队深入6县

(市、区），对88处宗教活动场所开展"法律进宗教活动场所"情况督查，重点查看了各宗教活动场所设置法治宣传橱窗，落实法治宣传员制度，定期开展法律法规知识学习，将法治融入"讲经说法"活动中，向信教群众宣讲法律法规知识等。针对督查中发现的部分宗教活动场所存在的问题和不足，当面向有关负责人反馈督查结果，并要求当地民族宗教部门加强指导，督促宗教活动场所将责任落实到人，及时进行整改提高。

创新举措　主动作为　在参与和深化社会治理中彰显工会作用

德阳市总工会

近年来，德阳市总工会充分发挥主观能动性，创新举措，依法履职，在保障和维护职工（农民工）合法权益中积极作为，进一步彰显了工会组织的职能和作用。

一　强化法治引导，努力营造学法用法守法的环境和氛围

（一）推进基层工会普法常态化

制定了工会系统第七个五年法治宣传教育规划，引导和带动基层工会加强法律法规学习教育和普及，努力提升工会干部和职工、农民工的法治意识。一是把法律法规纳入各级工会党组会议和中心组学习内容，各级工会干部每年底结合年终述职专题汇报学法用法情况。工会干部每年学法不少于40学时。二是加强工会干部法治能力培训。以《劳动合同法》《劳动争议调解仲裁法》等法律法规为主要内容，各级工会每年组织干部法律知识集中培训不少于2次，专题学法不少于4次。三是加强工会系统职工法治教育。各级工会均建立了机关职工定期学法制度，每年开展法律专题培训至少4次。四是强化法治阵地建设。充分发挥各级惠民帮扶中心、工会信访接待室和工会机关阵地作用，通过橱窗、电子显示屏等，向职工群众积极开展法治宣传，在工会网站开辟学法专栏，及时更新法治内容，通过微信公众号"德阳市总工会"、微博"德阳工会法律援助"等线上平台开展多种形式的法治宣传，取得了较好效果。

（二）面向基层全面开展普法宣传

结合"法律进企业"和工会系统"七五"普法工作，面向基层、面向职工农民工全面开展法治宣传活动。一是精心编印"普法"读本。邀请专业漫画家从《工会法》《劳动合同法》《劳动争议调解仲裁法》《社会保险法》等涉及职工切身利益的法律法规入手，以漫画的形式创作了《漫眼寻法——德阳市总工会"七五"普法读本》，通过生动形象的漫画帮助职工学习理解相关法律法规。二是编印以案释法教材。将市、县两级工会组织办理的维权案件进行整理，筛选出维权典型案例，编印出《典型案例选编》下发基层工会，供工会干部和企业职工学习。三是开展巡回法治宣讲。成立了德阳市总工会"七五"普法宣讲团，宣讲团成员按市总工会统一安排，赴企业、村（社区）积极开展合同管理法律知识讲座、中小企业法律风险管理等法律讲座和培训，推动形成法治氛围。四是开展送法活动。以"春风送岗位"、"3·5"学雷锋宣传日、"12·4"国家宪法日等专题活动为契机，积极开展法律"三进"（进机关、进企业、进社区）活动。五是组织开展法治体验活动。向"法律进企业"成员单位、各级工会下发了《德阳市总工会分类组织开展法治体验活动实施方案》，近十万干部、职工到法治教育基地体验法治成果。六是开展职工维权和工会法治建设专题讲座。2017年4月13日至4月14日，与市依法治市办联合组织对市级机关各部门、各县（市区）、市经济技术开发区、市直属产业（局）工会、市直属企业事业工会、部分驻德产业工会170余名工会干部开展法治培训。七是参与"我与法"有奖征文活动。2017年7～9月，组织全市职工投稿参加四川省总工会开展的"我与法"全省职工有奖征文活动，德阳市总工会获得优秀组织奖。

（三）助力脱贫攻坚，推进法治进乡村

积极参与建设法治幸福美丽新村。一是开展送文化送法律下乡。2017年，德阳市总工会在市委确定的帮扶村——瓦店乡太平村、柏龙村和"四好村"示范点——罗江区鄢家镇星光村、天台村举行了送文化送法律志愿者服务活动。在活动现场，向村民发出了"带头讲文明讲奉献、带头讲卫生讲环保、带头讲法治讲信誉……"倡议书，组织党员志愿者服务队、法律志愿者服务队、医疗志愿者服务队、劳模志愿者服务队，向村民现场提供法律咨询、医疗卫生等服务，并发放了法律知识、卫生知识等宣传手册4000余份，发放了价值1

万余元的"好习惯"卫生用品。二是市总工会机关4个党小组分别与鄢家镇天台村4户家庭结成帮扶对子，通过入户宣传教育、党员志愿服务活动等，帮助带动4户家庭早日养成"六个好习惯"，提升法治素养。三是加强阵地建设。为鄢家镇星光村文化驿站和职工书屋配备了价值1.5万元的涉及文化、法律、生活等方面的图书，购买一套书架、电脑及必备宣传用品。投入10万元打造了农民工活动阵地3个，并为每个活动阵地拨付1万元资金。四是免费对农民工开展文化知识、法律知识、时事政策和技能培训7次，共计培训500余人。五是协助星光村联合建成工青妇职工服务中心。六是结合"养成好习惯、形成好风气"，突出工会元素，在星光村、天台村开展宣传上墙活动，宣传内容得到了市委的高度肯定。

二 突出文化教育，努力提升农民工的思想和技能素质

（一）建强文化阵地，丰富文化生活

各级工会依托现有职工书屋、农家书屋、文化院坝等活动阵地，投入资金225万元，重点打造了45个有典型示范作用的市级"农民工文化驿站"和205家农民工书屋。运用这些文化阵地组织开展了书法、美术等艺术门类辅导和培训，丰富了农民工业余文化生活，保证了农民工与社区居民同等享受社区文化服务。同时，在农民工相对集中的企业、乡镇和社区，建立"职工心灵驿站"，为农民工提供订单式、专业性心理服务。在女农民工集中的非公企业及就诊量较大的医疗保健场所，投入资金50多万元，创建20家多用合一的"妈咪宝贝屋"示范点，覆盖女农民工近10000人。

（二）开展岗位练兵，打造技能精兵

在推进供给侧结构性改革中，市总工会积极参与德阳全面实施农民工职业技能提升计划——"春潮行动"，广泛开展农民工岗位练兵、技能比赛活动，通过一系列有针对性的订单定向式培训，主动与企业行政协商，不对农民工实行"一刀切"，为本地产业、企业发展培养了大量的知识型、技能型、创新型农民工职业技术能手。2017年，1346个企业开展了技术练兵活动，岗位技能培训46121人次，选树技能带头人1654人，8万余名职工积极参与"职工提合理化

建议"和"节能减排"活动，共提出合理化建议104678条，采纳46582条，实施25843条。

（三）狠抓技能培训，提升再就业能力

积极探索下岗失业人员、农民工"订单培训""定向培训"等多种培训模式，实现培训、就业、劳务输出"一条龙"服务，经培训的农民工就业率都在90%以上。注重农民工文化素质培训，把社会主义核心价值观、职业道德、社会公德及劳动安全等相关知识列入培训内容，以耳熟能详的快板、短语、自编的歌曲等形式进行授课，让农民工在寓教于乐中提高思想素质和法律素养。2017年，依托市总工会下岗失业人员和农民工技能培训基地，各级工会免费举办下岗失业人员和农民工技能培训20余期，培训人数达1875人次。内容包括家政服务、中式烹调师、客房服务员、餐厅服务员、中式面点师等六大类，培训活动主要采取理论知识讲解和实践操作相结合的方式。通过技能培训，1569人实现了再就业。

三 延伸帮扶触角，切实解决服务群众"最后一公里"问题

（一）健全困难帮扶档案，致富路上一个不落

把困难农民工纳入工会帮扶体系，充分运用工会"四季送""女职工关爱行动"等载体，积极为广大农民工提供多种帮扶服务，着力解决农民工的实际困难。近三年来，德阳市总工会帮扶和救助农民工资金达4880余万元，惠及农民工11万余人次。同时，投入近百万元资金在全市建设户外职工工间休息站68个，常态化为环卫工、城市建设者等户外人员提供休息、饮水、热饭、针线包及常用药品等服务。

（二）打造关爱阵地，开展子女关爱工作

全市共建立关爱活动阵地97个，2017年投入20万元打造10所"星级留守学生之家"，为基层农民工子女和留守学生打造校外活动阵地。依托"招善引慈"青少年科普拓展公益项目，共开展社区农民工子女、留守学生等青少年科普拓展活动近90次。2017年以来，全市立项"快乐留守·志愿行动"

关爱留守学生公益项目 24 个，项目总经费 60 余万元，服务基层留守学生及农民子女 20000 余人次。

（三）搭建就业平台，促进农民工增收

全市各级工会组织主动搭台，每年工会就业援助月期间组织专场招聘会达 50 余场次，为广大农民工提供 2 万多个就业岗位，满足广大农民工的就业需求。2017 年，各级工会共组织开展专场招聘会 36 场，提供免费就业服务 19560 人次，接待就业创业等咨询人数 8730 人次，成功介绍就业人数 4857 人次，组织参加职业技能比赛 3125 人，发放各种宣传资料 21650 份。

德阳市总工会依法服务农民工工作引起全国总工会、四川省总工会高度关注，并在 2017 年 7 月 27 日的全国总工会创新农民工工作会议上作交流发言。

四 深化服务内容，推进工会组织创新履职

（一）开展"劳动用工法律风险体检"活动，从源头维护职工权益

近年来，农民工利益受损现象普遍存在，劳资争议呈上升趋势。分析发现，80% 以上的争议源于用人单位的用工管理不规范，未按照或者未完全按照法律法规及劳动保障政策落实农民工相关待遇。从 2016 年 4 月起，德阳市总工会在全市中小企业中，全省首家创新开展以"五个一"为主要内容的劳动用工法律风险体检活动：为企业开展劳动用工法律风险体检一次，为企业经营管理人员和职工开展法律讲座一次，为企业提供法律和决策咨询一次，为企业制定防范和避免法律风险的"法律处方"一次，帮助指导企业按"法律处方"规范整改一次。围绕"五个一"活动，我们以购买社会服务的方式，组织律师事务所专职律师组成专业体检团队深入企业，通过座谈、调查问卷、法治宣讲、查阅规章制度和劳动合同等形式，细查并分析企业在制定涉及职工工资分配、休息休假、工作奖惩的规章制度、与职工签订劳动合同及集体合同、支付职工工资和加班费、解除劳动关系经济补偿情况等方面存在的问题和薄弱环节，有针对性地为企业提出防范措施，开出"法律处方"，以柔性维权的方式，既服务了职工，又帮助企业防范劳动用工法律风险，实现了企业和职工的双赢。

2016 年 10 月 13 日，全国总工会加强工会劳动法律监督工作座谈会上，

德阳市总工会就该创新做法作经验交流。这次交流发言的单位共6家，其中5家为省级总工会，德阳市总工会作为唯一的市州工会获此发言殊荣。全国总工会书记处书记在总结讲话中指出，德阳市总工会开展的"劳动用工法律风险体检"活动，以柔性维权的方式，既服务职工，又帮助企业防范劳动用工法律风险，实现了企业和职工的双赢。这种做法将工会劳动法律监督关口前移，找到了工会维护职工合法权益的新的切入点，值得推广和总结。《工人日报》《四川日报》《四川工人日报》对此进行了宣传报道。

（二）建立职业健康协同预控监管体系，破解职业病预防难题

市总工会与市安全生产监督管理局、四川煤矿产业集团博士后工作站用3年时间总结出"德阳市职业健康协同预控监管体系（CPSS）"，实现了工会参与职业病防治工作的创新发展。2017年3月，该体系通过省总工会、省安全监管局组织的相关专家验收。其主要做法，一是购买社会服务，建立协同预控监管专家团队。成立德阳市工会劳动保护工作专家顾问团，委托专家组制定《德阳市职业卫生基础建设暨职业卫生规范化企业创建考评细则》，具体项目包括责任体系、规章制度、管理机构、前期预防、场所管理、防护设施、个人防护、教育培训、健康监护、应急处理、工会组织等11项内容，分别制定评分细则。二是签订防治合同，明确协同预控监管目标任务。按照省总工会等八部门联合下发的《关于在职业危害严重的企业实施职业防治专项集体合同工作的通知》要求，市总工会将职业病防治专项集体合同签订工作、履约情况、法治培训内容纳入年度工会重点工作目标考核内容，联合安监等部门联合下发《关于全面实施职业病防治集体协商工作的通知》，将职业病防治专项集体合同签订工作扩面到全市所有存在职业病危害的企业（行业）。三是实施"1+3"工作法，实施协同预控监管体系模式。与市安监局合作，推出了职业健康监管"1+3"工作（即一套标准：职业卫生规范化标准；三项措施：常态化联席会议制度、全面推进职业病防治集体合同、突出抓好安全文化建设）。按照"1+3"工作法，在全省率先启动德阳市职业卫生基础建设暨职业卫生规范化企业创建活动。四是健全"三大机制"，推进协同预控监管体系有序运行。工会、安监、卫计、人社等有关部门，建立健全会商指导工作机制，每季度召开联席会议，共同研究共性问题，按职责分工，共同配合，各司其职，合力完成。与此同时，强化指导服务，对联合执法及重点监察中发现的问题，没有简单处罚了事，而是充分发挥专家顾问团的作用，请专家

们帮助把脉、跟进指导服务，为企业抓好职业卫生工作指明道路。将开展职业病防治集体协商、签订职业卫生专项集体合同和工会组建、法治培训列入专项整治内容，并督促用人单位将职业病危害因素告知、劳动保护措施等纳入集体合同和厂务公开内容之中，要求签订职业病防治专项集体合同。市（县、区）总工会、安监部门，结合企业的特点，每年制订职业卫生专题培训、安全生产管理人员素质提升培训等计划，从制度上进行了健全固化。与此同时，强化考核劳动者职业健康检查率和职业危害申报建档率。

2013年10月，全国总工会副主席、书记处书记专程赴德阳市调研职业卫生标准化建设工作，并给予充分肯定。2015年4月13日，对德阳市推行职业病防治专项集体协商工作作出批示："四川德阳市在推行职业病防治专项集体协商工作中，全市规范签约内容、程序、组织形式、履约实效和考核督查等工作比较求实、务实、可行。当总结经验，予以推介。"四川省委常委、省总工会主席在德阳市总工会实施职业病防治专项集体合同工作上作出批示："深入了解职业病防治专项集体合同签订情况，总结推广典型经验，依法维护职工健康权益。"

发挥联动优势　践行岗位职责

德阳市妇联

德阳市妇联在市委、市政府的坚强领导下，全市各级妇联组织以"建设法治四川巾帼在行动"为主题，以巾帼维权行动为载体，坚持男女平等基本国策和儿童优先发展原则，坚持问题导向和基层导向，在建机制、强基层、增实效上狠下功夫，充分调动全社会各方力量维护妇女儿童合法权益，积极构筑源头维权、社会维权、实事化维权工作机制和维权网络，形成"党委领导、政府重视、部门分工、妇联牵头、各方参与"的"大维权"工作格局，促进全市妇女儿童生存环境、生活环境、工作环境、受教育环境有效改善，取得妇女儿童地位和素质"双提高"，经济社会发展和妇女儿童事业"双促进"的良好效果。荣获省妇女儿童先进集体（个人）各4个（名），妇女儿童工作得到市政协充分肯定。

一　构建"大维权"，切实保障妇女儿童合法权益

一是建立健全维权网络。积极向人大政协建言，开展妇女儿童权益保障调研，把妇女群众的想法和需求传递到决策层。与人社、工会、公安、司法、民政等部门联手，推动一系列与妇女儿童权益相关的法律法规政策落实。与综治、禁毒、法院、司法、教育等部门建立合作反家暴机制。与市司法局联合成立德阳市婚姻家庭人民调解工作领导小组，健全婚姻家庭纠纷人民调解工作。与法院紧密协作，设立婚姻家庭合议庭、妇女儿童维权合议庭，对涉及侵害妇女儿童权益的婚姻家庭纠纷案件采取优先立案、优先审理、优先执行。在全市公安派出所建立"妇女儿童维权岗（站）""反家庭暴力110报警中心"112个。在民政局救助站设立"德阳市反家庭暴力庇护中心"。在市、县（市、区）、乡镇（街道）、村（社区）共设立1000多个妇女儿童维权站（点），全面建立健全妇女儿童维权机制，完善四级妇女儿童维权网络。

二是广泛开展普法宣传。以"法治维权促平等"为主题，以"三八妇女维权周"等重要时间为契机，联合市级45家责任单位在市区文庙广场开展妇女维权周法治宣传。组织巾帼维权志愿者服务团深入县（市、区）开展"德益·法治进万家——巾帼维权大讲堂"。针对婚姻家庭纠纷调解、心理疏导、法律咨询、法律援助，举办首期婚姻家庭咨询师培训班。借助网站、微博、微信等新兴媒体，对常见妇女儿童维权知识进行日常宣传。全市各级妇联共组织开展《反家庭暴力法》《妇女权益保障法》《未成年人保护法》《婚姻法》《安全生产法》《环境保护法》等相关妇女儿童法律法规宣传120场次，发放法律宣传手册2万多册，制作各类法治宣传展板230张，现场接待法律咨询、解答2600余人，义诊义检2000余人，较好地帮助广大妇女增强法治意识、维权意识。

三是深入推进维权服务。充分发挥妇联组织优势和法律团队、心理专家专业优势，率先在全省建立首家集妇女儿童维权、婚姻家庭咨询、纠纷调解、法律援助及反家庭暴力工作为一体的"零距离"一站式法律服务平台。在君唐律师事务所成立妇女儿童维权中心，依托巾帼维权志愿者服务团队，接听12338妇女维权热线，免费为妇女儿童提供法律援助。在婚姻家庭研究院成立德阳市婚姻家庭危机干预中心，调解家庭矛盾，干预婚姻危机，进行心理疏导和处理家庭问题。设立主席信访接待日，开通6条12338妇女维权热线。2016年以来，全市共接待来电来访来信300件，其中婚姻家庭类210件，占总量的70%，办结率100%。

二　传播正能量，寻找"最美家庭"活动深入人心

一是注重寻找过程。大力弘扬"德政如阳""一门三孝"德阳传统文化精神，活动面向全市广大家庭和妇女，寻找过程不设门槛，不定标准，不求"高大全"。按照活动必须在"妇女之家"开展和所有"妇女之家"都必须行动起来的原则，开设寻找"最美家庭"活动宣传专栏，发出"传承好家训·培训好家风"倡议书。采取组织推荐、群众自荐、群众评议三种途径，深挖群众身边"最美家庭"及感人故事。将寻找"最美家庭"活动延伸到幼儿园和中小学学生家长群体中，寻找活动由家庭整体细化到家庭成员个体。全市参与各类晒、议、讲、展、秀活动家庭达20多万户，共评选"最美家庭"2466户，市级"最美家庭"86户，"五好文明家庭"20户，20户家庭荣获省

级"最美家庭"称号，6户家庭荣获全国"最美家庭"称号，1户家庭荣获全国"五好文明家庭"称号。

二是常态化推进寻找活动。立足"家"字做文章，努力将活动打造成为深受妇女和家庭喜爱、乐于参与的品牌活动。开展"幸福使者·母亲课堂"进机关、进学校、进乡镇、村居、社区等各类讲座800余场，培养市级核心骨干讲师300余人。开通德阳市家风家教微课堂群，每周二准时收听省妇联家庭教育专家讲座。在城乡社区"妇女之家"常年设立"最美家庭"光荣榜，发动各级妇联组织把"最美家庭"故事会、巡讲会、分享会，开进社区、建在社区，通过讲家庭故事、展家庭风采、晒家庭幸福、秀家庭梦想，使广大妇女和家庭在参与中有感悟、受教育、得提高。全市共晒出幸福家庭照片万余幅，举办家风家训评议会千余场，家庭故事会近万场次。

三是促进寻找成果化。联合市纪委面向全市党员干部、县处级领导干部家属开展"学范仲淹家训·树清廉家风·创最美家庭""廉政文化进家庭""邻里守望""巾帼助老"主题活动。联合市委纪委、市委宣传部征集全市好家风好家训千余条，评选优秀家规家训369条，优秀家风家教征文30篇。中江县财政局报送的《荷叶》入选省妇联优秀家风故事，广汉中学实验学校2018级5班王柯丁家庭家训纳入省妇联优秀家训。旌阳区东湖乡高槐村对488户家庭49个姓氏起源、族谱、家风、家训进行归纳总结，印刷成书发放到每家每户。绵竹市举办"学先贤、立家规、重家风、正作风"启动仪式暨第二届剑南巾帼之星表彰活动及南宋理学家张南轩后人家规家训传承仪式活动，把好家风好家训与中国"四大年画"之一绵竹年画元素相融合，在全省、全国宣传推广。联合中共德阳市纪委、中共德阳市委宣传部、德阳市文明办、市教育局联合在绵竹市举办廉政文化进家庭及家规家风进社区、进校园示范点现场会，推动新时代家风文化建设，让好家风成为更多普通家庭的生活常态，营造家风好、民风淳、党风正、政风清的良好氛围，进一步凝聚民心、弘扬正气。

三 精准施策，聚力巾帼脱贫攻坚

一是整合社会资源。大力推进农村实用技术、家政服务、美容美发、手工编织、种养殖、巾帼电商、育婴员（月嫂）等培训，培训妇女近万人次。争取巾帼专业合作社、居家灵活就业示范基地、巾帼巧手屋奖补资金74万元。发挥"联"字优势,大力倡导并组织各级妇联执委、巾帼志愿者队伍、巾帼文明岗、爱心企业等社会力量开展结对帮扶,与贫困户结成帮扶对子183对,募集扶贫资金105万余元。定点帮扶中江县红光村,发放"母亲邮包"50个,争取15万元帮扶资金,完成1.2千米村道路面硬化。全面实施农村妇女"两癌"救助项目,惠及30.46万名妇女,1339名妇女获得赔付金2413.3万元。联合中国人寿保险公司德阳分公司为德阳3250名一线环卫女工捐赠关爱女性健康保障金6500万元。

二是打造攻坚范本。按照省委、市委关于"四好村"创建活动要求,印发《创建"四好村"工作实施方案》,确定全市妇联系统"两好"示范点10个,坚持人员、项目、资金三倾斜,创新提出"六个一"主题活动,以"养成好习惯、形成好风气"为主题,以社会主义核心价值观和中华优秀传统文化为主要内容,设计制作"四好村"外墙宣传海报5套51幅,印制2017年、2018年、2019年年画宣传海报7000套2.1万张,宣传环保袋1.1万个。把"四好村"建设内容与妇女儿童法律法规知识相结合,改编成100个简单易答的题目,采取有奖知识竞猜形式,吸引1000余名妇女群众积极参与。举办"立家规家训,畅谈'两好'示范进我家""养成好习惯、形成好风气"坝坝会,推动好习惯、好风气进村入户、入脑入心。

推行便民利民措施　加强基层公共服务

德阳市政务服务中心

一　基本情况

德阳市现有129个乡镇，1778个村（社区），全部建立便民服务中心和代办站（室），实行工作日全天候为民办事，拓宽服务领域，缩小群众办事半径。截止到2017年10月底，各县（市、区）政务服务中心（行政审批局）共受理2097530件，办理2068004件，各乡镇便民服务中心共办理1732918件，各村（社区）便民服务站共办理1415184件，全部以记台账方式可查证考核。

二　经验做法

（一）规范场地标准化建设

借灾后重建的契机，德阳市按照"窗口统一、牌子统一、事项统一、流程统一、制度统一"的要求，扎实推进乡镇便民服务中心和村级便民服务站的标准化建设。对全市129个乡镇，1778个村（社区）的场地设施建设，标示标牌进行了统一规范；全市12个区域重点镇建立了政务服务中心；部分乡镇实现了乡镇政府与政务服务中心一体化建设、一体化办公，建成了窗口柜台式服务实体和网上政务大厅两套面向社会的四级政务服务体系。全市便民服务网络的覆盖面达到100%，基本实现群众办事"小事不出村（社区）、大事不出乡（镇）"。

（二）建立为民代办机制，解决群众实际问题

全市各乡镇便民服务中心和村（社区）便民服务站建立了规范代办台账、落实代办经费、实施"专职代办"等措施的为民代办机制，让便民服务更加贴近群众。村（社区）群众办事可委托村（社区）工作人员全程代办，变群

众跑为村（社区）干部跑，同时，向群众发放便民卡，推行预约服务、上门服务等制度，基层群众不出村（社区）便可办成事。"一般事项当即办理，特殊事项承诺办理，投资项目由乡镇（街道）政务（便民）服务中心全程代办本级事项，或转报县级以上政务服务中心全程代办"的"绿色通道"服务机制，有效改善了当地便民服务环境和投资环境。

（三）问需于民，打造基层公共服务平台

一是规范服务内容。全市乡镇便民服务中心按照四川省制定的《乡（镇、街道）便民服务中心受理、办理（代办）事项指导目录》，对能受理、办理的服务事项进行了重新梳理。目前，全市乡镇便民服务中心的服务事项最多可达169项（什邡），村（社区）便民服务中心的服务事项最多可达106项（中江）。二是实行集中窗口柜台式办公。在乡镇便民服务中心建立综合窗口，实施一岗多能，凡是窗口人员下村社的，其业务全部由综合窗口受理和办理，解决坐窗口与下村社的矛盾，确保群众到便民服务中心办事不跑空趟子。凡村级能办理的事，由村级直接承诺办理，属于镇级、县级权限的，由村上统一代理，报送镇便民服务中心，实现市、县（市、区）、镇（乡）、村（社区）四级联动。三是积极拓展服务范围，进一步整合基层办事机构资源。把党政服务，国土资源，民政残联，广电，计划生育，劳动保障就业，卫生服务，村镇建设，公安派出所，农业、农机和林业，惠农政策和农村财务，群工、司法和信访等与镇（街道）工作关系密切的办事项目，统一进驻镇（街道）便民服务中心；因地制宜，在村（社区）便民服务中心设置民政救助、劳动保障、计生服务、综治维稳、党建群团、证照代办等办事项目，如广汉市、旌阳区等社区，积极拓展服务范围，将社会管理、养老医疗等职能整合到便民服务站，努力将村（社区）便民服务站打造成为民办事、为民服务的综合平台。四是增强便民服务功能。德阳政务服务中心利用现有的平台优势，通过与司法部门合作，掌握大量优秀律师资源，采取律师事务所、基层法律事务所与行政村社便民服务站结对的方式，设立法律服务窗口，为村社选派律师，公布其姓名、照片、联系电话等，开展法律援助。从而形成"政务搭台，司法唱戏"的良好工作格局。全市129个乡镇、1778个村（社区）实现了一村一律师的免费法律服务100%全覆盖，所有律师、法律工作者的联系电话都在便民中心（代办站）上墙和互联网上网公布，建立了居民、农民依法办事、依法维权的基层法律服务体系。2017年以来，全市村（社区）法律顾问走访村（社区）3700余次，解答群众法律咨询17700余人次，提供法律意见和建议3600余次，开展村（社区）普法讲座3110次，帮助村（社区）调解纠纷756起，协助处理信访事项230件。

（四）加强监督检查，强化责任意识

一是每年坚持完善修改政务服务考核体系，对行政审批制度改革这一新形势下的政务服务工作目标进行补充，对以往的事务性工作内容进行完善，针对区域重点镇统筹城乡发展工作制订考核指标，进一步规范基层便民服务体系建设。二是坚持完善四级政务体系建设，及时查看网上资料公布情况，按省中心标准认真核对，规范乡镇（街道）、村（社区）便民服务体系上网情况，每月不定期通过电话抽查各县（市、区）129个乡镇、1778个村（社区）的代办员和法律顾问履职情况，截止到2017年10月底，共抽查各县（市、区）代办员和法律顾问167次，发现和纠正政务公开不合格信息13次。三是以政务公开为抓手，规范四级便民服务体系建设。明确规定了市、县两级政务中心以及乡镇、村（社区）便民服务站政务公开的内容、方式、载体以及相应的考核标准，有力地促进了四级便民服务体系规范化、标准化建设。四是市、县两级政务服务中心坚持深入基层监督检查，中江县出台了《关于乡镇便民（政务）服务中心、村（社区）便民服务站标准化建设的实施方案》等文件，对乡镇便民服务中心服务场地、机构名称、项目进驻、内部管理等标准化建设工作进行统一要求和规范；编制《乡镇便民服务中心工作手册》，为乡镇标准化建设提供指导蓝本。

（五）建设统一的公共服务网上办理终端

一是推广使用全省统一的便民服务业务通用软件，减少环节、再造流程、县乡联动，按照"办事方便、人性化服务"的要求，将各部门的业务专网延伸到基层，并与通用软件相对接，实现服务事项网络平台运行。大力推进行政审批事项网上申请、网上受理、网上办理、网上查询；统一乡镇（街道）便民服务中心、村（社区）便民服务代办点网站展示栏目。二是同步电子监察，系统延伸至乡（镇）便民服务中心，由市、县两级监察局和市、县两级政务服务中心按照职责分工强化监督。

三 特色亮点

(一) 以行政服务标准化加强四级政务服务体系建设

德阳市政务服务中心积极指导县（市、区）开展政务服务标准化建设。目前，旌阳区政务服务中心已通过 ISO 9001 认证，中江县政务服务中心已通过全省第六批政务服务标准化试点验收。

一是按照省级标准建立规范化大厅。坚持因地制宜原则，有效整合乡镇政府、街道办事处和业务部门基层站所的办公资源，实行大厅集中式办公，场地面积、设施设备、标识标牌、政务公开内容等均按照四川省乡镇（街道）便民服务中心建设标准（DB 51/T 1618 – 2013）执行。二是对照目录建立规范化事项清单。市政务服务中心组织各县（市、区）按照四川省政务服务管理办公室制定的《乡（镇、街道）便民服务中心受理、办理（代办）事项指导目录》，对乡镇（街道）便民服务中心受理、办理的服务事项进行了重新梳理，逐项目明确办理环节、办理时限和办理流程，确定行政审批和公共服务事项办事指南标准文本，统一乡镇（街道）便民服务中心、村（社区）便民服务代办点行政审批和公共服务项目办事指南。三是建立标准化办事制度。实施首问责任制、限时办结制和责任追究制，明确市、县、镇、村政务服务内容、方式、载体，配套考核标准，促进了四级便民服务平台规范化、标准化建设。四是完善标准化政务服务。各乡镇（街道）便民服务中心结合当地实际，积极拓宽服务渠道，开展大厅接待服务、全程代办服务、延时办理服务、预约办理服务、上门办理服务和信息查询服务。

(二) 以"一村一律师"制度拓展政务服务领域

德阳市政务服务中心积极践行依法治国理念，依托基层政务服务体系，发挥便民服务站在基层社会管理中的支撑作用，狠抓"一村一律师"制度落实，逐步将基层社会治理和社会维稳引入法治化轨道。2015 年 4 月《四川日报》和四川省政务服务和公共资源交易中心分别以《德阳"一村一律师"制度拓展政务服务领域》和《构建基层便民法律服务生态体系 全面夯实社会治理基础》为题，对德阳市政务服务中心开展基层政务服务工作进行专题报道。一是维护基层群众合法权益。驻村律师随时随地为群众提供耐心细致的法律咨询、指导和服务，有效保证群众尤其是弱势群体在遇到法律问题或者权利受到侵害时获得及时有效的法律援助。二是全面树立法律意识、法治思维。律师进基层，通过法治宣讲、发放法制宣传资料、现场调解等方式，引导群众相信法律、敬畏法律、遵守法律、依靠法律，遇事找律师、解决问题靠律师已逐渐形成一种习惯。三是提前化解基层社会矛盾。驻村律师围绕土地征用、劳资纠纷、社会保障、环境污染、集体资产处置等影响基层社会和谐稳定的突出问题，引导群众以合法方式和法律途径表达利益诉求，促进基层社会的和谐稳定。四是增强基层干部依法行政意识。驻村律师全程参与村（社）换届选举、村（居）民代表大会等重要活动，协助依法修订完善村规民约等规章制度，在潜移默化中影响基层事务决策方式，不断增强基层干部法治意识。五是促进基层经济发展。驻村律师积极为基层组织和群众的生产经营活动提供法律顾问服务，使其规避合同陷阱，降低商业风险，避免经济损失，并促进其合法、守法经营，依法管理，推进经济健康发展。

四 取得成效

政务服务延伸到基层，取得了显著的成效：一是便民服务站的建立，让办理事项公开化，群众办事明明白白；二是为民代办机制让基础群众办事减少了办事跑路的时间，群众对政府服务的满意度不断提高；三是公共服务的拓展让群众的问题解决在最基层，社会和谐度不断提升；四是群众的法律意识和自治能力不断提高，各类纠纷和违法违纪现象逐步减少，有力推进社会稳定。

中 编

"一核三治"市、县、区的实践

"一核三治"促发展 依法共建构新篇

德阳市旌阳区依法治区领导小组办公室

2017年以来,旌阳区围绕加快构建以基层党组织为领导核心、法治德治自治相结合的"一核三治"基层现代治理体系,以新思路、新机制、新手段谋划和推进基层党建工作,将以德治理和依法治理相融合,提升基层自治水平,全力推进全区法治建设进程。

一 以党建为主要核心

1. 加强学习,深化认识

全区各牵头单位、责任单位、配合单位主要负责人高度重视"一核三治"工作,按照《关于加快构建"一核三治"基层现代治理体系的实施意见》(德市旌委〔2017〕326号)文件精神要求,及时传达贯彻区委"一核三治"工作会议精神,组织干部职工认真学习市委、区委的各项会议精神,不断深化对"一核三治"重大意义的认识,增强落实区委工作部署的自觉性、主动性、积极性,把"一核三治"工作纳入重要工作日程,专题研究、精心安排、扎实推进。重点加强党内法规知识内容的学习,深刻认识加强党内法规工作的重要意义。旌阳区及时成立了以党委书记为组长的依法治理领导小组,同时各乡镇、街道也成立了以党委(工委)书记为组长的依法治理领导小组,区委与各乡镇、街道均签订了依法治理目标责任书,全面切实履行基层党组织主体责任。

2. 统筹协调,有序推进

一是全面加强基层党组织对基层各类组织依法依规依章程开展工作的统一领导。全区各级各部门全面开展健全基层党组织领导,支持、保证各类行政组织、经济组织、社会组织和群众自治组织依法依规依章程行使职权的工作制度活动,发挥统筹规划、组织协调、整体推进职能,实现基层党的组织、党的活动、党的声音在基层治理领域全覆盖。扎实推进了重点区域、重点组织、重点人群党组织和党的工作"三个重点率先"覆盖。深入实施非公有制企业党建"星火计划",稳步提升党的组织和工作覆盖率。二是全面落实党章对基层党组织的基本要求。全区各级基层党组织扎实履行党章规定的宣传、执行、组织、教育、监督各项职责,全面落实党章规定的基层党组织八项基本任务,确保党章在基层的有效贯彻和坚决执行。认真贯彻执行《中国共产党党和国家机关基层党组织工作条例》,履行条例规定的基本职责,加强对党员的教育、管理、服务,切实推进机关党内基层民主和监督。三是全面推进法治型党组织建设。全区各级各部门以尊法学法、依法履职、依规管党、依纪监督和健全制度为主要措施,推动各基层党组织在认识上强化法治意识、在决策上严守法治程序、在管理上依靠法治手段、在治党上体现法治思维。准确把握不同领域建设法治型党组织的具体要求,突出依法治理、依法服务、有效覆盖、规范运作、从严管理和完善治理紧密结合,确保法治型党组织建设落实落地。

3. 创新形式,全面落实

创新党员干部法治思维教育培训形式,采取干部自学和集体学习法律法规、做法治试题的"两学一做"与党员学党章党规、学系列讲话、做合格党员"两学一做"相结合的双"两学一做"方法,逐步形成了党员干部自觉学法的良好氛围。同时,各基层党组织认真开展学习党章党规、系列讲话和中国共产党四川省第十一次代表大会报告,提升党员建设美丽繁荣和谐四川的动力。在深入学习领会的基础上,各级党组织班子成员带头谈认识体会,带头交心谈心,切实把思想和行动统一到党中央的部署上来,树立强烈的法治意识、政治意识、大局意识、核心意识和看齐意识。签订依法履职责任书、承诺书,明确乡镇、街道"两委"班子职责。厘清"两委"班子依法履职事项清单,对依法履职事项进行全面监督检查。通过建立"经济优化、社会和谐、文化繁荣"为主题的法治微博、微信,发布各类法治动态信息,实时参与互动。对权力事项清单、公共服务事项及服务标准、办件要求及样本、一次性告知清单和服务指南、村(社)三资管理情况、依法应公示的其他事项等7类事项进行公开,切实达到了全面覆盖、全面公开、阳光透明、形式多样、方便群众的要求。

4. 完善监督,肃清党风

印发《关于落实党风廉政建设党委主体责任和纪委监督责任实施办法

（试行）》《旌阳区领导干部述责述廉办法（试行）》，成立党风廉政建设责任制领导小组和惩防体系建设责任制领导小组。每年制定年度党风廉政建设和反腐败工作意见，逐一为区委区政府班子成员制定任务清单并印发履责记实本，做到责任清单"一人一册"、履责记实"每人一本"，全面实现责任分解到人、任务落实到岗、全程记实留痕；建立党风廉政建设情况定期通报机制，向14名区领导通报上年度分管领域党风廉政建设工作情况，制定谈话提醒方案，印发谈话提醒记录本，推动日常监督工作制度化、常态化；建立乡镇部门党风廉政建设责任制清单和履责记实"双备案"制度，通过定期报备、不定期抽查核查推动责任落实；强化同级监督，制定《乡镇、街道纪委（纪工委）向区纪委报告同级党委（党工委）委员履行主体责任及廉洁从政情况实施办法（试行）》，率先在乡镇、街道中推行党委主体责任报告制度，进一步强化乡镇、街道纪（工）委对同级党（工）委的监督力度。2016年班子成员民主测评结果均为优秀，全区党风廉政建设社会评价排名持续上升，从2012年的全省第134位提升至2016年的第42位。

二 以法治为根本保障

1. 深化矛盾纠纷多元化解

进一步推动了医患纠纷、交通事故、劳动争议等行业性、专业性调解组织建设；加强了诉调、检调、公调、访调、援调五大调解对接机制建设，不断形成化解矛盾纠纷的整体合力。全区"大调解"体系调解个案2036件，调处1995件，调处成功率98%，未因工作不力发生一起"民转刑"案件。区法院在全区各行业聘请了204名家事调查员、14名心理疏导员，助力千余件婚姻家庭纠纷的调处。

2. "网格化"服务管理进一步巩固

加强网格化队伍建设，分级组织了"禁毒工作网格化""9+X"综治信息系统培训；网格员重点协助公安、司法行政、卫计等部门开展流动人口申报登记和特殊人群服务管理。"雪亮工程"建设持续推进。2017年底全部完成54个村级平台建设，2018年完成余下45个村的建设。建设完成后与公安"天网"并网互联，力争2018年底实现视频监控全覆盖。综治中心规范化建设初见成效。在3个试点乡镇初步建立起集网格化服务管理中心、视频监控室、视频会议室为一体的综治指挥中心。推动乡镇（街道）综治、维稳、防邪、禁毒、司法行政、沙石整治、城管等工作进驻综治中心。突出治安问题整治有力，群防群治工作亮点凸显，群众积极参与平安共建，"勇追绑匪"的敬皓、"徒手夺刀"制服歹徒的张宗洪被区政府评为"见义勇为公民"，市政府授予两人"见义勇为勇士"称号。

3. 推动诉访分离，信访问题有效化解

一是实行诉讼与信访分离，指导全区政法各单位健全了涉法涉诉信访依法导入机制，完善了信访案件工作流程和运行机制，确保符合条件的信访事项得到依法及时处理。全年涉法涉诉信访窗口共接待群众来访175件次，均按程序引导至有关政法部门受理。二是创新开展律师参与化解和代理信访事项工作，区法学会联合区委群工部在区群众接待中心开设"法律诊站"，由区司法局牵头法律服务机构安排律师专家"坐诊"，每周三选派律师到区群众接待中心参与信访接待，听取信访人诉求，疏导信访人思想，引导信访人通过法律途径解决问题。三是多部门共同化解涉法涉诉信访案件增添新机制，区检察院牵头与旌阳区法院、旌阳区公安分局、旌阳区司法局、开发区公安分局、开发区司法局联合成立了涉法涉诉信访协作化解工作联席会议领导小组，会签了《涉法涉诉信访案件协作化解工作办法（试行）》，就相关各方进一步加强涉法涉诉信访工作联动，协力化解涉法涉诉信访案件，维护社会和谐稳定作出规定。四是积极推进涉案财物清理处置工作，区公安分局负责建设的区涉案财物集中管理中心有序推进，年底完成投入使用。

4. 全面启动"七五"普法工作

4月召开了全区"六五"普法总结暨"七五"普法动员大会，出台了全区"七五"普法规划，成立了"七五"普法领导小组。同时，全区各单位（部门）结合实际相继制定了"七五"普法规划，进一步明确了普法责任，形成了一把手亲自抓、全民共同参与的法治宣传教育工作大格局，确保"七五"普法规划各项任务全面落实。制订了《旌阳区2017年"法律七进"工作要点》，各牵头单位制订了每"一进"的实施方案。同时，结合"1+10"主题宣传活动深入开展法治宣传。2017年以来，全区开展领导干部会前学法300余场（次），组织法律顾问、法律服务小分队深入村（社区）、企业、学校、企业开展送法活动150余场次，发放宣传资料12万余份，"法治旌阳"微信公众号发布法律常识200余条，引导群众依法表达利益诉求800余人次。

5. 创新开展法治文化建设

更新完善旌阳区法治文化广场法治长廊、法治灯箱等文化设施，同时，各村（社区）及时更新了法治文化"五个一"工程；孝泉镇涌泉村打造了法治文化广场，建立完善"法治长廊"与"德孝长廊"；结合本地实际，精心制作法治宣传展板3000份，重点张贴在人群相对聚集的地方，营造浓厚的法治氛围；2017年4月，与四川省女子强制隔离戒毒所共建"德孝文化进禁毒帮教示范基地"，以"6·26"国际禁毒日等活动为契机，同步开展形式多样的法治宣传活动。在区电台、电视台、互联网和手机微信公众平台等重要版面、重要时段中增设法治宣传服务功能，创作刊播普法公益广告，全区共悬挂宣传标语200余幅，应急视听平台LED滚动发布宣传标语12万余条（次），营造了尊法学法守法用法的浓厚氛围。

6. 深入开展法治示范创建

以法治示范创建为契机，通过创建法治示范乡镇（街道）、依法治村（社区）示范（村）社区、学法用法示范机关（单位）、依法行政示范单位、依法治校示范学校、诚信守法示范企业、学法守法示范寺观教堂等活动，将法治理念融入日常工作中，实现法治文化与地方特色文化、机关文化、校园文化、行业文化、企业文化、群众文化有机整合，全面提高基层法治水平。截至目前，全区创建全国民主法治示范村3个，省级依法治理示范单位3个，市级依法治理示范单位76个，区级依法治理示范单位268个。

7. 推进公正权威高效司法建设

一是力推民商事案件繁简分流快审模式。区法院建立"112233"民商事案件繁简分流快审模式，形成简案快调快审、繁案精审精判的审判权运行模式和审判管理方式。6月，区法院被最高人民法院确定为80个"全国法院案件繁简分流机制改革示范法院"之一。二是推进少年和家事审判方式和机制改革。2016年区法院被四川省高院确定为家事案件审判方式和工作机制改革试点法院后设立少年和家事审判庭，并先后成立德阳市旌阳区家事审判中心和德阳市旌阳区反家庭暴力中心，聘任14名心理疏导员，204名家事调查员、家事调查协理员，202名家事调解员，旨在建立健全家事纠纷多元化解决机制，妥善化解婚姻家庭矛盾，有力惩治家庭暴力行为。截至目前，审结家事案件679件，调撤率65%；发出人身保护令5份，有效维护家庭和谐、社会稳定。三是系统性破解送达难。积极运用电子送达、"互联网+公正电话送达"、委托公证送达、向相关行业主管部门及企业发出司法建议等多种方式，从易到难、以点带面、全面推进，探索多种送达新路径，系统性、体系化解决"送达难"。目前，区法院破解"送达难"的主要工作举措已获得最高人民法院、四川省高级人民法院肯定，并向其他法院推广。7月，区法院系统集成破解"送达难"的创新做法入选"全国法院20个司法改革典型示范案例"，并在贵阳召开的全国司法体制改革推进会上交流区法院系统集成破解"送达难"的创新做法，受到好评。

区检察院围绕以审判为中心的诉讼制度改革，狠抓司法办案质量。一是教育引导全体检察人员切实贯彻新司法理念，更加注重案件质量和办案效果，不断强化证据意识，全力杜绝和减少冤错瑕疵案件，有效维护公平正义。二是加强主要办案部门特别是公诉部门人员的教育培训和岗位练兵工作，努力提高其综合素质和实际办案能力。三是积极探索繁简分流办案模式，按照一定标准，将本院受理的案件分为简易、复杂两类，分配给不同的办案组检察官办理，在保证简易案件办案质量的前提下，将有限的办案资源向办理重大疑难复杂案件倾斜，实现简案速办、繁案精办，促进了办案质量和效率的双提高。四是主动加强同公安机关、人民法院等其他司法机关的协调配合，就司法实践中的疑难复杂问题加强研讨，形成了《关于办理醉酒驾驶机动车刑事案件会议纪要》等重要成果，进一步统一了执法标准、形成了工作合力。五是为适应庭审实质化要求，切实规范检察人员出庭行为，提升出庭能力和水平，出台《德阳市旌阳区人民检察院听庭评议考核办法（试行）》，对出庭检察人员进行听庭评议考核。

区公安分局推进以审判为中心的刑事诉讼制度改革。一是及时组织学习贯彻中央、省、市《关于推进以庭审为中心改革的实施意见》要求，深刻领会文件精神，积极应对以审判为中心的刑事诉讼制度改革对公安刑事执法工作带来的挑战。二是及时转变执法理念、改进执法方式、加强执法管理，进一步深化全区公安机关执法规范化建设，提高公安工作法治化水平。三是按照裁判的标准和要求收集证据。坚持全面客观及时收集证据，不得选择性收集、移送证据；完善重大案件的证据收集、固定工作指引，强化侦查环节的审核把关，避免疑罪情形发生。四是依法履行举证责任，积极参与法庭审判。全面移送证据材料，坚决落实证人、鉴定人、侦查人员出庭作证制度，完善补充侦查制度。五是逐步实行讯问犯罪嫌疑人、询问违法行为人全程录音录像制度，进一步明确非法证据排除、瑕疵证据补强的范围、程序及标准，严防刑讯逼供，预防冤假错案；推行重大疑难案件听取检察机关意见和建议制度。

三 以德治为重要手段

1. 大力弘扬德孝文化

一是打造"孝址、孝观",凸显德孝文化特色。加大孝泉古镇改造和建设力度,注重保存千年古镇厚重的历史文化底蕴,凸显德孝特色、弘扬时代新风。进一步打造龙护舍利宝塔、德孝城等孝址遗迹,修复修建姜公坟、姜孝祠、孝水桥、孝子亭、孝泉井、古代《二十四孝》雕塑群、"一门三孝"石刻长廊等具有德孝文化特色的景观景点,修建"德孝文化产业园区",复原孝泉历史上的"九宫十八庙"等众多古迹。设立道德讲堂、孝文化研究院、特色文化院坝等传承、弘扬孝道文化的窗口,让更多的群众了解孝泉的历史、接受德孝文化洗礼、感受德孝文化神韵。

二是用好"孝艺、孝论",展现德孝文化魅力。促进德孝文化创造性转化和创新性发展,激活生命力,增强影响力和感召力。运用多种文学艺术手段和形式来展示德孝文化的独特魅力。竹间、刘期才、邹贵兴、李玉琼等乡贤志士,积极投身德孝文化研究和文学作品创作,出版了《上九会》《孝缘情梦》《孝缘惊梦》《孝缘遗梦》《"一门三孝"探秘》《大汉孝子》等文学作品,编写了《孝泉与孝文化》校本教材,《孝泉历史文化》《涌泉跃鲤》《孝泉神韵》《古镇孝泉》等社科普及读物,深受广大读者和学生喜爱。还将省级非物质文化遗产"安安送米"的故事创编成戏剧、曲艺、舞蹈等多种形式并在各地舞台上演。2014年9月,"涌泉跃鲤"的故事荣登"国家名片",作为《中华孝道》特种邮票在全国发行,受到社会各界广泛赞誉。

三是评选"孝子、孝星",传承德孝文化美德。历经两千多年的传承与弘扬,德孝文化就是这座被历史与文化浸润的川西古镇的灵魂,崇德向善、孝心孝行已成为孝乡人代代相传的不竭动力。从1996年至今,坚持开展"孝子孝媳孝星""好公公好婆婆"等评选表彰活动,先后涌现出无私照顾丈夫幺爸20余年的省级道德模范廖成菊、集医术医德孝道于一身的四川省十大孝子之一王一奎、侍奉瘫痪老母十年如一日的教师代表廖洪章等孝子孝星256人。孝泉镇上32条街道,皆以"德""孝"命名。尊敬老人、孝顺父母,以孝敬老人为荣、以虐待老人为耻,已经成为孝泉人共同信守的美德。

四是培育"孝俗、孝商",做强德孝文化产业。弘扬优秀传统美德和时代精神相结合,践行社会主义核心价值观,在孝泉形成孝老爱亲、崇德向善的良好风气。每年由区委、区政府主办，孝文化科普基地及相关职能部门联合承办的"孝文化旅游周"、"上九会"、"感天大孝祭"、孝文化研讨会、"非遗"展示等活动20余（场）次。据不完全统计，2016年孝泉镇接待省内外游客40余万人次，带动孝泉镇及周边第三产业蓬勃发展，实现旅游收入8000余万元。传统民俗不仅以精神文化的形式影响着孝泉百姓，更成为推动古镇经济稳步发展的原动力，造福当地百姓。孝泉坊、安安商业广场、奥特莱斯等商业开发项目在孝泉镇成功落地。2015年初以孝文化科普基地为载体，以传承弘扬孝文化为目标，孝泉成立了四川德阳大孝故里文化旅游发展有限公司，同时努力推进孝泉文化古镇、延祚寺、孝泉书院等建设项目。

2. 全面推进德治教育

一是结合"双创"活动让社会主义核心价值观深入人心。在创"国文"和"国卫"复审攻坚阶段，积极推进以"法治和谐社会，你我孝老爱亲"为主题的道德讲堂讲座，不断提升市民整体素质。采取大手拉小手的方式，将富强、自由、爱国等二十四字社会主义核心价值观传递给自己的子女亲朋和未成年人，为文明城市创建提供积极动力。积极开展"文明创建"活动，按照全国文明城市创建要求，在辖区内继续打造全市文明单位创建示范活动，为争创全国文明城市起到应有的示范作用。

二是培育和践行社会主义核心价值观，大力推进核心价值观在基层落细落小落实。以"幸福美丽新村（社区）文化院坝"为依托，大力弘扬优秀传统文化，积极培育新乡贤文化，充分挖掘德孝文化等特色文化资源，常态化开展"三下乡""我们的节日"等群众性文化活动。同时积极开展讲科学、讲法律、讲文明，爱党、爱国、爱家，发展进步、文明进步的"三讲三爱两进步"主题实践活动，推进市区乡村文明创建体系建设。以文明创建活动为抓手，推进文明社区、文明家庭等"文明细胞"建设，加大群众文明公约宣传；重点以美丽乡村建设为主题，深化农村精神文明建设，坚持城乡统筹、以城带乡、以乡促城的路径，以环境美、风尚美、人文美、秩序美、创业美为标准，组织实施文明村镇创建行动，着力抓好道德讲堂、志愿服务站、星级文明户、道德红黑榜、讲文明树新风公益广告"一堂一站一户一榜一广告"建设，打造出20个示范村镇。

三是全面推动"家庭、家教、家风、家训"建设。注重社会细胞自我滋养，促进家庭和睦、促进亲人相亲相爱、促进下一代健康成长、促进老年人老有所养。弘扬中华民族家庭美德，广泛开展各类主题活动，传播好家教、好家风、好家训，汇集"家和"正能量，把家庭建设成为国家发展、民族进步、社会和谐的重要基点。开展寻找"最美家庭"活动，推动评选活动常态化，发挥"最美家庭"示范效应，让人们学有标杆、行有规范。立足实际，用群众喜闻乐见的形式和内容，弘扬社会主义核心价值观，通过润物无声的宣传形式让核心价值观走进百姓的内心，营造出崇德向善的社会环境。使社会主义核心价值观内化为人们的精神追求、外化为人们的自觉行动。在居民小区、社区宣传栏、服务大厅等张贴"社会主义核心价值观"和"市民文明公约"宣传海报。通过这些遍布大街小巷的文明宣传，让居民随时随地接受文明的熏陶。

四是大力提升全民道德修养。广泛开展爱岗敬业、诚实守信、办事公道、服务群众、奉献社会为主要内容的职业道德主题活动，推动职业道德、家庭美德、社会公德、个人品德建设。制定旌阳区道德模范、旌阳好人、最美少年评选办法，每两年开展一次评选活动，力争每年推出1～2个在省、市有影响的重大先进典型；扎实推进政务诚信、商务诚信、社会诚信和司法公信建设。大力开展信用宣传普及教育进机关、企业、社区、村镇、家庭等活动，把诚信内容纳入幼儿园、中小学、大学的课程和领导干部、公务员培训中。开展重点行业领域诚信缺失问题专项治理，树立诚信风尚。大力开展道德讲堂，培训居民群众和青少年30000余人次；举行大型无烟日和道德讲堂三批次宣传活动，吸引群众80000余人次；全区3216名居民踊跃参加义务献血行动，检验合格者无偿献血247000毫升。

四 以自治为基本方式

1. 完善基层自治制度，推进基层民主治理

一是规范村（居）民自治制度。按照《关于完善基层自治"十项"制度工作的通知》（德市旌民〔2016〕132号）精神，规范村（社区）各项工作制度。积极组织指导村（居）民委员会按照程序修订完善村（居）民工作制度、自治章程、村规民约（居民公约），做到基层自治有章可依、有据可循。初步拟定了《德阳市旌阳区村（居）民代表议事会议制度（试行）》，待征求意见后印发实施。为规范村（居）委会日常事务、重大事项决策记录，初步制定了村（居）委会"十簿一本"，待修改后印发全区。二是全面实施基层民主协商。全面推广协商议事，严格按照《德阳市旌阳区村民协商议事会规则（试行）》进行民主协商，并向群众公示重大事项协商结果，主动接受监督，对决议与协商意见有异议的，积极做好解释工作，对协商决议落实情况进行抽查回访，确保"事事有回应、件件有落实"。三是多渠道开展民主监督。进一步加强村（居）务公开工作，做到形式统一、内容规范、针对性强，重点把党的惠农政策、财务收支、计划生育、宅基地审批、低保审核、优抚对象款物发放情况，涉农事项办事程序及时进行公开。充分发挥村（居）务监督委员会的作用，对村组（社区）经济往来事项、重大项目决策执行、财务清理等情况进行监督、审查和审核。继续做好"三资"信息监管系统、德阳阳光惠农网等信息平台，扩大基层民主管理宣传范围，组织广大群众自觉加强对村组（社区）资金使用、资源处置、项目建设等的民主监督。推行村级自治组织负责人向同级监委会述责述廉，主动接受质询，定期公开村（社区）、组务及村组干部履职情况，进一步巩固村级组织"阳光行动"成果，着力消除基层贪腐滋生的温床。

2. 加强法律顾问制度，提高基层自治水平

区委、区政府成立了法律顾问团，全区90%的区级部门和100%的执法部门、全部198个村（社区）都聘请了法律顾问，使律师更全面地参与党委、政府和基层组织工作，确保依法执政、科学决策的实现。一是实行集体讨论制度。针对重大、疑难法律事务进行集体讨论，由法律顾问拿出可行方案，为党委、政府作出决策提供法律依据，让律师协助开展规范性文件的起草与论证、投资项目的法律论证、纠纷预防与调处、信访接待等方面工作。二是健全法律顾问激励考核机制。定期对法律顾问服务态度、工作效率、专业水平及职业道德等情况作出综合评价，评选优秀律师，给予一定奖励，对不合格的予以解聘，有效调动律师工作的积极性，保证工作的质量和效率。三是健全基层法律顾问制度。将律师是否参与村居重大事务、处理突发群体性事件、为困难群众提供法律援助、进行法治宣传培训等作为重点考核内容，确保基层治理规范有序。法律顾问在基层常年开展讲座和法治宣传，围绕社区（村）居民最关心、最直接、最现实的问题，积极开展法律咨询和法律援助，引领老百姓自主参与基层民主法治建设。

3. 规范集体资产处置，实现公开透明

集体资产作为基层群众多年辛勤劳动积累的成果，是发展基层经济、增加群众收入、改善生活条件的重要物质基础，管好用活集体资产，对于壮大集体经济实力、增强基层组织凝聚力、促进社会和谐，有十分重要的意义。

旌阳区着重在完善制度、规范运作、强化监管三个方面下功夫，先后出台加强集体资产管理工作的意见、资产管理制度等文件，进一步夯实制度建设基础。一是产权管理制度。遵循"谁投资、谁所有、谁受益"原则，对集体资产进行清产核资、明晰产权、建立台账；针对产权变更、股份经营、企业清算等情况，由第三方专业资产评估机构进行评估，合理界定集体资产价值，做到及时入账、账物相符。二是资产公开制度。通过村务公开栏、村民代表大会等形式，公开、公示集体资产管理决策、资产收益分配、重大资金使用等环节情况，接受公众监督。三是重大事项报告制度。涉及集体资产产权变更、土地资源利用、项目合作开发等重大事项，由村（社区）及时向乡镇（街道）报告，必要时指派有关部门全方位、全过程监督投资活动，使集体资产管理体系渐趋完善、活力日益彰显、长效机制加速形成。

4. 提升基层民主协商力度，促进社会稳定

各村（社区）把"四议两公开一监督"作为基层民主决策的基本制度，村（社区）党组织对村级重大事务在提议前通过民情恳谈会、社区对话会、"两代表一委员"座谈会等形式，吸纳利益相关方、社会组织、外来务工人员、驻村单位参加协商，建立协商成果采纳、落实和反馈机制，广泛征求群众意见；创新、做实以财务公开为核心的基层村务、组务公开，推行村级事务乡镇、村联动公开，推进统一的村务、组务公开规范化建设，加强对村级集体"三资管理"、惠民政策落实、耕地保护等情况的监督；进一步加强村规民约建设，健全村规民约的合法性审查机制，与时俱进完善村规民约的内容，规范遵规守约激励、违规违约惩戒机制，增强村规民约的软性约束力。

5. 做好业委会指导工作，推动小区居民自治

一是严格按照《四川省物业管理条例》《四川省业主大会指导规则》规定，对辖区内小区业主希望成立业委会的，即小区业主代表先向乡镇（街道）、社区（村）报名申请，并提供小区有关资料，乡镇（街道）审核认为小区具备成立业委会条件的，则由乡镇（街道）、村（社区）指导业主成立筹备组，乡镇（街道）进行指导和监督，同时根据小区实际情况进行张贴公示，成立筹备组、举行业主大会。二是结合各类法治宣传活动，向辖区居民宣传《物权法》《四川省物业管理条例》等与小区自治息息相关的法律知识，同时邀请村（社区）法律顾问，定期开展法治讲座，结合实际案例讲解业主与物业管理公司之间的权利和义务。三是村（社区）引导业主制定好本小区的管理规约、业主大会议事规则、住宅专项维修资金管理办法等，对环境管理、维修资金使用、小区公共事务等进行细化约定。对业委会成员不按业主大会决定或者规定履行职责的，探索建立由业主大会依照规约、规则形成决议，由居委会代为履行相关职责的办法。四是通过矛盾纠纷排查调处工作，对物业管理纠纷进行调解的同时，大力宣传《四川省物业管理条例》，从而有效提升了辖区居民自治水平。

以"一核三治"为抓手 努力构建基层现代治理体系

中江县依法治县领导小组办公室

2017年以来,中江县认真深入贯彻习近平总书记系列重要讲话精神,认真落实党的十九大、省第十一次、市第八次和县第十三次党代会精神,制发《中江县关于贯彻落实〈德阳市关于加快构建"一核三治"基层现代治理体系的实施意见〉的通知》,坚持把强化基层党组织建设、巩固党的执政基础、提升基层治理能力作为贯穿基层治理体系建设的主线,发挥政府主导作用,鼓励和支持社会各方参与,依法引导基层自治。"一核"是讲加强村(社区)党支部建设、带领群众进行"四好村"建设,"法治"则依托驻村律师、法律明白人、调解工作室等进行,"德治"依托家规家训、核心价值观的培育和践行,"自治"就是村规民约、红黑榜的落实。"一核三治"基层现代治理体系建设进程符合预期,依法治县保障线进一步筑牢。村规民约(居民公约)被誉为"中江经验"。

一 发挥基层党组织的领导核心作用

(一)抓住党员这个"牛鼻子",丰富党内组织生活

紧紧围绕"敢想敢干敢担当,创新创先创一流"这一主题,以学习贯彻党的十九大和省第十一次党代会会议精神为主线,推动"两学一做"学习教育常态化制度化,严肃党内政治生活,强化党内监督。目前,已建立"政治生日""主题党日""党员亮身份"三大制度,全县4.6万余名党员主动亮身份、过政治生日,1636个党组织定期开展主题党日活动。制作党员发展流程和三大制度海报营造氛围,表扬"英雄故乡 标兵力量"先进典型10名,继续在八大重点行业领域打造示范点,促进全县党员干部不断强化"四个意

识"，基层党组织不断增强凝聚力、战斗力，不断提高政治敏锐性。党员干部再学习、再培训形成常态化，2017年共举办培训班15期，选派全县112名科级以上干部赴井冈山进行党性修养培训，使党员干部的能力素养进一步得到提升，基层党组织的政治引领功能得到强化，各项工作依照法律章程开展得到切实保障。

（二）优化基层党组设置，促责任落实

一是新建立"两新"组织党支部49个，对全县所有"两新"党组织进行了评星定级，选派21名党建指导员指导"两新"组织党建工作，在"两新"组织中新发展党员95名。进一步理顺了全县基层党组织的隶属关系，优化了基层党组织设置，党员教育管理和发展工作进一步规范。二是认真开展基层党组织书记双向述职评议，落实党组织书记党建工作第一责任人职责。全县837名村（社区）党组织书记向党员群众、基层党委进行了述职评议。开展了县委书记抓党建工作专项述职，并组织党代表进行了民主测评，县委书记抓党建工作测评优秀率100%。召开了全县2016年度党建工作述职评议大会，对全县45名乡镇党委书记2016年度抓党建工作进行了述职评议。

（三）抓制度化建设，提升基层治理能力

科学规划建设目标。结合"四好村"创建，将"雪亮工程"和网格化服务管理系统接入镇综治中心视频监控室，"矛盾纠纷多元调解"室和法律援助室同步进驻镇综治中心，完善基层民主管理和民主决策的各项制度，深化村民自治。

（四）加强督查力度，及时监督指导

采取日常工作检查、专项工作检查与随机抽查等相结合的方式进行督查，进一步加强了对全县各乡镇基层治理情况的检查工作，对发现的问题要求相关乡镇和村及时进行整改。充分发挥村民委员会具体组织实施和村监督委员会监督执行的作用，切实解决在实施过程中存在的问题，促进村民自我管理、自我教育、自我服务，提升农村精神文明建设水平。同时，切实督导各乡镇、村（社区）严格贯彻落实中央、省、市、县对换届风气的相关纪律要求，坚持教育在先、警示在先、预防在先，引导候选人和选举工作人员绷紧换届纪律这根弦，确保了换届选举风清气正。

二 深入推进法治在基层党组织的作用发挥

（一）完善基层民主管理、民主决策，深化村民自治

建立健全了《"四议两公开一监督"工作机制》《村（社区）民主议事规则》《村（居）民代表推选制度》《村（居）民会议制度》《村（居）民代表会议制度》和《村（居）民代表联系户制度》等制度和工作流程图，进一步明确和细化了民主决策工作的内容、流程和要求，规范了村（居）干部的决策行为、办事程序，保障了村（居）民的合法权益。建立健全了以基层党组织为领导核心，村（居）会议、村（居）代表会议决策，村（居）委员会执行，村（居）务监督委员会监督的基层治理体系。开展了以村（居）民议事会、村（居）民理事会等为主要形式的议事协商，形成了以"提议、告知、协商、决策、反馈、监督"为基本环节的基层协商机制，促进了村（居）民自治的不断深入。

（二）加强法制宣传教育，完善基层法治建设

以"法律进村（社区）"活动为载体，深入开展法制宣传教育与基层法治实践活动，提高村民委员会成员运用法治思维和法治方式处理各项事务和服务村民的能力，增强了群众的法治意识和法治观念，养成办事依法、遇事找法、解决问题用法、化解矛盾靠法的良好习惯，扎实推进基层治理的法治化、规范化。一是应用新媒体扩大法治宣传覆盖面。充分利用公交车、出租车、城区书报栏、单位电子显示屏和有线电视、广场电视等各种载体发布法治宣传标语、公益广告、法治微电影；在《中江宣传》、中江手机报以及中江全搜索手机客户端开办《法治中江》栏目，播放、刊发法治案例、法治教育类知识。二是在全县组织开展"依法治村（社区）示范村（社区）"创建活动。示范活动创建开展以来，共有110个村（社区）被评为市级依法治村（社区）示范村（社区），153个村（社区）被评为县级依法治村（社区）示范村（社区），带动了依法治理工作在基层向纵深开展，提升了基层社会治理服务能力。

（三）以村规民约为抓手，推进基层德治建设

一是把村规民约作为推进基层德治的重要抓手，中江县制定下发《关于

进一步修订和完善村规民约推进依法治理的通知》，要求各乡镇要以第十届村（居）委会换届的有利时机，紧紧围绕基层公共事务管理的基本规则和村（居）民行为与道德规范、法定义务履行、经济与社会秩序维护、精神文明建设的基本要求，通过民主协商、充分讨论、集体决策、合法性审查等程序，对现有的村规民约进行全面清理检查和修订完善，全县 837 个村（社区）已完成村规民约的修改完善工作，有力推进了基层德治建设。二是对村民违反村规民约的行为，明确可规定批评教育、警告、责令改正、不良档案记录、取消相关荣誉评选资格、取消村组相关优惠待遇或福利等处罚措施，进一步增强了村规民约的约束力，使之成为村民的共同规范，形成依法立约、以约治村、民主治理的良好格局。积极指导社区党组织、居委会引导各小区业委会制定小区（院落）自治公约、业主大会议事规则、住宅专项维修资金管理办法等，对小区（院落）公共事务管理进行细化约定，不断加强小区（院落）自治。三是加大宣传普及力度，发动传统媒体，开设专栏、专题，滚动播出二十四字核心价值观主要内容。利用手机报、微中江、微播中江、中江全搜索、中江县政府门户网等新媒体刊发相关内容及各单位主要做法、先进经验。在县城街道醒目位置、交通要道、高速公路出口等，设置法治宣传标语、社会主义核心价值观及讲文明、树新风大型户外公益广告，持续实施年画上墙工程，广泛开展社会宣传。利用文艺巡演、"道德讲堂"、《菊花石》文学期刊等，开展精神文明建设宣传，提升基层自治能力。

（四）推行"学法名录清单"制度，提高学法针对性、实效性

全县各级党组织开展针对性、实效性学法，充分发挥法律对依法决策、依法行政的指导作用，领导干部争做尊法学法守法用法的模范。目前全县 107 个县级部门、45 个乡镇均已成功建立 2017 年"学法名录清单"，涉及 100 多部法律法规、党规党纪。一是明确学法内容。各单位根据工作实际、行业特点，科学合理安排学法内容，重点聚焦人民群众关心的脱贫攻坚、民生保障、教育医疗、侵权维权等难点、热点法律问题。学法应紧扣当期会议主题，使学法内容与重点工作紧密结合，避免出现"两张皮"现象。二是扩大学法范围。各单位年度学法均不少于 20 部国家法律法规、党内法规法纪，实现学法与决策紧密衔接、无缝覆盖，做到学有目的、学有方法、学有效果。三是建立长效机制。通过"学法名录清单"备案管理及上报"依法治县月度工作计划"，依法治县办随时掌握各单位"学法名录清单"制度落实情况，及时监督

指导，形成常态长效机制。

（五）全面夯实基层法治基础，扩大法治成效范围

一是全面实施"七五"普法规划，持续深入开展"法律七进"，做实"一村（社区）一法律顾问"制度，全县837个行政村（社区）均有律师、法律服务工作者担任法律顾问。二是深入开展"百名律师下基层"活动。"百名律师团"是由全县各律师事务所、基层法律服务所、县公证处、县法律援助中心、县法律服务志愿小分队等法律服务从业人员组成。律师团通过深入基层、走村入户，向基层群众提供优质法律服务，针对性开展政策宣讲、法律咨询。宣传工伤赔偿、追索劳动报酬等与群众密切相关的法律知识，引导群众依法维权、理智维权；参与化解矛盾纠纷、维稳调处、民生服务等工作，切实用法治手段解决群众需求，增强群众的法治获得感。真正做到在"下基层"过程中"突出影响性、注重参与性、体现创新性、务求时效性"，让群众在法治领域有获得感、幸福感、公平感。三是扎实开展2017年度法治示范创建活动，进一步发挥法治示范单位引领辐射作用。全县已有4个单位被命名为省级法治示范单位、160个单位被命名为市级法治示范单位、249个单位被命名为县级法治示范单位。2017年已向市级职能部门报送2017年度新申报市级法治示范创建单位共计69个。各创建牵头部门按照要求，定期或不定期采取跟进回访、学习观摩、定期通报等多种形式，对已命名授牌的县级示范创建单位，实行可进可出的动态管理。四是全县乡镇便民服务中心和村级便民服务站实现标准化建设，45个乡镇均建有一个统一的公共服务网上办理终端，全面推进公共服务事项全流程全业务网上实时办理，全县45个乡镇、837个村（社区）党务、村务联动公开栏已全部建成，基层公开规范化达100%。

（六）狠抓作风转变，提高服务效能

深入开展三项整改"回头看"，扎实开展纪检监察干部走基层"清风行动"，重点监督A级风险岗位，严肃查处各类发生在群众身边、损害群众利益的以权谋私、吃拿卡要等违纪违法案件，严厉打击村霸和宗族恶势力，形成强有力的震慑，不断提升群众党风廉政建设满意度，持续净化政治生态。

（七）整合综治队伍，提高基层治理社会化水平

着力解决村一级综治工作人员及后备力量不足问题，克服等靠要思想，打

破思维禁锢,充分发挥群众自治作用,一是创新整合一支适应新时代综治工作的特色队伍,提高群众基层社会治理参与度。龙台镇稻花村村两委通过创新设立万大爷工作室。聘请德高望重的老共产党员陈德万为调解员,在担任调解员期间陈德万同志始终秉承法治、德治、自治相结合的方式化解矛盾纠纷,重点突出道德的约束,2017年在本村成功化解矛盾纠纷7起。二是探索"网格+"工作模式。龙台镇设总网格长1人,专职力量4人,网格党小组组长7人,网格员36人。充分发挥网格、网格员"全覆盖"优势,目前已成熟运用6类"网格+"模式,如建立网格+法治模式,网格员当好政策宣传员、知识讲解员带头人,使学法、守法、尊法、用法融入每个公民的生产生活。三是建立"红袖标"治安巡逻队。龙台镇稻花村有14名志愿巡防队员,保证辖区内安全稳定,群防群治理念深入人心,村民自治意识进一步强化,自我管理、自我服务外延得到有效延伸。

三 强化基层党组织对德治的思想引领

(一) 深入开展公民道德实践活动

一是以培育和践行社会主义核心价值观为根本,积极组织开展道德模范、身边好人等先进典型推荐评选活动,涌现出德阳市第三届道德模范5名,"德阳好人"2名,四川省第五届道德模范1名。充分利用县级各类媒体,开辟《凡人故事》《道德风采》等专栏,常态化推送身边好人事迹信息。二是以党员干部、青少年两类重点群体为主,广泛开展了"我们的节日""倡导绿色生活 反对铺张浪费""我的中国梦""学雷锋 树新风"等文明社会风尚行动,弘扬传统美德,普及文明礼仪规范。充分利用县级各类媒体,开辟《凡人故事》《道德风采》等专栏,常态化推送身边好人事迹信息,重视发挥道德的教化作用,提高社会文明程度。

(二) 深化群众性精神文明创建活动

一是大力弘扬中华民族家庭美德,深化文明单位(村镇、社区)和"四好村"创建活动,评选出市级文明单位25个,市级文明乡镇5个,市级文明社区23个,市级文明村33个,县级文明单位3个,县级文明社区3个,县级文明村209个,集凤镇石垭子村已创成全国文明村,小南街小学、中江中学入选"四川省文明校园",烟草中江分公司创建四川省文明单位。二是围绕"养成好习惯 形成好风气",深入开展了"四好村"创建工作,推动广大农村移风易俗,树立文明乡风。以"注重家庭、家教、家风建设"为内容,深化文明家庭创建活动,涌现出德阳市第一届文明家庭15户,位居全市参评县(市、区)第一,向忠家庭还被评为四川省首届文明家庭。

(三) 坚持矛盾纠纷多元化化解

基层矛盾纠纷化解始终坚持法治、德治、自治相结合,突出道德的约束、润滑作用。中江县龙台镇桃花村成立"万大爷调解室",一是聘请德高望重的老共产党员为调解员,负责村里的民事纠纷调解工作,化解矛盾纠纷,促进邻里和谐,有效减少了治安案件和民转刑案件的发生。二是形成以镇信访及司法人员为主体,以村组民事调解员为辅助的民间纠纷调解网络,实现矛盾纠纷的"多方联调",减少化解工作的死角和盲区。三是拓宽了矛盾化解渠道,开辟了矛盾化解新模式,得到群众的一致认可,调解本村纠纷成效显著,进一步提升了调解委员会的工作质效。

四 强化基层党组织对自治的示范带动作用

(一) 指导带领村规民约修订完善

全县各乡镇高度重视村规民约的修订和完善工作,紧紧抓住第十届村(居)委会换届刚完成的有利时机,坚持程序合法、内容合法、内容符合实际、可操作性原则,指导辖区内各村(居)委会对现有的村规民约进行全面清理检查,进一步深化村民自治、推进基层依法治理。一是与时俱进,结合村换届选举工作,对村规民约进行多次修改完善,将群防群治、绿色发展等内容融入村规民约内容,丰富其内涵。二是通过多渠道宣传动员、逐户走访、建立台账、开院坝会等方式广泛征求村民意见,将大家最关心、最迫切、最需要解决的问题一一记录,还通过电话与一些在外打工的人进行联系,了解他们的想法和建议,根据民心民意形成了修改稿。三是多次召开党员和村民代表大会,邀请驻村法律顾问进行讨论修改,大家现场发言现场讨论,最终形成了自我约束、自我管理的行为规范。进一步发挥村规民约"红黑榜"作用,对表现好的进行公开表扬,不遵守的给予批评。通过反复发动群众参与村规民约的制定、修改和完善，每村80%以上的户代表在"遵规守约承诺书"上签字承诺。通过积极引导全体村民遵规守约，群众参与村社集体事务的积极性提高，"主人翁"意识明显增强，村内秩序明显优化。

（二）依法民主选举，优化基层治理队伍

中江县第十届村（居）民委员会换届选举工作严格按照选举程序统一开展。一是县、乡两级都成立了由党委、政府主要领导任组长，相关部门负责人为成员的村（居）民委员会换届选举工作指导小组，制订了村（居）委会换届选举工作方案和风险防控预案。二是加强对全县第十届村（居）民委员会换届工作的领导和指导，分片区设立了由县委、县政府领导任正副组长的换届工作指导组，对换届选举工作进行全覆盖指导，县级各部门选派人员58人成立了29个换届选举风气督导组，负责对换届选举工作风气进行全覆盖督导。三是成立了业务培训工作组、信访举报查核处理工作组、宣传暨舆情处置组等6个工作组，确保对换届选举的指导和督导工作纵向到底、横向到边。各乡镇也成立了相应的工作组，建立了党政领导班子成员包片、联村干部包村的工作机制，为换届选举工作提供了有力的组织保障。全县760个村委会和77个社区居委会全部实行直接选举并一次性选举成功，圆满完成了选举任务。中江县本届村（居）民委员会换届选举中登记参加选举的村（居）民共计938510人，参选率达82.7%，选举共产生村（居）民委员会主任837人（其中男性730人、女性107人），村（居）民委员会委员共1831人（其中男性765人、女性1066人）。选举结束十日内，全县837个村（居）民委员会全部推选产生了新一届村（居）务监督委员会、村（居）民小组长和村（居）民代表。此次换届后，一大批文化水平高、责任心强、工作能力突出的优秀人才被选举充实到村（居）领导岗位，各村、居委会班子结构进一步优化，增强了村（居）居委会的凝聚力、战斗力和基层治理能力。

（三）建立和落实长效管理机制

将修订完善、落实村规民约与加强村民社会公德教育、开展"四好村"创建、环境治理等活动紧密结合起来，融入农村日常生活，增强村规民约的生命力。充分发挥村民委员会具体组织实施和村监督委员会的监督执行作用，切实解决好农村存在的一些问题，促进村民自我管理、自我教育、自我服务。中江县以修订完善村规民约为抓手，创造和推行了"强化领导监督、广泛宣

传动员、精心组织起草、反复征求意见、依法表决备案、认真组织实施"的"六步工作法",在全县837个村(社区)制定和完善了村规民约。推动群众养成了好习惯、形成了好风气,村民"四自"能力和水平不断提高,参与村级事务的积极性、主动性明显提高。全县农村初步呈现村级事务管理有序、村容村貌整洁、乡村社会和谐稳定的新气象、新面貌,促进了农村社会和谐稳定。

(四)"四好村"创建助推基层自治

2016年,全县成功创建20个省级"四好村",73个市级"四好村",县级"四好村"134个。根据县委办、县政府办《关于印发〈创建县级"四好村"活动工作方案〉的通知》(江委办〔2016〕61号),结合2016年省、市、县级"四好村"创建情况,2017年,计划建成县级"四好村"157个、市级"四好村"120个、省级"四好村"62个。一是建立"四好村"创建激励机制,印发了《中江县"四好村"创建活动以奖代补资金实施办法》,对成功创建各级"四好村"的村,安排专项资金给予创建资金补助,用于"四好村"标识标牌、环境治理、文化传承和好习惯培养等创建工作,鼓励引导各乡镇行政村积极开展创建活动,努力推动"四好村"创建活动不断深化,确保实现更高水平的"四好"目标。二是将"四好村"创建活动纳入各乡镇、县级有关部门年度目标绩效考核,抓好经常性督促指导,推动"四好村"创建活动常态化、制度化,确保顺利实现创建目标。三是积极实施农村危房改造,引导贫困户参与农房"建改保",确保住上好房子;发挥新型农业经营主体带动效应,积极发展特色优势产业,开展扶持农村集体经济发展试点等,多渠道增加农民收入,确保过上好日子;加强法治德治自治,完善村民共同遵守的村规民约、卫生公约、文明公约,村容村貌干净整洁,村民文明礼貌、勤俭节约、守时守信,养成好习惯;常态化开展学习宣讲活动,在新村建设中开展"年画上墙"活动,引导群众自觉抵制低级媚俗、宗族派别、不赡养父母等现象,形成爱党爱国、尊老爱幼、互帮互助的社会文明新风尚。努力实现"四个好"建设同步推进。四是为检验"四好村"创建工作成效,县"四好村"创建工作领导小组办公室,宣传部、农工委、住建局、农业局等相关部门成立"四好村"考核评定小组,对2016年县级"四好村"创建工作进行了随机抽查考评。

（五）推动特色"微村落"建设和幸福美丽新村建设

全面启动特色"微村落"建设，按照"规划有特色、产业有特色、治理有特色、文化有特色"的标准，争取2017年建设20个特色"微村落"。一是全县印发了《中江县特色"微村落"建设工作实施意见（试行）》，指导全县特色"微村落"建设工作。二是通过整合涉农项目资金1.6亿元，启动并加快推进首批12个特色"微村落"建设，第二批12个村"微村落"已上报县政府专题会、规委会审定。三是已落实省级美丽乡村项目，用于南山镇三塘村、黄鹿镇利兴村和合兴乡尖寨村3个"微村落"建设，目前已启动相关前期工作。同时，安排"一事一议"财政奖补资金用于"四好"幸福美丽新村示范带和特色"微村落"建设，目前正在抓紧落实。四是建立工作推进机制，要求所涉乡镇和部门每月上报工作进度、落实情况。五是按照业兴、家富、人和、村美的标准，以夯实基础设施、完善公共服务、优化村容村貌、净化村风民俗等为重点，大力推进新农村建设。2016年2个省级美丽乡村和13个幸福美丽新村建设有序推进，按照上级要求在2017年8月底前全面完工。169个县乡幸福美丽新村已完成95个，其中新建成幸福美丽新村23个，改造和完善基础设施的幸福美丽新村72个。

着力构建基层治理体系
不断提升基层治理能力

罗江区依法治区领导小组办公室

为加快推进地方治理体系和治理能力现代化，落实省委"落实到基层、落实靠基层"要求及市委相关部署，德阳市罗江区坚持集中精力抓落实、抓巩固、抓深化提升，通过狠抓"三个到位"、建立"三项机制"、实施"六大工程"，不断加快构建以基层党组织为领导核心、法治德治自治相结合的"一核三治"基层现代治理体系，切实把美丽幸福新罗江各项事业纳入法治化轨道。

一 狠抓"三个到位"，确保工作落实

（一）组织领导及保障到位

区依法治区领导小组坚持将"一核三治"作为依法治理中心工作，区委主要领导亲自抓，分管领导具体抓。明确专职副书记分管，将依法治区办设在区委办，一名副主任兼任区依法治区办主任，配备专职副主任1名，专门核定2个行政专编，另外抽调2名工作人员，设立综合组、信息组、督查组，由办公室主任统筹全面工作。各镇均调整充实依法治镇领导小组，涵盖全村（社区），设立常设办事机构于党政办，并明确专人负责具体工作，长效化、常态化推进。将法治工作经费20万元纳入财政预算，用于法治氛围营造、基层治理示范点、特色亮点点位打造和依法治区专题培训，重点单项工作实行单项预算。区委常委会、依法治区领导小组会和专题推进会，多次研究部署推进"一核治理"相关工作，形成党委统一领导，人大、政府、政协、乡镇部门分工负责，社会团体协同，群众广泛参与的依法治区工作格局。

（二）责任落实到位

区依法治区领导小组履行统筹协调、督促指导等职能，印发《加快构建

"一核三治"基层现代治理体系的实施意见》。区人大常委会切实加强对贯彻落实基层治理相关法律的监督工作。区政府积极推进行政执法和公共服务向基层延伸，为基层治理提供各项保障。区政协围绕社会治理和基层基础建设，积极建言献策，加强民主监督。全区各部门（单位）主动参与、支持社会治理和基层基础建设工作。区委组织部在干部考察中主动把依法办事、遵守法律法规作为考察识别干部的重要内容。区总工会、团区委、区妇联等人民团体在社会治理和基层基础建设中积极发挥作用。基层各级党组织切实履行基层社会治理的主体责任，为基层治理提供了有力保障、创造了良好环境。

（三）宣传发动到位

始终坚持把宣传教育作为核心，不断创新形式内容，全方位、高密度进行法治宣传。以依法治省氛围营造工作为契机，设立大型塔式广告标语，在108国道投放灯杆道旗广告标语，设置大型宣传标语。利用"O2O"、微信等网络服务平台，做到"广播有声、电视有影、宣传栏有文、网络有言"。举办"法治基层行，传递正能量""家和万事兴——以案释法乡村行"大型法治宣传活动，营造了浓厚的法治文化氛围。

二 建立"三项机制"，筑牢法治基石

（一）建立科学决策机制

一是完善依法决策制度。在严格执行区委常委会、区政府常务会议事决策的基础上，建立完善基建联席会议、财经领导小组、国土管理领导小组、人事调配领导小组和招商引资领导小组五大会议决策制度，实现重大事项、高风险领域事项依法集体民主决策。制定《罗江县重大行政决策程序规定》，把公众参与、专家论证、风险评估、合法性审查、集体讨论决定等5个环节作为重大决策程序，进一步规范行政决策。组建法律顾问团对全区涉及稳定、发展、民生等重大决策进行合法性审查。二是建立科学决策信息收集机制。充分发挥人大代表、政协委员的提案、建议作用，收集民意，集中民智。发挥区人大、区政协的作用，针对全区涉及改革发展的重大问题，开展专题调研，形成意见建议，作为区委、区政府决策依据。定期组织企业、社会各界人士和群众代表，召开座谈会，征求意见建议，广纳贤言。加强书记信箱、

区长信箱的管理，加大老百姓反映问题的收集力度和办理进度。加强罗江"智库"建设，邀请产业经济、城乡建设、安全环保等各领域的专家学者参与罗江改革发展，征求他们的意见，推进专业化、科学化决策。开展"民生会客厅"活动，就群众关心关注的城市规划管理、民生工程的重大事项，与群众面对面交流，零距离征集社情民意，减少决策失误风险。通过"罗江民生会客厅"——城市建设管理专题，收集、梳理城市建设方面的意见、建议50余条，有针对性地制定城市建设项目改造规划，为加快城市建设奠定了坚实的群众基础。三是推进党的领导制度化规范化。认真贯彻《中国共产党地方委员会工作条例》，提高执政能力和领导水平。改进和加强区委对依法治区工作的领导，健全党委（党组）书记法治建设第一责任人职责制度，制定《关于抓住领导干部"关键少数" 全面深入推进依法治县工作落实的实施意见》，推动领导干部在法治建设中积极履行职责、在本职岗位上严格依法办事、在日常生活中严格遵守法律。推进党务公开，探索构建党务公开信息反馈机制。强化监督执纪"四种形态"，推进纪律管党，深入落实管党治党政治责任。

（二）建立权力规范运行机制

一是深化行政审批制度改革。全面落实"两集中、两到位"。坚持"凡批必进、应进必进"原则，民生、企业服务等领域涉审部门全部入驻政务服务大楼，让群众"进一个门，办所有事"。目前，区级涉审部门已全部入驻，涉及的全区296项行政审批、公共服务和日常监管事项已全部集中。全面清理行政审批事项，编制并公布了区级行政权力清单、责任清单，取消、调整行政审批项目25项，全面取消非行政许可审批事项。以破釜沉舟的决心推进相对集中行政许可权改革，第一时间落实省政府扩大相对集中行政许可权改革试点范围要求，3月1日在全省率先挂牌成立行政审批局，逐一研究涉审部门审批权和审批人员划转方案，确保转得出、接得住、管得好，目前区级159项行政审批事项已全部转入，人员已经到位，试运行顺畅，全区行政审批实现了"一窗进出"。正积极筹建行政审批局经济技术开发区分局，简单事项自主审批，重大事项与区行政审批局按照"前台接件＋后台审批"模式运作，零距离服务企业。大幅减免涉企收费，第一时间落实4月1日财政部《关于清理规范一批行政事业性收费有关政策的通知》和《关于取消、调整部分政府性基金有关政策的通知》的要求，一次性减到位，不设过渡期，不变相保留、新设收费项目，对保留的收费项目按最低标准收取。全区共取消收费项目4项,社会投资收费项目仅保留人防异地建设费、市政建设配套费、农民工工资保证金3项。在全省率先试点区域性环境保护评估、水土保持评估、安全影响评估、稳定风险评估制度,对符合要求的项目,直接共享区域评估评审结果,通过政府购买服务方式,由区财政承担费用。此项改革能降低项目前期费用的60%以上,节约中介服务时间30天以上。二是建立中介机构遴选制度。2012年,在德阳市委、市政府大力支持下,通过公开招标的方式,在全国率先建立政府性投资项目中介机构库,涉及中介服务直接在库中抽取。中介库三年更新一次,现已推广到社会投资项目。中介库制度的建立,不仅加强了对中介机构的监管,提高了服务质量,杜绝了潜在的中介乱象,同时在大幅降低中介费的基础上极大提高了效率,政府投资项目平均建设时间缩短了70天。这一做法获得2016年国务院第三次大督查督查组的充分肯定。三是营造优质投资环境。创新"项目秘书"工作机制,为每个招商项目配备1名项目秘书,全程代办所有手续,企业不用与审批部门直接见面,在极大方便企业的同时,也杜绝了潜在腐败问题。对企业反馈问题,第一时间收集整理、第一时间研究解决、第一时间反馈结果,做到事事有回应,件件有结果。"项目秘书"工作机制得到省委主要领导充分肯定,成为罗江区招商引资的一张"名片",已在德阳市全面推广。全面梳理精简撤并后的审批项目,按照"五个清单两张表"的管理要求,明晰审批责任、审批时限,标准化申报材料,让审批变得透明,让企业和老百姓易懂易学。着力优化审批流程,全面推行并联审批,对符合产业发展导向、不属于"两高一低"限制目录的项目,推行"容缺审批"。通过上述措施,罗江建设项目审批时限已从105个工作日缩短至30个工作日。四是深入推进"双随机一公开"。完成16个行政执法部门随机抽查,建立"一单两库一细则",编制"市场主体名录库""行政执法人员名录库",已全部向社会公开接受社会监督,让审批权在阳光下运行。构建涉审监管运行机制,对涉及人民群众切身利益、重大公共利益的事项,严把审批关口,在食品、安全、环保等重点领域坚决贯彻执行。五是强化政府合同管理。所有招商引资、公共资源交易等政府合同行为和村集体组织签订的重大合同,经审查后方可签订,并集中备案。对合同履行情况进行跟踪评估,规范行政机关签订和履行合同的行为,化解政府合同风险。已审查各类合同超过2000份,合同备案率超过80%,履约率超过95%。六是建立完善公共资源交易制度。土地使用权、矿产资源交易、政府采购等活动全部进入公共资源交易场所统一公开进行,杜绝了暗箱操作。建立规模以下政府投资工程施工单位发包建库，实行政府投资项目代建制管理，探索项目资金整合，统一规划实施。6月5日，作为全省唯一的县（区）在全省行政审批工作会上作经验交流发言。

（三）建立权力监督机制

一是创新开展综合派驻机构改革。解决同级监督难的问题，在全市率先试点区纪委派驻机构改革，2017年6月设立7个综合派驻纪检组，实现对全区所有部门的监督全覆盖。改革后，机构编制、人员由区纪委统一管理，集中办公，节约了编制职数，精简了机构，整合了执纪力量，拓宽了业务面。二是全域巡察监督，充分发挥审计、巡察作用。2015年在全省率先开展党委巡察，2017年强化巡察队伍和制度建设，形成以巡察全覆盖五年规划为主、以巡察流程和纪律为辅的"1+9"巡察制度体系。近三年来，通过巡察发现一般性问题290个，向纪检监察机关移交问题线索63条，立案15件15人，群众对巡察工作非常满意，专门给巡察组发送表扬短信。同时注重做好监督的"后半篇"文章，加强巡察和审计结果的运用。针对审计结果和区委巡察发现的问题，由组织部、纪委提前介入，由组织部部长、纪委书记、常务副区长开展专题谈话，审计和巡察结果作为干部选拔的重要依据。巡察工作经验在全省推广。三是严肃党内政治生活，建立负面清单制度。扎实开展"两学一做"常态化制度化学习教育，深化三项整改"回头看"，将"三会一课"落实到位，规范组织生活会、民主生活会，尤其抓好"一把手"、A级风险岗位人员、村干部的教育学习，分级分类组织学习"两准则四条例"等党内法规。制作"党员领导干部负面清单"，含242条具体内容，为干部划清权力"红线""底线""高压线"。四是加快政务公开，让权力在阳光下运行。编制权力清单，实现全程电子化网上公开运行、实时网上监察。权力事项录入5733项，事项运行5215项；办件录入5038件，办结4965项。五是建立社会监督制度。发挥好行业专家、群众和社会媒体的作用，成立项目建设、环境保护、城乡环境综合治理、安全稳定四大监督小组，建立社会监督基金制度等联动监督机制，对区委、区政府重大决策事项、全区重大规划、重大项目实施等进行决策咨询和监督，严管重罚，推进整改，确保取得监督成效。六是开播《阳光政务》电视节目。搭建监督新平台，通过代表现场问政，让一些久拖不决问题的部门"一把手"直面群众的质询，主动接受媒体和社会监督，以实际行动取信于民。

三 实施"六大工程",打造创新品牌

(一) 实施基层治理工程

一是深化村民代表议事制度。构建"支部领导、定向代表、议行合一"的基层依法治理组织体系,变"替民作主"为"村(居)民自主"。议事代表制度入选中央改革办《典型案例选编》,相关做法被写进新修订的《村民委员会组织法》。6月,罗江区在中央农村工作领导小组举办的"乡村治理和农村工作座谈会"上做经验交流。7月12日,代表德阳在全省农业农村改革经验交流暨工作推进会、中央文明委精神文明建设研讨会上发言。二是全面推广村规民约。突出贴近实际、贴近群众、贴近发展,完善127个村(社区)"一村一策"制定村规民约,促进村(居)民依法自律、民主管理。三是创新开展"阳光行动"。以"两规范一创新"为核心,建立"三资管理"平台,推进党务、村务、组务、财务全面公开,打造"没有秘密的村庄"。四是搭建党建"O2O"平台。将电子商务"O2O"模式引入基层党建实践,区、镇、村(社区)搭建3级党建"O2O"平台,下设党务、政务、民生三大板块,党员群众可通过微信公众号缴纳党费、学习党课、反映诉求、销售产品等,实现职能部门和办事群众沟通服务零距离。目前平台已有10万余人次关注度,办理各类事项1300余件,切实解决了联系服务群众"最后一公里"的问题。五是建立村(社区)小微权力清单制度。对村(社区)三资管理、集体事项商议、为民办事服务等方面的权力进行全面清理,编制村(社区)小微权力清单,梳理对应的责任清单,编制权力运行流程图,对村(社区)的小微权力进行规范,从"小"处着手,实现村干部权力公开透明。

(二) 实施法治惠民工程

以为民办实事为出发点,着力解决群众关心的具体问题,真正体现法治惠民。一是村民自治推进"四好村"创建。坚持立足本土做特色,充分结合当地产业发展、民俗文化、区位特点,立足地方资源禀赋,让"四好村"示范点建设真正成为新农村建设的亮点,让创建之路成为发展"三农"的特色之路。同时,以村民自治为基础,坚持"支部领导,定向代表,议行合一,依法治村",奠定村民自我管理、自我约束、自我服务、自我发展的群众基

础。建立和完善公民道德协会、邻里乡亲互助会等群众性组织和有效运作机制，让"四好村"示范点的创建过程变成广大群众找到自尊、树立自信的过程，让创建工作真正变成群众的自觉行动。5月初，市委书记到鄢家镇示范点视察，充分肯定"四好"示范村创建工作取得的成效。罗江区鄢家镇星光村、调元镇顺河村、慧觉镇二龙村"四好村"建设3个案例入选《四川省"四好村"创建百例》一书（本书在全省共收集99个案例）。二是以家风家训培育优良的党风促政风带民风。在中纪委、省市纪委的关心指导下，通过深度挖掘，罗江区范家大院的家风家规文化目前已在全省乃至全国都有了一定的影响。范氏家规成功入选四川省十佳"天府好家规"。按照将范家大院打造成全国一流的家风家规基地的目标，加快推进范家大院建设进度，发挥家规家风的教化作用，引导党员干部修身慎行、清廉自守。同时，我们将在电视、广播、报纸、杂志等传统媒体宣传的基础上，全面运用网站、手机App、微博、微信等现代媒体，将各种家风文化宣传融入其中，促进良好家风进万家。我们还将推陈出新，深挖白马关庞统祠的三国楹联家风、"川菜之父""川剧之父"李调元家风、罗江家风诗歌等文化资源，试点执纪监督工作平台直播等工作，实现宣传全覆盖、无盲区，推动广大干部群众在潜移默化中深入理解和自觉接受传统家风中的价值内涵。三是落实"一村一社区一律师"制度。确保律师在全区127个村（社区）全覆盖，法律服务横向到边、纵向到底。开通法律服务热线，重点针对未成年人、城乡低保残疾人、留守人群等特殊对象开展上门服务，实现法律援助"零门槛"。四是建立治安"大防控"机制。搭建治安"大防控"平台，提升群众获得感。优化扁平化警务指挥系统，情报、指挥联动，提高出警响应速度。搭建社区、街道、农村专群结合巡防模式，采取车巡、自行车巡、徒步巡和定点设卡防控相结合，提高街面见警率。将治安防控体系植入网格化服务管理平台，筑牢了社会治安防控的"天网"、社区公共服务的"地网"和虚拟社会管理的"光网"。零容忍、严查处，重拳整治"黄、赌、毒"。将"雪亮工程"与幸福美丽新村、"四好"村和脱贫攻坚工作有机结合，纳入"智慧城市"总体规划，制定了《罗江区"雪亮工程"规划及技术方案》，已建成城市天网视频监控68个，农村天网视频监控16个，"雪亮工程"视频监控125个，部门及社会资源视频监控429个，"平安罗江"建设迈上新台阶。在全省区级公安机关政风行风满意指数综合测评中，罗江居全市第一。五是建立村民互助机制。创建"邻里乡亲互助会"，形成社会救助力量，已建会136个，募集捐款150万余元，帮扶困难群众1100

余人次,发放资金18万元,群众反响良好,社会和谐度提升。六是推行村民自建。根据村民诉求,转变政府"一包到底"的工作方式,在政府投资的农村小型公共基础设施项目建设领域,引入当地村民参与,从项目确立到工程质量管控再到资金管理,全由当地村民说了算。"村民自建"从源头上解决了投资的盲目性,平均降低了建设成本的30%左右,缩短了建设周期的40%左右,保障了工程质量,密切了党群干群关系,杜绝了建设领域腐败问题,实现了村民脱贫奔小康,调动了农民建设家园的积极性,破解了过去小型农田水利设施"国家管不到,集体管不好,农民管不了"的难题,为工程找准了"婆家"、找好了"管家",实现了党委政府、村集体、村民"三满意"。

(三) 实施司法改革工程

创新刑事申诉案件公开听证制度。区检察院对申诉案件进行公开听证,邀请区人大代表、政协委员和人民监督员担任听证员。由案件承办人当面向申诉人解答释疑,听证员围绕案件事实提问,"案件越讲越清、真相越辩越明",确保处理公正,受到最高人民检察院的充分肯定,在全国推广。

(四) 实施信访调处工程

一是改革增强治理力量。由区政法委牵头,整合力量,实行政法委、群工部、信访局、维稳办、综治办、防邪办、移民办"七块牌子一套人马"统一指挥。坚持每个月16日为区级领导接待日,听取群众诉求,及时化解问题,极大地提高了政府公信力。二是建立民意收集、分级调解平台。完善"民情快递、民情速办、民情例会、民情公示、民情调研"五大工作机制,搭建区、镇、村、组四级矛盾纠纷调解网络,建立劳资纠纷、医患纠纷、交通事故专项调解中心三大平台,做到"小事不出村、大事不出镇、矛盾不上交"。坚持每半月定期召开矛盾纠纷分析研判联席会议,推广人民调解"随手调"工作方法,健全"流动调解""巡回调解""网络调解"等长效机制,做到"调解跟着项目走""调解跟着矛盾走"。截至11月底,全区共排查矛盾纠纷2375件,调解成功率98.82%。三是整合信访调处平台。改革相互牵制、力量分散的格局,整合职能、集中力量,实行政法委、群工部、信访局、维稳办、综治办、防邪办、移民办"七块牌子一套人马"统一指挥,建立接待调处平台,在法治框架内化解矛盾问题,逐步改变部分群众"信访不信法"的积弊。

（五） 实施干部教育考核工程

一是完善学法制度。完善会前学法制度、领导干部法律知识培训制度、领导干部法律知识考试制度等，对学法次数作出明确要求并列入考核。已开展常委会会前学法7次、常务会会前学法6次。二是开展学法活动。邀请专家教授授课，坚持每年举办"法治讲堂"4期以上，科级领导每年受训达100%；编印《常用法律法规知识选编》，开展领导干部任前及后备干部法律知识水平培训及考试，提升领导干部的法律知识水平。三是丰富学法载体。依托罗江党建"O2O"平台，结合"两学一做"学习教育，开设必修的法律知识培训课堂，党员干部随时随地参与学法，营造良好的学法氛围。开展法律知识宣讲及游园活动，区级机关各部门开展法律知识宣传20余场次，发放宣传资料2万余份。

（六） 实施法治创建工程

一是统筹协调推进。按照法治示范创建工作要求，全区统筹协调推进法治示范创建工作。2017年，已申报市级法治示范16个、区级31个，确保完成年度创建计划，全力打好法治示范创建收官战。二是推广示范经验。在抓好"规定动作"，确保面上创建规范有序、扎实推进的同时，结合部门、地方特色和行业特点做好"自选动作"，总结出了一批具有行业特色、可推广复制的法治示范经验。例如：金山镇家和社区"一体系、三平台、三中心"社会治理模式、鄢家镇"一核三治"推进"四好村"建设、御营镇范家大院家风家训法治文化阵地建设等模式均在全区推广。三是打造示范阵地。已建成金山镇家和社区法治文化广场，白马关凤雏村、蟠龙镇宝峰村等法治文化长廊，正在集中力量打造新盛镇金铃村、鄢家镇星光村、深学堂小学等法治示范阵地，为全区同类单位法治示范创建提供参考。四是开展跟踪问效。对创建工作进行全程动态跟进，对已经创建合格的单位进行跟踪问效，推动其深化提升、再上台阶。

德阳市罗江区"三项"行动建设法治型党组织

罗江区依法治区领导小组办公室

按照《关于加强构建"一核三治"基层现代治理体系的实施意见》有关要求,在法治型党组织建设过程中,德阳市罗江区坚持把强化基层党组织建设、巩固党的执政基础、提升基层治理能力作为贯穿基层治理体系建设的红线,发挥党组织核心引领作用,鼓励和支持各方参与,筑牢依法治市保障线。

一　党员干部队伍法治化

严格落实中心组专题集体学法制度,将法治教育纳入全区干部教育培训班计划,全面推广"会前学法"制度。同时,在公园、广场、社区建设了一批法治文化阵地,举办法治文艺巡演等一系列精彩纷呈的普法活动,搭建法治学习互动平台,营造全方位、立体式的学法普法氛围。出台任前法律知识和党内法规知识考试制度,针对后备干部和拟提拔干部,开展选拔考试和任前考试;针对基层党务工作者、村(社区)干部、入党积极分子、预备党员每年开展一次集中培训,开展资格考试,把党章党规、法律知识作为重点考试内容。结合述职述廉述法群众测评制度,开展专项调研考察和信息分类汇总、综合分析,把是否遵守法律、依法办事作为党员干部业绩评定、奖励惩处、考核任用的重要依据。制定出台《罗江县激励干部干事创业容错纠错实施办法(试行)》,用制度的形式,对敢担当敢作为干部容错免责,对不担当不作为干部严肃问责。

二　组织建设法治化

以落实组织生活和发挥作用为重点,管好党员队伍,开发"罗江·先锋在线"党员积分,依托"主题党日活动""党员亮身份"等线上线下服务载体,对党员联系服务群众量化考核。分类组织村(社区)党组织书记、主任培训班开展任职培训和业务培训,优化知识结构、提升履职能力。研究制定"1+N"方案,建立选拔、培训、管理、激励、考核、退出"六位一体"的基层干部队伍建设制度体系,进一步优化班子结构、提升履职能力、增强法治意识、提高干事创业积极性、疏通出口通道。开展专项整治,提升基层治理水平。大力开展"村霸""蝇贪"问题专项整治,分别下发了《罗江县加强农村基层组织建设 着力整治"村霸"问题工作方案》《罗江县着力整治防范"村霸"工作方案》等文件,目前尚未发现有此情况;常态化开展"三分类三升级"活动,2017 年评定出 31 个软弱涣散党组织(其中村 11 个、社区 3 个、"两新"组织 8 个、机关 6 个、学校 2 个、医院 1 个),多管齐下抓整顿,各项措施扎实推进。

三 基层治理法治化

针对村(社区)各自为政、基层自治无法有效开展的问题,充分发挥党组织的政治优势和组织优势,形成以村党组织为核心,村民(代表)大会、村民委员会、村民议事会、村务监督委员会协调运转的"1+4"基层治理架构。将规范小微权力运行作为解决群众身边"四风"和腐败问题的突破口,坚持抓早抓小,运用"四清四明"工作法,让村级各项工作有据可依、有章可循,为村干部权力制定边界和运行规则,将村级小微权力关进了"笼子",也让权力公开运行于阳光下,切实维护群众切身利益。运用"罗江·先锋在线",区、镇、村、组(中心村、聚居点)分层分类建立掌上收集民需平台,平台连接全区 10 个镇、56 个县级部门 82 个微信公众号与村(社区)、村民小组 560 多个微信群。区领导、部门领导、镇领导、业务骨干按照分管领域、业务隶属、服务对口等原则分别关注各级微信公众号、加入微信专项服务群、工作群与党员群众、基层干部互动,共同回应解决群众诉求。

德阳经济技术开发区"一核三治"工作经验

德阳经济技术开发区

2017年以来,经济技术开发区党工委、管委会深刻把握德阳城市化进程中出现的新情况,城市经济社会结构发生的新变化,群众对美好生活向往提出的新要求,紧紧围绕服务建设"城市新区、打造城市未来版"这个大局,以增进群众福祉为目标,以解决突出问题为突破口,坚持"一核三治"治理理念,以党组织为核心,加强法治建设,以法治促德治,以德治促自治,主要经验做法如下。

一 坚持以党组织为核心,加强社区党建工作

党的十九大指出,社会主要矛盾已经转化为人民群众日益增长的美好生活需要和不平衡不充分的发展之间的矛盾。基层党组织是贯彻落实党的路线方针政策,团结带领广大人民群众为完成党的历史任务而奋斗的最基层,是党联系服务群众的最小触角。党建工作是党的组织建设的重要环节,是完成各项任务,促进街道全面建设的重要保证。只有加强新时代新时期基层党建工作,才能适应新形势的需要,更好地发挥作用。

(一)发挥党组织作用,增强群众获得感

经济技术开发区党工委坚持把学习宣传贯彻党的十九大精神作为当前和今后一个时期的首要政治任务来抓,真正做到学懂弄通做实,入脑入心入行。切实对照市(区)建设发展新目标、新要求、新使命,进一步把思想和行动统一到总体的安排部署上来。牢记初心、从严治党,以党的十九大精神为总揽,深入开展"我讲你听、入心践行"党的十九大精神宣讲活动,积极开展"不记初心、牢记使命"主题教育,充分发挥各级党组织的战斗堡垒作用,努力

构建以社区党组织为核心的社区治理与服务体系。一是扎实开展宣传政治思想建设,进一步拧紧思想"总开关",完成党建工作目标任务。二是抓好作风建设长效机制,建立健全街道内控机制,杜绝工作不作为和发生在群众身边的"四风"及"微腐败"问题。三是严格落实党风廉政建设责任制。加强"两个责任"的落实,执行好"一诺三清"制度,开展好"清风行动",建设过硬的领导班子和党员干部队伍。四是建立"三个机制",即齐抓共管领导机制、社区党建工作联系机制、街道全域党建联席会机制,激发驻辖区单位参与社区建设的积极性,大力整顿后进社区组织,抓好"头雁工程",解决"战斗乏力"的问题,推动街道社区党建工作深入开展。下一步将逐步建立纵横延伸、条块结合、全员覆盖的区域组织网络,形成"情况摸清摸透、服务贴近贴心、组织建立健全、工作有声有色"的组织工作新局面,使社区党建工作延伸到各个方面,解决组织"覆盖不全"的问题。五是全面推进学习型、服务型、创新型党组织建设。加强社区大党委建设,有序推进社区党群服务中心建设和物业党建联建工作,逐步进行社区阵地的调整与完善,夯实大拆迁大发展后的基层基础,全面提升党建工作水平,全面提升服务群众水平,形成服务全街道的强大合力。

(二) 坚持服务居民,增强群众幸福感

为更好地适应当前社区发展和满足党员群众需求,因地制宜、因民而需,经济技术开发区八角井街道率先打造了社区教育中心,集文化学堂、艺术学堂、市民课堂于一体,引入了专业的社会组织负责运行与管理。在文化方面开启了"雏鹰计划",在艺术方面启动了"幸福工程",在市民课堂里设立了"梦想驿站",社区教育中心的设立促进了"三个融合",即把日常管理教育与各类素质提升有效融合,把美好生活需求与品质生活提高有效融合,把技能技艺教育与就业创业建设有效融合;着力加强和提升了社区和谐建设,提升了居民群众的认同感、归属感和幸福感。同时,街道积极引领群众服务新载体,抓好"三个结合",为党员参与社区建设创造条件,使每个党员都能在整个社会生活中发挥作用。一是坚持社区党建活动同社区管理和重点工作推进相结合,带动和促进社区建设不断上水平。在各种急难险重任务中让党员身先士卒、带领群众去完成。在国家卫生城市、全国文明城市创建工作中,社区党组织带领群众开展城市绿化、美化、净化和亮化活动,共同营造一个洁净美化的良好环境;在强化文明市民教育和城区文化建设以及倡导文明新风工作中，组织人员进行各种宣传活动，做好思想政治工作向社区建设中的实际问题延伸，做到"五带头"，即带头宣传党的方针政策，带头维护社区稳定，带头搞好责任区管理，带头开展邻里互助，带头参与社区文明建设。二是坚持社区党建同社区日常工作相结合，通过党建促进日常工作的开展，让党员在社区的社会治理、民事调解等日常工作中发挥作用，带头行动，使其始终成为居民群众的旗帜和榜样。三是坚持社区党建同为民办实事相结合，坚持在发展中保障和改善民生，增强党对人民群众的感召力和凝聚力。街道大力实施民生工程，逐步完善社会保障体系。切实提高困难群体、优抚群体、孤老孤残孤儿群体生活保障水平，全面落实各项惠民政策。认真做好辖区低保、特困居民救助、医疗救助、残疾人"量体裁衣"、敬老爱老、人口计生等培训工作。建好民生和困难群众台账，切实做到应保尽保、应帮尽帮。积极落实就业政策，探索建立街道失地群众、返乡农民工和大学生创新创业街区（基地）；拓展就业岗位，实施就业帮扶，强化就业服务，提高就业率。建立一窗式服务站，建好便民利民惠民服务网点，着力做好各类社会事务服务工作，使居民群众深刻感受到发展带来的更多获得感、幸福感。

（三）强化社会治理，增强群众安全感

党的十九大报告中提出，"打造共建共治共享的社会治理格局"。加强社会治理制度建设，完善党委领导、政府负责、社会协同、公众参与、法治保障的社会治理体制，提高社会治理社会化、法治化、智能化、专业化水平。街道社区深知责任重大，既要大力推动群防群治，广泛发动群众参与，还要不断提高工作水平，解决群众反映强烈的社会治理问题，为居民群众服好务，着力增强辖区群众的安全感。一是深化社会治理，营造宜居宜业生活环境。积极创新社会治理，抓好和谐社区建设。深入探索"一核三治"，逐步构建以社区党组织为领导核心，以居民自治、协同共治、厉行法治为主要抓手，以民主监督为基本保障的"一核三治一监督"依法治理体系，构建社区公共文化服务和志愿服务体系，发现和选树"身边好人"榜样，拓展社会力量参与社区公共服务和社会治理的机制，引导居民群众、社会组织、理性有序投身社区建设，多元治理，建设好幸福美丽小区，以全心全意为人民服务的理念，倾情"三个打造"，即打造志愿街道社区，打造和谐社会和市民幸福家园，打造共融共建共治共享的社会治理新格局，让居民群众有更多的幸福感、获得感和安全感。二是筑牢"二次创业"安全稳定发展环境。长效推进辖区安全

生产与环境保护工作,抓好省级安全社区促进项目持续改进,严厉打击盗采砂石资源,对上级反馈、群众反映的问题明确责任清单,坚决整治到位,努力确保区域环境安全。做好重点时节、重点方面的安全监管与预防,加大隐患排查与整改力度,坚决杜绝安全生产重特大事故和环境保护污染责任事故,有效遏制较大以上责任事故,努力确保八角井街道环境保护和安全生产形势的总体稳定。加大综治维稳信访等工作力度,切实抓好重点领域、重点群体、重点人员的排查,全力化解信访隐患和矛盾纠纷。攻坚克难,逐个解决征地拆迁、安置房质量、据实结算等遗留问题,确保辖区内不发生重大群体性事件,不发生重大社会治安案件,构建和谐平安环境。三是按照一村一品牌,一居一特色的要求,各村(社区)全面达到六好六强(即领导班子好、引领能力强,骨干队伍好、示范带动强,网络体系好、功能发挥强,工作载体好、凝心聚力强,制度机制好、工作推进强,服务业绩好、基层保障强)基层服务型党组织的建设标准,形成了"繁荣金江""实力千佛""幸福旌南""和谐松花"等一批特色鲜明、带动力强的基层党建品牌。

二 以法治引领治理模式

经济技术开发区各街道、社区依法指导数以百计的小区业委会成立或换届,同时,着力法治经济技术开发区建设,全力推进"七五"普法、法律"七进"等工作,在小区治理中,加大法治力度。

(一)加强法治引领,指导业委会换届选举

一是业委会及协会间双向服务显成效。3年来,业委会协会依法指导上百个小区成立业委会、近200个小区顺利换届;指导业委会签订物业服务合同,最大限度避免物业矛盾纠纷;推动德阳物业管理基金存储方式改革,东汽馨苑的维修基金1600余万元划归业委会协会管理并存入定期,3年增加利息100多万元;化解物业矛盾纠纷200余件,小区物业矛盾纠纷比2014年下降84%;5条物业管理实践经验被《四川省业主大会和业主委员会指导规则》采用。二是物业公司及协会间双向服务能力提升。物业公司协会组织制定物业公司行为规范和服务标准,为物业公司提供咨询服务。提供必要的资金、场地和人才支持,搜集反馈面临难题,促进协会持续发展。三是物业公司与业主间双向服务促和谐。通过物业党建联建,广大业主自治意识得到增强。

各小区组建了以党员、业主代表为主体的治安巡逻队、环境卫生监管队等志愿服务队伍，促进了物业公司服务能力和水平提高。

（二）夯实基层法律服务基础，实现"一村（社区）一法律顾问"全覆盖

全面落实"一村（社区）一法律顾问"制度，在经济技术开发区3个街道36个村（社区）全部落实法律顾问人员，实现"一村（社区）一法律顾问"全覆盖，为经济技术开发区街道、村（社区）依法行政、依法执政、改革创新、重大决策部署提供坚强的法律服务保障。近年来，法律顾问为街道和社区群众提供各类法律咨询1400余条，参与疑难调解纠纷200余起，举办法治讲座100余场，出具书面法律意见书100余份，为街道依法行政提供了强大的法律服务保障，得到干部群众一致好评。

（三）创新建立基层法律服务中心，加快构建基层公共法律服务体系

认真落实司法部2014年印发的《关于推进公共法律服务体系建设的意见》，2017年印发的《关于推进公共法律服务平台建设的意见》，加快构建覆盖城乡居民的公共法律服务体系被列入保障和改善民生重大任务之一。建成集法律服务、法律援助、法治宣传、人民调解、公证、司法鉴定联系点等为一体的"一站式"社区法律服务中心6个（龙井社区、双榕社区、天山社区、春锦社区、乐安社区、柳沙社区）。并结合社区实际情况，制定统一的法律服务项目清单，实现"菜单式"供给、"订单式"服务，确保法律服务"适销对路"、精准服务，推进公共法律服务均等化、便民化、实效化，打造公共法律服务标准化品牌。

（四）强化法治文化阵地建设，积极营造良好的法治文化氛围

注重加强法治文化阵地建设，建成经济技术开发区东河法治文化广场、旌东街道龙井社区法治文化广场2个，建成旌东街道法庭阳光、八角井街道团结安置小区法治文化小区2个，并积极打造柳梢堰沿街法治、德治文化宣传阵地。结合办公场所、地域特色等因素，精心设计法治文化墙、法治走廊、法治标语等，打造具有浓厚法治韵味的社区法律服务中心，全面推进场所设施建设和中心文化建设。结合广大基层群众的法治需求，编印法律援助、公

证、人民调解、社区矫正、律师、基层法律服务等内容详细、形式新颖的宣传折页和宣传卡片，购入实用法律书籍，放置于法治书屋、方便群众阅读。在各社区构建法律援助工作站网点，通过"1+1+N"模式组建由司法所工作人员、律师、公证员、基层法律服务工作者等专业法律服务人员构成的便民法律服务团，定期收集汇总居民的法律服务需求。在金桂园、团结小区等居民小区公开便民法律服务团成员联系电话和12348法律服务热线、微信、手机App等网络交流平台，让群众不出家门、不出小区即能享受到方便快捷的法律服务。积极组织开展社区巡回法庭、法律讲堂、法治知识竞赛、法治文艺作品征集等系列活动，积极组织群众创作演出《妈妈我错了》《殃及池鱼》等法治文艺小品，增强法治文化软实力，得到群众广泛好评，群众遵纪守法意识得到全面提升。

（五）充分发挥司法行政职能作用，推动基层法治建设工作开展

一是创新建立社区矫正工作站。2015年3月，龙井社区法律服务中心建立了全市首个社区矫正工作站。工作站在司法所的指导和管理下，充分发挥"人熟地近、便于管理"的优势，与街道社会服务管理机构建设有机整合，实现资源共享、信息互通，形成了经济技术开发区、街道办、社区三级工作网络体系，截至目前，经济技术开发区辖区内已建成6个社区矫正工作站，较好地实现了社区矫正人员不脱管、不漏管、不失控、矫正好的工作目标。二是促进优质高效化解矛盾的工作格局。深入开展矛盾纠纷排查调解，推进人民调解工作取得实效。在统一整合资源的基础上，充分利用德阳市医疗纠纷调解、交通事故纠纷调解等组织平台，推进行业性专业性人民调解无缝对接，2016年与经济技术开发区妇联协作成立了经济技术开发区婚姻家庭纠纷人民调解委员会，2017年重点加强和完善了八角井街道两级基层人民调解组织建设，制定和规范了八角井街道人民调解个案补贴办法，确保了人民调解工作有效开展。2016年批准建立经济技术开发区首个人民调解工作室——刘章成个人调解工作室，充分发挥了基层优秀人民调解员的示范带动作用，促进人民调解队伍品牌化、专业化建设。积极搭建人民调解与公安行政调解有机衔接的工作平台，10月份，加强与经济技术开发区公安分局协调对接，联合下发了经济技术开发区治安调解与人民调解衔接联动实施办法，把人民调解驻所制引入公安派出所日常调解工作中，有效实现人民调解与治安调解的优势互补和良性互动。坚持关注民生、法理并重，不断转变思路和服务理念，积极采取指导

化解、座谈和解、诉调对接化解、主动提供法律援助等方式，参与调处重大疑难矛盾纠纷，充分发挥人民调解在矛盾纠纷多元化解机制中的基础性作用。2017年，经济技术开发区基层调解组织被德阳市评为四星级人民调解委员会3个，市级人民调解能手3名。近四年来，经济技术开发区各级人民调解组织共调处各类矛盾纠纷1190件，涉及群众5286人，调处成功率98.8%，涉及金额2300余万元，为维护经济技术开发区社会和谐稳定、推进经济社会发展作出了积极贡献。三是完善法律服务便民措施。为更好地服务民生、方便群众办事，分局一次性推出多项便民利民措施。在社区法律服务中心办公场所外显眼地点设置了指路牌；放置包含法律顾问信息、普法微信和德阳司法App二维码、德阳普法网址、"12348"法律服务热线等信息的桌牌；设立宣传资料桌架，摆放法律援助服务卡、《老年人权益保障法》《未成年人保护法》《消费者权益保护法》等与群众生产生活息息相关的法治宣传资料，同时配备笔、纸、座椅。并依托社区法律服务中心，为老弱病残或其他行动不便的群众提供上门服务，打通法律服务"最后一公里"，实现法律服务零距离。四是延伸法律服务触角。分局以社区法律服务中心为轴心，不断扩大法律服务辐射范围，深入推进法律服务进市场、进小区、进单元等更小基层单元细胞。2016年，分局制作首批法律服务便民箱投放到社区法律服务中心和各小区。便民箱向广大群众免费提供与广大群众生活息息相关的法律书籍、宣传手册等资料，并定期更换和补充，方便群众学习掌握和随时了解最新法律知识。同时还在箱体上公布了"德阳普法""法治经济技术开发区"普法微信和德阳司法App二维码、法律服务热线等信息，方便群众手机查询和电话咨询，随时随地获得法律服务。五是强化基层干部群众法治意识。充分利用社区法律服务中心平台，每年组织开展"巡回法庭"进社区、川师大暑期社会实践普法宣传、《民法总则》和《环境保护法》等专题法治讲座、法治文艺巡演和法治电影展播进小区、法律咨询进社区等活动百余场，通过普法活动开展，提升基层干部群众法治意识，增强基层村（社区）自我管理、自我教育、自我约束的能力。

三 以德治促自治，最终形成小区治理"一核三治"模式

经济技术开发区各街道积极应对群众自治组织能力不强、社会组织发育

程度不高等问题，运用"四双"工作法构建起"以党组织为核心，法治、德治、自治"有机衔接成城市治理共同体，形成城市"一核三治"小区治理新模式，推动小区党员、群众积极参与自治，提升自治能力和水平。

（一）"双培养"育强队伍，探索构建人才体系

一是协会和支部班子双向培养。协会和支部班子双向交叉任职。选举社区党委书记兼任业委会协会会长，2名社会精英担任副会长，其中1名副会长兼任协会党支部书记、另1名担任社区党委兼职委员，还把口碑好、能力强、办事积极的业委会主任、副主任选入业委会协会班子。选举社区党委书记兼任物业公司协会会长。并选举政治素质好、威望高的理事担任物业公司协会党支部书记。二是协会和协会支部党员双向培养。协会党支部坚持抓好两个协会、业委会、物管公司党员队伍的思想建设，定期举行"三会一课"，定期开展"服务小区"为主题的固定党日联建活动。注重党员培养发展，将业主委员会及协会、物业管理公司及协会的优秀人才纳入党组织，先后发展党员8名。三是协会和社区人才队伍双向培养。注重社工人才培养，鼓励支持社区工作人员参加社工考证，与四川院校合作，集中培训12次近400人次，并对考试通过人员给予奖励，努力推动社区、社会组织和社工"三社"联动。

（二）更加突出能力引领，推动社区治理力量融合

一是提升核心领导力，发挥街道基层治理的龙头作用。着力科学谋划，推动重心下移、力量下沉，增强基层村（社区）力量。街道党工委班子成员以及各办（所）分别联系辖区村（社区），每周固定在村（社区）工作，处置具体事务至少1天。街道干部8名、社区党建指导联络员16名下沉村（社区），指导具体工作。实行"墩苗"工程，选派街道优秀的干部、职工到村（社区）挂职锻炼，注重在基层村（社区）选拔优秀人才到街道委以重任。着力提高思想政治素质，改进工作作风。二是提升组织发动力，发挥社区基层治理的主导作用。强化党组织负责人能力提升，启动社区党建治理"头雁工程"，采用"走出去，请进来"方式训强社区党员干部队伍，全年不少于6次。积极参与全市街道社区职能职责改革试点，厘清社区职责边界，推动社区去行政化改革。着力社区保障建设，推动沱江社区、天山社区党群服务中心打造，提升沂河社区、东山社区党群服务中心建设，明确社区干部基本工作保障，努力拓宽社区干部出路，促进待遇提升。着力"微权力"治理，深入开展

"微腐败"惩治。三是提升率带执行力,起到支部战斗堡垒作用。依托街道党校开展全覆盖的党员教育工作,每名党员每年集中学习不少于10课时。强化督导"三会一课"、组织生活会等工作开展。坚持积极探索新时期支部特别是院落支部工作方法,特别是支部领导下功能党小组的设置和作用发挥,提升支部引领下的小区独特文化和共同价值创建能力。

(三)"双联动"健全机制,探索构建工作体系

街道社区引导两协会间、协会党支部间党建联建、决策联动、工作联手、考核联评的双向五联动工作机制。一是支部联建。在社区党委指导下,每季度召开1次党建联建活动,每半年联合开展1次专题组织生活会,定期和不定期举行联合议事会,强化党对协会的领导。二是决策联动。两个协会每月召开1次联席会议,通报管理情况,交流工作经验,协调解决物业矛盾纠纷,研究讨论涉及业主切身利益的重大事项。三是工作联手。由两协会牵头,联合各方,每季度进行一次电梯、消防设施、防盗设施安全大检查,列出问题清单,督促整改。3年来,共排查整改安全隐患30余起,组织培训近百期,产出原创文艺作品38件,举行文艺演出20余场。四是资源联用。两协会党支部党员使用同一阵地、同一党建指导员、共同参加业务培训、联用党建经费。五是考核联评。定期对业委会和物业管理公司的服务质量等20项内容进行评比考核,评选先进业委会和优秀物业公司。

(四)推动搭建居委会为主导,居民为主体,业委会、物业公司、驻区单位、群众团体、社会组织、群众活动团队等共同参与的新基层治理架构,增强基层治理水平

一是引进培育社会组织参与服务自治。推动实现每个社区不少于10个社会组织参与服务自治的目标,并同步建立党组织。破冰社区社会化事务购买服务,初步考虑在东山社区率先改革试点,逐步实现居民从"被动服务"到主动参与社区自治转变。二是加大社区队伍建设力度。切实鼓励社区工作人员参与社工资格证考取,聘请专业师资培训不少于8期48个学时,力争实现每个社区2名以上取得社工证。三是创新推动"三社"联动机制。探索以社区党组织为核心支持"三社"联动运行机制,构建支持社区社会组织发育的政策制度、操作办法、评价体系。四是大规模开展干部培训,高水准举办"干部夜校",每年均邀请法治、社区管理、劳动保障等方面的20余位领导、专家,按照党工委

出题精心授课，受训党员、干部年均2000余人次，有力提升了干部素质，拓展了思路视野，增强了为民服务、敢于担当意识。五是促升级狠抓"三化"建设。创新开展村社区建设标准化、管理规范化、服务精细化"三化"建设，奋力推动街道社区转型升级（城市郊区向城市主城区转型、农转非社区向城市社区转型、农民向市民转型、管理向服务转型），各村社区累计投入150余万元，不断完善社区功能、方便群众办事、提振社区形象，有力提升了广大人民群众的满意度和获得感。

夯实基础　创新发展　全面推进"一核三治"建设

广汉市依法治市领导小组办公室

2017年以来，广汉市围绕加快构建以基层党组织为领导核心、法治德治自治相结合的"一核三治"基层现代治理体系，以新思路、新机制、新手段谋划和推进基层党建工作，将以德治理和依法治理相融合，提升基层自治水平，全力推进全市法治建设进程。

一　主要经验做法

（一）多途径加强基层党组织建设

1."党建+为村"，打造智慧乡村平台

广汉市充分发挥基层党组织政治引领作用，借力腾讯"为村"大平台，通过线上线下的服务联动，为基层党的建设搭上"互联网+"的快车，在夯实执政基础、抢占基层党组织建设网络新阵地上实现了新突破。目前，全市已有46个村上线全国"为村"平台，注册村民2万余人，关注人数5万多人。德阳市"党建+为村"工作受到中组部和中央党建办公室的关注和肯定，中组部"共产党员"微信、省委办公厅《每日要情》《四川改革专报》等中央、省市媒体对广汉"党建+为村"工作进行了报道。

一是党务村务互动，组织在网上聚力。建立"党建之家""村务公开""支书日记"等功能模块，村民足不出户就可以详细了解村务情况，将党建服务、政务服务、便民服务、信息服务、法治宣传融为一体，联系了乡情、化解了误会、团结了群众力量，增强村党组织凝聚力和战斗力。二是民声民情传递，服务在网上延伸。结合机关干部"假日走基层"、党员干部"双报到"等线下帮扶形式，创新开展党员干部"网上走基层"活动，突破时空限制，及时回应群众所需所盼所想,建立了党员干部与群众之间点对点、指尖对指尖的沟通服务新模式。三是金融电商助力,实时在网上完成。在"为村"平台开通微店,建立供求平台,引入金融工具,通过线上线下的服务联动,搭建农村产业间、村企间的合作平台,助推发展休闲农业、观光农业、体验农业、电商经济等农村新业态。四是村情村貌展示,乡愁在网上延续。通过大量的爱故乡、爱村庄专题宣传,村里的历史习俗传承、乡贤文化教育、传统文化表演等,聚拢了村里的年轻人,凝聚了漂泊的游子心,留住了村庄的魂——乡愁。

2. "党建+数据",打造智慧党务平台

通过开发涵盖"一图、一库、一平台、N应用"的广汉数据党建平台,对党员干部和基层党组织信息进行数据采集、存储、处理、分析、管理、应用,实现精确动态管理。

一是党员信息底清数明,党建工作有了"记录仪"。通过建设组织管理数据库和党员信息数据库,将全市866个党组织、28900余名党员信息纳入平台管理,同时根据党员基本信息、组织架构、组织关系转接等信息变动情况的实时记录,实现了党建工作数据的动态更新和智能统计分析,做到了基层党建的底清数明,有效解决了各级党组织和各类人员信息不完整、不完善的问题。

二是组织活动全程记实,党务管理有了"遥控器"。通过设计"数据录入管理、网上组织关系转接、发展党员工作纪实、流动党员动态管理和数据综合分析"等功能板块,对党员发展、"三会一课"、组织生活会、党费在线缴纳、组织关系在线转接等工作在线记实管理,有效解决了党建工作标准落实不到位、记录不清晰的问题。

三是分析评价数据精准,党建考核有了"计算器"。通过对基层党组织的各项工作进行实时记录,量化统计完成率,软件后台根据各项任务的数据权重,自动汇总生成反映党员在支部内排名的先锋指数,并形成直观的党建活动热力图,作为评价党员和基层党组织的重要依据,实现了党建工作考核的数据化,有效解决了党建工作考核不科学、不准确的问题。

3. "党建+全媒体",打造智慧党教平台

根据新形势下党员队伍的特点和需求,主动把握信息网络技术与党员教育的结合点,积极发掘新资源、运用新媒体、抢占新阵地,不断推进党员教育手段机制创新,探索建立了全员、全程、全面覆盖的全媒体党员教育平台,有效增强了党员教育工作的吸引力、感染力,取得了良好成效。

（1）突破时空限制，构建"三网合一"的全媒体教育平台。统筹全市传媒资源，努力构建电视、手机、互联网"三网合一"的党员教育学习网络，有针对性地开发涵盖视、听、形象、触觉等党员接受教育的全部感官的教育栏目，使教育资源与传播渠道有机融合，实现时时处处都能接受党的教育。一是资源随时阅。创办《党建新干线》栏目，依托手机短信、微·新广汉微信公众号、广汉手机报建立三大手机教育平台，对中央和省市委重大部署、重要工作第一时间通过手机平台传达到基层党员手中；对社会热点难点问题和突发事件迅速作出反应，通过手机平台对党员干部进行正确引导，确保广大党员能够随时随地学，破解党员分散难集中、教育滞后不及时等问题。二是党课随身听。策划《微党课》《行风热线》等音频栏目，录制"听我读党章"等微党课，利用调频广播、微信公众号、"村村响"设备进行播放，有效拓展党员学习教育渠道，特别是弥补了部分老年党员、农村党员对手机、互联网等现代信息传播技术不熟悉、受教育渠道受限制的问题。三是党建随时评。建立广汉数据党建平台，在广汉市公众信息网开通《三述五评》专栏，将"万人评民生、千企评服务、百村评三农、实地评亮点"搬上网络，方便党员群众了解党建工作动态，对党建工作成效进行监督评价。

（2）突出问题导向，开发直观生动的个性化学习教育资源。创新党员学习教育思路，以开发形象化、生动性的教育资源为突破口，着力破解传统教育培训方式单一、效果不理想等问题，实现精准施教。一是制作党建动漫短片，增强教育的生动性。制作具有广汉特色的"三会一课""发展党员"等系列动漫教学片，通过电视台、微信平台、村（社区）活动场所电子屏幕等组织各级党员开展学习，有效解决基层党员对党内制度看不懂、不愿学和记不住的问题。二是摄制教学视频，增强教育的直观性。充分整合各部门和社会各界力量，结合党员教育需求，围绕特色党建、技能培训等内容积极开发适合基层党员群众的实体课件，录制《历史的抉择》等电教片和《传承》等微电影，开展教学实录评比，用更直观的方式来感染和教育广大党员。三是整合教育资源，增强教育的实用性。与农商行党委合作开展"党建+金融"活动，选派银行党员干部到村（社区）挂职金融副书记或主任助理，共同开展"两学一做""三会一课"活动，实现组织共建、教育资源共享、党员共管共育。创新引入腾讯"为村"模式，运用"互联网+"思维搭建面向全村的网络教育平台，广汉市三水镇友谊村、高坪镇龙潭村、松林镇滴水村三个村直接上线全国"为村"平台，为村民学习交流搭建网络平台。根据党员需求和村（社区）产业发展实际，着力打造水产养殖、粮食生产、技能培训等一批实践教学基地，促进了教学成果的转化。

（二）多活动强化以德治理理念

1. 挖掘传统文化精髓，传承和弘扬"德孝文化"

广汉是古蜀三星堆发祥地，具有深厚的"德孝"历史传承。近年来，德阳市充分挖掘和利用延续300多年的"华夏一绝"广汉"保保节"民俗活动，创新地将广汉保保节独特的民俗文化同时代精神结合起来，进行深度的开发和深层次的利用，活动从最初的单纯民俗活动，向共同关心下一代健康成长的方向发展，渐渐形成了"沟通思想、联络感情、关心儿童成长"的有益民风民俗，在此过程中也倡导了孝老爱亲、崇德向善的良好风气，生动地践行了社会主义核心价值观。2017年的三星堆大祭祀首次与广汉"保保节"结合，在正月十六（2月12日）"保保节"当天为"宝宝"们举办特定的祭祀祈福和拜保保仪式。"保保节"是广汉本土的传统节日，带有强烈的地方特色和对子女健康成长的美好祝愿，是对未来的希望与祝福。游客在春节期间参与三星堆大祭祀和"拜保保"活动，不仅能够体悟"感恩报德""敬古重老"的传统精神，感受华夏民族"生而有源"的文化归属感和认同感，还能寄托对子女成长和未来生活的祝愿。

2. 加强社教栏目宣传力度，重视公益广告宣传

2017年以来，广播电视台、电视新闻加大了对爱心、助人、美德、奉献等内容的报道力度，并开设《百姓故事》《记者走基层》等栏目，先后播出相关新闻90余条，以浅显易懂的方式讲述百姓身边的故事，以"润物细无声"的手法将社会主义核心价值观融入百姓生活，让人们在教育中感知，自觉践行社会主义核心价值观。

广播电视台自办专题节目《话说广汉》制作播出相关社教栏目近10期，分别从孝敬父母、厉行节约、崇尚劳动、无私奉献等方面入手，深入报道百姓身边的好人好事、讲述他们爱国、敬业、诚信、友善的凡人善举，如专题片《弘扬孝道 传承家风》讲述的就是百岁老人刘通堂以良好的品德树立家风家教家规，形成家族凝聚力的百姓故事。这些专题节目以生动的实例传播了社会主义核心价值观，激发社会正能量，收到了良好的社会反响。

同时，广汉人民广播电台还策划推出了《朗读沙龙》，以生动、活泼的方式传播中国优秀国学经典，弘扬我国优秀的文化传统，以朗读的形式向听众宣传社会主义核心价值观。

德阳市电视台在电视三个频道、一个广播电台频率全方位、大密度、循环式播放公益广告1000余次，宣传标语、口号40余条，播放"圆中国梦""爱党爱国""传统美德""道德模范""生态文明"等系列公益广告，旗帜鲜明地传播社会主义核心价值观。

3. 积极举办主题文化活动，培育践行核心价值观

一是大力宣传二十四字社会主义核心价值观和"三讲三爱两进步"内容。充分运用LED电子屏、广播电视、应急视听、部门网站、微信、微博等各类媒体强化宣传教育，刊播"我们的价值观"通稿累计达11000余条；在城区主要广场、公园、车站等人群集散地，利用公交站台、建筑围挡、户外立柱制作投放"讲文明·树新风""三讲三爱两进步"主题绵竹年画等公益广告213处，完成了108国道、北京大道、旌江干线、成绵高速沿线村社、学校共计73个点位，652组（幅），2.2万平方米核心价值观和"三讲三爱两进步"主题绵竹年画绘制。二是组织开展经典诵读和爱国主义教育活动。全市累计开展各类经典诵读活动394场次，利用长征80周年，建党95周年、96周年，新中国成立67周年、68周年，喜迎十九大等节点开展读书教育、诗歌比赛等活动19场次，通过"三下乡"、村级（社区）文艺调演等一系列活动对全市广大党员干部、群众进行了传统文化熏陶和爱国主义教育。三是充分发挥标兵、好人、道德模范示范引领作用。开展了"身边雷锋时代榜样——争创岗位学雷锋先进集体、争当岗位学雷锋敬业标兵"、"我推荐、我评议身边好人"、德阳市道德模范和省道德模范推荐评选活动。截至目前，累计向上报送"四川好人"、道德模范、先进典型候选人等共计38人次，其中4人入选四川好人；在市级新闻媒体上宣传重大典型6次，全市各乡镇、德阳市级以上文明单位、各学校均设立好人榜，开展道德模范巡讲4次，道德讲堂、道德评议、演讲征文等活动23次。四是大力开展"我们的节日"活动。根据不同的节日特点，彰显节日主题，丰富节日活动内容。在春节、元宵节期间，突出辞旧迎新、团圆平安、尊老爱幼主题，策划举办迎春晚会、元宵灯会等群众喜闻乐见的传统集体活动，大力营造了安定和谐、欢乐祥和的喜庆气氛。在清明节期间，突出纪念先人、缅怀先烈主题，开展扫墓、参观革命纪念馆、"网上祭英烈"等活动，引导人们正确认识和理解中华民族优良传统和革命传统，珍惜幸福生活。在端午节期间，突出人与自然和谐共处和中华传统诗词文化主题，举办诵读经典、包粽子趣味运动会等活动，增强了人民的爱国情感，提高了人们的科学意识。在中秋、国庆节期间，突出爱国、爱家主题，开展"乐中秋·民俗传承""向国旗敬礼"等主题活动，使"我们的节日"过成了文化节、传承节、爱国节。

4. 注重家庭家教家风，夯实社会和谐基石

一是寻找"最美家庭"，发挥榜样示范带动作用。将家庭作为培育和践行社会主义核心价值观的落脚点，围绕家庭工作，扎实深入开展寻找"最美家庭""五好文明家庭""平安家庭"等创建活动。近年来，全市共创评"五好文明家庭"35户、"平安家庭"156户。同时，利用主流媒体、新媒体平台和各种宣传阵地，线上线下组织对"最美家庭"和"文明家庭"故事分享、家风家训展示，推动形成以德治家、以学兴家、文明立家、忠厚传家的新时期家风文化，让好家风成为更多普通家庭的生活常态，以榜样的力量弘扬家庭美德，传递文明新风。

二是征集家风家训，促进良好社会风气培养。联合市委宣传部、市纪委等开展"好家训·好家规"征集评选活动，引导广大家庭特别是党员领导干部家庭带头立家规、树家风，做家风建设的表率，征集家风家训60余条。制作家风家训牌，在"四好"新村村民墙上展示，让好家训晒出来，好家风亮出来。组织各乡镇妇联在群众中开展家风家训分享活动30余次，用通俗易懂的语言同大家分享身边的好家风故事，引起了现场居民的情感共鸣，推动良好社会风气的培养。

三是探索三方共育，推进家庭教育良性发展。联合市教育局，探索三园同建、三教同步、家校同心的"家校同心圆"模式。通过家庭教育与学校教育的有效互通，达到家庭教育的良性发展。目前，广汉中学实验学校被评为全国优秀家长学校，家庭教育工作经验在全国推广。在全市各乡镇开展家教进万家活动。依托农村留守儿童活动室、妇女之家等阵地，对家庭教育专兼职工作者进行培训，开办家庭教育公益课堂、开展家庭教育咨询活动，提高工作人员和家长科学教育孩子的能力和水平。在各乡镇活动阵地建设图书漂流架，免费赠阅报纸书刊，实现留守儿童、留守妇女阅读全国优秀报刊的愿望。

四是做好资源整合，打造基层家庭服务阵地。按照建设标准"六统一"，管理模式"三结合"，定期使用、免费开放的模式，广汉市立足家庭，面向妇女，强力打造"妇女之家"和"儿童之家"，活动精彩纷呈、群众踊跃参与，巩固了基层妇联的坚强阵地、建立了妇女和儿童的温馨家园。①着力建设"妇女之家"和"儿童之家"。全市建立124个妇女儿童之家。2015年起，广汉市政府采取以奖代补的方式实施"儿童之家"项目，对每所建成并验收合格的"社区儿童之家"给予资金扶持。广汉市妇女儿童工委办及市妇联以"三位一体"（阅读交流＋家长学校＋文体乐园）的功能标准建家，以"三结合"（村、社区妇联主席＋社工＋巾帼志愿者）的队伍模式管家，为辖区儿童提供教育、卫生、游戏、娱乐等服务。市妇联提供公益项目及公益经费运作，解决了基层妇联在人财物上的迫切需求，为辖区妇女儿童建设和完善了一个个温暖之家。②形成"一家一品"特色亮点。通过召开推进会、组织观摩会等形式，指导"妇女儿童之家"完善服务、打造品牌：金华社区"儿童之家"以托管服务为重点，打造"放学四点半课堂"；爱弥儿儿童之家以亲子教育为重点，开展假期早教互动课堂；桂花街道妇女儿童之家创新"1＋3＋N"建设管理模式，以1个"妇女之家"为阵地，建立3支巾帼志愿队，服务辖区N个妇女群众。

五是整合服务资源，打造广汉特色家庭工作亮点。在家庭文明建设工作开展中，广汉市探索出"N＋1＋N"工作模式（N：根据家庭现实需要确定N种需求。1：主动对接和整合社会资源、社会组织及相关企业，搭建1个广泛的联络服务平台。N：围绕服务广大家庭需求设计N个项目，建立长效关爱机制）。根据工作模式，广汉市妇联以探索政府购买服务和社会组织公益性相结合的方式组织实施项目。通过组织和自发多种形式邀请家庭参与活动，在全市形成关爱妇女儿童的良好氛围，助力儿童健康快乐成长，为德阳市家庭教育搭建了一个良好的服务平台。

（三）多方位提升基层自治水平

近年来，广汉市积极推进以民主选举、民主决策、民主管理和民主监督为主要内容的村（居）民自治工作，进一步加强村（居）务公开工作取得成效，村（居）民自治章程和村规民约（居民公约）实现了全覆盖，村（居）民自我管理、自我监督、自我服务的意识不断强化，建设社会主义新农村的主动性、积极性不断提升，各项事业得到长足发展。

1. 切实加强民主管理

通过党员、村民参与，民主选举出了村党支部、村委会和村监委会，分别行使对村级工作的决策、执行和监督权力，同时，每季度定期进行党务和村务公开特别是财务公开，满足群众的知情权和参与权。村级重大事务如土地流转、新农村建设、村规民约的制定和完善，都在事前充分征求群众意见，邀请群众和群众代表参与，做到了阳光操作、规范透明。

积极开展依法治村（社区），创建"民主法治示范村（社区）"活动，全市有1个村被评为全国"民主法治示范村"，有1个社区被评为省级"依法治村（社区）示范村（社区）"，45个村（社区）被评为德阳市"民主法治示范村（社区）"，66个村（社区）被评为德阳市"民主法治示范村（社区）"。

2. 切实加快制度建设

从2014年9月开始，全市所有行政村均修改和完善了村民自治章程和村规民约。村民自治章程和村规民约制定后，乡镇、村两级通过向村民宣传、在显著位置进行公示等方式，让村民广泛知晓村民自治章程和村规民约内容，并自觉遵守。

3. 充分保障村民权利

全市各村按照《村民委员会组织法》的规定，对于涉及本村享受误工补贴的人员及补贴标准，从村集体经济所得收益的使用，本村公益事业的兴办和筹资筹劳方案及建设承包方案，土地承包经营方案，村集体经济项目的立项、承包方案，宅基地的使用方案，征地补偿费的使用、分配方案，以借贷、租赁或者其他方式处分村集体财产等事项，均通过召开村民代表会议进行研究讨论，代表村民行使职权。对"一事一议"筹资筹劳、土地流转、村集体资产的处置、村民宅基地修建等事项，进行研究讨论，对村民外出打工较多的，也通过组织村民代表会议进行研究讨论，并将结果进行公开公示，接受群众监督。

4. 各类体制有效衔接

村级党组织（村支部）作为党在村级组织的领导核心，通过支委会和党员大会的形式，在尊重绝大多数群众意愿的基础上，对本村各项事业进行科学决策，由村委会进行具体执行，并针对执行中发现的问题，进行调整和完善，最终实现和发展村民的根本利益。以和兴镇华严村为例，在开展土地流转过程中，村支部首先组织党员向群众宣传土地流转的政策、好处，统一了群众的思想，并由本村党员带头开展土地流转，在5个流转全村土地的大户中，有4名是党员。在征得群众的支持后，村委会召开村民会议，决定进行土地整村流转。土地流转后，针对流转土地后大户粮食没有储存场所和烘干场所的问题，村支部又通过广泛调研和征求意见，通过村委会以村集体建设用地建设储粮场（面积近5亩），解决了土地流转的后续问题，巩固了改革成果。

乡镇人民政府对村委会工作起指导作用。在衔接过程中，乡镇政府做到指导到位又不越位。针对极少数村委会的村财务管理不规范、支出项目不合理问题，通过召集村支部召开会议，提出了村财镇管的方案，由各村组织支委会进行讨论征求意见，在得到同意后，由村委会召开村民会议投票通过，最终实现了村委会开支由村支部同意后，由乡镇政府进行审核开支的"村财镇管"模式。

5. 切实加强群众监督

德阳市高度重视村务公开工作，向各乡镇下发了《关于进一步加强村务公开工作的通知》，严格落实村务季度公开制度，将按照季度公开村财务以制度形式予以固定，同时，乡镇纪委、村监委会还对村务公开情况进行监督检查，及时纠正和调整村务公开不规范的情况。针对财务公开这一村务公开中的核心问题，2015年开通村"三资"管理平台，每季度将各行政村财务录入管理系统，供群众网络查询和监督。同时，2017年2月村"两委"换届后，及时推选出了村民监督委员会，由责任心强、威信高、群众基础好的离任3年以上的村干部和群众代表担任成员。监委会成员列席村两委重要会议，对涉及村民重大利益的问题实行全程监督，对于发现的违规问题，直接提出要求进行纠正，必要时向乡镇纪委进行报告。通过监委会充分履职，群众关心的集体资产处置、财务开支、收益分配的问题，村委会均通过召开会议进行研究决定并将执行情况进行公示，实现了公开公平公正，得到了群众的认可。

（四）多合作加强网格化服务管理

1. 多方筹备，奠定扎实工作基础

一是建章立制。德阳市研究制定了一套《平安广汉网格服务管理信息化综合系统建设工作制度》，其中包括市、（乡）镇两级网格服务管理指挥中心及信息员工作职责、工作流程，社区网格服务管理站及网格员工作职责，手持终端机管理办法，网格员考核办法，信息保密制度和工作例会制度等。以完善的规章制度，为开展网格服务管理工作提供强有力的支撑。二是组建队伍。通过群众推荐、社区考察、岗前培训等方式，成立了一支由网格服务员、信息管理员共412人组成的高素质网格管理队伍，畅通了社情民意渠道，强化了社会治理基层基础工作。三是落实经费。截至目前，德阳市网格化管理工作累计投入经费共计300余万元，主要用于办公设备及用品的购置、工作人员的经费、网络运营商服务费和日常工作运转。

2. 完善系统，实现社区服务管理精细化

一是合理划分社区网格。按照"街巷定界、规模适度、无缝覆盖、动态调整"的原则和"划小社区、划多阵地、划短距离、划清底数、划全功能、划活资源、划实考核"的要求，以400~600户为网格单元，结合人口状况、地理位置、楼院布局、便于服务等因素划分网格，每个网格配置1名网格员。二是科学搭建网格组织体系。按照"党政领导、部门参与、条块结合、以块为主、资源共享、综合治理"的原则，建立了"网格服务员—社区网格站—乡镇网格服务管理中心—市级网格服务管理指挥中心"四级网格服务管理平台，分级负责网格服务管理信息化综合系统运行工作；网格信息采集点充分依托网格员和手持终端机，便于群众办事和加强基础信息采集。三是完善信息收集处理流程。对社区内的人口、房屋、单位、组织、场所等建设进行普查登记，把人、地、事、物、情、组织等要素全部纳入管理网格，做到底数清、情况明。按照"定期收集—分类整理—及时处理—办结归档"的流程，实现对群众请求、各类矛盾纠纷和治安隐患、重点人群和计生、民政、城管、劳动保障等其他事项的动态管控。依托网格服务管理系统，初步建立起德阳市包含人口信息、房屋信息、特殊人员等基础数据库，录入量达27万条以上；高效流转办理了涉及民生服务等一大批事项，累计6万件次以上。

3. 拓展功能，深化网格化平台作用

2015年8月，按照全省统一部署，德阳市要求网格员协助开展流动人口信息申报登记、参与服务管理特殊人群和群防群治，简称网格化服务管理"三项重点"工作。将涉及的公安、司法、卫计等部门的56个基层院所（19个公安派出所、18个司法所、19个卫生院）纳入网格服务管理信息系统，及时接收、处理网格员发现上报的各类治安隐患和问题。2017年，在持续做好网格化"三项重点"工作的同时，陆续将反邪教、禁毒、消防、铁路护路等工作纳入网格化体系，最大限度发挥网格员贴近基层、贴近群众的优势，配合有关部门做好社会治理相关工作。2017年，德阳市正在依托网格化服务管理平台，融合"雪亮工程"等现有资源，整合形成综治中心，目前先行试点的雒城镇、新丰镇正在加紧建设中。

（五）多渠道推进法治宣传教育

1. 深入开展"法律七进"活动

组织各牵头部门，深入开展"法律七进"活动，成功创建市人民法院、广汉市七一学校等7个德阳市级"法律七进"示范点；抓好领导干部学法用法，配合市委组织部开展领导干部任前考试2次，提高领导干部依法执政、依法行政的能力；扎实开展"法治基层行"活动，组织"七五"普法宣讲团、司法局机关和各乡镇司法所及全市律师，深入23个村（社区）、55所学校、1座寺庙、18个场镇等开展法治宣传380余场次，普法受众达6万余人，发放宣传资料3万余份，广大干部群众法律意识得到增强，遵纪守法、依法办事的自觉性得到提高。

2. 大力创新法治宣传形式

以"广汉手机报"为载体推送《与法同行》和《律师说法》各40期；开办《法治之声》（FM97.4）专题电台普法节目，由司法行政人员及律师走进直播间，现场宣传法律知识、剖析真实案例、提供法律咨询，共播出5期，极大地提高了法治宣传教育工作的质量和效率；与中国移动广汉分公司合作，利用云MAS业务，开展以"法治广汉"为主题的手机短信普法活动，共发送6期60万条；开发"法治广汉"微信公众号，进行综合法治宣传；组织"广汉青年普法志愿者"到乡村、社区、寺庙、广场开展法治宣传。

3. 扎实动员社会力量普法

按照"谁执法谁普法""谁服务谁普法"的普法责任制要求，组织市级部门及社会单位在市区内主要街区和重要路段、高速路口、城市中心广场、火车站、汽车站、旅游景点、公交站台等人群相对集中区域，各行政事业单位服务大厅、办公场所，医院、学校、药店、保险、银行、宾馆、旅行社、建筑工地等社会场所，通过电子显示屏、横幅标语等形式投放宣传标语；组织各乡镇在重要街道、场镇、村公所、广场等人群相对聚焦区域投放标语，设点宣传，全方位营造浓厚的法治宣传氛围。

4. 积极开展法治文化建设

坚持统筹规划、分类实施、突出重点、整体推进的原则，加强法治文化建设。先后对市区金雁广场、东泰音乐广场和房湖公园、金雁湖公园4个场所的法治文化设施进行了维护，对东泰音乐广场法治宣传栏内容进行了更新，突出宣传《民法总则》；指导小汉镇抓好"小汉广场"法治文化阵地建设，拟将其建成一个集"法治文化、廉政文化、德孝文化"等为一体的综合性广场，并将其打造为乡镇法治文化广场的代表，现已完成规划设计；指导北外乡炳灵社区沱水小区完成了法治文化阵地建设；在雒城镇三北社区建成了"一核三治"阵地设施；组织市法院、检察院、公安局、城管局等部门开展法治微电影创作；协调市委宣传部、市文广局开展法治文艺巡演5场次。

二 取得成效

（一）基层党组织凝聚力增强

1. 创新了基层治理方式

通过近半年的探索实践，"党建＋为村"逐渐成为村民的精神家园、干部的理政工具、党建的有效抓手、发展的开放平台，为基层党建和基层治理打开了一片新天地。一是改变了一村人。村庄的乡亲们越来越团结，各村村民对自己村庄的认同感、荣誉感更强了，基层党组织和村民之间的凝聚力更强了，乡村干部与村民的关系更近了。二是打出了"一个名"。借助"为村"让广汉的乡村宣传出名了，"北上广"的白领通过关注"为村"，了解到广汉村庄的发展状况、村民动态和特色村货。三是凝聚了一股力。"为村"升华了乡情，化解了误会，团结了群众力量，贴近了村民的心。四是培育了一群人。通过"为村"开展党员干部网上走基层活动，为广大农民提供政策咨询、销售渠道和技术测试等帮助，培养了一批适应新常态、运用新思维的党员干部群众，培育了一批智慧乡村带头人，助推发展了休闲农业、观光农业、体验农业、电商经济等农村新业态。五是重塑了一个魂。通过爱故乡、爱村庄专题宣传，村里的历史习俗传承、乡贤文化教育和传统文化表演，聚拢了村里人，网聚了游子心，抚慰了思乡情。

2. 强化了党员教育管理

一是突破了党员教育时空限制，让党员时时处处都能接受党的教育。二是破解了党员教育监管难题，实现了对党员教育的全程监管。三是借助多样化教育渠道提供超细分的教育方式，有效提升了教育效果。

（二）网格化管理更加完善

1. 信息渠道更加顺畅

社区网格化管理形成了上下贯通的组织系统，借助网格员、驻片民警、红袖标等整合力量，通过入户走访等方式收集民情民意，拓宽了社区居民表达利益需求的渠道和途径，也为社区在第一时间发现和解决问题提供了支持，提升了对突发事件的应急处置能力。

2. 服务力量更加强大

社区网格化有效整合了人力资源，社区干部、居民、志愿者等的加入，壮大了社区服务力量，网格服务员置身小区居民之中，地熟、人熟、情况熟，对居民所想、所盼、所求了如指掌，既是广大居民的贴心人，又是社区管理服务的担当者，更是党和政府密切同广大居民联系的桥梁和纽带，为居民群众提供了足不出户就能享受到的便捷服务。

3. 工作作风更加优化

实行网格化管理以后，每位社区干部都有了自己的一份"责任田"，促使他们经常深入群众，了解和听取居民的意见建议，使社区工作重心下移，信息来源更多，情况掌握更全面，更重要的是消除了机关化工作现象，把工作的触角延伸到了网格，及时了解居民的需求，及时解决一些矛盾和问题，从而有效地避免了管理服务的"盲区"和"真空"。

4. 治安难题有效破解

三项重点在很大程度上解决了社会治安面临的"三大问题"。一是解决了流动人口管理存在死角的问题。流动人口历来是社会治安管理的一大重点和难点，由于各级公安警力有限，没有足够的人员和精力开展督促申报工作，因此，管理上始终有盲区和死角。通过网格员协助参与这项工作，能够将管理触角延伸到社区的每一个小区、每一个角落，及时发现掌握流动人口，督促申报登记。二是解决了特殊人群动态掌握不及时的问题。在以往的特殊人群服务管理工作当中，通过采取集中开会、电话询问等方式进行了解掌握相关信息，存在时间跨度大，日常动态掌握不及时等问题。现在网格员每天对本网格内的特殊人群情况进行了解，确保了信息的及时、准确、有效，为特殊人群服务管理工作提供了强有力的支撑。三是解决了治安安全隐患发现不及时的问题。网格员覆盖城乡各个村社，熟悉了解网格内的情况，通过门卫、保安、群众和自己的巡查走访，能够及时发现各类隐患信息，及时上报公安、安监、消防等部门进行处置，可以有效减少治安安全事故的发生。

三　特色亮点

（一）党组织建设方面

"党建＋为村"工作受到中组部和中央党建办的关注和肯定。中组部"共产党员"微信、省委办公厅《每日要情》《四川改革专报》等中央、省市媒体对广汉"党建＋为村"工作进行了报道。

"三会一课""发展党员"已在全德阳市推广，并受到中组的部调研组的充分肯定，党员教育电视片《历史的抉择》荣获四川省党员教育电视片观摩交流活动一等奖，并选送中组部参加全国党员教育电视片观摩交流活动。

党建品牌取得初步成效。5月5日，德阳市产业园区党建现场会在广汉召开，金华、马牧等社区党建模式得到省委组织部充分肯定。

（二）网格化服务管理方面

德阳市的网格化服务管理工作是按照"试点先行、逐步推开"的方式进行的。雒城镇因其独特优势自被德阳市确定为试点乡镇以来，积极探索，大胆创新，做出了很多有益尝试。

2017年，雒城镇将网格化工作与基层治理其他工作融合，将网格员整编为基层治理员，又成为全市网格化服务管理工作的一大亮点。新整编的基层治理队伍，主要由以前的网格服务管理队伍、居民小组长队伍、治安巡逻队伍三支队伍解除身份、公开遴选、择优录用产生。这既是人员的大选拔，也是经费更加有效使用的大集中，同时也是服务功能的大整合。改革前，全镇18个社区有700余名居民小组长，130名网格服务员，24名网格服务管理员，40名专职治安巡逻队员；改革后，全市主城区依法、科学、规范地划分为270个居民小组（即270个网格治理单元），建立了"1＋18＋52＋270"的"四纵"管理模式，也就是一个中心、18个分中心、52个片区网格、270名基层治理员。人员由原来的890人整编为330人，经费总量适当增加，人员待遇更是大幅度提升，采用专兼职相结合的模式，从人员个人素质、工作能力、业务水平以及团队运行效能上，都有了一个巨大的提升。

党建引领　协调推进绵竹市基层社会治理现代化

绵竹市依法治市领导小组办公室

绵竹紧紧围绕"工业强市、文旅名城、美丽家园"的工作定位，专门成立以市委副书记为组长的基层党建和社会治理五年攻坚领导小组，加快推进基层社会治理，努力实现"队伍强、阵地好、人心和、社会安"的总体目标。

一　以党建为核心，深入实施"六强六促"，全力打造全域先锋

绵竹市认真贯彻落实中央、省委和德阳市委"两学一做"学习教育常态化制度化部署要求，持续深化实施"头雁工程"，深入开展"全域先锋"行动，以"六强六促"着力建强基层战斗堡垒，引导党员发挥先锋模范作用。

（一）坚持分类指导，以"六强六促"引领全域先锋

绵竹市根据不同层级、领域、行业党员群体特点，深化拓展"学"和"做"的具体实践载体，在六大领域开展"六强六促"先锋行动，确保真学实做。一是分类指导定目标。突出行业领域特点，按机关事业单位、镇乡、社区、农村、国企和"两新"组织六大领域，分别开展"强担当促效率、强责任促发展、强服务促和谐、强'四好'促富民、强改革促效益、强规范促创新"的"六强六促"先锋行动，分类制定学习、责任、承诺事项和问题整改"四张清单"，绘制"施工图、责任图、进度图"三张图实行"挂图作战"。二是分类施策抓落实。围绕"六强六促"目标，下发"1+6"工作方案，分类制定常态化制度化"学"和"做"的对策要求42条，梳理存在问题54个，分领域形成6张任务清单、86条具体措施，明确"六强六促"的具体内容和要求，把学习教育落实到支部和党员，形成学做结合的良好氛围和学

习教育常态。三是分类行动当先锋。各领域党组织通过开展思想大讨论、学习大深化、问题大整改、岗位大比拼、效率大优化、结对大帮扶等引领党员当干事先锋、发展先锋、服务先锋、致富先锋、改革先锋和奉献先锋，在全市树立"全域先锋"形象。目前已累计评选党员先锋岗1378个，党员奔康示范户385户、党员示范产业47个、党员示范院落65处。

（二）坚持精准施策，以"四大载体"推动全面过硬

绵竹市以基层党组织规范化建设、"头雁"领航、党员"先锋指数"评定和党员"亮身份""四大载体"为抓手，确保"六强六促"先锋行动取得实效。一是建设标准化组织阵地。在六大领域党组织开展规范化建设，统一印发《基层党组织规范化建设工作指导手册》《党支部工作手册》《党员活动手册》3万余本，探索建立组织生活"双向纪实"制度，严格落实"三会一课""主题党日"和党员"政治生日"，实现支部工作程序规范、活动留痕、资料归档。二是打造专业化骨干队伍。聚焦"关键少数"，在基层党组织实施"头雁"领航工程：围绕"把组织委员培养成抓基层党建工作的'头雁'"，建立"月学月考月汇报"制度，每月召开工作会并进行应知应会测试；围绕"把村（社区）党组织书记培养成'三强头雁'"，通过集中培训、分批轮训、外出学习等不断强化能力素质；围绕"把后备干部孵化成'头雁'"，建立健全管理、使用和考核机制，在全市每个村（社区）动态培养2～3名后备干部，提供锻炼岗位653个、开展集中培训2次。三是实行精细化党员管理。开展党员"先锋指数"评定和党员"亮身份"，通过"三评一定"在全市评定五星党员2278名，统一制作下发共产党员岗位牌、门户牌、公示牌等标志牌2万余个，为老党员和流动党员寄送党章、党徽4000余份，引导各领域党员主动亮明身份、发挥作用。

（三）坚持问题导向，以"三项引领"实现全面进步

绵竹市在抓好"学"和"做"的同时，在"改"上下功夫，聚焦问题和短板，以示范引领实现全面进步。一是领导带头引领抓责任。突出"关键少数"的引领作用，解决"绝大多数"行动慢的问题。党员领导干部带头发挥作用，分片区召开动员会21次、讲党课879堂、公开晒承诺书1600余份，凝聚广大党员干部合力，确保"六强六促"先锋行动全域覆盖。二是典型示范引领抓提升。突出"点上创新、线上联动、面上规范"，切实解决"点好面

差"的问题。通过市、镇、村三级联动,在六大领域分类打造19个示范点,探索出"一核五翼兴产业""1+4+4社区精准管理服务机制""1+1+6'四好'新村建设机制""红色引擎助推企业发展""农业产业园区'343'工作法"等特色做法,并采取"流动现场会"的方式进行推广创新。三是考核督促引领抓推进。着眼于解决工作推进不平衡的问题,抽调20余名精干力量组建5个督查督导组,对各领域"六强六促"先锋行动开展情况进行全覆盖督查2次,通报问题23个,落实整改措施45条,形成"月检查月通报"常态化监督考核机制。

二 强化对基层社会的依法治理

(一) 完善矛盾纠纷多元化解机制

坚持党政主导、综治协调,充分发挥各级党组织的领导核心作用和部门职能作用,引导各方力量积极参与矛盾纠纷化解,建立有机衔接、协调联动、高效便捷的矛盾纠纷多元化解机制。积极搭建专业性调解工作平台,市交通事故纠纷调解委员会、医疗纠纷调解委员会、劳动纠纷调解委员会等专业调解组织有效运转,积极筹建景区调委会。十八大以来,德阳市矛盾纠纷大调解组织共排查受理矛盾纠纷13100件,调解成功12640件,调解成功率为96%,发放个案补贴1229230元,有效营造了和谐稳定的社会环境。

(二) 加强网格化服务管理工作

一是规范化打造市级网格化服务管理监管中心。中心配备了330英寸的大屏显示系统,接入"雪亮工程"视频图像和大调解系统,为综治中心的建设打好基础。二是建立网格员队伍。在全市198个村(社区)设立专兼职网格员211名、网格信息员1925名,加强对网格员的管理和业绩考评。三是推动网格化服务管理提质增效。在重点开展流动人口管理、特殊人群管理、治安隐患三项工作时,将环境监督巡查、吸毒人员服务管理纳入网格化管理。

(三) 建立健全社会治安防控体系

德阳市以"雪亮工程"建设为抓手,网格化服务管理为基座,整治"三无院落"为补充,积极构建立体化社会治安防控体系,试点推进镇村综治中心建设。一是建设"雪亮工程"监控点位 350 个，有效补充"天网"重点监控范围，5 个镇乡实现全覆盖。二是整治"三无院落"56 个，改善老旧院落基础设施和治安环境。三是在孝德、新市、土门、富新、兴隆五镇镇村两级规范化建设综治中心，实现"联调、联防、联治、联抓"。四是加强各企事业单位内保以及铁路、公路、广场、加油站、车站、学校等重点场所的防控工作，组织开展"红袖标"群防群治和社会治安整体联动，严防发生重大刑事案件、公共安全事件。

（四）开展社会治安突出问题整治

一是全市开展危爆物品和寄递物流管理专项整治行动，从源头上加强安全管理。二是强化禁毒防艾，积极推进禁毒办实体化运行，全面推进社区戒毒康复工作。各镇乡建立社区戒毒（康复）工作站，剑南镇、清平镇示范建设社区戒毒（康复）工作中心。三是加强严重精神障碍患者、刑释人员、社区矫正人员以及重点青少年等特殊人群的服务管理工作。四是对"两抢一盗"、黄赌毒、电信诈骗、非法传销等群众反映突出的社会治安乱点问题进行整治，维护了社会稳定。

（五）深化法律进乡村（社区）工作

一是把"规定动作"做到位。全市 202 个村（社区）均实现了有村规民约、有法律顾问、有法治宣传栏和图书室（角）、有法律明白人、给每户发放便民服务联系卡。同时以第十届村民委员会换届选举为契机，依法修订完善村民自治章程、村规民约，引导广大农民群众依法参与村民自治活动。依托党员远程教育中心，加大对新一届村民委员会成员、农村党员的教育培训，突出学习"两准则四条例"等党内法规。2017 年 5 月，德阳市召开了全市村（社区）干部培训会议，用 3 天时间对 400 余名村（社区）干部就产业发展、基层党建、个人素质等方面进行集中培训，经协调增加了基层治理和法律进乡村相关培训内容。

二是自选动作有特色。市公安局依托平安绵竹建设，结合自身职能，深入村（社区）就防盗、防诈骗、道路交通安全、治安管理及禁毒知识等内容进行宣传，切实做到了乡不漏村、村不漏户、户不漏人，教育广大群众学法、懂法、守法、用法。市检察院借助"农民夜校"，针对群众常用法律知识进行普及，选派干警担任农民夜校法律讲师，深入镇乡为广大群众普及民间借贷、合伙经营、农民工劳动权益保障、交通肇事等生活中常见的法律知识，提升群众依法保障自身权益的能力。利用"母亲课堂"，在村、社区开设法治宣传家长课堂，通过以案释法，向家长讲授当前未成年人遭遇不法侵害情况及未成年人违法状况，通过提高家长的法律意识，在家庭中形成学法守法用法的良好氛围，引导家长参与呵护未成年人健康成长活动。市法院积极推进"互联网+巡回审判"工作，法律效果和社会效果比较明显。目前，在五个乡镇选取村（居）委会、乡镇文化广场、集中安置小区等群众人口相对集中的地方，建立了10个庭审直播点，利用互联网技术实现庭审直播，让广大群众真真实实地了解到法官审理案件的整个过程，实实在在地感受到法的存在；增强了群众学法守法用法的自觉性，使他们在工作、生活中遇到各种纠纷时能够找到法的根据，明辨是非，用法律武器来捍卫自己的合法权益。同时，我们在德阳率先启动了"一核三治"工作，在绵竹"美丽家园"五年攻坚行动中，德阳市确定了农业村"1+1+6"（党建为龙头、产业为支撑，抓好德治、法治、自治，治脏、治乱、治危）和城镇社区"1+4+4"治理体系。2017年3月，在遵道镇棚花村启动了农村治理示范点打造和标准制定工作，打造一个标准化法治示范点，制定一套完善的法治创建标准，从软硬件两个方面提供试点示范。目前现场打造已经进入实质化施工阶段，创建标准已经草拟完成正在完善。我们希望通过棚花村的示范效应，结合"四好新村"建设，带动全市151个农业村进行全覆盖打造。

三是集中活动成规模。德阳市积极组织开展了"法治基层行"主题活动和"1+10"主题宣传之"四川省三小条例"主题宣传、"3·8"妇女维权周主题宣传、"3·15"消费维权周主题宣传、"4·15"全民国家安全教育日主题宣传、"5·4"期间青少年主题宣传和"6·5"世界环境日主题宣传。同时，我们也结合科技文化卫生"三下乡""年画节""梨花节""玫瑰节"等活动，多次深入九龙镇、遵道镇、土门镇等沿山镇乡开展法治文艺演出和宣传。2017年以来，开展送法下乡活动10余场，发放各类法律宣传资料5万余份，也使"送法下乡"活动成为常下乡、常在乡。

四是媒体普法成为常态。出台了绵竹市《加强新闻媒体和互联网公益普法宣传工作方案》，健全了媒体公益普法制度，创办了绵竹司法、绵竹检察等微信公众号，开设了《法耀酒乡》和《法律生活资讯》两种手机报，定期向全市各镇乡3000余名法律明白人发送内容丰富的法治信息。每晚在电视台播放《法治动画短片》、每周日晚播出《法制园地》，依托绵竹市应急广播村村响系统开展法治宣传,目前,全市共有 3575 个广播终端(收扩机)、7152 只喇叭。针对时下社会的热点话题和案例,以案说法,使群众在休闲娱乐的同时学到了丰富的法律知识。

五是示范创建作名片。德阳市积极指导开展各类示范创建,着力培养一批示范辐射作用强的法治示范典型,目前,全市共创建命名德阳市级法治示范村(社区)34 个。同时,对已命名的法治示范村(社区)进行动态管理,对不符合示范标准的予以摘牌。

(六) 深入开展法治示范村(社区)创建工作

"民主法治示范村(社区)"创建活动是深入推进农村基层民主法制建设的有效措施。广泛开展"民主法治示范村(社区)"创建活动,对于进一步统一思想认识,调动村(居)干部群众学法用法的积极性,增强其法制观念和依法办事能力具有促进作用。对于基层政权组织积累工作经验,发挥典型单位的示范、辐射作用,健全村(居)党组织领导的充满活力的村(居)民自治机制,进一步规范村(居))级事务管理,维护基层社会稳定,促进物质文明、政治文明、精神文明建设协调发展具有重要现实意义。为此,我们高度重视,狠抓创建活动落实。

一是高度重视,机构健全。把全市"民主法治示范村(社区)"创建工作同深入开展的普法工作有机结合,纳入重要议事日程,同安排、同部署、同检查、同考核,狠抓工作落实。进一步健全组织,明确责任。全市"民主法治示范村(社区)"创建工作,在市依法治市办的统一领导下,市司法局、市民政局相关职能科室各司其职,相互协调,密切配合,具体﹝ ﹞此项工作。村、社区和单位领导高度重视创建工作,成立了法治建设﹝ ﹞构,落实专人负责,制定了法治建设实施意见和年度计划,把学法用法作为﹝ ﹞度工作的一项重要内容。"法律进乡村(社区)"机构健全,分工明确,方案周密,操作性强。

二是普遍建立法律顾问制度。村、社区全部建立了法律顾问制度,村、社区法律顾问采取公示牌形式在适当位置进行公示。村(社区)法律顾问积极参与村、社区法制宣传、法律援助和法律服务活动,为村、社区重大事项决策提供法律支撑。

三是法制宣传氛围浓厚。村、社区积极开展"法律明白人"培训,大力开展"五个一"法治文化设施建设,法制宣传橱窗、法治建设意见箱、法律图书角、法制报架、法律顾问公示牌等设施基本建成。单位普遍建立了法制宣传橱窗，制作普法宣传手册，能结合岗位职业特点，有针对性地开展法制宣传。充分利用电子显示屏、内部网站、电视等开展公益性普法宣传。村、社区"五个一"法治文化设施和社区文化长廊逐步完善，不断普及与市民生产生活相关的法律法规知识。

四是活动扎实，内容丰富。村、社区积极组织法制宣传志愿者队伍开展普法宣传，充分利用村广播系统和党员远程教育中心平台开展普法宣传。镇乡加强宣传，把依法治村社区）工作列入考核，村（社区）建立月学法制度，定期组织村党员干部和村民小组长开展法制讲座。

五是督查指导，目标管理。基层民主法治建设的好坏，直接影响着基层的发展与稳定。为此，我们把"民主法治示范村（社区）"创建工作纳入目标考核。做到年初有安排部署，年终有检查验收，平时不定期到镇乡、村（社区）进行督查指导。按照"民主法治示范村（社区）"标准逐级申报、逐级把关，对达到标准要求的报请上级命名，达不到要求的一律不予上报。

六是法治示范创建成效明显。村、社区结合自身实际，对照创建标准，积极开展民主法治示范村（社区）创建活动，通过加大宣传力度，不断完善了村规民约，健全民主自治制度，并在村（社区）适当位置进行公示，让更多的群众参与进来，做到家喻户晓，法制示范创建明显。

三　强化对基层以德治理的思想引领

（一）坚持创新发展，突出特色

1. 精心创作公益题材绵竹年画

2012年以来，绵竹市充分发挥年画文化等优秀传统文化怡情养志、涵育文明的重要作用，创新多样年画题材。着力挖掘创新绵竹年画表现形式，组织创作了社会主义核心价值观、依法治市、中国梦、廉政、"三讲三爱两进步"等系列主题年画，通过凝练、简洁明快的表现方式，通过大众化、通俗化的一个个画面，让群众过目不忘。此举得到中央文明办、省委宣传部的肯定，省委宣传部2014年下发文件在全省推广绵竹年画公益广告。2016年，"三讲三爱两进步"年画公益广告获得省文明办二等奖，并作为精神文明建设公益广告在全省推广，陶版年画在百村建设中广泛推广应用。

2. 建立培育专业年画上墙队伍

绵竹市组建5个年画上墙项目联合工程队，由全市具有资质的年画公司、作坊、个体工商户以及操作经验丰富的画工组合而成，同时，由绵竹年画促进会组织统揽，负责项目具体实施、画工技术培训、统一技术标准等工作，有效保障了"年画上墙"工程的技术质量，规范交易市场，从而达到推广工作的预期效果，充分发挥绵竹年画的艺术表现力和传播影响力，推动"三讲三爱两进步"活动不断深化，进一步培育和践行了社会主义核心价值观。

（二）以"三讲三爱两进步"活动为抓手，培育和践行社会主义核心价值观

1. 着力打造示范点

2016年初，绵竹市提出了"率先实施，率先试点，率先示范"的工作思路，将推广"三讲三爱两进步"主题绵竹年画工作作为全市意识形态、宣传思想和文明创建工作的重要抓手，以彩绘年画上墙、陶版年画作景等多种方式，大力抓好公益年画推广工作，利用道路入口、幸福美丽新村建设村示范点等现有闲置墙体资源，结合具体环境条件，因地制宜，科学规划"一带一点"（一带：德阿公路孝德段至年画村至玫瑰温泉大道至沿山公路；一点：金花镇玄郎村）三讲三爱两进步"公益年画上墙"示范区域，突出孝德镇年画村、金花镇玄郎村示范效应，做到布局合理、美观实用、重点打造，引领带动，分步推进。

2. 坚持示范引领

按照"三个率先"的工作思路。绵竹市委宣传部按照统筹推进的理念，实行市县联动、部门参与，采取试点先行、分步推进、全域覆盖的办法，制定了规范的工作机制，统一了技术标准，打造的"一带一点"三讲三爱两进步公益年画上墙示范区——金花镇玄郎村在2016年3月接受德阳城建现场会的检查，得到了各级领导的肯定和与会人员的一致好评，为全德阳推广系列主题年画提供了示范样板。

（三）全面营造践行社会主义核心价值观浓厚氛围

1. 大力营造氛围

绵竹市在城区广场、旅游景区、高速路口、车站、站台等公共场所和公

交车、出租车、三轮车等公共交通工具等重要位置进行宣传展示。制作发放24字绵竹年画公益广告招贴画5000套、纸杯10万个，让人们在耳濡目染中受到熏陶。绵竹广播电视台等媒体开设《大力弘扬社会主义核心价值观》专栏，深入基层、各行业采访先进人物典型和正能量新闻事件。推动年画公益广告"七进"，即进机关、进校园、进企业、进社区、进乡村、进家庭、进景区。通过宣传，在全市营造了浓厚的社会氛围。2016年，绵竹市完成覆盖10个村5662.34平方米的"三讲三爱两进步"主题"年画上墙"工作，共投入财政资金91.8万元。

2. 积极对外宣传

以年画公益广告宣传画为主题，从绵竹年画传承、创新、传递社会主义核心价值观正能量等多方面总结、报道绵竹市关于社会主义核心价值观宣传做法、经验。目前已经在《四川日报》、《香港文汇报》、四川卫视、人民网、新华网、中国文明网、四川新闻网等主流媒体的重要版面和时段进行宣传报道。其中，《四川日报》在头版头条刊登《承载核心价值观　绵竹年画写新意》，在重要版面刊登整版报道《古老绵竹年画　渲染鲜活中国梦》，还多次报道绵竹年画公益广告绘上农家院墙；四川卫视连续三天播出"绵竹年画传递社会主义核心价值观"系列专题。

3. 重视网络宣传

充分发挥互联网和手机媒体传输快捷、覆盖广泛的优势，扩大公益广告影响力。在本地网络媒体上长期开辟《社会主义核心价值观》专栏，宣传二十四字核心价值观和典型事例。充分运用官方网站、微博、微信等平台，策划"画说二十四字核心价值观""社会主义核心价值观""微公益　有我在""绵竹好人"等互动话题，网民积极参与，发表评论近2000条，弘扬了正能量，引导人们增强对社会主义核心价值观的认同感。

四　强化基层自治，有效推进村规民约全覆盖工作

（一）高度重视、加强领导，着力推进村规民约（居民公约）工作的有序开展

绵竹市委、市政府高度重视村规民约（居民公约）的完善实施工作，把它作为创新社会治理、深化村（居）民自治的重要载体在全市推进。着力加

强市、镇（乡）、村三级党组织对村规民约制定实施全过程的领导，确保党的方针政策和依法治市的要求在基层得到落实；始终坚持政府引领，民政、司法、农业等相关部门积极参与，共同督导。民政局紧密结合第九届、第十届村委会换届选举工作，出台了《关于进一步修订和完善村规民约的实施意见》（竹民发〔2014〕45号）、《关于进一步修订和完善居民公约的实施意见》（竹民发〔2014〕68号）《关于进一步修订和完善村规民约（居民公约）的通知》（竹民发〔2017〕123号），使全市各村（社区）根据村（社区）情，及时制订或修订符合广大村（居）民意志，具有导向性、约束性的村规民约（居民公约），实现村（居）民委员会依法建制、以制治村（社区）、民主管理的目标，进一步推进民主法治建设。

（二）广泛宣传、激发主体，着力提高群众参与村规民约（居民公约）制定的积极性

市委、市政府不断加强宏观指导，通过会议、党报、电视、政府网站等媒介做好知识宣传、问题解疑等加强村规民约（居民公约）制定的宣传和发动；镇乡党委、政府落实具体指导，通过组织培训村"两委"成员，解决思想认识和操作层面问题，从而在全市镇乡营造浓厚的村民自治氛围，使制定村规民约（居民公约）的目的、意义和方法、步骤家喻户晓，广泛调动村（居）民参与的积极性、主动性，形成了"我制定，我签字，我承诺，我执行"的良好氛围。

（三）精心组织、科学导向，着力增强村规民约（居民公约）的针对性

出台了《关于进一步修订和完善村规民约的实施意见》《关于进一步修订和完善居民公约的实施意见》《关于进一步修订和完善村规民约（居民公约）的通知》，全市各村均成立专门起草班子，负责草拟村规民约（居民公约）。起草工作以社会主义核心价值观为指导，以相关法律法规为依据，坚持结合本村（社区）实际，围绕公共事务管理的基本规则和村民道德的基本要求，紧紧抓住公共环境卫生、公共安全、公共基础设施、移风易俗、树立新风正气、公共道德、家庭美德、公益事业办理、集体资产处置等重要事务和热点问题，突出村规民约（居民公约）的特色性、针对性、实用性和可操作性，保证"一村一策""易记、易懂、易行"。

（四）抓住重点、因地制宜，着力增强村规民约（居民公约）的民主性

村规民约（居民公约）初稿形成后，村（居）委会进行公示、印发或通过广播、电话、短信等方式告知村（居）民并组织广泛讨论；镇村（社区）干部下地头、进院坝，深入开展调研，广泛收集意见，回应村（居）民诉求，协调各方利益。通过"三上三下"的方式，反复修改和征求群众意见，形成村规民约（居民公约）草案初稿，报镇乡政府起草指导审查组进行合法性审查后形成草案。

（五）依法制定、民主表决，着力增强村规民约（居民公约）的合法性

各村（社区）召开村（居）民会议、村（居）民代表会议，对镇乡政府起草指导审查组进行合法性审查后形成的草案进行讨论、表决。依照村（居）民委员会组织法和省实施办法的规定，由本村（社区）过半数18周岁以上公民或本村2/3以上的户代表参加，并经参加表决人员过半数同意方予以通过。村规民约（居民公约）表决通过后，依法报镇乡政府备案，镇乡政府对审查合格的村规民约出具准予备案通知书，各村（社区）将备案后的村规民约（居民公约）张榜公布，保证村规民约（居民公约）的合法性和规范性。

（六）强化监督、认真实施，着力增强村规民约（居民公约）的实效性

一是各级党组织加强统筹协调和监督检查，村（居）党员和干部带头执行村规民约（居民公约），起好示范作用；村（居）监委会将工作外延拓展到对村（居）民的行为规范监督上来，对违反村规民约（居民公约）的个体进行批评、谈话；大力提倡村（居）民相互监督，并在村（居）委会设置意见箱，畅通民主监督表达渠道。二是村（居）委会认真组织宣传和实施，通过广播、短信、张榜、编印微故事、口袋书等多种形式进行广泛宣传，让村（居）民入脑入心，增强执行的自觉性。三是加强督导检查。结合"走建惠"活动的开展，各级干部深入村组院落进行走访调研，实地考察村规民约（居民公约）执行情况，并就发现的问题及时反馈，相关责任镇乡和村（社区）及时制订整改措施和方案。四是开展民主评议，表彰先进，凝聚正能量。通过村（居）民会议、院坝会议、民主评议，开展文明户、遵纪守法户、五好

家庭户评选等活动,对模范遵守村规民约(居民公约)的村(居)民给予表扬奖励;对违反规定的村(居)民予以批评并督促纠正。

(七) 主要成效

通过村规民约(居民公约)的制定实施,保障了基层群众的知情权、参与权、决策权、监督权,增强了村(居)民的主人翁意识和责任感,调动了广大村(居)民参与新农村、新社区建设的积极性、主动性,推动了农村产业结构调整、征地拆迁、安置补偿、道路建设、公益事业等工作的顺利实施,促进了农村经济快速发展,确保依法治理工作在基层得到深化和落实。村(居)民对各级组织、村(社区)集体的归属感、认同感明显提高,凝聚力不断增强,文明和谐、友爱诚信、互帮互助、尊老爱幼等良好风尚逐步形成,村(居)民精神面貌明显改善,社会活力明显增强。金花镇的玄郎村、遵道镇的棚花村依据自身实际修订完善村规民约,积极发挥村规民约的自治作用,村民"等靠要"思想明显转变,自力更生、互帮互助意识大大增强。德阳市通过村规民约(居民公约)的规范完善,有力地推进了基层民主协商与依法自治。

什邡市大力推进基层治理体系建设

什邡市依法治市领导小组办公室

什邡市在贯彻落实加快构建以基层党组织为领导核心、法治德治自治相结合的"一核三治"基层现代治理体系过程中，立足于"党建为核、治理为基、文明为引"，综合施策，大力推进基层治理体系建设。

一 党建为核，全域化党建格局实现基层党建和基层治理高度融合

探索全域化党建理念，推行机关在职党员进社区服务"五化一推"机制，以网格化、常态化、精准化、多样化、长效化服务措施，以"双报到"为载体，实现城市基层党建与社区基层治理高度融合。

（一）推行网格化，打破区域限制，均衡服务资源无死角

针对各社区辖区内机关单位分布不均、联系分工有的不明确等问题，我们打破区域界限，科学分配服务力量，形成横向到边、纵向到底的管理服务网格。一是均衡布局结对服务"大网络"。按照"联系数量基本均衡、帮扶能力大小基本均衡"两个分配原则，充分考虑社区的人口数量、区域面积、发展现状，适度跨区域，统筹分配和布局机关服务力量，确保每个社区都有6个左右的单位对口联系。二是精细构建力量下沉"小网格"。坚持社区有领导、院落有单位、楼栋有党员"结对联系三必有"标准，推动联系服务工作涵盖到每个区域，确保全市每个社区都有1~2名县级领导干部联系，城区的400多个院落都有1个机关党组织联系，1000多个楼栋都有2名以上机关在职党员联系。三是用心扎紧联系群众"微纽带"。建立"机关干部双重联系"制度，确保机关在职党员在联系1户困难户的基础上，再联系1户以上普通居民，在向联系户发放"联系卡"的同时宣传十九大精神，3000多户代表性

住户与党员"1对1"定向互动联系，全市3600余名机关党员都明确了自己的"责任田"。

（二）坚持常态化，拉近党群距离，党员联系群众更紧密

面对人民日益增长的对美好生活的需要，我们着力在创建制度、建立平台上下功夫，突破时间和空间限制，形成机关在职党员"8小时之内管理在单位，8小时之外奉献在社区"的服务群众新常态。一是常态走访调研次数有规定。建立实施了《机关在职党员进社区走访调研纪实管理办法》，按照县级领导干部每季度1次、党委（党组）成员每月1次、其他党员每两月1次的规定，确定不同类别的机关党员干部到社区的走访调研频率，实现了走访调研常态化。二是常态主题服务时间有要求。坚持开展"机关在职党员义工服务日活动"，在每季度的最后一个月，集中组织在职党员开展1次主题服务活动，建好党员服务时间统计台账，确保党员全年完成义工服务时间不少于16小时，有效带动和提升社区干部抓好日常便民服务的水平。三是常态线上互动服务有平台。广泛搭建"三位一体党群掌上互动"平台，在每个楼院建立党群"QQ群、微信群、电话通讯录"，引导广大居民群众通过"线对线""键对键"与机关在职党员加强经常性的互动交流，形成了良性的党群干群互动氛围。

（三）注重精准化，防止大水漫灌，服务对接居民有靶向

把群众满意作为出发点，整合机关在职党员和单位力量，把好需求方向，做好民情"接力"，实现了服务居民精准供给。一是搭建载体请居民"精准点单"。大力推行《在机关在职党员中常年开展"双风"行动长效机制》，充分考虑居民的业余时间，以开展"居民夜话""坝坝会"等多种形式为居民提供"点单"渠道，社区居民通过"面对面"交谈、"背靠背"发表意见等形式谏言社区发展，近两年，先后提出有针对性的意见建议4000余条。二是分类清理社区"精准报单"。积极探索对接、分析、建账、上报的社区问题"四步处理"工作法，各社区党组织坚持发挥"桥梁纽带"作用，主动对接机关单位，适时召开协商会，共同分析问题原因、分类梳理建账，最后精准上报问题台账，快速精准地明确了各类问题的化解责任主体。三是分类交办各单位"精准结单"。建立规范化的社区问题办结工作规则，推动各类问题精准交办、限时办结，纪检类问题交由市纪委牵头办理、党建类问题交由组织部牵头办理、民生类问题交由群工部牵头协调责任单位办理，近两年居民反映的

3000多个问题都得到了妥善解决和及时通报。

(四) 务求多样化，破解方式单一，联系服务群众更贴心

着眼增强服务的针对性和实效性，要求机关在职党员在整合各方资源、创新服务手段上下足功夫，以多样化服务满足群众多元化需求。一是发挥自身特长提供多样服务。分类建立党员人才库，掌握他们的爱好特长，有针对性地设置治安巡逻、环境治理等志愿服务队和道德讲堂、法律明白人等公益性岗位，以"我为社区出份力"活动为载体，激励机关在职党员利用各自职业特点和爱好特长服务社区。目前，参与志愿服务队和公益岗位的党员人数达到1900余人，带动了近5000名社区党员群众加入其中。二是撬动部门资源提供多样服务。强化反映一个问题、提出一条建议的"1+1"工作法，广大机关在职党员坚持及时向本单位党组织反映居民关注的每一个实际问题，并至少提出一条合理化建议。撬动机关党组织定期组团开展有针对性的服务，近两年，各机关单位先后对口联系社区解决价值220余万元的设施设备问题，利用重要节气开展文化联谊活动100余场次。三是协调社会资源提供多样服务。实施助力对接和助力引进的"两个助力"行动，解决社区服务力量不足的问题，社会资源比较丰富的机关在职党员，积极对接爱心人士、爱心企业服务社区群众，积极帮助引进或培育社会组织，补齐了机关单位与社区在解决"困难家庭就医难、就学难、就业难和群众参与自治程度不高"等实际问题上的短板，上百个居民"自我管理、自我服务"的社区本土社团逐步发展起来。

(五) 着眼长效化，避免动力不足，注重约束激励增活力

建立长效工作机制，通过激励来促进，凭借约束来兜底，提高机关在职党员抓服务落实的自觉性，推进服务工作持久长效。一是以"强化考核"促长效。建立居民小组、社区、机关党组织"三级评议"制度，每年根据机关在职党员社区服务的现实表现情况、纪实印证资料和参与服务登记情况据实评议，并专题公示评议结果，让干得好的脸上有光、干得不好的红脸出汗，广大机关在职党员进社区服务工作落实落地落细。二是以"强化约束"促长效。坚持两个"四不一否决"硬规定，对于服务社区和社区居民不行动、不主动、不尽力、不见效的机关在职党员，一律取消当年评优选模资格；对于组织发动工作不用力、解决居民反映问题不尽责、支持社区工作不主动、群

众评议口碑不好的机关单位，一律按比例扣减年度综合考核分。三是以"强化激励"促长效。坚持"双强两优先"、"三好两倾斜"激励办法，营造浓厚的比学赶拼氛围，一批服务主动性强、服务措施针对性强的优秀机关党员，有的被优先评选为"先进"，有的被优先推选为"两代表一委员"；凡是单位领导干部带头作用发挥好、与居民联动服务机制好、三级评议综合等次好的，在分配评优选模名额比例和单位绩效待遇考核加分上都予以倾斜。广大社区居民在机关党员的带动下，自觉动手"洁美家园"，主动互帮互助的主观能动性明显增强。

二 治理为基，以社会治安综合治理开创平安建设新局面

坚持系统化、科学化、法治化、智能化社会治安综合治理理念，加强源头治理，深化改革创新，强化基层基础，完善组织保障，不断提升平安什邡建设能力和水平，有效防范化解管控影响社会安定的矛盾问题，努力开创平安建设新局面。

（一）前移重心，苗头防控，全面构建矛盾化解大平台

坚持把苗头防控作为社会治安综合治理的重要抓手，做到预警在先，苗头问题早消化；控制在先，敏感时期早预防；教育在先，重点对象早转化；调解在先，矛盾纠纷早处理。一是完善预防机制。及时出台《什邡市社会稳定风险评估实施细则》，坚持评估在先，从决策层面减少各类矛盾和问题。近年来，对群众关注的10起民生重大项目均实施稳定风险评估，204起矛盾纠纷化解在萌芽状态。二是完善排查机制。大力推进"大排查、大下访、大化解"活动，实施调解"攻坚破难"行动，排查重点矛盾纠纷，排查越级上访、群体性事件等苗头线索，集中开展敏感节点专项排查。排查化解各类重大矛盾隐患104件。三是完善调解机制。构建人民调解、行政调解、司法调解"三位一体"调解工作体系，市、镇（街道）和行政部门普遍建立"大调解"协调中心，建立人民调解组织170余个，调解员队伍280余人，建立组建医疗纠纷调解委员会、交通事故纠纷调解委员会等专业调解组织，使绝大多数矛盾纠纷得到有效化解，实现了民事案件、民转刑案件、越级上访和群体性事件"四下降"。2016年，医调委成功调解医患纠纷45起，调解完成金额约

200余万元；市劳动仲裁委员会成功调处246件，涉及金额1672万元。利用"大调解"平台共化解矛盾4321起，成功率达99.7%。

（二）科技引领，信息支撑，全面构建平安共建大网络

坚持把大数据等现代科技手段与社会治理深度融合，推进职能优化、机制变革，努力构建全方位、多领域、广覆盖的平安共建大网络。一是大力加强"雪亮工程"建设。抓住全省"雪亮工程"首批试点契机，"抓好一项基础工作，探索四类资源整合，建立六大工作机制"，工作经验被全省推广。目前，什邡市已全面完成"雪亮工程"建设，全市镇、村（社区）监控覆盖率达100%，形成"农户—村—镇—市"四级联动。研发"和·什邡"App手机软件，将服务信息通过电视机顶盒延伸到千家万户。二是深入推进技术网络防控。进一步完善"天网"工程和治安卡口，每年投入570万元，共打造天网监控点400余个、治安卡口60个、城市联网报警系统点位820个，要害单位、娱乐场所等视频监控1032个。三是全面实施网格化服务管理。制定《关于加强和创新网格化服务管理的实施意见》，每年投入专项经费300余万元，设置2161个"网格点"，配备手持终端机和PC终端，网格化信息平台在65个市级部门、17个镇（街道、经济技术开发区）、171个村（社区）全面贯通运行。2013年以来，共开展民生服务类事项31000余件，开展政策法规宣传15000余起，发现治安隐患918件次，各项指标排名德阳第一。

（三）有的放矢，主动出击，全面构建治安防控大体系

紧紧围绕和谐社会，优化发展环境，全面推进专项治理工作，确保群众满意度、安全感不断上升。一是地面巡逻网遍布全域。建立巡逻防控长效机制，开展社会治安整体联动或区域联动巡逻。加大对重点单位（部位）、治安复杂地区和案件高发（多发）部位、时段武装巡逻力度。建立边际协作联防体系，积极主动与周边县（市）加强联系，签订《平安边界联防协议书》，开展边界联巡活动，共同维护稳定。二是群防群治网覆盖全域。推行红袖标等级化管理，全市建立包括专职巡逻队347名、义务巡逻队员1000余名的群防群治队伍；完善公民参与社会治安奖励办法，将网格员排查治安隐患、寄递物流人员和危爆物品生产企业从业人员发现安全隐患等纳入奖励范畴，鼓励和引导群众参与社会治安群防群治。每年协调市财政核拨80万元群防群治经费至各镇（街道、经济技术开发区），划拨专项经费对近三年以来评定的

见义勇为人员予以慰问，对积极参与社会治安的100多位公民予以奖励。三是违法犯罪打击有力。针对不同时期、不同区域的治安特点，组织、协调相关部门开展了"扫黄打非""打击两抢一盗""禁毒专项整治""百日会展""护校安园"等专项行动。定期组织公安等力量深入"城中村"、城乡接合部等治安复杂场所开展集中排查，有效整治竹园南路、天乐街等5个治安复杂场所。近年来，什邡市各类重特大刑事案件发案率逐年下降，群众满意度达96%以上。

（四）齐抓共管，综合施策，全面构建社会治理大联动

坚持瞄准综合治理工作重点，突出社会治理创新难点，不断创新工作举措，抓措施落实，全面构建综合治理大体系。一是实施安全隐患整治专项行动。深入开展危爆物品寄递物流清理整顿行动，全面推行"四川省寄递e通"，落实"三个100%"，对什邡市辖区内的117家各类寄递物流网点予以登记备案，依托各镇（街道）综治办每周一检，确保安全。深入开展严重精神障碍患者救治救助行动，对全市61名易肇事肇祸严重精神障碍患者落实监护人管理，全年无肇事肇祸案（事）件发生。二是实施综治为民专项行动。积极开展"三无院落"改造，近三年协调市财政投入资金350余万元，对26个老旧院落（小区）完成改造，5000余名群众受益；加强社区戒毒社区康复工作站建设，投入资金30万元依托镇（街道）综治办，建成18个工作站；加强流动人口管理站建设，投入资金20余万元，依托18个辖区派出所建成18个流动人口管理站。三是实施"平安"细胞建设专项活动。持续推进"基层月月创平安"活动，集"小安"为"大安"；以评选"爱路护路光荣户"、创建"九无平安铁路示范村"为抓手，连续11年被评为"四川省省级平安铁道线"；扎实开展平安单位、平安家庭、平安景区等"平安细胞"创建，以基层平安促全市平安。

三 文明为引，以乡风文明建设提升基层治理水平

积极探索乡村治理新模式，以开展基层党建活动为抓手引领乡风文明建设，着力提升基层治理水平，加强农村法治建设，开展家风家训和睦家园活动，促进农村社会稳定、乡风和谐，推动全社会形成好风气、好习惯。

（一）开展各类基层党建活动，用法治推动养成好习惯

市委、市政府坚持推进"法治进乡村"常态化，全面实施"七五"普法和"法律七进"，把幸福美丽新村建设作为推进城乡一体化创建的重要抓手，以"业兴、家富、人和、村美"为目标，建设幸福美丽新家园。一是开展"什邡好人、什邡孝子""最美家庭""文明标兵户"等评选活动，以家风带民风，倡树文明新风。通过身边看得见、学得到的"平民英雄"和"凡人善举"来宣传助人为乐、诚实守信、敬业奉献和孝老爱亲的道德品质。二是结合"双风"行动，创新开展"送爱民春风、塑清明村风"行动，让田间地头成为干部的生动课堂，3000余名党员干部与4万余户群众面对面交流，广泛听取意见、充分发动宣传、倡导社会正气，进一步凝聚人心、鼓动干劲，为群众解决实际问题5000余个。三是加大财政投入力度，累计投入资金1.35亿元，截至2016年12月底，建设幸福美丽新村69个，实施城建项目22个，建成72个文化院坝、17户文化户，29个村被评为省级环境优美示范村，5镇44村创建为全省"五十百千环境优美示范工程"示范镇村。

（二）以家风家训建设为载体，涵育社会主义核心价值观

2017年3月，在全市范围内开展"什邡好家规"评选活动，以什邡"文明网""什邡之窗""和什邡"便民服务App为载体，充分发挥什邡"女子公益课堂""发展讲坛""百姓大讲堂"等载体作用，开展"说一说""评一评""夸一夸"好家规"三个一"活动，凝聚向上向善的正能量。一是开辟以议家风、晒家训为主要形式，组织广大家庭开展内容新颖、富有特色的"什邡好家规"讨论评议活动。二是启动"和睦家园"建设。以传承家风家训、传习传统技艺、过好传统节日、留存乡村记忆为路径，创新探索"和睦家园"建设，用好民风带动好党风、好政风，引导干部建设好家风，在日常生活中树立廉洁意识，教育群众讲规矩、知廉耻，共同构建风清气正的社会风气。三是开设公益大讲堂。讲授中华优秀传统文化，教授书法、绘画、剪纸等传统艺术，用传统文化影响干部群众的价值观，促进家风建设。四是建立家风家训收藏室。通过搜集、完善，评选出好家风家规36条、"举止见家风"公益广告1部、9户"和睦家庭"示范户。什邡元石镇箭台村开展的"和睦家园"家风建设得到了省纪委、省委组织部的高度评价，新华网、人民网、四川在线、四川日报和报业集团《廉政瞭望》杂志、今日头条、德阳频道、什邡之窗等

媒体进行了宣传。

(三) 开展"家风润什邡",推动形成社会好风气

按照中央、省委关于培育和践行社会主义核心价值观,大力弘扬中华民族优秀传统文化、汲取家规家风中的精华、推动社会风气持续好转的总体要求,在全市开展"家风润什邡"活动。一是在元石镇箭台村召开"家风润什邡"工作启动会,参观、学习、探讨"和睦家园"家风实验所取得的经验、成效,对全市活动进行安排部署。二是开展"树清廉家风·创最美家庭"活动。从讲齐家故事、立家规家训、强家教家风等方面,组织开展廉政文化进家庭、家规家训征集、清廉家风征文、领导干部谈家风等丰富多彩的主题活动,引导广大党员干部通过活动筑起反腐倡廉的家庭防线。三是开展"最美家庭"评选活动。在全市评选"勤廉敬业""孝爱和乐""亲善教子""勤俭自强""扶贫助困""绿色洁美"等最美家庭。四是开展"家规翰墨香"书写活动。发挥"中国书法之乡"优势,面向社会征集家规家训优秀书画作品,组织专题展览。五是开展"家风助我成长"活动。在全市青少年中开展"家风助我成长"系列活动。通过举办家风家训主题班会、大讲堂、书法比赛、诗歌(作文)朗诵比赛等活动,引导青少年学习家规内涵、践行家规要求、传承家风精神。六是打造"家风润什邡"档案馆。在什邡博物馆建设"家风润什邡"档案馆,留存全市当代、历史、文化、家族、宗祠中特有的向上向善、廉洁内涵家规家训,留存每年评选出的"最美家庭"和村(居)民评议出的先进家风事例,留存各地家规家风故事专题片、家风家规文艺作品等,将好传统、好家风、好文化实体化。七是推进清明村风塑造。结合"双风"行动、"四好村"创建活动,以整洁村容村貌、和谐邻里关系为目标,结合辖区家风建设成果,组织村(居)民修订村规民约,形成良好社会风尚。八是以"我们的节日"为主题,开展丰富多彩、积极健康的群众性文体活动和民俗文化活动,运用法制讲堂、道德讲堂、送文化下乡等活动,不断提高公民法制观念、思想道德水平和科学文化素质,弘扬文明新风。九是以"五个一帮扶"工作组为中心,运用农民夜校、党员教育等基层教育培训手段,经常性开展创业、脱贫致富、就业技能、传统技艺等方面的教育培训活动,不断增强公民致富能力,为打赢脱贫攻坚战,率先全面建成小康社会提供原动力。

（四）推动"移风易俗"，树立文明乡风

在全市集中开展推动移风易俗树文明乡风工作，切实推进乡风文明，引导广大群众养成勤俭节约、文明高尚的生活习惯，不断提升城乡社会文明程度。以培育和践行社会主义核心价值观为根本，以推进乡风文明为目标，以文明单位、文明村镇、"四好村"文明创建为载体，以移风易俗"六大行动"为抓手。一是核心价值融入行动。结合农村特点，广泛开展社会主义核心价值观教育系列活动，推动社会主义核心价值观落地生根、入脑入心。二是婚丧礼俗整治行动。实施"婚丧新办"倡导计划，倡导"婚事新办、丧事简办、其他喜庆事宜不办"新风；倡导集体婚礼、旅游结婚等婚庆办理形式，反对大操大办。三是道德讲堂实践行动。以道德讲堂活动为载体，结合家庭文化建设"家和万事兴—百姓家庭故事""传家风、立家规、树新风"活动，采取固定道德讲堂、流动道德讲堂、广播道德讲堂三种模式，鼓励村民站上讲堂讲文明道德事、站上舞台唱好人好事歌。四是节俭养德全民行动。开展节俭养德全民节约行动，坚持把集中开展活动与建立长效机制相结合，积极倡导节约光荣的社会风尚、反对铺张浪费。开展"文明餐桌行动""绿色照明行动""人人节水行动"，倡导社会各方面从自身做起、从身边事做起。五是乡风评议推动行动。坚持在"督""评""传"上深化乡风评议，建立完善村规民约、村民议事会、道德评议会、禁赌禁毒会、红白理事会等"一约四会"组织。六是文明村镇创建行动。推行"文明细胞"创建工程，深化"文明标兵户"创建活动，努力在"十三五"期间创成县级以上文明村镇目标80%以上。深入拓展"四好村"创建活动，重点抓好"一堂（农村道德讲堂）、一站（志愿服务站）、一广告（讲文明树新风公益广告）"建设，打造"三个一"建设示范村镇，构建文明村镇创建的道德细胞，形成以孝养德、以俭养德，互帮互助、相亲相爱、邻里守望的良好社会风尚，促进乡村环境改善、乡风文明提升。七是实施"五美乡村"创建工程。培育"五美乡村"示范村、精品村、先进村112个，围绕环境美、风尚美、人文美、秩序美、创业美，切实提升农村文明水平。2016年度新评选省级文明单位1个，文明村镇单位1个，最佳文明单位1个，省级文明家庭1户；什邡市级文明单位4个，文明村镇1个；"文明标兵户"76户，文明村（社区）23个。

下 编

"一核三治"基层典型经验

构建"一核三治"优化基层治理

旌阳区城南街道花园巷社区

德阳市旌阳区城南街道花园巷社区积极推行"一核三治"基层治理模式，加快构建以基层党组织为领导核心、法治德治自治相结合的"一核三治"基层现代治理体系。形成"自治+法治+德治"的新格局，充分激发社区居民的主人翁意识，让每一名居民都成为法治建设的参与者，更成为最大的受益者，为建设法治和谐社区奠定坚实基础。

一 突出法治抓根本

一是通过"一长三员"建队伍。社区建立了理事长和法治宣传员、民情信息员、人民调解员为主的"一长三员"新型社区管理模式，逐步形成"服务在邻里加强、信息在邻里畅通、自治在邻里提升"的社会治理新模式。

二是通过"公益律师"化纠纷。面对社会治理的新要求，花园巷社区与四川汉震律师事务所签订了法律顾问合同，制订了律师服务工作职责和考核制度，公示了社区律师联系电话，每月利用固定时间定期为居民提供公益法律服务，成为居民家门口的法律顾问。社区遇到重大疑难的矛盾纠纷，法律顾问介入参与化解，利用自身的法律专长优势快速厘清矛盾冲突脉络，为纠纷当事双方提供切实可行的法律解决途径，促进更快捷更有效地化解矛盾。

三是通过"二官一师"普法律。为破解普法资源有限的难题，邀请警官、检察官、律师开设了"法治大讲堂"，根据邻里群众的不同法律服务需求，围绕非法融资、物权、相邻关系等社会热点、难点问题，开设不同专题的主题讲堂，对邻里群众进行法律解读、案件点评，以身边事教育身边人，让普法宣传真正走到群众身边。花园巷社区邀请区检察院检察官，针对德阳市第一小学开设了"法治讲堂"，还开展了以"法治"为主题的手抄报、书画评比。

二 运用德治打基础

"以文养德"促和谐。为传承优秀传统文化、强化道德约束力，花园巷社区开展各类群众乐于参与的文化活动，如每年评选一批"文明市民""文明家庭""文明大院"，开设党员驿站主题党课，组织青少年观看法治微电影等。这些活动作为"焊接点"，让"德治"教育活动中生动丰富的内容既进入受教育者的脑和耳，又进入受教育者的心。

2017年，花园巷社区将成立"爱心驿站"，由党员、群众和青少年组成志愿者，针对辖区居民开展各种公益活动，切实提升"德治"实效。

三 抓实自治激活力

花园巷社区坚持实行社区党支部领导下的居民自治，坚持民主选举、民主决策、民主管理和民主监督，充分发挥社区群众推动经济社会全面发展的积极性。

一是强化班子建设。鼓励有能力、会管理、善作为、群众信任的人选加入"两委"，提高社区自我管理、自我服务、自我监督、自我教育的能力。

二是强化制度建设。完善监委会工作制度、"居民公约"、"小区公约"等自治规章制度，做到有规可依、有章可循，鼓励和支持居民参与社会治理。例如，监委会全程监督社区党支部居委会的选举，全程监督社区"三重一大"事项。

三是强化思想建设。扎实开展"两学一做"学习教育，教育引导普通党员争做表率、争做群众身边的模范人物，将普通党员培养成为各类自治组织的负责人或中坚力量，通过这些党员的潜移默化影响，用润物细无声的方式引导自治组织，促使各类群众性自治组织沿着健康的方向发展。

"三治"模式的推行，充分发挥了群众在社区治理中的主体作用，强化了群众的参与意识、法律意识和诚信意识，更有利于多渠道多形式集中民智、民意和民力，在全社区形成共同管理、共享成果的良好和谐局面。

城南街道花园巷社区"一核三治"基层治理模式的稳步推进，为社区经济社会发展营造了安全稳定的社会环境和公平正义的法治环境,在辖区构建了办事依法、遇事找法、解决问题用法、化解问题靠法的法治良序。花园巷社区被评为"全国科普示范社区""全国综合减灾示范社区""德阳市平安示范社区""旌阳区依法治社区示范社区"。

"五字法"依法治社区 服务工业园区

旌阳区天元镇黄连桥社区

黄连桥社区位于德阳市西郊旌阳区工业集中发展区，辖区地域面积4.5平方千米，有工业企业88家，现有12个居民小组11560人（其中流动人口7560人）。围绕服务工业园区发展，社区在实践中探索实施"宣、固、制、讲、用"五字法推进依法治社区，为德阳"六区"建设和在五个方面居全省前列贡献力量。

一 创新形式"宣"法

以广场、青少年教育基地、居民小区、法律援助工作站、社区多功能室等为载体，将活动、教育、宣传融为一体，让普法宣传更接地气、更加贴心。社区广场文艺演出、联谊活动中的小品、话剧等节目，寓教于乐，将与居民生活息息相关的法律常识宣传开来；在宣传月、宣传周、宣传日，来自市区专业法律服务机构的法律顾问开展现场咨询服务、法律知识有奖问答等活动；在青少年法治教育基地，社区普法志愿者通过图文解说、趣味活动等方式，让青少年"在趣中学法、在学中知法"；社区党支部利用远程教育设备，定期组织辖区的党员干部、居民群众观看法治宣传教育片，提高干部群众的法律意识；周末等节假日，志愿者活动的普法展板在小区院落陈列，将法律"口袋读本"发放到居民手中，让群众足不出户便能知晓法律，在社区营造了良好的群众学法用法氛围。

二 弘扬德孝"固"法

社区选取24种当代中国最具典型意义的"孝行为、孝人物"，采用图配文的形式组成"二十四孝"文化墙，成为"法治"的基石。以"德"为先，通过孝文化墙的展示，让居民群众更加懂得子女赡养父母、晚辈尊重长辈的道理，有效缓和家庭矛盾、减少赡养纠纷、改善邻里关系；以"孝"践行，通过开展对独居老人的义诊理疗、日间照料、困难帮扶等自愿服务活动，积极传递善良孝敬、明礼诚信、团结友爱的正能量。

三 广泛参与"制"法

社区居民广泛参与，建立健全了居务决策、居务公开、民主监督等制度，修订完善了居民公约，居民自我管理、自我教育、自我服务、自我约束的能力不断增强。

为保障社区居民依法自治、保证居务工作正常运转，设立居民公约作为社区制度创新的重点，通过广泛宣传让居民在潜移默化中熟知公约，强化了对社区干部依法办事的监督，有效调动了社区居民自觉参与居务管理的积极性，形成了社区干部服务"热心"、居民群众办事"放心"的良好局面，让社区事务在阳光下运行，把社区管理引上了法治轨道。

四 巡回裁判"讲"法

社区巡回法庭以诉前调解、就地裁判和法治宣传教育为切入点，从源头上预防、分流、化解矛盾纠纷，推动社区管理机制的完善，让群众直观感受法律的权威。旌阳区法院的法官们从法律的角度积极探寻保障和服务社区建设的路径，努力为社区建设提供全方位、多层次的法律服务。便民的巡回法庭，在第一时间、第一前沿为社区提供帮助，最大限度地满足社区群众的司法需求。2017年以来，黄连桥社区巡回法庭开庭审理了买卖合同、遗产继承、交通肇事、民间借贷等与居民息息相关的案件7件，以以案说法等形式，使群众更为直观地感受法律的权威，增强群众依法维护自身合法权益的意识。

五 规范服务"用"法

运用电子网格信息化管理平台，将社区划分为12个网格，每个网格配备4~5名网格信息员，网格信息员成为察民情、访民意、解民忧、促和谐的"活户籍、活档案、活地图"。网格信息员定期在网格内进行巡查，及时发现、受理、处置、协调、报告网格内发生的各类事件,形成了居民委员会主任—社区工作人员—楼栋院长为线条,社区居民积极参与,社区党总支为核心的条块结合的社区网格化管理服务模式,确保了社区社情民意信息畅通,便捷有效地化解矛盾纠纷,使社区综合管理服务更加规范有序。

自"五字工作法"开展以来,社区居民文明程度明显提高,社区民事纠纷逐渐减少,青少年违法犯罪率降低,治安形势明显好转。2015年获得"全国民主法治示范社区"光荣称号。

一张基层治理图　编织法治家园网

旌阳区扬嘉镇新隆村

扬嘉镇新隆村是四川省首批环境优美示范村庄、四川省首批美丽新村文化院坝。在新隆村的法治建设中，依托"七个一"平台，即一套民主治村机制、一个自我管理平台、一个法治宣传阵地、一个法律服务驿站、一个平安和谐工程、一个法治文化品牌、一张爱心家园网络，绘制了一幅完善的"基层治理图"，着力法治、德治、自治的"三治"体系，构筑了一张民主法治家园网。

法为引领，强基固本

一个法治宣传阵地。设置了依法治理宣传专栏、法治文化走廊、广场、法律图书角，采用法律小提示、法律小案例、法制小手册、法律小广播的"四小"深度宣传形式，举目见法、充耳听法，营造浓厚的法治氛围。充分发挥法律顾问、志愿者等法律工作者的作用，定期定向定主题，开设法制讲堂。积极对接上级部门，首创村级普法微信品牌，将普法形式从"面对面"延伸到"键对键"的同时，牢固占领宣传阵地，让法治的理念深入人心。

一个法律服务驿站。通过双管齐下，建立了网状交错的法律服务驿站。纵向上，由镇村调解人员、村组法律明白人为群众举办法制讲座，开设身边的法律宣传点。横向上，邀请区法援中心志愿者、律师、法官等法律服务工作者驻村，提供专业的法律服务。通过入户走访、预约"坐诊"、电话、网络咨询等方式，建设方便快捷高效的法治驿站，强化群众对学法用法的认同感。

一个平安和谐工程。大力实施"平安家庭"细胞工程，网格化管理全面覆盖。在村内挑选富有威望、能说会道、讲政策懂法律的群众，建立调解、帮教、巡逻、安全等为一体的大综治网络。着重抓好矛盾纠纷调处，通过提前"听诊"，摸排各类矛盾隐患；开门"坐诊"，竭力做好化解工作；快速

"急诊"，处理好突发事件；联合"会诊"，共同化解矛盾；及时"出诊"，深入积极主动化解纠纷；案后"复诊"，防止死灰复燃的"六诊"法倾力维护基层和谐稳定。

以德育人，法德结合

一个法治文化品牌。大力培树"身边的好党员"、标兵等先进典型，推动道德讲堂、法制讲堂进院落到农家，用身边事教育身边人，唱响文明道德主旋律。充分发挥文化大村的优势，以村内各文艺团体、法律志愿者为骨干，邀请上级部门、法律顾问、派出所民警、法官等相关人员，广泛开展"法律、科技、卫生、文化"四进农家宣传活动。结合重要节点，通过开展文艺表演、猜谜、抢答等形式多样、内容丰富的法制宣传活动，进一步寓教于乐，寓法于乐。

一张爱心家园网络。针对目前农村存在的人际关系淡漠、干群关系紧张、多方矛盾交织、社会动员和管理困难等现实问题，以干部、党员为骨干、以志愿者、爱心人士为主体，成立了全区首个"邻里乡亲互助会"，并在此基础上延伸其服务链条，深化其互助内涵，创新设置了"爱心家园"志愿服务组织，将惠民服务、医疗卫生、法律咨询等服务功能相结合，下设理发、药店、超市、水电维修等多个服务项目，为生活不便、家庭困难的群众提供优质服务和上门服务；村党小组、村民之间还建立起微信议事平台和互助平台，营造了和谐邻里的氛围，形成"互学互助互促，文明和谐幸福"的民主法治新风尚。

还权赋能，阳光自治

一套民主治村机制。积极实施民意听证会、工作听证会、民情恳谈会、议事会"四会"制度，保障群众的知情权和决策权。健全完善了各类管理制度，实现职责明确到位、流程清晰可见、管理有章可循、监督依法依规，村内管理逐步走上民主化、规范化、法治化轨道。全面实行党务、村务、财务公开，创新实施了"三务"公开明白纸，将公开内容由村公开栏延伸至组、聚居点，拓宽民主途径，确保群众知情权。设置书记悄悄话室、民情畅言箱，定期组织党员群众代表开展"三评干部"（即评作风、评成绩、评服务）、"给干部挑刺"等活动，广泛接受群众和社会监督。

一个自我管理平台。深化议事代表会制度，通过"15户选1"的方式推选出议事代表96名，主动搭建了群众主动说事的平台——"村民议事厅"。在议事代表的基础上又民主推选出33名"常驻议事代表"，定期召开议事会。为确保议事代表能议事、会议事、议事有成效，实施代表年终向群众述责制，增强代表责任心，增强群众支持度。设立书记热线、民心联系卡等说事形式，按照"谁接听（访）、谁负责"的原则建立说事反馈机制，确保群众愿说乐说，说有渠道，说有回音。充分发挥广大群众才智，"三上三下"广泛征求意见，制定村规民约，以三字经的方式简化成副本，便于老百姓口口相传、入脑入心。

德治促进人心向善，法治强化基层保障，自治激发参政活力。依托"七个一"平台，新隆村的法治家园网络里，干部依法依规办事、村民互学互助互促、乡村安定和谐有序。干群凝心聚力，同心同德，为建设幸福和谐美丽的新农村共同奋斗着。

唱响"以德固法"三部曲
建设德孝和美家园

旌阳区孝泉镇涌泉村

涌泉村地处历史文化古镇德阳市旌阳区孝泉镇以南6千米，德茂路穿境而过，距德阳市区15千米，地域面积4.5平方千米，现有10个村民小组，人口2313人。涌泉村依托孝泉镇得天独厚的德孝文化优势，在"孝道"的承延和发扬中，与现代文明进行有机结合，积极探索出"以德固法"三部曲，坚持崇德向善的理念，发挥道德在基层治理中的教化支撑作用，积极将涌泉村建设成为德孝和美家园。

一部曲——"二十四孝文化墙"，彰显传统美德。在具有川西民居建筑风格的涌泉村委办公场所内，以中国古代"二十四孝"故事为原型，采用图配文的形式，组成弘扬孝道的文化墙。基于镇村特有的文化底蕴，涌泉村通过图文张贴、年画制作和新媒体推送等各种宣传方式，让村民接受德孝文化的立体熏陶，使得赡养父母、尊老爱幼等传统美德更加深入人心，从而增强了家庭和谐、减少了矛盾纠纷、维护了社会和谐。

二部曲——"德孝文化活动"，展示孝道风采。以新建的涌泉文化广场为载体，经常性开展群众性文化休闲健身活动，在特殊节日组织各种形式的舞蹈和文化活动欢度佳节，加强了村民心与心的交流，为广泛开展活动搭建了良好的平台，有效增进了村民之间的感情，丰富了村民的文化生活，为法治涌泉建设奠定了和谐基石。2015年，借助村内东升农场举办的德阳市"感悟德孝文化·孝泉镇首届蔬菜采摘节"活动机会，设立了富有特色的"亲子互动营""全家总动员"环节，让市内外参与蔬菜采摘的家长与子女能在玩乐中感悟中国传统文化，更加懂得"孝顺、感恩"的道理；同时，涌泉村积极响应孝泉镇政府"优秀孝子、孝媳、孝婿、小孝星"评选活动，以专人任"星探"，发掘孝老爱亲模范典型，广泛宣扬其孝心孝行，为全村全镇群众起到示范带头作用，实现"依法治理，德孝先行"，为依法治理提供"德治"基石。

三部曲——"一张保障网，编织和美家园"。涵盖法律援助、矛盾纠纷化解、法治文化宣传三大体系的法律服务保障体系逐渐形成，基本达到"处处可寻法、时时可求法、人人可学法、事事可用法"的保障水平。

一是建成法律援助工作站。目前，村内建成了规范化的"法律援助工作站"，形成"1小时法律援助服务圈"，两名驻村法律顾问定期在村委会及文化广场开讲法制课、接受法律"坐诊咨询"，实现了"一村一站点"的阵地布局，做到就近援助、从快援助，切实为村民遇事寻法求助提供了便利。二是建立健全调解体系。在矛盾纠纷化解中，涌泉村完善了镇、村、组三级人民调解网络，形成了纵向到底、横向到边，依托以村民小组为主体、多方参与的调解组织体系。目前，全村10个村民小组均选配了一人及以上的"农村法律明白人"兼任人民调解员，使得大量矛盾纠纷在村组得到化解，让矛盾隐患消除在萌芽状态。三是综合运用网格化信息管理平台。网格信息员以村民小组为基本单位定时巡查，及时发现、受理、处置、协调，并进行每日排查登记，成为网格内搜集社情民意、化解矛盾纠纷、维护和谐稳定的好帮手。四是创新法治宣传。发挥文化大村的优势，建成了依法治理宣传栏、法治意见箱，在村图书室设立了法治报架、法治图书角等阅读栏，成立了法治宣传志愿者、普法讲师团和法治文艺演出队三支队伍。五是积极引进法律工作者进村居。邀请镇、村法律顾问、孝泉法庭法官、派出所民警等广泛开展"法律服务进乡村"宣传活动，充分发挥村"两委"在丰富法治文化中的火车头作用，营造学法、守法、用法的法治文化新氛围。六是广泛开展治安防控网络工作。以平安建设活动为契机，配齐配强村级治安巡逻队伍，强化巡逻力度，在村落各重点场所、危险路段、村民聚居点和隐患场所等进行全天候的巡逻稳控，并形成巡逻记录及值班台账，确保村落平安。七是倡导全民治理活动。全村10个村民小组均设立了"文明劝导员"，及时对不文明行为进行劝阻及教育，同时开展"文明家庭评选"活动，深入村民家中，发掘文明户、文明人，形成人人守法律、人人讲文明、人人讲道德的良好风尚，为依法治理提供"和谐"保障。

唱响"以德固法三部曲"，编织德孝和美幸福网。在涌泉村的治理经验中，我们持之以恒地将依法治理道德建设相融合，让群众在法律的约束下、在道德的驱使下、在孝文化的熏陶下，共同为法治旌阳建设贡献力量。

搭建检医共建预防平台 携手推进医院治理法治化

绵竹市人民检察院

自2014年以来，绵竹市人民检察院与绵竹市人民医院创新性地搭建了职务犯罪"检医"协同预防工作平台。通过建立职务犯罪预防工作联席会议制度、设立检察院驻医院工作联系点等方式，从构建常态化的职务犯罪风险防控体系入手，以宣传教育为切入点，以制度建设为着力点，以建立协作监督制约机制为突破点，不断加深合作、创新工作模式，针对医疗卫生领域职务犯罪的特点和根本原因开展共防共治，构筑起一道坚实的廉政防火墙，携手推进医院法治建设。

一 "三四五"工作法，探索检医预防新模式

以检察工作联系点为平台，在医疗卫生领域职务犯罪预防各方面深度合作，尤其在廉政风险点的防控上下功夫、想办法，探索建立"三四五"预防职务犯罪新方法。即保持工作推进"三个常态"，建立预防腐败"四道关口"，实行执业行为"五方监督"。

1. 保持工作推进"三个常态"

一是常沟通。双方定期召开联席会议，共同分析研究医疗卫生领域职务犯罪的特点、成因、趋势和规律，总结合作过程中的经验教训，及时调整预防措施，让执法人员、医务人员进行开放式的交流沟通。集思广益，不断丰富职务犯罪预防工作内涵，改进工作方法。二是常教育。制定了"从身边事说起，示范和警示教育双向并行"的宣传教育策略。检察院负责反面案例警示教育，医院负责正面先进引导教育，双向教育的着眼点都放在身边人的身边事，突出教育效果。三是常参与。检察院一线执法办案人员直接介入医院日常管理，通过直接参与和专业指导，进一步改进和完善医院预防职务犯罪相关工作制度和工作流程，强化医院法治化建设的制度保障。

2. 建立预防腐败"四道关口"

一是把好廉洁准入关。把行贿犯罪档案查询作为医院各项经济活动的必经前置程序，年均为医院提供行贿犯罪档案查询 20 余次。二是把好合同签订风险关。践行经济活动"双协议"，指导医院融合法律、制度、道德三个层面的防控措施，建立经济活动"双协议"制度。指导签订"廉洁承诺书"900 余份，审查"廉洁购销合同"300 余份。三是把好日常监督关。成立由医院党委办公室、审计科、业务科室负责人组成的医疗物品采购、医疗设备市场调查及询价等药事管理委员会组织机构，负责医院相关经济活动各环节的把关和决议。四是把好采购质量关。建立了集体质检和验收制度，由分管院长负责，医院纪检部门、财务科、总务科或设备科、使用科室组成质检小组，共同负责产品质量和服务方面的审核检查，进行后期质量追踪。

3. 实行执业行为"五方监督"

一是重视过程监管。盯住权力岗位、关键环节不放松，将廉政防控关口前移，从物资申购到使用效果评价，进行全程追踪监管，防范了 A 级风险点廉政问题的发生。目前，从物资申购到使用效果评价，实行全程追踪监管 9 次，A 级风险点由 10 个增加到 12 个。二是"五方监督"筑牢体制防线。检察院对医院廉政防控风险点进行专业指导，建立重大事项由医院、审计、检察院、病人、职工五方共同监督工作机制，进一步完善 A 级风险点防控体系。

二 强化法治教育，筑牢干部职工拒腐防变思想防线

"行廉以保其真、守清以保其身。"高度重视对职工的法治教育，强化廉政风险防控意识，结合行业特点，做到提醒在前，教育在先，努力营造良好的法治环境。

1. 坚持定期开展预防讲座

每年邀请检察院职务犯罪预防局相关人员从职务犯罪的相关法律法规知识的解读，医疗卫生系统发生职务犯罪的环节、动向及原因分析，卫生系统预防职务犯罪的措施等方面进行了详细讲解。用身边人、身边事，用大家所熟知的事实，使医院干部职工明确是非，提升自尊、自重、自洁、自律的思想高度，自觉抵制行业不正之风，筑牢预防职务犯罪的思想防线。

2. 联手共防，强力促防，形成预防新合力

自搭建检医共建新模式以来，医院把反腐倡廉与法治教育相结合，形成

宣教合力；把纪检监察与预防调研相结合，形成监察合力；把完善内控与制定制度相结合，形成机制合力，更好地营造了医院廉洁从医的良好氛围，保障了医院科学健康发展。

三　各方共同参与，依法治理初见成效

在检察机关的直接参与和指导下，绵竹市人民医院坚持廉政建设与业务工作同等重视、同时部署、同步实施的工作原则，采取积极有效措施，防范职务犯罪风险，推进医院全面法治化治理，不断取得新的成绩。

1. 医院综合实力得到提升，健康服务更优质

一是医院服务能力不断提升。年门诊量达66万人次，住院3万人次，手术近1.3万台。二是服务流程更加便捷。推行多种挂号方式，增设30余台设备方便缴费、取药、打报告单，优化入院流程和出院办理流程并制作了"出院办理温馨信封"。三是服务更加优质高效。全院职工积极参与，建言献策，为老百姓提供优质服务，先后开展了"精益求精保质量""亲近患者保和谐""报告准确保水平""窗口温暖保满意""服务临床保安全"的"五保"活动。四是精准扶贫更惠民。医院建立贫困患者档案，实行先诊疗后结算制度，不缴纳住院预付款，住院费用个人"零支付"。

2. 职工政治素养得到提高，延伸服务更广泛

一是为患者着想，组建各类服务小分队。组建了党员志愿服务队、团员志愿服务队、老兵志愿服务队，以"学雷锋树新风"为主题，开展了"健康绵竹面对面""百名专家进乡村""走进敬老院"等义诊活动。二是开展各具特色的拓展服务和惠民活动。五官科开展了"健康快车光明行"活动，为939名白内障患者减免费用140余万元；妇科在2年内为11个乡镇4万余名妇女进行免费两癌筛查；产科积极组建"流动孕妇学校"，服务流动育龄妇女；内二科"健康呼吸进社区"活动深受社区群众欢迎。

3. 患者经济负担减轻，就医体验更满意

一是坚持每月进行"四合理"检查，积极开展损害群众行为和药品及耗材专项整治活动，杜绝不良医疗行为。二是所有药品实行零加成销售，2017年为老百姓让利1900余万元。三是患者满意率近年来持续维持在95%以上，收到表扬信120封，锦旗82面。

"活力"自治　争当"最美"

罗江区略坪小学

按照"建有文化的校园，塑有思想的教师，育有涵养的学生，办有特色的学校"的办学目标，罗江略坪小学沿着"人人参与体验，人人参与管理，人人争当最美"的办学理念，把"两参与、一争当"作为育人目标，以活动为平台全面推进学生民主自治。从自律、自觉到自治，实现学生"人人争当最美"。

一　岗位自治：让孩子自律起来

1. 岗位设置，提供自治机会

班级每月以学校最美红领巾"十条"评选标准民主推选"最美红领巾"。让"最美红领巾"参与校园全面管理，如卫生检查、开放式书架日常维护、午间纪律检查、最美种植评比、开心农场评比、早间执勤、失物招领管理等。做到校内人人有事做，事事有人做，为学生提供自律平台，真正成为校园小主人。

2. 岗位竞聘，增强自治意识

"最美红领巾"采取自主申报管理岗位方式，学生准备竞聘演说、参与竞聘答辩，最后公布岗位竞聘结果。校园事务变"要我做"为"我要做"，人人争当最美管理者，利于学生责任意识的培养。

3. 岗位履职，培养自治能力

学校大队部组织各岗位"最美红领巾"自治小组，设立组长和组员，配以日常管理记录本，共同履行岗位职责。每个岗位分工明确，责任层层落实，形成常态自治机制。

二　班级自治：让孩子自觉起来

1. 清洁卫生个人承包

班级清洁卫生管理实行"我的地盘我做主"，每人负责自己就座区域1平方米的清洁卫生管理，自主承包，责任落实。

2. 午餐管理班级责任制

班级自主制定午餐抬饭、分饭、就餐纪律、归还餐桶的制度，责任层层落实，"最美红领巾"对各班午餐进行打分评比。

3. "开心农场"种植体验活动

利用校园杂草和厨余垃圾制造"有机肥"用于"开心农场"。每月"最美红领巾"对各班开展星级评定。

4. 生态百花园种植体验活动

改造废旧包装，美化校园环境。人人参与管理班级种植体验区，每月"最美红领巾"评选出"最美小种植""最美小盆栽"，给予星级奖励。

5. 绿色实践体验活动

开展给种植园除草、浇水、施肥体验活动、"生态灭螺法的研究实践体验活动"等，"绿色生活在我身边"提倡利用丝瓜布淘米水洗餐具。实践体验活动让学生自觉培养环保意识。

三 课间自治：让孩子自由起来

增设地面游戏（猜词、跳房子、成语接龙等），丰富学生课间活动，解决"不会玩"的问题；搭建开放式书架，面向学生，利用课间用阅读滋润心灵；设置学生书法台，提供给学生笔墨练写毛笔字；学生自己设计课间活动和游戏。通过孩子们自行设计、小组合作、全班讨论，再经过学校评选整合，学校形成了《罗江县略坪小学课间活动方案》，相关的活动器材由学校提供。

四 校外自治：让孩子自主起来

学校地处乡镇，留守学生较多，需要父母般的老师、兄妹般的同学。学校请进"自强少年""麦田计划"项目组等社会力量分别走进略坪小学关爱留守孩子，让学生从社会关爱中增强社会使命感；开展"缤纷假日我做主"实践体验活动：我是"快乐小书虫"、我是"快乐徐霞客"、我是"小小美食家"等设计，让学生的假期自我体验、自我管理、自我锻炼。

自治管理　助推发展

绵竹市南轩中学

学生自治管理是学生在学生处及年级组的指导及帮助下,自己管理日常生活、校园活动及学习等各方面活动的教育管理模式。旨在凸显新型的学生观：把学生放在学校教育的主体位置,以学生发展为根本、培养能力为本位,通过尊重、信任、引导和激励等影响作用,最大限度地调动学生的内在动力,激发学生的热情,积极参与依法治校、民主管理；培养学生养德修身、主动协作、积极参与的精神,提高教育教学效果。经过多年的实践,绵竹市南轩中学创新开展了依法治校工作,探索出了"学生自治"管理新模式。

一　各级学生自治组织结构

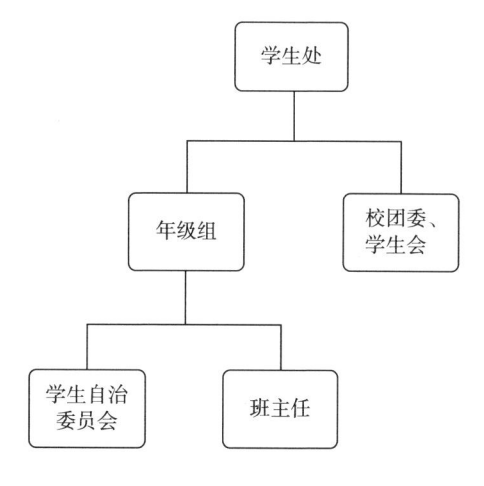

图1　学生自治组织结构

二 学生自治组织成员及职责

1. 以学生会和校团委为主体的学校学生自治

成员组成：校团委、学生会、学生社团是学校学生自治的常设机构。下设学生自治主席1名、副主席2名，分别对接校学生会和校团委。学生自治委员会下设纪检、卫生、活动、学习4部及书记处，每部设部长1名，委员3~5名。年级组长负责全面指导与监管，德育副组长负责纪检、卫生部，教学副组长负责活动部、学习部。由校学生处直接管理。

主要职责如下。①校内日常管理。由校自治委员会主席统一管辖，负责学生违纪违规、出勤、校服、手机等日常行为规范检查。②负责监督、管理年级学生自治与班级学生自治。③国旗班训练与升降国旗。④广播站统筹安排与管理。⑤校运动会、"南轩之夏"、"12·9"艺术节、社团活动等大型活动的人员分配、组织协调。

2. 以年级管理委员会为主体的年级学生自治

成员组成：各年级成立学生自治委员会，由各班班长（副班长或者团支部书记）组成，共38人，任期一年。下设对应组织（部），受年级德育组长指导与培训，并接受学校和年级组双方管理。年级学生自治分会干部都可进入学校的学生自治委员会。

主要职责：①早中晚课余时间参与本年级教学楼区域的安全、纪律、清洁巡视，做文明劝导员；②午餐、晚餐期间到学校食堂维护食堂就餐秩序；③放学期间维护校门口秩序；④年级活动的服务工作。

3. 以值周班级为主体的班级学生自治

成员组成：每周值周班级学生作为学校学生自治的常设机构，由学生处政教值周老师安排与管理。

主要职责：①国旗下讲话及升旗仪式主持工作；②校园公共区域清洁并定时、定点保洁；③早操各班人数清点并及时报告政教值周教师；④晚自习后督促学生离开教学楼并进行安全督查。

三 各级学生自治评价激励措施

各级的优秀管理者将优先推荐到省、市、县进行表彰。学年度的校级、县级、市级等各类优秀学生（干部）原则上在自主管理委员优异的干部中产生。如遇学生个人或班级有突出的、具有特别示范作用的事迹行为，可提议操行加分，甚至作为国家助学金及各类教学金评议的重要依据。

探索"学生自治"管理模式，绵竹市南轩中学已走过五载。实践证明，学校学生民主意识、维权意识得到加强，锻炼了学生，解放了教师，为创建平安和谐校园奠定了扎实的基础，有效地推动学校沿着法治化、规范化轨道不断前行。

"1+4+4"深化社会治理
打造和美新剑南

德阳市民政局

剑南镇位于德阳绵竹市主城区,全镇总面积24.7平方千米,户籍人口5.6万人,常住人口近10万,设12个社区。近年来,随着城市化进程加快,大量村民"农转非"成为城镇居民,进入社区居住,各种社会矛盾"燃点"降低,"触点"增多,社区居民矛盾的多样性、关联性相互交织,造成各类矛盾预防和化解面临严峻考验,难以处理,影响社区和谐稳定。剑南镇党委政府针对玉马社区这一典型的"村转社区",以"党建引领精准服务,共建共享和美社区"为工作思路,尊重民意,因地制宜,实践创新推出"1+4+4"社区治理方式(1个核心——全面从严治党,4种治理方式——德治、法治、共治、自治,4大行动——环境提升行动、就业促进行动、社会组织培育行动、服务功能提升行动),将精准服务和创新管理有机结合,把党组织阵地延伸到群众生活圈,科学引导群众参与幸福美丽社区建设,全镇呈现和美新面貌。

一 以全面从严治党为核心,夯实基层党组织建设

(一)加强党员教育管理

依托党员之家、"三会一课"远程教育等平台,加强党员教育培训,管严育好社区党员,保障党组织活动经常化、规范化。开展"五个一"廉政主题活动,即"上一堂廉政党课、看一部警示教育片、开展一次廉政谈话、写一篇心得体会、组织一次民生督查",以案促宣,把好基层党员党风廉政建设第一关。建立党员"政治生日"档案,每月生日重温入党誓词,学党章党规,学系列讲话,做优秀党员,为每位过生日的党员精心准备一份生日贺卡,在党旗下拍下一张生日照片,让老党员感受到组织的温暖,让年轻的党员在活

动中受到教育。

(二) 加强党员监督考核

设立党支部信箱，党员可以直接将"悄悄话"说给社区书记听，及时解决问题，拓宽党员与支部的沟通渠道。建立"亮身份、亮职责、亮承诺"制度，按照"四讲四有"合格党员标准，针对性作出公开承诺，教育引导党员立足岗位做贡献，充分发挥先锋模范作用。实行党员积分管理，根据党员有关"三会一课"、党费缴纳、服务活动等情况进行分类积分。社区党支部制定统一的"党员积分管理记录表"，对支部所有党员进行严格积分考核，并根据党员积分情况采取半年一汇总、一公示的形式，让党员定期了解自己的积分动态。而积分考评结果，将作为党员参加评优表彰的重要依据。

(三) 加强党员民主评议

一是通过座谈、调查问卷等多种形式，面向群众广泛征求意见，评定党员承诺事项办理、职责任务完成、综合服务效率等情况，帮助党员进一步明确定位、找准差距、迎头赶上。二是及时跟踪问效，采取个别谈话的方式，进行再谈心、再交流，尤其是评议结果不尽如人意的党员，让他们把心里话讲出来，及时帮助他们卸掉"包袱"，认识到差距，积极进行整改。三是把评议结果与评优评先挂钩，激励合格党员，鞭策后进党员，进而激发党员队伍的生机和活力。

二 以"四治"为抓手，强化城乡社区治理

(一) 德治

开展"承南轩家训，树剑南家风"系列活动，发掘张浚张栻家规家训积极力量，弘扬南轩文化，利用社区龙门阵、百姓讲堂、母亲课堂、道德讲堂等载体开展巡讲，营造家风好、民风纯、党风正、政风清的良好氛围，开展"传承家庭美德、共谱文明家风"之最美家庭评选活动。发掘和寻找辖区具有尊老爱幼、崇德向善、修身自律、诚实守信、睦邻友好等好家风的最美家庭，以家风带乡风，以家风促作风，以家风建新风，形成家家有家训、户户好家风的良好氛围；依托微信公众号、社区QQ群等平台发布"德行"信息，在

居民小区张贴"老家规",设立文明行为"红黑榜",倡导文明相处、文化相处、感恩相处、平安相处、健康相处的邻里文化,营造安定祥和、温馨和谐、文明礼让的邻里环境。网格员黄仲芝虽然身体残疾,但力所能及地热心助人。小区居民林永珍,90多岁,子女长期在外,他一个人居住在7栋2单元2号,由于年事已高,经常忘记关水,造成厨房和卫生间积水,黄仲芝经常到其家中关水并打扫,告知老人要注意安全。他用自己的行动诠释了好品德,用生活小事引导邻居们敦亲睦邻、向和向善。

(二) 法治

玉马社区成立初期,群众刚刚转为城市居民,普遍法律意识淡薄,部分群众信访不信法,有点事情就跑到政府去上访,造成了极坏的影响。针对这种现象,玉马社区经常开展"以案说法"政策法规教育活动,让居民学法、知法、守法、用法;建立法律援助工作站,聘请驻社区法律顾问,每月集中处理居民法律咨询业务,开展法律服务不少于2天;建立普法宣传队伍,每季度开展《宪法》《婚姻法》等法律法规宣传讲座1次,自编自演《法治之光耀家乡》等本土节目,以群众喜闻乐见的方式开展一系列有特色、有针对性的普法活动,营造浓厚的法制氛围;以点带面,推进法治示范社区建设,目前剑南镇天河社区创建为德阳市无讼社区,玉马社区和五路口社区创建为德阳市法治示范社区;成立矛盾纠纷调解特色党小组,帮助居民群众将矛盾化解在萌芽状态,确保纠纷不升级。

(三) 共治

开展"双报到"单位岗位认领活动,设置"关爱帮困岗""政策法规宣传岗""养老助残志愿岗""矛盾纠纷调解岗"和"绿化美化养护岗"等岗位,每季度在社区开展1次党员志愿者活动;探索镇企支部共建模式,镇机关党支部和绵竹移动公司党支部结对共建,从组织建设互促、党员干部互动、党建载体互用、共享业务合作等方面开展共建活动,促进优势互补,共驻共建,共同发展;以党建带群团,打造社区青年之家、妇女儿童之家,开办暑期少儿公益学堂、四点半课堂,开展"大手牵小手"爱心妈妈结对帮扶留守儿童等10余项特色活动,促进区域资源共建共享。剑南镇已涌现出热心雷锋哥、贴心管家婆、细心灵通哥、耐心铁嘴嫂、放心喇叭姐等,他们用自己的行动树立了好榜样,引导共同打造乐善友爱、幸福和谐的和善新家园。

(四) 自治

制定环境联治、平安联创、困难联帮、致富联带、新风联树等居民五联公约，规范居民言行，倡导积极健康的生活方式；设立义务治安员队伍，统一佩戴袖标上岗，做好每天院内的治安巡逻工作，收集整理社区内消防、安全、治安、稳定等方面的信息；实行居民议事制度，建立居民议事会，推选议事代表，邀请居民代表参与社区重大事项决策监督，促进社区居民自我管理、自我服务、自我教育和自我监督。

三 践行"四大行动"，提升城乡社区居民幸福指数

（一）环境提升行动

动员群众参与社区环境综合治理工程，解决社区私搭乱盖、乱贴小广告、乱倒乱扔垃圾、乱撒纸钱、车辆乱停放等问题。推进"三无院落"整治工程，着力解决物业管理缺失、基础设施老旧、环境卫生脏乱、安全隐患大、绿化水平低、群众安全感低等突出问题，形成环境优美、秩序井然的新院落，推动和谐院落建设。开展城市管理志愿服务日活动，组织辖区机关事业单位、社会组织、社区志愿服务队等开展志愿服务活动，实现美丽家园共管共享。玉马社区召开居民代表大会充分讨论协商，在居民的监督下，顺利拆除居民私自搭建在公共场所的帐篷178顶，同时社区党员、网格服务管理员走访入户，耐心地给居民做思想工作，引导大家搞好环境卫生，不乱扔乱堆垃圾。在大家的团结协作下，一改往日的"脏乱差"，一个干净美丽的新家园呈现在大家面前。

（二）就业促进行动

规范社区劳动保障站相关机制，全面掌握居民的就业动态，通过失地农民问卷调查，建立失地农民就业状况动态台账，为实现再就业提供各项服务载体。依托现有职业院校和职业培训机构，针对社区失业居民开展定向培训（月嫂、家政服务、SYB等），实现技能就业。加大宣传力度，通过入户讲解、发放宣传资料，宣传栏、LED屏等多种形式，大力宣传党和国家的就业方针政策，鼓励失地农民走出家门，融入社会，努力实现再就业。举办"春风行

动进社区"专场招聘会，为居民提供就业政策咨询、职业指导介绍、创业培训申请等多项服务，努力帮助其实现更高质量的就业。居民张伟是一名残疾人，家庭贫困，自学掌握了手工皮雕技术，所雕刻的皮具销售渠道困难，社区延伸了"15分钟青年志愿者服务圈"，无偿为他提供场地，并报团市委将其项目纳入招善引慈项目，申请资金，提供技术。目前，张伟的皮雕技术得到了推广，产品已销往全国各地和国外，同时解决了5名残疾人就业问题。

（三）社会组织培育行动

建立社会组织孵化基地，培育引导绵竹爱心互助协会、爱之援、金骑演艺队等社会组织。项目化运作，实行一级主体、分级负责的管理体制，社区社会组织登记备案率达100%，常态化开展爱心银行、爱心妈妈、爱心学堂、爱心书屋、爱心家园等"五爱"品牌项目。引入第三方社会组织评价机制，为和谐剑南建设提供"草根"力量。

（四）服务功能提升行动

推广"135工作法"，1即构建一张"横向到边，纵向到户，无缝管理"的基层党建服务网，3即推动公共政务服务便捷化、便民利民服务专业化、志愿互助服务多元化，5即建立健全党员教育管理、社区党建综合协调、考核、评议、监督等5种保障机制。推行"互联网＋党建"，建立社区党建微信平台，定期向居民推送各项惠民政策、各类业务办事流程、社区新闻、活动通知等，利用微信平台的回复功能随时与居民进行互动，进一步掌握民意动态，及时收集党员群众的意见建议，归类整理、解答回复，真正拓宽了解决联系服务群众"最后一公里"的渠道。

创新建立"1＋4＋4"工作机制，进一步增强了基层党组织的凝聚力、战斗力，促进社区基础设施、公共服务、社会管理的不断改善和经济水平、群众幸福指数的不断提升，呈现和善（崇德向善、正言直行）、和乐（敦亲睦邻、安居乐业）、和谐（共驻共建、互融互促）以及环境美（绿色生态）、秩序美（管理规范）、风尚美（多彩人文）的"和美"新面貌。

双融双促　建设法治社区

八角井街道双榕社区

创新社区治理，是推动城市治理能力现代化的必然选择，是在社区居民身份多样、物质文化需求多样、居民价值取向多样、传统管理压力加大的背景下提高社区治理能力的必然要求。双榕社区积极探索"一核三治"社区邻里服务中心建设，以党组织为核心，推动社区治理规范化、体系化、现代化，逐步形成"组织引领、以人为本、依法治理"的治理体系和"融通民心促进全域共建，融合治理促进幸福共享"的治理格局，先后被评为"德阳市先进基层党组织""德阳市法治示范社区""经济技术开发区先进基层党组织""经济技术开发区法治示范社区"。

一　加强德治教育，提升社区居民道德水平

双榕社区于2017年上半年开始社区党群服务中心建设，为更好地适应当前社区发展和满足居民需求，率先打造了社区教育中心，集文化课堂、艺术课堂、市民课堂于一体，引进专业的社会组织负责日常运行，开启社区协同治理新篇章，拓展社会力量参与社区公共服务和社区治理机制，引导居民、社会组织理性、有序投身社区建设。

文化课堂启动"雏鹰计划"，开设了悦享书吧、时光影院、430课堂等服务项目，同时重点加强未成年人思想道德建设，做到"以文养德"。在艺术课堂启动了"幸福工程"，开设了蓝山岚传统扎染坊、永奇画匠室、心馨陶吧、手工作坊、舞蹈等服务项目，以培养辖区居民的艺术兴趣和爱好为抓手，做到"以艺养德"。在市民课堂里设置了法治讲堂、安全讲堂、道德讲堂等，安排各类素质提升课程，切实提高居民文明素质和道德水平，特别是加快转非居民由农民向市民的转变，加强素质提升教育，提升居民的道德水平。

二 加强法治教育，提高社区居民法治意识

近年来，双榕社区注重居民的法律素养提升，在转非居民法律意识转变中狠下功夫，积极引导居民牢固树立遇事找法、解决问题靠法的理念。社区以党组织为核心，优化整合了法治宣传课堂、法律援助中心以及法律顾问三大平台，打造了集社区矫正、法律援助、人民调解、公证业务、普法宣传、法律咨询等职能于一体的法律服务新平台，设置了法律服务便民箱，切实为群众提供高效、便捷、优质的法律服务。

社区设有法律援助站，由四川言品言律师事务所的专业律师定期为辖区居民提供法律服务，2017年协助社区调解事务10件，出具调解协议书5份；社区还与德阳诚信公证处共建，协助社区居民办理公证事务8件；社区通过开展形式多样的活动、积极融入寓教于乐的法治元素等方式，切实将法治理念、意识带到居民身边，有效融入居民生活，促进了社区"七五"普法、"法律七进"依法治理工作。近年来，社区未出现一个进京去省非正常上访人员，未发生一起群体性事件，确保了辖区的高度和谐稳定。

三 加强自治建设，激发社区居民自治活力

实现居民自治，坚持以以人为本为核心，是推进和谐社区建设的第一原则。居民参与标志着对社区的认同和关爱，标志着居民既可以参与社区内的利益分享，又能参与社区内的责任承担。2017年3月，社区三委组织居民小组召开户代表会，由各户代表推选产生了57名居民代表；4月，社区三委组织居民代表就社区居民公约进行了意见收集，并于4月13日召开居民代表会议，讨论并制定了社区居民公约；9月，在柳江苑小区业委会的配合下，选举产生了小区第一届业主代表，为今后小区自治工作打下了坚实基础。9月底，经社区党委研究决定，小区居民的自行车免费停放到地下停车库，停车费用由社区承担，小区自行车现已全部停放到了地下车库，使楼道口变得更整洁通畅，彻底改变了楼道堵塞的情况；10月，为满足小区居民需求，充分体现"小区是我家，建设靠大家"的小区自治管理理念，社区党委组织社区监委会、小区业委会、业主代表共同对小区居民提出需要增设的板凳进行了现场定点定位和统计，增设的40张休息凳已完成安装。

双榕社区坚持围绕党组织的领导，以"三治"新模式融通促建，促进社会组织协同工作，开创了居民自治管理工作的新局面，在法治社区建设和道德建设工作方面取得显著成效，提升了社区服务群众能力，增加了群众的认同感、归属感、获得感和幸福感，同时也更有利于社区进一步开展各项工作。

贯彻六字方针　建设法治千佛

工农街道千佛村

工农街道千佛村位于旌南片区西南角，处于城乡接合部。地域面积1.2平方千米。辖4个村民小组，户籍人口近1000人，服务人口2500余人，招商引资小微企业150余家。近年来，在区委、区政府和街道党工委、办事处的正确领导及上级部门的关心支持下，千佛村紧紧围绕"打造经济文化强村，建设富裕繁荣千佛"的总体目标，强力推进依法治理工作，探索形成了"理念、制度、桥梁"六字方针，实施"333"工程，成功创建为全市民主法治示范村，连续七年荣获工农街道年度综合目标考核一等奖，积极创建全省、全国民主法治示范村。

一　以"理念"为指引，营造"出门见法、抬头学法"的法治文化氛围

1. 融入生活

千佛村围绕"以法带头、文化强村"的理念，营造"法律随处见、人人用"的法治文化氛围，以村委会为中心点，注重资源优势、发挥农村特色，通过建设法治长廊、巡回流动法治宣传车，制作通俗易懂的法治顺口溜、村民公约"三字经"等，最大程度实现村民法治知识"能看、能听、能说"。

2. 寓教于乐

以村文化院坝为主要阵地，结合全年各重大节庆日开展文艺演出、体育比赛以及各类主题教育活动，将与群众生活密切相关的土地、财产、婚姻、计生、社保等法律法规知识，以寓教于乐的方式，融入群众喜闻乐见的活动当中。

3. 打造基地

成立社区警务室、预防青少年违法犯罪工作阵地、巡回法庭、社区矫正

工作站，实现公、检、法、司全入驻，从不同层面向广大群众普及法律知识。

二 以"制度"为核心，促进全村工作有章可循

1. 制度管人

成立民主法治示范村创建工作领导小组，做到分工明确，责任、措施落实；邀请驻村法律顾问修订完善村规民约及《村民委员会自治章程》《村民代表会制度》等常规制度。

2. 制度管事

制定了具有自身特点的《"两委"议事制度》《文化惠民制度》《民生关爱制度》等各项管理制度15项，坚持把村务公开、民主管理作为推进基层法治建设的重要举措。

3. 制度管钱

围绕保障村民的知情权、决策权、参与权、监督权，积极落实民主管理"三个五"，即五项制度——村民议事制度、村委会工作制度、村务公开制度、民主理财制度、村规民约，五项设施——村民议事室、村民自治资料档案室（柜）、村务公开栏、村民意见箱、民主管理公示栏，五本簿册——村委会会议记录簿、村民议事记录簿、村务公开记载簿、民主理财记录簿、村民意见登记簿，全面提升了村务公开、依法治理工作水平。

三 以"桥梁"为纽带，共建平安法治千佛

在依法治理工作中，千佛村以农户为基础，以村民小组为骨架，以驻村干部为大梁，构建了以驻村律师、村组干部、网格管理员"三位一体"的法治建设"亲民连心桥"。

1. 驻村律师

坚持"三个走进"，使依法治理工作走进居民群众、走进弱势群体、走进企事业单位；定期开展"走出去、请进来"活动，及时了解群众的真实需求，有针对性地开展法治宣传服务。

2. 村组干部

定期组织召开群众恳谈会，了解收集群众对依法治理工作的意见建议；定期开展"五上门"服务，即上门送法律、上门送政策、上门送知识、上门

送方法、上门送温暖，真正把法治"亲民连心桥"的关爱送进千家万户。

3. 网格管理员

全面推进网格化管理，使群众自愿参与、自觉配合依法治理工作，形成浓厚的群策、群力、群管、群防的公众参与氛围，激发居民群众参与依法治理工作的积极性和主动性，做到"小事不出组，大事不出村"。

物业党建联建推动基层"一核三治"治理体系

旌东街道乐安社区

旌东街道乐安社区成立于1997年,是集拆迁安置小区、单位小区、商住小区、灾后重建小区、企业一体的复合型社区,地区面积2.5平方千米,常住人口3万余人,16个居民生活区,辖区内共有企事业单位138家,培育引进社会组织15个,辖区党员人数1432人,成立了社区党委,共有党组织36个,其中社会组织党组织9个,实现党的组织和党的工作全覆盖。

随着城市化进程加快,群众需求多样化、利益主体多元化趋势明显。面对基层治理人手少管不了、自治组织能力弱管不好、诉求主体预期高管不住等难题,社区党委按照"一核三治"模式,着力构建起责任落实有效、党建引领有力、日常管理有序、领导多元共治、服务功能完善的新型社区治理和服务体系。在全省成立了首家业主委员会协会,推动成立物业公司协会,同步建立协会党组织,主动参与各类矛盾纠纷化解,推动社区治理逐渐走上了法治化道路,在打造社区共建共治共享社会治理格局中走出了新路,得到了省委书记的充分肯定:"小小社会组织发挥大作用。"

一 建强"三类组织",夯实社区基层治理基础

全覆盖建立业委会协会、物业公司协会,同步建立协会党组织,构建社区基层治理基础。一是建立业主委员会协会。实行社区党组织书记兼任协会会长,推选优秀业主委员会主任任副会长,加强对协会的领导,指导16个小区全部建立业主委员会。二是建立物业公司协会。业主委员会协会的成立助推了物业公司协会的成立,通过物业公司协会加强对物业公司的引领,进一步规范物业公司经营行为。三是建立协会党组织。在成立两个协会的同时,同步建立党支部,直接隶属社区党组织管理,不断扩大党的组织覆盖面和工

作覆盖面。全面推行协会党支部书记和协会负责人双向进入、交叉任职。

二 创新"三项机制",健全社区基层治理体系

在街道党委的直接领导下,划分社区、协会党组织不同职能定位,不断健全社区基层治理体系。一是建立社区党组织主导机制。社区党组织推动落实支部联建、决策联动、工作联手、资源联用、考核联评"五联"工作法。建立协会支部季度联席会、协会月工作会等制度,推动小区事务共商、服务共抓、矛盾共解,形成了小区治理"一盘棋"格局。二是建立协会支部引领机制。推进党组织领导下的民主协商,协会支部加强协商议题审核把关,督促小区业主委员会、物业管理公司财务公开、业务公开,接受业主监督,督办协商事项落实,引导并保证小区业主委员会、物业管理公司依法充分履行职责。三是建立"六个一"物业党建联建工作机制。每月召开一次联席会,每季度进行一次协会党支部联谊活动,每季度开展一次业务培训,每季度进行一次安全检查,每季度开展一次法治宣传活动;每年开展一次测评考核和工作总结。

三 强化"三项功能",彰显社区基层治理成效

按照党委主导,政府负责,社会协同,公众参与的有关要求,乐安社区以两个协会为示范,不断激发各级各类组织功能发挥,充分释放社区基层治理内生动力。一是强化服务功能。在党组织引领指导下,各业主委员会普遍建立居民需求清单及特殊人群"六本清"台账,针对性对接联系服务资源;物业公司及协会根据群众服务需求,直接提供相关服务或引入第三方资源及时开展补充服务,服务供需双方实现了无缝对接、精准对接,服务群众工作质量、效率得到极大提升。二是强化自治功能。协会依法指导5个小区新成立业主委员会,11个小区业主委员会顺利换届,有效地解决了社区、小区依法自治共治的最基层组织问题。依靠协会依法维护业主权益,推动东汽馨苑维修基金1600余万元划归业主委员会协会管理,成为全市首个维修基金民管民用社区,利息收益由原来一年5万余元增加到近50万元,让业主得到实惠,得到了群众的认可和肯定。聘请专业律师参与调处矛盾纠纷,全区物业纠纷比2014年下降84%,小区矛盾纠纷逐年减少,治安案件逐年下降,社区

治安环境明显改善，群众安全感明显提升。依法推动物业管理改革，总结提炼的5条经验被《四川省业主大会和业主委员会指导规则》采用，作为全市唯一一家社会组织参与了《德阳市物业管理条例》起草工作。三是强化发动群众功能。两协会充分利用议事会、联席会适时传播党的声音、宣传党的政策，积极开展法治宣传教育，不断增强业主、业主委员会、物业公司人员的法治意识，提高居民依法自治能力；以群众为主体，定期开展小区联谊活动，将物业维权、社区管理等法规知识编入节目寓教于乐，大力推进德孝文化、平安创建进小区，形成独具特色的小区文化和共同价值；开展小区找党员、党员亮身份工作，大力开展共产党员示范行动，示范引领业主参与小区治理。

通过3年来的探索实践，城乡基层党建、社会治理的触角不断向城市细胞单元延伸，"有事找协会、化解矛盾找协会"正成为居民的共识。乐安社区在发挥社会组织作用参与社会治理工作等方面做了一些有益的探索，得到上级部门和领导的肯定。创新无止境，我们将以学习贯彻党的十九大精神为契机，按照"加强社区治理体系建设、推动社会治理重心向基层下移、发挥社会组织作用，实现政府治理和社会调解、居民自治良性互动"的要求，不断改进工作方式，创新工作方法，以智能化为统领、以抓铁有痕的劲头、用绣花的功夫，进一步深化社区"法治、德治、自治"，打造共建共治共享社会治理格局，进一步维护群众的人身权、财产权、人格权，提升群众的获得感、幸福感、安全感，把社区和小区建设得更加和谐、更加美好！

创新"一三三"工作法 构建社区治理新常态

罗江区金山镇家和社区

罗江区金山镇家和社区辖区面积5平方千米，现有居民1.3万人，征地拆迁安置、劳动就业保障等矛盾较为集中。家和社区坚持以法治理念、道德教化来化解矛盾、保障权益、促进和谐，构建起"一体系、三中心、三平台"的社区治理新常态，实现社区治理到位、服务到家、群众满意。

一 一个体系，依法决策全民主

坚持把依法治理、民主管理作为社区建设的灵魂，深化居民议事代表制度，着力发展党领导下的社区居民依法民主决策机制，增强居民的归属感和认同度，凝聚力量，合力发展。

支部核心。以党的领导作为民主议事的前提，支部发挥好事前组织者、事中保障者、事后协调者三大作用，确保议事活动符合党的路线、方针、政策和国家法律法规，确保议决事项得到执行落实。

定向代表。以代表的真实性作为议事制度的关键，以家庭为单位，按就近、就楼院的原则，每15~20个家庭民主推选一名议事代表，共计推选议事代表118名。议事代表定向负责，代表知道自己具体代表谁，每个家庭知道谁代表自己；议事代表定向收集意见，定向参与议事决策，定向反馈议事结果，定向化解矛盾纠纷。

依法自治。以法治作为民主议事的基本原则，制定《家和社区居民公约》《居民议事会议章程》，完善制度规范，让民主决策有法可依、有章可循，民主决定合理合法，民主管理依法有序。

通过实行居民议事代表制度，群众依法民主决策，基本实现"群众的诉求群众议，大家的事情大家办"。全社区852套统建安置房，通过议事代表依法民主决策的方式,制定分配办法,妥善分配到位,未发生一起上访事件。

二 三个中心,群众服务全方位

按照民主自治、便民服务的要求,创新思路,完善措施,畅通诉求渠道,提升服务效果,促进社会就业,实现社区事务自治、为民服务全方位。

群众工作中心。把社区调解室、综治站、司法站、警务室等综治服务站点和群众接待室、居民议事厅统筹结合,组成社区群众工作中心,通过网格化管理,收集和听取社情民意,畅通诉求渠道,实现社会问题提前掌握,社区矛盾纠纷就近调解。成立社区法官工作站,由金山法庭庭长直接联系社区,实现社区无讼。并通过建立巡逻联防制度以及规范完整的违法犯罪情况和社区矫正情况登记,实现社会治安保障全天候、全范围。

便民服务中心。把与群众关系密切的民政、社保、低保、医保、劳动、就业、计生、卫生等管理服务职能,整合到便民服务中心,设立社区协管人员,将部门的职能切实延伸到社区,将各项审批权限和服务职能公之于众,引入社会监督,保证办事准则、收费标准依法落实到位。

就业服务中心。把依法保障居民就业权益作为重点,成立就业服务中心,搭建劳动力信息库、用工信息库、就业培训班,实现群众就地就近创业就业。劳动力信息库:以社区为中心,开发专业软件,建立"镇—社区—居民小区"劳动力三级调查登记,动态掌握居民劳动力基本情况和就业需求,做到"一个都不能少"。用工信息库:建立定期走访企业、政企 QQ 群、微信群联系交流等沟通机制,及时、准确掌握用工信息,并与经济技术开发区、就业局用工数据库共享,及时向社区居民提供园区以及周边企业用工信息,实现园区内企业用工"本土化",让居民就地就近就业。就业培训班:通过"企业出岗位,社区来组织"的方式,定期开展待就业人员免费定向培训,打造就业"绿色通道",实现"招生即招工,毕业就上岗"的培训、就业无缝对接,有效缓解企业招工难、群众就业难的"双难"问题。

2016 年以来,全社区通过"群众工作中心"收集群众意见建议 185 条,采纳 63 条,依法调解矛盾纠纷 8 起,群众满意度 100%;通过"便民服务中心",完成民事服务事项 1200 余项;通过"就业服务中心",举办培训 6 期,培训 413 人,提供就业岗位信息 1230 个,推荐就业 857 人。

三 三个平台，法德教育全覆盖

社区通过大力开展居民公约宣讲、道德素质教育和法治观念教育，全面提升社会道德文明水平，促进人心良善，以道德教化促进善治。

社区新市民培训学校。针对社区居民主要是征地农转非人员的特点，建立"新市民培训学校"，把促进"失地农民"向城镇市民转变作为工作重点，以培训班的方式开展社区居民公约、法律知识轮回培训，教导群众学法、懂法、用法，逐步转变群众意识，消除小农思想，促进社会和谐。

公民道德讲堂。充分发挥"社区公民道德协会""社区老年协会""青少年幸福驿站""养老服务中心"等组织平台优势，搭建分类道德讲堂，以弘扬良治善治理念为出发点，把社会主义精神文明教育和中华民族传统美德教育融入社区服务的各个领域，分群分类引导群众讲道德、尊道德、守道德。

义务法治宣讲团。组建"金山镇家和社区法治宣讲小分队"，广泛开展法治宣讲进院落、进家庭、进企业活动，并与社区"法治文化广场""文化院坝"建设等相融合，每月开展一次法律相关文艺演出、电影放映活动，把宣传教育渗透到群众文化生活与休闲娱乐之中，真正实现社区法德共治、家社合一。

德阳市罗江区深化行政审批制度改革

罗江区依法治市领导小组办公室

一 大胆放权、事权到位

在区委、区政府的领导和支持下，第一时间落实省政府扩大相对集中行政许可权改革试点范围要求。2017年3月1日，在全省第一批挂牌成立行政审批局。由于省政府尚未批准罗江区的改革方案，行政审批局尚无审批职能，区委主要领导亲自安排部署，通过创造性地开展工作，将23个区级职能部门的151项行政审批事项转入行政审批局，业务人员、业务系统、行政审批章也集中交由行政审批局管理，并授权到位，确保151项行政审批事项在行政审批局能顺利进行审批。目前，试运行较为顺畅。

二 一单规范、廉洁高效

在完善实施权力清单、责任清单的基础上，围绕解决过去审批和监管工作缺乏规范标准和自由裁量等问题，探索编制行政许可事前审批和事中事后监管"标准清单"，对151项行政审批事项实行一单规范管理，理顺审批部门和监管部门职能职责。一是制定审批标准清单：明确事项名称、权力来源、设定依据、受理部门、申请条件、申请材料、审批流程、审查标准、办理时限、特殊环节、收费标准及依据等内容，对内规范管理"有权不任性"，对外精确指引，让群众明白办事。二是制定权力和责任清单：明确审批主体权力和责任的设定依据、责任事项、责任事项依据、承办机构及追责对象范围等内容。着力实施行政权力公开透明运行机制，从源头上预防腐败，最大限度减少审批部门寻租腐败，把权力关进制度的笼子。三是制定监管标准清单：明确监管主体、监管对象、监管内容、监管措施、监管程序、年度监管计划及监管处理等7项内容。对内推动职能部门强化监管责任、创新监管举措、加大监管力度，对外引导市场主体明晓界限、守法经营。"一单规范"管理让群众知道怎么办、办事员知道如何办、监管部门知道怎么监管，打通行政审批和监管执法工作规范管理的"最后一公里。"

三 一窗进出、受办分离

把原本分散在23个部门的审批服务事项全部整合到商事登记类、投资项目类、城管交通类、涉农事务类、文教卫生和社会事务类五大类综合窗口实行"一窗受理"，避免群众办一件事往返于多个部门、重复跑的现象。对审批服务事项实行综合窗口统一接件，后台专职负责审批工作，证照批文由综合窗口统一打印发放，形成"前台综合受理、后台分类审批、统一窗口出件"的审批服务流程。受办分离实现了行政相对人与审批人员的物理隔离，杜绝了体外循环现象，完全斩断了企业与审批部门的联系，杜绝了可能发生的腐败行为，同时全面提高了审批服务效率，消除"中梗阻"，打通群众办事"最后一公里"，让企业群众"进一扇门、办全部事"。

突出"品"字管理 注重"三个结合" 推进依法治校

罗江区依法治市领导小组办公室

近年来,德阳市罗江区教育部门高度重视"一核三治"工作,围绕"法治示范校"创建活动,学校着力于"品"字管理,注重"三个结合",有效加快依法治校进程,为学校发展提供了可靠的法治保障。

一 "品"字管理,完善学校法治结构

"学校、教师、学生"是学校教育的三大核心,三者相互支撑、相辅相成。因此,罗江区七一潺亭中学从"校、师、生"三处同时着力,将学校管理、教学行为、学生活动纳入法治轨道,构建起一个稳固的"品"字管理结构。

(一)以校为本,健全管理制度

一是民主管理,规范行权。制定《学校章程》,建立了财务、工程建设项目、教职工奖惩职称评审等8个方面的权力运行流程图和师生申诉制度等规章制度。二是分级管理,阳光行权。实施"三线三级"管理机制(即以德行教育线、教学质量线、后勤安全保障线为"三线",以学校决策层级、组织管理层级、目标实施层级为"三级"),建立完善130余项制度,促进内涵发展,确保各项权力在阳光下运行。三是落实责任,健全体系。完善责任体系,健全组织保障制度,严格落实校长责任制,与相关责任人签订"师德承诺书""一岗双责责任书",规范教学行为。四是家校衔接,强化监督。建立家长委员会制度,定期与家长委员会成员进行沟通,听取意见,强化了家长对学校办学行为和管理行为的监督和参与。

（二）以师为本，提升法治意识

一是提高学法意识。坚持会前学法和法律培训制度，利用行政会、年级会议、教师例会和岗位培训时间，组织教师学习、研讨法律法规，提高了教师的依法执教水平。二是严格规范言行。完善绩效考核体系，明确教师师德行为，促使教师在享有各项合法权益和待遇的同时，坚决做到依法依规办事。三是尊重教师权益。大力推进校务公开，建立教职工代表大会，依法保障了师生的知情权、参与权、表达权和监督权，扩大教职工对学校领导和管理部门的评议权、考核权。

（三）以生为本，构建和谐校园

一是坚持"每周学法"。利用国旗下讲话、班级时事学习等时间组织学习法律法规，开展廉洁教育、校纪整治活动，培养了学生的学法守法用法意识。二是制定《一日常规》，狠抓常规管理，培养学生良好的行为习惯，树立规则意识。三是健全安全防范体系，完善教学、消防、卫生等安全卫生制度和校园突发公共事件预案，提高了安全防范和处置能力。四是利用警校共育机制，对学生进行法治宣传和应急演练活动，树立了法治和安全意识，确保了学校长期安全稳定。

二 "三个结合"，营造学校法治环境

（一）法治教育与校园文化相结合，寓教于乐

一是拓宽渠道，营造氛围。利用宣传展板、文化长廊、校园广播等法治宣传阵地，常态化开展法治教育，让师生时刻受到熏陶。二是丰富活动，深化内涵。组织开展法治知识竞赛、法治征文和法治手抄报、法治漫画创作等专题教育活动。特别是学校结合书法教育，开展法治文化书法竞赛，教育学生规规矩矩写字，堂堂正正做人，充分发挥了书法教育育德、启智、修身、养性的功能，弘扬了中国优秀传统法治文化。三是创新形式，以演促教。组织法治主题文艺会演，学生自创自演《律法王国》《法律与争议》等法治诗歌，自导自演情景剧《应聘》《新闻联播》，小品《父亲》《看护》等法治文艺节目，师生乐在其中更受益其中。

（二）课堂教育与课外教育相结合，寓教于行

一是选聘法治副校长、法治辅导员和教师普法员组建普法宣教队伍，通过课堂教学、班会学习、法治讲座，提高了师生的法治观念。二是重视法治体验教育，组织学生外出参观法治宣传展，参与文明劝导、警营体验等实践活动，丰富法律知识，提高法治素质。

（三）学校教育与家庭教育相结合，寓教于众

通过家庭教育知识讲座、家长座谈会、家庭教育公益讲座，向家长传递法律知识；开展"千名教师访万家"活动，架起学校和家庭教育的桥梁；以"小手牵大手"活动为载体，组织学生和家长共同学习《环境保护法》《未成年人保护法》《预防未成年人犯罪法等》法律法规，将法治理念从学校延伸到家庭、社区和村组。

经过几年的努力，学校依法治校的"品"字结构已日趋完善。近几年，学校先后荣获"德阳市首批依法治校示范学校""四川省依法治校示范学校""四川省标准化示范性食堂""省防震减灾科普示范学校"等近30项各级称号，校园交通事故、火灾事故、刑事案件、治安案件零发生。在和谐安定的校园环境里，教育工作连结硕果，2011年至今，年年获得德阳市高中教学质量一等奖，被市教科所誉为"德阳市普通高中的一面旗帜"。

以"一核三治"助推村级服务能力不断提升

罗江区鄢家镇星光村

星光村地处四川省德阳市罗江区东部，地域面积2.65平方千米，辖10个村民小组，人口1508人，党员43人，星光村风景秀丽，土地肥沃，气候宜人，文化底蕴深厚，物产丰富，交通便捷。全村有党员43人，以基层党组织为领导核心、法治德治自治相结合，在全县率先成立公民道德协会、村监事委员会、村议事会、村文艺演出队，村民文化生活丰富多彩，依法治理工作蒸蒸日上。

一 加强组织领导，工作机制不断完善

星光村自2012年成为罗江区新农村示范村以来，将依法治村工作纳入村庄工作的议事日程，成立了以支部书记为组长，村两委成员、监委会成员、村民小组长为成员的依法治村领导小组。

在提升新农村建设硬件工程的同时，村两委积极做好软实力建设，首先是加强领导班子建设，配齐配强班子成员，严格落实"五议（支部提议、三委商议、听取群众建议、党员会议审议、党员及村民代表大会决议）、两审（党员代表审议后报政府初审、大会决议后政府再审）四公开（事前公开、决议程序公开、决议公开、结果公开）"的决策程序，这样更有利于推行村民自治、民主决策、民主管理、民主监督、依法建制、依法治村工作，把村庄工作和村民经济社会管理纳入法制轨道，将"法治、德治、自治"工作落到实处，加强村四务公开公示工作，提升村级服务能力，推进村组干部述职述廉常态化，组建党员志愿者队伍两支，开展服务产业、服务群众文化等公益性活动。通过以上工作的实施，星光村在新农村建设中走到了全镇前列。

二　着力文化建设，生活健康积极向上

星光村历来重视弘扬优秀传统文化，经常性开展群众文体娱乐活动。村内建有藏书2000余册的农家书屋3个、道德讲堂、党员电教室、篮球场、志愿者服务站等基础设施，注重抓好群众文化建设，以先进文化占领农村思想阵地，丰富群众生活，助推依法治理工作。

三　"以德治村"，幸福和谐奔小康

充分依托村两委、村志愿者服务站，加强村民的道德教育和社会主义核心价值观教育，坚持开展评选"文明户""好儿媳"等身边道德模范，坚持开展文明、科学、健康向上的生活方式教育，教育村民不得参与迷信活动及邪教组织，不得涉嫌违法犯罪活动，鼓励群众发现有违规现象及时向村委会报告，并提倡婚丧嫁娶不大操大办、勤俭持家、节约资源等文明风尚。党员干部向全村群众承诺，严格执行有关规定，争做村中移风易俗的带头人。依托邻里乡亲互助会这个平台，互帮互助，热心关爱留守老人、留守妇女、留守儿童，详细掌握他们的基本情况，村组干部定期走访，有困难及时帮忙解决。积极帮助孤寡老人、残疾人等生活困难群体，在帮扶政策上严格遵照上级要求执行，在生活上给予关心，培养他们乐观的心态，星光村连续九年没有发生一起上访事件和刑事案件，形成了崇尚科学、健康向上的良好社会风气。在2017年的"四好"村建设过程中，全村因道路拓宽迁坟12座，拟集中成片将星光村6组打造成集诗歌文化、川西特色民居为一体的特色院落，但是，几百年的习俗将整个院子被186座坟头三面包围着，为改善生活环境，通过对全组村民思想动员，全组村民自愿在平坟决议书上签字后，村上利用清明节假期4天时间，将186座坟头全部平整了，有7座坟地上已经栽植了果树。2015年该村荣获"德阳市民主法治示范村"称号。

四　村民自治，共建幸福新村

道德评议是德治理念在基层自治的实践。但仅靠德治或自治推进新民风建设不可能从根本上解决问题，必须多管齐下，综合运用法治、德治、自治

手段。一是坚持法治,在全村依法开展移风易俗工作,通过广播会、代表会、坝坝会等各类会议宣传,农民夜校等多种方式培训,促进群众知法、懂法、守法;二是规范自治,组织群众广泛参与讨论修订本村的村规民约,制定了《星光村养成好习惯的约定》,环境卫生整治工作形成长效机制,真正实现以规治村、以约促和;三是倡导德治,每季度召开一次道德评议会,每年开展一次"四好村星级文明户"评选活动,以星定标、以星量德,接受社会监督和评判,树立群众身边的标兵,用榜样的力量引领社会文明新风气。

为进一步加强自治工作的持久性、全面性,提高群众的知晓度和参与度,星光村首先加强领导班子建设,配齐配强班子成员,提升村级服务能力,推进村组干部述职述廉常态化,充分发挥村计生协会、妇代会、道德协会、邻里乡亲互助会、扶贫互助社、专业合作社等社会组织的作用,积极开展村民素质提升培训,从生产技术到文明生活、从德孝廉耻到互助友爱、从政府关怀到邻里互帮,从有偿指导到志愿服务,星光村共筹集爱心捐款5万余元,共帮扶困难群众26户,帮扶资金3万余元,帮扶技术500余人次,为产业发展提供小额借贷300余万元,几年来共评选出100余户星级文明户,30余名好媳妇,为文明发展提供了资金、技术保障,为新农村建设提供了模范榜样。星光村也因此在2016年荣获"四川省文明村""四川省四好村"荣誉称号。

加强基层综治中心建设 推动社会治理重心向基层下移

中江县龙台镇稻花村

党的十九大鲜明提出,加强社区治理体系建设,推动社会治理重心向基层下移,发挥社会组织作用,实现政府治理和社会调节、居民自治良性互动是打造共建共治共享的社会治理格局的有效途径。针对地广人多,辖45个乡镇、837个村(社区)这个基层实际,中江县强力推进基层综治中心建设,以村为切入点,强化村民自治、创新科技运用、加强镇村联动、完善配套机制,为提高基层社会治理制度化、智能化、社会化提供有益探索。

一 完善一套配套机制,促进基层社会治理制度化

加强综治中心规范化建设,既是贯彻落实习近平总书记关于政法综治工作重要讲话精神的重要举措,也是新时代不断推进国家治理体系和治理能力现代化的必然要求。在依法治理不断深入的今天,提升工作制度化尤为重要。一是坚持六项原则。综治建设工作必须坚持党政主导、综治主抓、部门参与、联动融合,聚焦平安、信息支撑,统筹规划、分级负责,分类要求、分步实施,因地制宜、务实管用六项原则,实现基层治理和谐有序,进一步推进平安中江建设。二是科学规划建设目标。结合"四好村"创建,将"雪亮工程"和网格化服务管理系统接入镇综治中心视频监控室,将"矛盾纠纷多元调解"室和法律援助室同步进驻镇综治中心,强力推进综治中心规范化建设,通过不断完善措施、机制建设,到2020年基本实现综治中心全覆盖。三是探索创建"123456+N"工作机制。"123456+N"工作机制,即一个综治中心、两大实施主体、三大工作平台、四级协调联动、五条信息渠道、六大主要职能和N项重点工作,使综治工作思路更加清晰,行动更加明确,成效更加显著。

二 建立一个"智慧村落",促进基层社会治理智能化

做好村一级综治中心建设,本就是一项打根基、定根本的工作,要千方百计夯实基础、实实在在做出成效,既要有常规动作的保质保量,还要有自选动作的增光添彩,要在科技上狠下功夫,让基层治理智能化程度越来越高。一是加强联动协调。整合"雪亮工程"资源,安装电视显示屏4个、村内摄像头7个(其中1个能360°遥控旋转拍摄)、电脑1台,成功解决硬件必需品问题。依托镇、村综治中心联动工作指挥平台和"大数据"联动指挥平台,实现数据全面接入。二是运用"互联网+"思维。与县广电公司合作通过科技手段建立多媒体信息交换平台,将监控与群众电视连接,既实现了"雪亮工程"的进村入户和"一键报警"功能,又将村务、党务、财务、精准扶贫、禁毒防邪宣传、社会安全、金融招工等信息全部传输到电视,确保老百姓足不出户就能知晓了解全村动态,真正实现信息共享。

三 整合一支综治队伍,推进基层社会治理社会化

要想解决村一级综治工作人员及后备力量不足问题,必须克服等靠要思想,打破思维禁锢,充分发挥群众自治作用,创新整合一支适应新时代综治工作的特色队伍,提高群众基层社会治理参与度。一是创新设立万大爷工作室。矛盾纠纷化解始终坚持法治、德治、自治相结合,突出道德的约束、润滑作用,聘请德高望重的老共产党员陈德万为调解员,在担任调解员的几个月里成功调解本村纠纷7起,成效显著,进一步提升了调解委员会的工作质效。二是探索"网格+"工作模式。设总网格长1人,专职力量4人,网格党小组组长7人,网格员36人。充分发挥网格、网格员"全覆盖"优势,目前已成熟运用6类"网格+"模式,如建立"网格+法治"模式,网格员当好政策宣传员、知识讲解员带头人,使学法、守法、尊法、用法融入每个公民的生产生活。三是建立"红袖标"治安巡逻队。整合14名巡防队员,保证辖区内安全稳定,群防群治理念深入人心,村民自治意识进一步强化,自我管理、自我服务外延得到有效延伸。

推进绿色发展服务"四好村"建设

中江县依法治县领导小组办公室

2017年以来,中江县新农村建设按照"业兴、家富、人和、村美"的幸福美丽新村建设总体要求和"示范带动、整体推进、全面覆盖"的工作思路,以实现"四个好"(即住上好房子,过上好日子,养成好习惯,形成好风气)为目标,以"微村落"建设为抓手,以"四好"示范带为引领,充分调动广大农民参与新农村建设的积极性,切实加强领导,把握工作重点,强化资金整合,狠抓项目建设,并取得初步成效。

一 全面开展"四好村"创建活动工作

2016年,全县成功创建20个省级"四好村",73个市级"四好村",县级"四好村"134个。根据2016年省、市、县级"四好村"创建情况和《创建县级"四好村"活动工作方案》,2017年,计划建成县级"四好村"157个、市级"四好村"120个、省级"四好村"62个。一是建立"四好村"创建激励机制。印发了《中江县"四好村"创建活动以奖代补资金实施办法》,对成功创建的各级"四好村",安排专项资金给予创建资金补助,用于"四好村"标识标牌、环境治理、文化传承和好习惯培养等,推动"四好村"创建活动不断深化,确保实现更高水平的"四好"目标。二是将"四好村"创建活动纳入年度目标绩效考核。抓好经常性督促指导,推动"四好村"创建活动常态化、制度化,确保顺利实现创建目标。积极实施农村危房改造,引导贫困户参与农房"建改保",确保住上好房子。发挥新型农业经营主体带动效应,积极发展特色优势产业,开展扶持农村集体经济发展试点等,多渠道增加农民收入,确保过上好日子。加强法治德治自治融合,完善村规民约、卫生公约、文明公约,村容村貌干净整洁,村民文明礼貌、勤俭节约、守时守信,养成好习惯。常态化开展学习宣讲活动,在新村建设中开展"年画上墙"活动,引导群众自觉抵制低级媚俗、宗族派别、不赡养父母等现象，形成好风气。

二 加快"四好"幸福美丽新村示范带规划编制工作

一是加强制度保障引领。印发《中江县"四好"幸福美丽新村示范带建设工作实施方案》，明确了成巴高速+中金快通、中绵路、中广路等"四好"幸福美丽新村示范带，已编制完成了全县"四好"幸福美丽新村示范带规划。二是着力打造"四好"幸福美丽新村示范点。以点促面，加快中江县"四好"幸福美丽新村示范带建设。目前，永太镇高坝村、石狮村、南山镇"荷塘·南山""四好"示范片产业发展、新村基础设施建设正在有序推进。

三 着力推进"微村落"等特色建设

全面启动特色"微村落"建设，按照"规划有特色、产业有特色、治理有特色、文化有特色"的标准，计划2017年建设20个特色"微村落"。一是全县印发了《中江县特色"微村落"建设工作实施意见（试行）》，指导全县特色"微村落"建设工作。二是通过整合涉农项目资金1.6亿元，启动并加快推进首批12个特色"微村落"建设。三是建立工作推进机制，要求所涉乡镇和部门每月上报工作进度、落实情况。四是扎实推进幸福美丽新村建设。积极向上争取项目资金，按照业兴、家富、人和、村美的标准，以夯实基础设施、完善公共服务、优化村容村貌、净化村风民俗等为重点，大力推进新农村建设。五是狠抓两个园区建设。落实了场地和人员，细化了工作措施，形成了从上到下抓园区建设的格局。按照产村相融、镇园结合、一体发展的原则，加大农业园区招商引资力度，全力推进皇承记食品绿色蔬菜基地（二期）、"荷塘·南山"莲藕基地、中江手工挂面非物质文化遗产博览园、蚕桑示范园等重点点位建设工作。

与时俱进制定实施村规民约

中江县依法治县领导小组办公室

中江县村规民约的制定与实施得到省委书记充分肯定,被确定为"中江经验"在全省推广。2017年,富兴镇富强村、集凤镇石垭子村、龙台镇稻花村"一核三治"经验做法得到省依法治省办肯定,经验宣传片在四川电视台播出。

一 主要经验做法

1. 认真组织实施"六步工作法"

在村规民约的制定与完善过程中,坚持推行"六步工作法",一是强化党的领导,确保工作的有序性。二是广泛宣传动员,提高群众参与的积极性。三是精心组织起草,增强村规民约的针对性。四是反复征求意见,体现村规民约的民主性。五是依法表决备案,确保村规民约的合法性。六是认真组织实施。

2. 完善制度和监督

在村规民约的实施过程中,一是各级党组织加强统筹协调和监督检查,村(居)党员带头执行村规民约和居民公约,起到了示范作用。二是各村(居)委会认真组织宣传和实施,通过广播、短信、张榜、编印微故事、口袋书、纳入乡村儿童教材等多种形式进行广泛宣传,让村(居)民入脑入心,增强了执行的自觉性。三是加大了宣传和监督。通过村(居)民会议、院坝会议、民主评议,开展文明户、遵纪守法户、五好家庭户评选等活动,对模范遵守村规民约和居民公约的村(居)民给予表扬奖励;对违反规定的村(居)民予以批评并督促纠正,增强村规民约和居民公约的权威性和约束力。四是与时俱进,及时针对新情况、新问题修订完善村规民约。把修订完善、落实村规民约与加强村民社会公德教育、开展"四好村"创建、环境治理等活动紧密结合起来,融入农村日常生活,提高村规民约的生命力。

五是通过入户上墙、定期宣传、创建评比等措施，增强村规民约的权威性和约束力。对于模范遵守村规民约的村民，报县文明办评为"三户"（文明户、遵纪守法户、五好家庭户），可由乡（镇）政府给予适当奖励；对于违反村规民约的村民，在法治范围内，可采取批评教育、警告、责令改正、不良档案记录、取消相关荣誉评选资格、取消村组相关优惠待遇或福利等措施进行处罚。

二 取得成效

通过村规民约的实施，我们在促进村民自治和加强农村精神文明建设方面取得了一定的成效，主要体现在以下方面。

1. 促进了农村社会和谐稳定

通过村规民约的制定和实施，村民遵法守法的意识得到加强，村干部依法办事的能力得到提高，办事依法、遇事找法、解决问题用法、化解矛盾靠法的法治良序正在形成，乡村矛盾纠纷减少，安全意识增强，治安形势好转，邻里关系和睦，干群关系融洽。例如，东北镇实施村规民约以来，群众的矛盾纠纷和治安案件都大幅减少。

2. 促进了农村社会风气好转

中江县各村的村规民约都针对农村实际情况制定了关于破除迷信、移风易俗、尊老爱幼、维护环境卫生等条款。村民对这些村规民约条款的执行，不仅用行动深化了对中华民族传统美德的认识，更在实际中促进了乡风文明、环境美化建设。村民对各级组织、村集体的归属感、认同感明显提高，凝聚力不断增强，文明和谐、友爱诚信、互帮互助、尊老爱幼等良好风尚逐步形成，村民精神面貌明显改善，社会活力明显增强。例如，白梨村实施村规民约后，村民等靠要思想明显转变，自力更生、互帮互助意识大大增强。

3. 提升了乡村治理水平

中江县以制定和实施村规民约为切入点，初步建立了党委领导、政府引导、村级组织主导、村民广泛参与、社会各界踊跃支持的乡村治理体系，推动了基层社会管理向乡村治理方式的转变和创新，提高了党委政府基层治理水平和村组干部治理能力；进一步增强了依法治村、群众自己事情自己办的意识，村民"四自"能力和水平不断增强，参与村级事务的积极性、主动性明显提高。全县农村初步呈现村级事务管理有序、村容村貌整洁、乡村社会和谐稳定的新气象、新面貌。例如，富强村在新村建设中让村民自我管理、自我服务、自我监督，房屋搬迁、土地征用和住房分配的全过程公开透明，未发生矛盾纠纷。

"农民夜校"走出基层治理新路径

德阳市旌阳区扬嘉镇丰城村

农村作为党和国家治理的关键基础和促进社会和谐稳定的关键环节,治理好坏与人民群众生活幸福与否直接挂钩、息息相关,也是党的执政根基能否不断巩固牢靠的基石。自2016年12月"农民夜校"工作开展以来,德阳市旌阳区扬嘉镇丰城村结合本地实际,坚持因地制宜,把"农民夜校"作为推进"两学一做"和脱贫攻坚的重要抓手,紧贴农民需求,压紧压实责任,强化工作保障,创新推进机制,让农民群众在"农民夜校"这个大平台融合融洽,进一步密切了党群干群关系,为乡风文明注入新的活力。

一 开展背景

丰城村依托党员干部现代远程教育站点,整合各类资源,结合开展"四好村"创建活动,以农民群众愿意学、学得进、用得好为目标,通过"组织联建、资源联用、活动联搞"的方式,创新"1+4"学用方式,建立以"农民夜校"为主体,农技服务中心、农民专业合作社、农业园区、农业企业广泛参与的"一主多元"培训体系,以"菜单式"面对面交流授课、远程教育培训、基地实践、结对帮扶相结合开展教育培训,覆盖率、开课率均达100%,参与学习农民群众达1000余人次。

二 主要做法

(一) 强化三个坚持,确保学有保障

一是坚持上下联动。深入群众认真调研"农民夜校"建设需求和相关情况,上下联动研究制订实施方案,明确责任分工,夯实经费保障,做到有人抓、有人管、运转顺、成效好。二是坚持服务农民。尊重农民意愿,紧贴生产生活实际需求设置培训课程，采取群众喜闻乐见的方式，确保农民想参加、愿参加，实现有所获、有所乐。三是坚持责任管理。村党支部书记、联系村领导、帮扶干部和第一书记带头上讲台，以上率下，推动落实。评选"明星讲师""明星学员"，充分发挥典型引领示范作用，确保夜校常态化、健康化运行。

（二）突出三个精准，确保教有方向

一是精准了解学习需求。充分了解村民年龄层次、文化程度、种养殖习惯等情况，分类建立"农民夜校"学员档案80余份。问卷调查农村剩余劳动力、新型农民、农民工等群体学习需求300人次，做到对症下药、因需施教。二是精准汇聚教学资源。按照个人自荐、群众推选、支部把关、党委审核的方式，遴选优秀党员干部、法律顾问、农技人员、致富能手等作为专职教师，邀请上级部门、专家学者、专业机构等作为兼职力量，广泛吸纳道德模范、知名贤达作为志愿者，组建契合村民需求的夜校师资库。量身撰写乡土特色教材1套，定期为村民推荐学习书目、光盘教程。目前，"农民夜校"共有专兼职讲师10人，入库书本纸质教材80余册、音像网络教材十余部。三是精准开设教学课堂。依托乡镇培训中心、村级组织活动阵地等，采取固定课堂集中教学、组建流动小分队深入田间地头、实施机动教学等形式开展教学。充分发挥远程教育平台、微信平台作用，开设云端夜校，通过网络课堂远程送学。

（三）搭建四大载体，确保学有收获

一是互动式平台。坚持"开放、灵活、互动"理念，开设培训专栏1个，依托微信建立云端夜校、学习交流板块，定期公示培训计划、师资信息、班次设置等情况，方便群众实时了解开课动向，自主选择培训课程，实现资源共享共用和跨地域培训互联互通。二是立体式网络。按照"阵地共用、优势互补、特色鲜明"原则，构建立体教学网络。以"扬嘉讲堂"为中心，充分整合培训资源，打造道德讲堂、法律讲堂、财富讲堂、品味讲堂、信仰讲堂五大特色培训品牌。建立学用结合基地，突出加强产业种植、畜牧养殖、村级管理、政策宣传、经济发展、法律科普、文化娱乐等实用性培训，建立了丰城村蔬菜种植学用基地、农机现代化示范基地2个实践培训基地，为培训工作开展创造条件。三是点单式培训。开展"个性化菜单式"培训，通过专家现场授课、培训课程点播、网上交流互动等方式，实现内容点单、方式点选、师资点将、效果点评，构筑村民积极报名、主动参训的良好格局。截至目前，已开课20期，内容涵盖产业发展、电子商务、法律法规、计算机学习、文明礼仪、美容美发、防震减灾、医疗保健等，参训1000余人次。四是开放式教学。跳出理论宣讲、夜晚教学、集中上课等思维定式，携手专业机构，携带教材设备，利用节假日、8小时之外实施送教上门、送学入户，妥善处理工作学习矛盾。针对建档立卡贫困户、创业对象等，精准实施"一对一"帮学，确保教育全覆盖。截至目前，已送教上门10余次，帮学60余人次。

（四）创新四大模式，确保教有成效

一是实施"＋党群活动日"互动模式。结合"党员活动日"，定期开展"夜校活动日"，组织特色教学，展示学用成效，满足农村党员群众的个性化学习需求，党员群众学习热情进一步提升。二是实施"＋四进农家"流动模式。在村居院落举办"法律、卫生、科技、文化"四进农家活动，通过举办图片展览、发放技术资料、提供技术咨询、开展文化活动等方式，丰富农民群众精神文化生活。三是实施"＋专业合作组织"联动模式。组建由专业技术人员、种养殖大户、致富能人等15人组成的服务队，实施"一条龙服务"模式，全程跟踪指导，帮助农户解决生产销售问题12个。四是实施"＋平台"驱动模式。探索建立"夜校＋学院""夜校＋基地""夜校＋园区"夜校＋企业"等多种形式，走出去、请进来，助力农民自身发展，提升办学实效。

三　工作成效

（一）致富能力进一步增强

围绕村内水果、蔬菜、大田三大主导产业，开展多类型、不同层次的教育培训，新培育种养殖业技术、乡村旅游、市场营销等带头人30余人，农村实用人才近80多人，专业合作组织达12个，建成特色基地9个，农民劳动致富的新思想和技能水平切实提升。

（二）新风正气进一步弘扬

围绕"四好村"创建，在农村掀起了以社会主义核心价值观教育为核心

的主题培训，村民邻里和睦、团结互助、礼让宽容，潜移默化地引导农民争做"身边好人"做"道德模范"，荣获了省级卫生村、省级环境优美示范村、市级无邪教组织示范村、区级"四好村"等荣誉称号。

（三）基层堡垒进一步巩固

党支部以夜校为依托，采用老百姓喜闻乐见的形式，深入开展党的路线方针政策、习近平总书记系列重要讲话、法律法规以及惠民政策宣讲，并与群众的生产生活紧密结合起来，进一步增强了党组织的凝聚力、号召力和向心力。

四 思考启示

"农民夜校"开办以来，不仅满足了广大农民群众的求知需求，更增添了贫困户脱贫奔小康的信心，拉近了党群距离、密切了党群干群关系。

一是有效整合资源、丰富培训内容是基础。从农民夜校开办以来，丰城村就注重把本土乡土人才、道德模范等先进典型作为骨干教师，通过开办道德讲堂、法律讲堂、财富讲堂、品味讲堂、信仰讲堂等培训品牌，丰富了培训内容，提高培训的针对性和实效性。

二是创新教育形式、吸引农民参与是关键。丰城村改变以往课堂教学的固有模式，积极适应当前农村人员流动性强的特点，通过夜晚教学、集中上课、送学入户等多种形式，妥善解决了农民群众的工学矛盾，吸引了更多农民群众积极参与。

三是加大资金投入、确保高效运行是保障。丰城村一方面用好区、镇财政补助资金，另一方面引导本地企业、致富能人积极捐赠，初步建立了财政拨款为主、多渠道筹措经费确保夜校高效运行的机制。

广汉市"一核三治"工作先进事迹

广汉市依法治市领导小组办公室

一 雒城镇金雁社区网格服务管理站化解群众纠纷

事件回放：辖区24幢共有30户居民住户，全体住户集资对本楼幢安装大门。大门安装后，5-1号住户要求对安装大门的账目予以公示，与管理楼幢资金楼栋长因为言语过激发生矛盾，双方相互谩骂引起纠纷。

处置过程如下。

（1）网格员得知该情况后，对双方进行劝解未果，上报社区网格站。

（2）社区网格站受理后，努力做到"小事不出网格，大事不出社区"。首先，社区网格站安排人员向当事双方了解情况，然后到该楼栋向其他住户了解情况。

楼栋长认为：自己多年为该楼幢居民义务服务，尽心尽力，现在被楼幢居民无端质疑，还指责自己从中谋取私利，是对她本人人格的侮辱，并对自己的公信力产生了严重的不良影响。

5-1号居民认为：自己只是要求公开安装大门的账目，这是合理要求，这不涉及个人私怨和怀疑人品。至于产生口角的原因，是当时双方都过于激动，而且双方都有责任，都没有从这次争吵中得到好处。

其他居民：当事双方发生争执、互相谩骂，确实影响了本楼幢居民的团结。还介绍了几年前本楼幢两户居民因小事发生口角争执，继而有一居民自杀身亡，死者家属气愤之下找到对方赔偿。其他居民建议，社区和网格员多做一些工作，问题可以解决。

（3）社区网格站对此事进行分析研究：第一，此事需要及时解决；第二，居民要求公示账目是合理的；第三，该楼栋长为居民义务服务多年，在组织改善生活环境等公共事务上，都得到了认可。应及时做好账目公示和劝解工作,防止矛盾激化。

(4)在前期劝解工作顺利的基础上,社区网格站和网格员组织该楼幢全体业主代表召开了业主大会。在会上进行了账目通报,并表示在会后进行账目公示;大家一致同意资金由楼栋长管理,记账由另一住户负责,实行账目和资金分开管理;直接当事双方相互道歉,获得大家的赞扬,并对社区及网格员的工作表示感谢。

二 网格员在日常巡查工作中及时发现处置涉毒问题

2014年10月27日,三北社区第二网格网格员接到居民反映的信息:南北大街北二段盛世属景小区有一名吸毒人员持刀砍坏3楼和5楼住户的房门,已损坏住户财产,严重威胁住户的人身安全,网格员及时汇报公安机关,并配合公安机关成功抓获吸毒人员。

雒城镇顺德社区第二网格网格员在建兴家园小区巡查过程中,发现小区内有吸毒贩毒情况,及时向公安机关汇报。2015年7月16日下午,张育俊协助公安人员在建兴家园12栋3单元203号成功抓捕了吸毒贩毒涉案人员2名。

2015年10月22日,三北社区第一网格网格员巡查时发现青岛路北二段129号北苑小区1栋1单元某住户家经常有多名不明身份人员出入,怀疑是吸毒窝点,及时向公安机关汇报,经公安机关侦查,成功破获吸毒窝点。

2016年1月19日,三北社区第一网格网格员巡查时发现,青岛路北二段99号3单元6楼的出租房内有疑似吸毒人员,及时向公安机关汇报,并配合公安机关成功将吸毒人员抓获。

三 "最美家庭"

德阳市陈彤家庭入选四川省"最美家庭"。陈彤及其丈夫张豪果都是有爱心、孝心、耐心和责任心的人,因为共同的爱好和责任感,夫妻二人辞去了待遇优厚的工作,专注于养老事业。2014年在陈彤的倡议下,她与丈夫、同学三人共同创办了广汉市首家民办公益性社会组织——广汉市众爱养老服务中心。自2014年成立以来,先后为500余位老人免费提供生活能力测评,为110多位严重失能、失智、高龄老人提供疗养、失智照护服务;为34名老人提供临终关怀服务,为22名老人提供善终服务,为500多个家庭解决照护难、请保姆难的实际困难,宣传善终理念10000余人次。

四 基层治理

李晓玲从2003年至今担任广汉市雒城镇三北社区党委书记、社区主任、普法依法治理工作领导小组组长。该同志在普法工作中处处以一名共产党员的标准严格要求自己,爱岗敬业、勇于创新、善作善成,受到了省、市、县等各级领导的一致好评和社区群众的真心拥护。一是心系群众、普法惠民。李晓玲在担任广汉市雒城镇三北社区普法依法治理工作领导小组组长期间,时刻心系群众、恪尽职守,坚持将普法工作与化解社区矛盾纠纷、维护社会稳定有机结合起来,做到调处一次纠纷,普及一次法律。二是扎实工作,勇于创新。为使"法律进社区"活动真正落地,李晓玲于2011年3月在社区首创了"阳光法律讲堂",采取"讲故事、学法律"的形式,打造社区法治文化阵地。不等不靠,主动作为,在辖区内的"盛世蜀景"小区建成了30余米的法治宣传长廊,实现了社区法治宣传"阵地化";为增强法治宣传的感染力,她将法治文化"舞台化",组织社区的文艺表演队创办了廉政法治文化剧场。2015年,三北社区被评为四川省依法治社区示范社区。三是爱岗敬业、善作善成。"七五普法"期间,李晓玲按照"一核三治"基层现代治理体系建设的要求,以"组织建设有力、民主建设规范、法治建设扎实、社会和谐发展"为创建标准,带领和发动三北社区14个居民小组、近万名群众,积极开展"民主法治示范社区"创建活动,实现了"硬件建设达标、软件建设规范、社区和谐稳定"的创建目标。

改革创新　履职践诺推动基层人大工作再上新台阶

广汉市人大常委会办公室

向阳是德阳南融成都第一镇，成德同城化的桥头堡，是全国首批重点镇，德阳的南大门。36年前，向阳因率先摘掉人民公社牌子，恢复乡政府建制，改变了中国《宪法》而名扬四海，被誉为"中国农村改革第一乡"。近年来，在德阳、广汉两级市委、市人大的悉心指导下，广汉市向阳镇大胆创新，先试先行，努力探索基层民主与法治建设的破题之举，在德阳范围内首创了人大代表小组工作室，架起代表和群众的"连心桥"，人大代表小组工作室的"向阳模式"也引起了全国、省市人大和各大媒体的广泛关注。

一　建立背景及运行情况

向阳有"改革之乡、工业名镇、火锅之城"三张名片，属广汉的工业发展重镇，成德同城化的边界试验区，部分区域已纳入德阳国家高新区，全年工业产值近100亿元，在工业经济迅猛发展的同时，随之带来的不稳定因素和矛盾隐患也逐渐增多。例如，土地历史遗留问题、征地拆迁安置、企业环境污染等，维稳压力较大。同时，随着经济社会快速发展，选民群众民主意识、维权意识日益增长。"国家要治理，离不开'最后一公里'。"在新常态下，要解决好群众的实际困难，宣传好基层的民主与法治，营造和谐稳定的社会环境，党委、政府除了自身要做大量的工作外，还需要一个有影响力和号召力的第三方群体来协调化解群众与政府之间的矛盾，起到沟通交流、平衡缓冲的桥梁和纽带作用。因此，向阳镇探索建立了人大代表联系群众的工作运行机制。2012年6月，正式挂牌设立了"人大代表小组工作室"，密切了党委、政府和人民群众的联系，有效促进了当地经济社会发展和社会和谐稳定。2015年1月，向阳镇被省人大确定为基层人大代表履职监督的试点单位。向阳镇首创了人大代表履职监督考核评价机制,创新引入全媒体理念,聘请了向阳籍全国著名歌手纪敏佳担任向阳镇人大工作宣传大使,并建立了"代表之家",人大代表小组工作室的知名度和影响力进一步提升,北京、上海、广西、湖南以及四川部分地(市、州)、县(市、区)人大和依法治市办都曾先后到向阳参观学习,《人民权力报》《四川日报》《德阳日报》等主流媒体跟踪报道,试点工作既得到广大老百姓的好评,也得到了省人大的高度评价。2016年初,省人大常委会办公厅发函表示感谢和鼓励。

二 具体做法

经过近三年的摸索与实践,向阳镇在人大代表联系群众服务平台建设过程中探索推行"7+N"工作法,即7个注重和多项创新。

(一) 注重阵地规范建设

人大代表要履职,平台阵地要建实。向阳镇高标准、规范化建立了人大代表小组工作室,工作室每周五上午安排3~5名代表接待选民;工作室按"十个有"标准建设,制定了《代表小组工作室制度》和《代表活动室制度》,将代表的姓名、照片、联系电话等基本信息上墙公示,为每位代表制作连心卡发给选民,方便选民随时电话沟通;并在代表工作室后院建立了"代表之家",并编有"代表之家"小读本和书籍,为代表补充精神食粮,确保选民与代表深度交换意见有场所,代表之间的沟通交流有平台,真正找到"家"的感觉。

(二) 注重规章制度建设

作为试点单位,没有相关规章制度,没有履职考核评价体系,代表就没有压力和动力。因此,向阳镇制定出台一系列制度,分别建立了活动制度、学习培训制度、联系选民制度、信访接待制度、视察调研等十余项规章制度,将工作流程图和相关制度上墙公示,为代表印发人大代表履职笔记本,设置代表议案建议收集办理情况公示栏,并要求年底代表向主席团和选区选民述职,创建起"选民监督为主体,组织监督为龙头,社会监督为补充"的三位一体监督体系,倒逼代表不当"三手代表"。

(三) 注重学习实践结合

基层代表来自四面八方，履职能力参差不齐也情有可原：所以学习培训、代表实践非常重要。向阳镇每年安排代表的学习培训、视察调研不低于 4 次，财政预算安排 10 万元用于主席团的工作经费和代表联系群众试点活动经费，另外代表学习、视察、调研等参加各类活动经费每人预计 600 元/年，并视财力状况逐年提高。代表小组工作室每周五开放日安排无职代表接待选民落实了误工补助。邀请上级人大机关领导及专家学者就代表法、组织法、选举法以及代表的权利和义务和如何提提案议案等进行专题讲座。

(四) 注重走访约见选民

2015 年，我们还组织开展了"代表精准扶贫""有事找代表""代表为改革之乡献一策"等主题活动，引导代表走下去，积极联系、走访选民，及时了解广大群众的烦心事、急难事。印制并向各选区选民发放涵盖了人大代表工作的羊年挂历，使得代表除在小组工作室接访外，还能主动接受选民群众的约见，倾听他们对政府在经济社会文化等各方面的意见和建议，向主席团提交议案或建议，归纳成向阳镇 2015 年"十大民生工程"，年底落实后给群众"报盘"，形成选民、代表、政府三者的良性互动局面。

(五) 注重议案收集办理

群众利益无小事，议案收集要重视。镇主席团建立了《人大代表约见政府机关负责人暂行办法》和《议案建议跟踪督办制度》，对群众反映的诉求实施分级分流交办、跟踪督办。简单明晰的问题，代表可通过现场答复的方式予以解决；对难度较大且一时不能解决的难点问题，代表在做好解释工作的同时，向主席团提交议案或建议，也通过主席团约请相关部门负责人共同协商解决，明确办理时限和具体措施，并在小组工作室进行公示，办理落实情况向代表进行反馈，有效推进了议案建议办理工作。

(六) 注重矛盾纠纷化解

稳定是发展的第一要务、第一前提。当部分群众在思想认识上对政府工作、决策有误解，不认同，导致政府开展工作难度大，主要原因是政策宣传不够广、与群众沟通不顺畅，这时就非常需要选民推选出来的人大代表出面沟通协调。既为人民群众代言，又为政府排忧解难。一方面，代表站在群众角度，当好人民群众的"贴心人""代言人"；另一方面，代表站在政府的角度，当好政府的"宣传员""调解员"，协助政府向群众宣传解释相关政策规定，助推政府工作，真正做到矛盾纠纷解决在基层、化解在萌芽状态。从2015年信访窗口反映的情况来看，群众上访量较2014年同比下降了37%，无理重访、缠访情况明显减少。我们通过人大代表成功化解了农贸市场违章搭建，胜利村2、3、7社闹拆迁安置等群访事件。

（七）注重宣传示范带动

基层组织要学会用好媒体，用好宣传。有时用一些先进典型事例来引领推动代表更好地履职，是一种行之有效的措施。在代表发挥作用、为民办实事好事过程中，向阳镇认真总结经验，充分利用宣传栏、手机报、短信、电视台等大力宣传推广代表联系群众过程中涌现出来的先进事例，让代表更加出彩，履职更具激情。例如，境内有10条道路的路灯线路老化断裂，部分路段路灯不亮，群众夜间出行不方便，也有交通安全隐患，群众对此反映非常强烈。无职代表罗以锐一方面配合政府向场镇居民做好宣传解释，另一方面向主席团提交改造建议，政府随即与四川长虹节能科技有限公司谈判，在2015年8月中旬，与长虹公司以EMC和BOT相结合的模式签约了483盏高压钠灯改造和85盏LED新建路灯合作项目。此举深受老百姓的好评，《德阳日报》也作了《用LED光源点亮中国第一乡》的报道，在人大代表这个群体中产生了良好的示范效应，激发了代表投身群众工作的热情。

（八）不断深化工作创新

创新是时代永恒的主题。2014年1月，向阳镇主席团在全省首创建立了人大代表履职监督考核评价机制，采取选民代表现场评价和主席团年度评价两种方式对人大代表进行综合评价。2015年2月，向阳镇联合广汉市全媒体中心共同探索打造了全国首创的人大代表全媒体系统，由镇政府出资，免费给全镇每名人大代表订阅了广汉手机报，镇代表以回复短信的形式，足不出户即可让手机报后台收集向阳镇代表了解到的群众合理化建议，经过全媒体中心收集、处理、编辑后交由乡镇和部门及时办理，办理后还可以通过全媒体中心的电视台、手机报、微信、微博等官方新媒体平台向全市市民进行宣传发布，将代表联系群众工作平台向全媒体层面推广。让媒体更加接地气，让群众更能得实惠。此外，还以人大代表小组工作室为载体，促进人大代表在宣传依法治市、推介改革并积极参与民生工程和公益活动方面不断探索创新。

三 取得的成效

向阳镇自人大代表小组工作室建立以来，全镇60名代表共计走访群众636户，收集各类问题193个，征求意见建议170余条，化解矛盾纠纷74起，办理好事实事430余件，结合小城镇建设和农业基础设施建设等项目，落实各类帮扶资金约1630万元，进一步密切了代表与选民群众的联系，社会更加稳定，群众对政府的满意度也越来越高。2015年，向阳镇提出的"两镇联创"成功通过了国家级生态镇、国家卫生镇的专家组评审。

"向阳模式"让基层代表更加给力，传递着时代的"正能量"，引起了国家和省市人大以及专家学者和各大媒体的重视，参观学习的人络绎不绝，成为向阳一张新的名片。

服务发展　共享共赢

广汉市总工会

为全面贯彻落实中央、省委、德阳市委重大决策部署,深入实施依法治市意见及实施意见,广汉市总工会以"法律进企业"为抓手,着力提高全市工会干部、企业经营管理人员、职工的法律素质,促进企业依法经营、依法管理、依法参与市场竞争、依法维护自身合法权益,为社会主义市场经济健康发展营造良好的法治环境。

一　切实健全"依法治企"的组织领导

坚持把开展"法律进企业"活动作为推动依法治市的常态工作来抓,让法治精神在企业决策层、管理层和全体职工头脑中扎根,全面把握依法治企的"总开关"。成立了广汉市总工会推进依法治市领导小组,由市委常委、市总工会主席任组长,全面负责德阳市"依法治市·法律进企业"工作。根据工会工作特点制定了广汉市总工会关于推进依法治市工作的实施意见,全面推进全市工会系统依法治市工作,坚持服务大局,以依法治会推动各项工会工作法治化、规范化、制度化,确保依法治市纲要在全市工会全面贯彻落实。领导小组办公室负责法律进机关、法律进企业日常工作的组织开展与监督落实,制定依法治企年度工作计划书,抓好法治宣传、"法律进企业"和"诚信守法企业"示范创建等工作。同时将"依法治企"工作纳入总工会年度重点工作,形成市总工会、乡(镇)局工委、企业工会一级抓一级、层层抓落实的工作局面,为推动"依法治企"提供了强有力的组织保障。

二 强化组织抓"学法",全面夯实"依法治企"的思想根基

(一) 加强工会干部、企业经营管理者、职工学习法律知识

将每年的3~5月作为法律宣传月,在德阳市高新西区、各乡镇定期组织工会系统干部、辖区内企业经营管理者、企事业单位职工学习《劳动法》《工会法》《宪法》《合同法》等相关法律知识,使工会干部、企业经营管理者牢固树立"以人为本,和谐发展,共创共赢"的发展观。督促企业工会做好职工维权工作,化解劳资矛盾,构建和谐企业,维护劳动关系和社会稳定,促进经济社会发展。

(二) 举行形式多样的"依法治市·法律进企业"法律宣传活动

大力宣传法律法规、依法治国方略、依法治省纲要、依法治市工作。一是工会干部深入企业、乡镇,通过法律咨询、法律大讲堂发放《中小企业劳动用工法律风险防控指导手册》、职工维权卡、维权扑克;二是结合"五一"主题活动、精准扶贫下基层、三下乡活动、法制宣传日活动等开展丰富的法律宣传活动;三是开办广汉市总工会官方微信、微博、网站,宣讲法律知识;四是联合司法局、工商质监局,在市总工会职工培训中心每月定期开办广汉市职工法律大讲堂,聘请有经验有资质的专职律师授课,参加培训的主要为基层工会干部和企业行政管理人员,截至12月,开办讲座5期,参训人员400余人次;五是组织全市职工参加"安康杯"知识竞赛活动,着力宣传《安全生产法》、劳动卫生相关法律法规,广汉市总工会获得全国职工公共安全卫生应急避险知识普及竞赛活动优秀组织奖;六是在总工会机关、乡镇工委、部分企业制作宣传板报、墙报、展板、标语265条次,营造"依法治国、依法治省、依法治市"氛围。据统计,2017年全市共组织各种普法学法活动128场次,学法人次达到8500人次,发放法律文件和资料20000余份。

三 多措并举抓法治，指导企业依法长远发展

（一）指导企业依法签订集体合同，增强合法性

深入企业指导企业工会依法开展集体合同谈判、工资集体协商、劳动保护监督等事务，并指导审查、修改相关合同文本等，不断提高工会干部依法建会、依法履职、依法维权能力，提高职工依法维权、依法表达诉求的能力，指导企业经营管理人员依法管理、依法经营。

（二）开展示范企业创建，提高企业美誉度

组织全市规模以上企业开展诚信守法示范企业创建活动，使企业逐渐实现职工学法、守法、用法活动常态化。2017年创建德阳市级诚信守法企业1家，创建广汉市级诚信守法企业5家，德阳市级"法律七进"示范点1家。通过开展学法普法和"诚信守法企业"示范创建活动，在全市企业中形成了全员尊法、学法、守法、用法的浓厚氛围。

（三）营造"依法治企"的氛围，提升企业文化

文化是企业的灵魂，依法治企是一个目标，是一种手段，同样也是一种文化。在全市规模以上企业倡导"你不守法、我不守法，企业效益就莫法"和"共创价值、共享成功"的企业文化。一是在示范企业着力打造法治文化阵地。为营造浓厚的法治文化氛围，在新升塑胶公司建设了50余平方米的固定法治宣传栏，用于宣传宪法及与企业相关的法律法规和内部管理规章制度；制作、投放了30余个面积2平方米的灯箱，用于宣传法治精神和法治口号；将可容纳500余人的多功能厅建设成"广汉市企业法治宣传教育基地"；建成了一个拥有1000余本法律书籍的职工"法治图书室"。二是精心组织企业文化活动。以"和谐、发展"为主导，在四川宏华石油钻采设备有限公司等企业组织开展了"中国梦、我的梦"主题的多种形式的企业文化活动。为丰富法治的道德底蕴，引导职工自觉履行法定义务和社会责任，将法治文化和企业文化有机结合，在法治文化阵地中穿插了涉及科学发展观、核心价值观和企业经营发展理念的标语140余幅（条）。激发了企业职工团结友爱、爱企爱国的责任感和使命感。

四 防控风险抓"用法",安装依法治企"防火墙"

警钟长鸣,防患于未然。为切实抓好企业的风险管控,市总工会与相关部门合作,多措并举,为依法治企安装了严密的"防火墙",有效地降低了企业日常经营的法律风险,从而避免了不必要的经济损失。

(一) 建立定期"法律体检"制度

市总工会与市司法局商定成立了"广汉市民营企业法律服务中心",并依托市司法局选派的中心律师,组织法务部律师,为企业定期全面开展"法律体检",及时查找法律漏洞、安装"补丁"。

(二) 建立法律顾问和重大合同审查制度

市总工会聘请有经验有资质的专职律师团队作为总工会的常年法律顾问,为企业提供法律服务。指导部分规模以上企业成立企业法务部,配备持证法务人员,制定完善的合同会审会签管理流程,有效规避了企业签订合同的法律风险。

(三) 聘请律师担任"职工维权律师",并将律师信息在工会进行公示

"职工维权律师"每月定期到工会坐班,为职工提供法律咨询、法律援助等法律服务,2017年累计提供各类法律咨询55人次。同时,积极参与法律援助行动,2017年依法处理农民工劳动案件14件,帮助民工讨回87.5万元工资,涉及职工263人次。

(四) 指导企业建立商业秘密保护制度

指导企业对商业秘密和技术专利采取强有力的保护措施,与核心技术人员及管理团队依法签订《保密协议》《竞业限制协议》《廉洁协议》,杜绝了企业核心技术信息的流失。

夯实法治基础 提升道德素质 提高治理水平

广汉市雒城镇三北社区

广汉市雒城镇三北社区紧邻鸭子河畔，位于雒城镇以北，辖区面积0.38平方千米，现已规划商住小区16余个，其中：住户3814户，常住人口1.1万人，居民小组26个，按照网格化管理划分了6个网格化管理区域。辖区有企事业单位12个、个体商业网点226户。为适应"依法治国""依法治省""依法治市"的新形势和新要求，2014年以来，三北社区党委以"法律进社区"活动为载体，按照"一核三治"的治理思路，全面提升社区治理水平，各项工作扎实有效、亮点纷呈。先后被评为"广汉市模范特色社区""德阳市民主法治示范社区""德阳市廉政文化'八进'示范社区""德阳市先进基层党支部""德阳市'依法治市'示范社区""四川省依法治市示范社区"等。

一 紧紧围绕强化党委核心领导，加强组织队伍建设

三北社区党委在雒城镇党委政府的指导下，以"民思我想、民困我帮、民需我助、民求我应"为服务宗旨，充分发挥党委的核心领导作用和党员的先锋模范作用，积极探索和加强社区法治建设、精神文明道德建设和自我管理、自我教育、自我服务、自我监督，扎实推进和谐社区建设。

一是加强班子队伍建设。三北社区党支部成立于2004年，党总支成立于2011年，于2013年11月探索社区大党委模式，成立了三北社区委员会。社区党委下属有三北社区便民服务站党支部、盛世蜀景物业管理党支部、广汉中山医院党支部。现有党员220余名。为搞好和谐示范社区创建工作，成立了社区党委书记、居委会主任挂帅的创建领导小组。社区党委始终坚持以"替群众着想、为群众服务、让群众满意"为宗旨，更好地发挥社区"两委"

的和谐示范作用。

二是加强制度建设。社区"两委"制定了党员管理、联系群众等各项工作制度,健全社区流动党员管理制度、民主生活会制度等。社区"两委"岗位职责明确,两委成员坚持每月学习1次。在重大节日组织党员及居民代表参加各项主题活动,丰富党员干部及居民代表的生活。

三是发挥带头作用。在盛世蜀景小区率先推行党员"双报到"制度,通过参与志愿服务、"五城联创"、创建平安社区等工作全面融入社区管理服务工作。在创新社会管理及推进"基层组织建设年"工作中,率先探索党组织"四纵一横"设置模式,在社区成立党总支,在小区成立物业管理党支部,设立楼栋党小组和党员示范户,充分保障小区党员参与小区居民日常事务管理,群策群力,发挥了基层党组织和党员的战斗堡垒作用及先锋模范带头作用,确保小区平安、和谐、稳定。

二 深入推进"法律进社区"活动,夯实法治基础

2014年以来,三北社区依照市依法治市领导小组的统一安排部署,以"法律进社区"活动为载体,根据广汉市《2014年基层民主法治示范创建活动方案》,按照"组织建设有力、民主建设规范、法治建设扎实、社会和谐发展"的创建标准,大力开展"民主法治示范社区"创建活动,社区法治建设水平明显提高。

一是以"阳光法律讲堂"为样板,扎实开展社区普法活动,实现了居民学法用法"常态化"。三北社区"阳光法律讲堂"于2011年3月正式开办,是对市司法局统一组织开展的"律师进社区(村)"活动的具体化,是"法律进社区"活动的一大新举措。"阳光法律讲堂"由社区律师(张华彬)、学校高级讲师(国家劳模、南兴中学校长辜应兵、成都泡桐树小学教研室主任奉耀旭、广汉宏华外国语学校教师舒凯)、市党政机关相关人员(市委政研室罗真金主任、广汉市文联主席陈修元、市司法局副局长文香洪等)组成"讲师团"。围绕与社区居民工作、生活等紧密联系的法律法规及伦理道德知识,采取"讲故事、学法律"的形式开展法治宣传教育,每场讲座听众均达50余人。该活动每月一期,截至目前,共开办70余期,受众达3600余人,实现了社区居民学法用法活动制度化、常态化。2015年以来,广汉市人民法院又依托三北社区"阳光法律讲堂",率先开展了"庭审直播进社区"活动,取

得了良好的法治宣传效果。

二是以"法律顾问进万村"活动为载体,深入开展律师进小区(楼栋)活动,实现了法律服务"制度化"。为深化"法律顾问进万村"活动成果,三北社区按司法局的统一部署,于2011年开展律师进社区工作,2012年开展律师进小区工作,2013年开展律师进楼栋、进家庭工作,并在盛世蜀景小区28栋居民楼77个单元楼公示了法律顾问进楼栋公示牌。6年来,进社区、小区律师充分发挥法律顾问、法治宣传员、法律咨询员和人民调解员作用及法律援助人员的作用,坚持"每周到社区坐一次班、每月举办一次法治讲座、随时解答群众法律咨询、第一时间化解矛盾纠纷"等法律服务,实现了居民与法律顾问之间"零距离"接触,极大地促进了社区的和谐稳定。在工作中,张华彬律师尝试总结出社区矛盾纠纷大调解的"三对一"模式,即将人民调解、治安调解、律师调解结合,利用人民调解委员会、社区民警的公信力和办案经验、亲和力,加上律师的专业技能,使三者形成三位一体式的结合,共同指向同一矛盾,大大提升了化解矛盾的速度和力度,取得了律师担任人民调解员参与大调解工作的成功经验。

三是以"五个一"建设为抓手,因地制宜打造法治宣传阵地,实现了社区文化建设"配套化"。按照全市村(社区)法治文化阵地建设"五个一"(一个法治宣传栏、一个法治图书室、一个法治报架、一个法治建设意见箱、一个法治宣传员)要求,三北社区以"便民、利民和满足居民的法律需求"为出发点,结合"一核三治"体系建设,因地制宜打造本社区的法治文化阵地。在辖区盛世蜀景小区内建有30余米的法治宣传长廊,在小区绿化带中有针对性地制作、投放涉及《物权法》《老年人权益保障法》《婚姻法》《继承法》《未成年人保护法》和《食品安全法》等法律法规的法治宣传小标牌60余块、大标牌35块,建立学法亭1座;建有20余米包括"好媳妇"评选和"党员铭""干部铭"等内容的"精神文明"创建宣传长廊,建有600平方米的党建、廉政文化广场。将"一核三治"的相关精神和要求,有机融入小区文化建设之中。让老百姓能随时随地看到、学到所需要的法律法规知识和精神文明创建及党建、廉政文化。

三 创新开展精神文明创建,提升居民道德素质

法律是显露的道德,道德是隐藏的法律。为发挥道德对法治建设的助推

作用，社区不断强化精神文明和道德文化建设，积极开展"优秀共产党员""美丽雒城人""最美三北人""健康家庭""十佳好媳妇"等评比活动，使广大居民将遵守法律法规内化为一种自觉意识和行动。

一是积极开展各类精神文明创建活动。社区积极开展"优秀共产党员""美丽雒城人""最美三北人""健康家庭""十佳好媳妇"等评比活动和"文明之星五好家庭""文明小区"等群众性精神文明创建活动。创造性开展特色服务活动，探索社会组织承接社会服务模式，以爱心天使服务协会为平台，针对社区老年人多的情况，与辖区共建医院、小区物业党支部联合开展"关爱老人，共建健康社区"活动。截至目前，社区按照星级文明户的标准共评选出50余户星级文明户，"最美三北人"20余户，通过以点带面促进社区居民参与社区管理和服务，使社区成为群众心中的"欢乐、幸福之家"，有效增强了居民对社区的认同感，受到居民群众的欢迎和好评。

二是活跃文化生活，弘扬和谐之风。社区在做好各项工作的同时切实注重文明社区的创建工作，社区法治书屋于2014年新购进3万元的书籍，在吉祥小区、北苑小区、盛世蜀景小区，社区活动场所等安装健身器材30余个。定期组织居民开展文体活动，有计划、有组织地对居民和青少年进行爱国主义和遵纪守法教育，还充分依托各种节日，举办了一系列富有时代气息、贴近百姓生活的文艺活动。例如，"三八"妇女节开展形式多样的趣味活动，对评选出的三北社区"文明之星"及"最美三北人"进行表彰，同时联合辖区单位中山医院，对评选出的优秀妇女代表进行免费体检。这些活动的开展，丰富了广大居民的文体生活，并增强了居民间感情，社区居民团结友爱、互帮互助、文明礼貌、家庭和谐。

三是开办"廉政法治文化剧场"，让法治精神深入人心。为不断创新法治宣传形式，增强法治宣传工作的艺术性和感染力，2014年9月，三北社区同雒城镇、市司法局正式启动"廉政文化剧场"，积极打造本社区的法治文化。"剧场"结合社区群众身边常见的人和事，采用小品、相声、书场、舞蹈、快板等群众喜闻乐见的艺术形式，大力宣传廉政、法治、伦理道德、国学等相关知识和传统文化，通过艺术化、舞台化、群众化的廉政法治文艺节目表演，将廉政建设和法治建设有关要求有机融入老百姓的生活、娱乐之中，达到了寓教于乐的目的。

四 严格落实"四民主两公开"制度，增强自治能力

为加强"自治"力度，社区"两委"严格落实"四民主两公开"制度，进一步修改完善了社区居民公约，规范了"两委"议事规则。社区各项管理服务纳入了法治化轨道。

一是以"民主自治"为核心，充分调动群众的积极性。为充分发挥干部群众工作的积极性、主动性。社区在认真遵循《居民委员会组织法》的基础上，不断完善新型社区管理体制，进一步加强社区组织建设，探索社区建设新模式，全面推进社区和谐建设。建章立制，夯实自治基础。依法制定《三北社区居民公约》和《居民自治章程》，同时在辖区内结合各小区实际制定《小区居民公约》，增强居民的自我管理、自我服务和自我教育能力。强化居务自治，推进民主监督。在社区监委会的监督指导下，每年召开2次居民代表大会，定期召开会议，听取居民代表对社区建设的意见和建议；开展院落居民自治，居民群众的事情让居民自己出谋划策，协商解决。严格执行居务、党务、财务公开制度，设置了"社区居务公开栏"定期公布党组织、计生、社保、财务、干部评议结果及各项办事程序等居务情况，接受居民群众的监督。

二是以"平安广汉"创建活动为牵引，健全治安防范体系。社区发动辖区居民群众主动参与，成立治保会、调解会、治安巡逻队、社区矫正人员安置帮教领导小组、平安创建工作领导小组、治安信息员等社会治安综合治理组织机构，落实社区矛盾纠纷调解排查工作，做到及时登记，主动调解，把矛盾化解在萌芽状态，从而保障了社区的安全与稳定和谐。积极推进"网格化"管理建设，辖区内共设专职网格管理员1名、网格员6名。网格员在法治宣传、特殊人员管理、收集社情民意、矛盾调处和群防群治及社区公共服务等基层治理工作中发挥了积极作用，为"平安社区"建设打下了坚实的基础。

三是以"一站式"服务建设为目标，着力提升社区公共服务水平。为切实提升社区公共服务水平，向社区居民提供多样化、个性化、项目化的服务，近年来，三北社区进一步健全社区组织体系、加强基础设施建设、完善民主自治机制、深化社区治理服务、优化提升环境秩序。2010年，三北社区完成

了"一站式"服务站标准化建设,并着力做好法治宣传教育、法律援助、司法调解、劳动就业社会保障、社会救助、计生服务、住房保障服务、社区综合治理和安全管理服务、城市管理和爱国卫生等14项服务工作。2016年,在广汉市民政局、雒城镇的关心支持下,社区建立志愿者服务制度,并完成多功能"老年人日间照料中心"配套建设,切实将政府公共服务延伸至社区,满足了社区居民的生活、娱乐需要。

以党建为引领 建设"四好"幸福美丽新村

广汉市高坪镇龙潭村

高坪镇龙潭湾新村是在党建引领下，依靠社会资本投入建设"四好"幸福美丽新村的典范，具有典型意义，形成了可借鉴、可复制、可推广的经验。

龙潭湾新村共涉及2村5社、336户791人。近年来，高坪镇党委、政府创新理念，加强党建引领，积极探索引入社会资本建设新农村的发展道路，走出了一条政府与公司全力合作、企业与农户全面融合、产业与新村打造全新面貌的新路子，取得了较好的成效，龙潭湾新村初步走上了"四好"幸福美丽新村的发展道路，老百姓初步实现了住上好房子、过上好日子、养成好习惯、形成好风气的"四好"目标。

第一，有一个好的理念。龙潭湾新村建设能取得政府、公司和群众"三赢"的效果，最重要的就是引入了"众筹"模式，用改革的理念推进新村建设。建设初期，公司积极探索"公司引领，农民众筹"发展模式，成立流转专业合作社，坚持农民自愿原则，采取"众筹"方式，引导农民将耕地、宅基地、集体建设用地和闲置农房等"三地一房"资源进行流转，交由公司统一运营，变废为宝，确保农村资源增值增效。通过资产众筹，既盘活了闲置的资源，增加了老百姓的收入，也压实了责任，让老百姓感到发展龙潭湾不仅仅是公司的事，更是自己的事，增强了群众的主人翁意识，参与新村建设管理的主动性和积极性进一步提高。

第二，有一个能人带头。龙潭湾观光农业发展公司老总舒焕清，是龙潭村本地人，他既懂经营管理又有专业技术，在土木建筑、企业管理、乡村旅游方面有丰富的实践经验。他依靠自己的努力，率先致富，先富起来的舒焕清没有忘记邻里乡亲。2014年，他斥资500万元注册四川龙潭湾观光农业发展公司，初衷就是通过发展乡村旅游，促进老百姓增收。项目伊始，舒焕清就倾注了全部精力，项目规划、建设每个环节都亲自把关、审查，并通过高坪镇党委、政府积极与省农科院深度合作，专门研究生态种养殖技术，使得项目循序渐进、稳步发展。有这样一个亲力亲为的带头人，带动了群众致富，也带来了龙潭湾新村的日新月异。

创新党员教育新模式　建设双强型党组织

广汉市新丰镇马牧社区

新丰镇马牧社区积极探索新形势下党员教育管理新模式,实现了党员教育由单向灌输向双向互动转变,为建设双强型社区党组织打下了坚实基础。

1. 多方合作,整合资源,建立区域综合党群服务平台

一是有效整合资源,合理规划活动阵地。整合政务服务资源,将政务服务下沉到社区。二是坚持区域统筹,搭建党建活动平台。建立综合性党群服务中心,建成马牧便民服务分中心。三是成立社区大党委,完善党组织设置。

2. 以网为媒,双向互动,探索党员教育管理新模式

一是以远程教育站点为载体,打造党员身边的网络党校。整合电信网络资源,将远程教育站点与互联网互接互通。每月开展"党员集中学习日"活动2次,学习身边典型,保障党员坚定理想信念。二是以易新风App和"为村"平台为载体,打造全方位党员教育管理平台,为多名流动党员打造了不受区域、时间限制的学习教育平台,第一时间了解"家门口"的事,并及时参加组织活动。三是以互联网为载体,打造党员教育宣传快捷通道。综合运用广汉党建网、"微广汉"等平台,分别建立社区干部、流动党员等群体QQ群和"党建新干线"微信平台,及时发布上级工作要求和本地党建工作动态,组织党员干部学习党的理论和基本知识。

3. 预约办事,立体服务,全面提升社区群众满意度

一是搭建民生服务平台,开展预约服务。开辟党员志愿者服务、便民服务、法律服务等模块,以O2O模式打通社区居民与线下服务实体的联系。社区居民足不出户办理各项服务。二是发挥党员模范作用,开展志愿服务。社区针对党员群体工作性质的特点,分类处理,定岗定责:建立党员志愿服务制度,建立"爱心超市",设立党员楼栋长,评选党员示范户,发动社区党员认领责任花园,长期开展志愿服务。三是整合各方资源优势,开展免费服务。国学讲堂、青苗吧、轻松吧、图书漂流吧、阳光康复中心都免费向社区居民开放。

金轮镇"三进四审"工作法

广汉市金轮镇

金轮镇按照政治功能与服务功能双强型党组织建设要求,以实现群众住上好房子、过上好日子、养成好习惯、形成好风气为目标,以创建服务型党组织为载体、以提高做好新形势下群众工作的能力为手段,创新推行源自群众、实践提炼、富有实效的"三进四审工作法",强力推进了"四好"新村建设,有效促进了农村发展、农民增收、社会和谐。

"三进四审"工作法,即所有村级重大事项都必须在村党支部的领导下,严格按照"三进""四审"的程序推进决策和实施。"三进"即意见收集进班子、进支部、进院落,"四审"即村"两委"班子"一审"提出初步方案、村党员代表"二审"提出修改建议、村民代表"三审"表决形成决议、群众"四审"方案实施全过程。

意见收集进班子,村干部"一审"。坚持充分发挥村班子民主,遇到重大事务,召开专题会议集体研究,并形成初步方案。对提出的方案,村班子进行讨论。在审核过程中,着重审核论证方案是否符合党的方针政策和法律法规,是否符合本村发展实际和村民实际需求,是否触碰底线。同时,邀请相关专家和镇政府相关负责人参加,进行可行性论证和风险评估。按照少数服从多数的原则,细化后的方案须经半数以上参会"两委"委员同意后方可通过。

意见收集进支部,村党员代表"二审"。经村"两委"议事联席会商议确定的事项和细化后的实施方案,将继续交党员代表会填单审议。针对农村流动党员较多的特点,村党支部制作了电子单,在制定重大决策之前,向在外务工党员发出,征询他们的意见,调动流动党员参与村建设的积极性。对电子单和纸质单收集到的意见建议进行汇总,逐一甄别归纳,进一步完善方案。

意见收集进院落,村民代表"三审"。经党员代表表决通过的方案,张贴在各村民小组和各个院落中,再次征求村民意见,并提交村民代表会进行决议。村委会接受群众咨询并收集意见，经反复修改方案，获全体参会村民代表举手表决后，形成最终决议。

决策事项"三公开"，让群众"四审"。坚持事前公开、事中公开、事后公开，对决议从提出到审议，进行全程公开，对重大事项决议的推进情况进行公开，对决议落实效果和审计结果公开，增加工作的透明度。

提升社区服务 打造"益·家"家庭教育示范点

广汉市北外乡炳灵社区

"益·家"位于广汉市北外乡炳灵社区沱水小区内,炳灵社区位于北外乡东部,地域面积1.259平方千米,现有户籍人口2258人,户数718户,妇女850余人、儿童近400人。

沱水小区作为广汉市典型征地搬迁小区,小区内居民从农村人口转为城镇人口,在居住环境、家庭生活方式、小区风气等方面存在大量问题,家庭文化和家庭教育工作能在其中发挥重要作用。

为进一步转变社区风气,推进和谐小区建设,广汉市妇联协同广汉市北外乡党委在炳灵社区共同打造"益·家"社会综合服务平台。服务中心一楼设有儿童之家活动区域、妇女居家灵活就业培训场地、妇女儿童维权服务站、家庭阅览室、社会组织轮值办公区等功能区,二楼设有创业服务沙龙、家庭矛盾调解室、心理辅导室、日间照料室等功能区。户外走廊作为廉政教育、家风家训、社区公约的展示窗口。

社区妇联组织切实履行职能,依照"全社会支持、全面性参与、全方位服务"的理念,真正把"益·家"建设成为社区家庭参与活动的温暖之家。

1. 围绕文化建设,构建和谐宣传平台

社区妇联成立了巾帼维权队、巾帼文体队、两好宣传队等一大批开放性的妇女组织,凝聚广大妇女群众,借助阵地开展了丰富多彩的活动。开设"道德讲堂"、举办社区"邻里节"等活动,进行文明楼院、文明家庭评选,倡导科学、文明、健康、绿色的生活方式,促进社会公德、家庭美德、职业道德和个人品德的提升;开展"文明礼仪社区行"活动,把上级政策和文明规范自编自演成通俗易懂的小品、说唱等文艺节目广为传播,带动广大群众做到语言文明、行为文明、生活文明;利用寒暑假和节假日,组织社区儿童开展生动活泼、寓教于乐、富有成效的道德实践活动等。

2. 围绕创业就业，打造培训扶持平台

社区妇联积极引导、激励、帮助妇女创业，开展了一系列推进妇女就业创业的实践活动。积极做好妇女创业项目的推荐和有关贷款项目的前期审查等工作；由巾帼巧手志愿者定期举办手工编织、烘焙等专题培训，使社区妇女真切感受到学习的快乐，营造了和谐浓厚的学习氛围，也让她们掌握了一技之长，增强了她们就业和创业的自信心；多次举办家庭理财、健康知识、消防安全、优生优育、早期教育、法律法规等培训班。

3. 围绕权益保障，构建弱势帮扶平台

社区妇联十分注重妇女儿童合法权益的维护工作，通过源头维权，把矛盾解决在基层。成功调解多起家庭矛盾纠纷，成功阻止了家庭暴力的发生。同时，广泛开展帮困助学等帮扶弱势群体工作，将对社区内的单亲母亲贫困家庭、下岗失业女工、残疾低保家庭、孤寡空巢特困家庭以及无劳动能力特殊人群进行全面细致的摸底调查，并作为一项常规活动开展。通过设立公益仓、组织物资捐助等活动，积极资助、奉献爱心，大力倡导社会正气，弘扬社会大爱。

强化村规民约制度效力 不断提升社会治理水平

绵竹市新市镇范存村

新时期、新形势，农村社会治理面临新问题、新挑战，特别是公共环境脏乱差、子女不赡养父母等现象成为农村社会治理的"顽症"，仅仅依靠村党组织的管理约束难以解决问题，有时甚至会导致村民对党委、政府产生对抗情绪，成为农村社会治理的难题。德阳市绵竹市新市镇范存村党支部以重修村规民约为抓手，使得村民对自身和他人行为的"是"与"非"有了更加客观的判断，"遵规光荣、违约可耻"的良好舆论氛围逐步形成，农民群众的生活幸福感不断提升。

一 开展背景

农村形势错综复杂，不同利益群体纠结导致产生各种矛盾。解决问题的关键在于营造自治的理念，激发村民自我管理、自我约束的内生动力。而在现实中，有村民"小宪法"之称的"村规民约"在治理中大多只是"停在纸上""挂在墙上"，并未发挥应有功能。一方面，是因为很多规约条款并未广泛听取村民意见，缺乏民意基础，加之政策性口号较多，内容脱离生活实际，无法解决实际问题；另一方面，未明确违反规约如何处罚、谁来处罚等，导致形同虚设、流于形式。为改变这一现状，范存村党支部主动作为，以脱贫攻坚、精准扶贫为契机，重修村规民约，全面提升村民自治能力，提升农村社会治理水平，进一步彰显基层党组织的政治核心和战斗堡垒作用。

二 主要做法

（一）夯实规约的民意基础

村规民约源自群众生产生活的方方面面，是用于管理约束群众的行为规范、来自于民、用之于民。为确保新修订的村规民约扎根群众、落到实处，范存村党支部利用村组微信群发布修订征求意见，带领党员代表、群众代表走院落、入农家，采取开坝坝会、院落会等形式，紧紧围绕村民关心的公共环境卫生、公共基础设施、公共道德、家庭美德、公益事业办理、集体资产处理等热点问题，认真广泛听取村民意见建议，详细记录群众诉求想法，让村规民约与社情民意紧密结合，力争新修订的村规民约接地气、有生机、易落实。

（二）规范规约的制定程序

范存村支部通过"三上三下"工作步骤，动员广大村民积极参与村规民约的修订完善，使其具有规范的制定程序。"三上"是指：由村党支部拿出村规民约初稿，上村"两委"班子会议、村党员大会、村民代表会议，听取全体党员和村民代表的意见建议。"三下"是指：将三次会议后修改完善的村规民约初稿下发给村组干部初步审议，修改后下发给全村党员，再次完善后下发给村民代表签字同意，村党支部以村民小组为单位，组织村组干部入户宣讲，经2/3以上户代表签字同意后定稿实施，并报乡镇党委备案。老党员张德富认为，村中环境卫生需要全体村民共同维护，建议把缴纳垃圾清运费以村规民约的方式明确下来，此条建议被采纳列入新的村规民约。

（三）扩宽规约的约束范围

在村规民约修订过程中，既注重与法律法规、公民道德等内容相一致，又注重与乡镇、村重点工作相结合。修改后的村规民约共19条，主要包括：共同建设美丽村庄、尊老爱幼，共建和谐家庭、低保户全年参加不少于4次集体公益性劳动，身体有残疾、无劳动能力的由子女或家人代为参加，连续两次不参加劳动者取消低保待遇等。条款中明确了具体的奖惩措施，包括村民自觉缴纳垃圾清运费12元/人/年，对子女在外经商务工，生活水平高于当地的要赡养父母，以此约束、规范、引导村民行为。

（四）强化规约的执行落实

为使村规民约落到实处，范存村成立了监督督查队，由村监委会具体负责对村规民约实施情况进行日常监督，重点对村民的环境卫生、尊老爱幼、秸秆焚烧等行为进行监督检查。监督督查队每天做好督查记录，每月对巡查情况进行梳理汇总，报送村"两委"。如发现有违反村规民约的行为，及时进行劝阻；劝阻无效的，及时向村党支部进行报告，协助村干部继续进行劝阻；经教育劝阻依然无效的，记录在案并对照村规民约有关规定进行处置。范存村8组贫困户邵华全独自一人居住，常年无所事事，不愿外出打工挣钱。督查队发现情况后多次对他进行教育，耐心宣讲村规民约，经多次劝导，邵华全转变了思想观念，主动承担村文化广场及村委会的卫生打扫工作，通过自己努力，改善了生活条件，增加了收入。

三　工作成效

（一）农村经济发展更加迅速

村规民约的制定实施，保障了农民群众的知情权、参与权、决策权、监督权，增强了主人翁意识和社会责任感，推动了产业结构调整、征地拆迁、安置补偿、道路建设、公益事业等工作的顺利实施，促进了农村经济快速发展。

（二）农村社会更加和谐稳定

通过实施村规民约，农民群众对党组织、村集体的归属感、认同感明显提高，文明和谐、友爱诚信、互帮互助、尊老爱幼等良好风尚逐步形成。矛盾纠纷减少，治安形势好转，邻里关系和睦，干群关系融洽，农村社会局面更加和谐稳定。

（三）农村治理水平得以提升

通过完善规范村规民约，建立了党委领导、政府引导、村级组织主导、村民广泛参与的乡村治理体系，提高了农民群众自我管理、自我教育、自我服务、自我监督的能力水平，农民参与村级事务的积极性、主动性明显提高。

四　思考启示

（一）推行村规民约必须坚持发挥党组织的核心引领作用

把制定和实施村规民约作为"精细管理"的重要内容，作为加强基层组织建设、深化村民自治的重要载体，始终坚持发挥党组织的主导作用，把好村规民约起草关、审查关,确保党的政治要求始终贯穿在村规民约中,落实到基层。

(二) 推行村规民约必须坚持发挥群众主体作用

把村规民约的制定和实施过程,变成发扬民主的过程、自我教育的过程、党群互动的过程。保证群众的主人翁地位。村规民约集中了人民群众的智慧和力量,找准了各方利益的平衡点,找到了推进发展、化解矛盾的方法。

(三) 推行村规民约必须坚持用法制精神来保障

在村规民约的制定过程中坚持以村民自治相关法律法规为依据,使村规民约制定工作法制化、制度化、规范化,做到制订过程符合法定程序,条文内容符合法律规范,公布实施符合法治精神,保证了村规民约制订实施工作在法治轨道上运行。

绵竹年画育魂 培育和践行社会主义核心价值观

绵竹市依法治市领导小组办公室

社会主义核心价值观是"兴国之魂","魂"有所依,才能落地生根;"魂"有所寄,才能"精神变物质"。绵竹市积极尝试用扎根群众的民间艺术——绵竹年画这一民间艺术瑰宝所蕴含的思想精华和道德精髓,巧妙构思、精心创作了一批以绵竹年画为载体的社会主义核心价值观公益广告,并通过年画上墙等方式受到各界一致好评,其浓厚的传统文化特色和通俗易懂的文字画面表现形式,让社会主义核心价值观朗朗上口、入脑入心。

一 坚持创新发展,突出特色

(一)精心创作公益题材绵竹年画

2012年以来,绵竹市充分发挥年画文化等优秀传统文化怡情养志、涵育文明的重要作用,创新多样年画题材。着力挖掘创新绵竹年画表现形式,组织创作了社会主义核心价值观、依法治市、中国梦、廉政、"三讲三爱两进步"等系列主题年画,通过凝练、简洁明快的表现方式,通过大众化、通俗化的一个个画面,让群众朗朗上口,过目不忘。此举得到中央文明办、省委宣传部的肯定,省委宣传部2014年下发文件在全省推广绵竹年画公益广告。2016年,"三讲三爱两进步"年画公益广告获得省文明办二等奖,并作为精神文明建设公益广告在全省推广,陶版年画在百村建设中得到推广应用。

(二)建立培育专业年画上墙队伍

绵竹市组建5个年画上墙项目联合工程队,由全市具有资质的年画公司、作坊、个体工商户以及操作经验丰富的画工组合而成,同时,绵竹年画促进会组织统揽，负责项目具体实施、画工技术培训、统一技术标准等工作，有效保障了"年画上墙"工程技术质量，规范交易市场，从而达到推广的预期效果，充分发挥绵竹年画的艺术表现力和传播影响力，推动"三讲三爱两进步"活动不断深化，进一步培育和践行了社会主义核心价值观。

二 以"三讲三爱两进步"活动为抓手，培育和践行社会主义核心价值观

（一）着力打造示范点

2016年初，绵竹市提出了"率先实施，率先试点，率先示范"的工作思路，将推广"三讲三爱两进步"主题绵竹年画工作作为全市意识形态、宣传思想和文明创建工作的重要抓手，以彩绘年画上墙、陶版年画作景等多种方式，大力抓好公益年画推广工作，利用道路入口、幸福美丽新村建设村示范点等处现有闲置墙体资源，结合具体环境条件，因地制宜，科学规划"一带一点"（一带：德阿公路孝德段至年画村至玫瑰温泉大道至沿山公路；一点：金花镇玄郎村）三讲三爱两进步"公益年画上墙"示范区域，突出孝德镇年画村、金花镇玄郎村示范效应，做到布局合理、美观实用、重点打造，引领带动，分步推进。

（二）坚持示范引领

按照"三个率先"的工作思路。绵竹市委宣传部按照统筹推进的理念，实行市县联动、部门参与，采取试点先行、分步推进、全域覆盖的办法，制定了规范的工作机制，统一了技术标准，打造的"一带一点"三讲三爱两进步公益年画上墙示范区——金花镇玄郎村在2016年3月接受德阳城建现场会的检查，得到了各级领导的肯定和与会人员的一致好评，为在全德阳推广系列主题年画提供了示范样板。

三 全面营造践行社会主义核心价值观的浓厚社会氛围

（一）大力营造氛围

绵竹市在城区广场、旅游景区、高速路口、车站、站台等公共场所和公

交车、出租车、三轮车等公共交通工具等重要位置进行宣传展示。制作发放24字绵竹年画公益广告招贴画5000套，纸杯10万个，让人们在耳濡目染中受到熏陶。绵竹广播电视台等媒体开设"大力弘扬社会主义核心价值观"专栏，深入基层、各行业采访先进人物典型和正能量新闻事件。推动年画公益广告"七进"，即进机关、进校园、进企业、进社区、进乡村、进家庭、进景区。通过宣传，在全市营造了浓厚的社会氛围。2016年，绵竹市完成覆盖10个村5662.34平方米的"三讲三爱两进步"主题"年画上墙"工作，共投入财政资金91.8万元。

（二）积极对外宣传

以年画公益广告宣传画为主题，从绵竹年画传承、创新、传递社会主义核心价值观正能量等多方面总结、报道绵竹市关于社会主义核心价值观宣传的做法、经验。目前已经在《四川日报》、《文汇报》、四川卫视、人民网、新华网、中国文明网、四川新闻网等主流媒体的重要版面和时段进行宣传报道。其中，《四川日报》在头版头条刊登《承载核心价值观　绵竹年画写新意》，在重要版面刊登整版报道《古老绵竹年画　渲染鲜活中国梦》，还多次报道绵竹年画公益广告绘上农家院墙；四川卫视连续三天播出《绵竹年画传递社会主义核心价值观》系列专题。

（三）重视网络宣传

充分发挥互联网和手机媒体传输快捷、覆盖广泛的优势，扩大公益广告影响力。在本地网络媒体上长期开辟"社会主义核心价值观"专栏，宣传"24字核心价值观"和典型事例。充分运用官方网站、微博、微信等平台，策划"画说24字核心价值观""社会主义核心价值观""微公益　有我在""绵竹好人"等互动话题，网民积极参与，发表评论近2000条，弘扬了正能量，引导人们增强对社会主义核心价值观的认同感。

强四好促富民　先锋引领产业兴

绵竹市依法治市领导小组办公室

年画村党支部按照"产业富民、产村相融"的思路，积极推行"支部引领、一核五翼"新模式，即以支部领航抓产业，立足产业为核心，以产业功能室、村民大讲堂、人才信息库、村民议事厅、"两新"孵化室等"五翼"作为抓手，引领带动基层党组织和党员发展壮大致富、产业增收，把党的组织优势有效融入产业发展，实现组织建设与产业发展互促共赢。

一　建好一个基层党组织，支部领航抓产业

充分发挥年画村党支部基层党组织的战斗堡垒作用，发挥党组织统领、协调、管理、服务作用，不断提升农村党建工作水平，主动适应产业结构发展。

（一）明确发展思路

年画村党支部紧跟孝德镇党委、政府发展思路：建设特色旅游小镇、发展全域旅游，走支部引领模式，以支委带党员，以党员带群众，利用年画村深厚的文化底蕴和良好的区位优势，引导全村发展绿色有机产业、发展乡村特色旅游产业，开发"党支部+农旅""党支部+景区管委会"模式。

（二）规范组织体系

实施基层党建规范化建设，将阵地规范化、制度规范化和服务规范化作为整体进行谋划，统筹推进。设立"两代表一委员工作室""谈心谈话室""产业发展室"等功能室，村级组织活动阵地达到室内"八有"标准，发挥村级组织活动中心功能、议事决策中心功能、教育培训中心功能、便民服务中心功能和文体活动中心功能的作用。

（三）优化班子队伍

以年轻力量充实支委，选拔熟悉产业发展和年画村发展情况的年轻干部到年画村担任支部委员，紧密联系对口帮扶单位经济开发区，把党建工作与经济工作紧密结合，统筹管理、同步发展。

二 建好一个产业功能室，规划指引建产业

科学分析年画村产业现状，建好产业功能室，为全村科学规划产业发展模式，将年画村新农村综合体建设成集年画文化体验、创意农业观光、特色乡村休闲度假为一体的"一三产业互动"示范新型农村，文化复合型、体验型的中国民俗文化旅游新地标。

（一）大力推进"农旅产业"发展模式

以综合性乡村旅游为主线，特色产业为基础，大力推进年画村"党支部＋农旅"的"农旅产业"发展模式。挖掘特有的年画文化，将文化优势转化成产业优势，通过建立绵竹年画产业基地，发展大中型年画作坊，引进年画企业，开发传统年画品种，创新现代年画，让年华产品融入生产、生活，打造年画产、供、销完整服务链条，继承和发扬传统文化，实现增收致富。

（二）积极打造"村景共建产业"发展模式

以年画文化为表现形式，以完善的农村服务设施和景区旅游接待设施为亮点，积极打造"党支部＋景区管委会"的"村景共建产业"发展模式。一是以景区为平台，营造创业环境。农民小区建设与年画产业相结合，因地制宜打造特色农家乐，为群众创业谋业、拓宽增收渠道创造良好的环境。二是以协会为依托，提供就业岗位。通过乡村旅游协会，组织星级农家乐、农业专业合作社与本村贫困户开展结对帮扶，吸纳建档立卡贫困户就业，帮助其增加收入，实现了"造血式"扶贫。三是以政策为保障，创造就业机会。针对有意愿就业的建档立卡贫困户，每年开展不少于2期的年画绘制、刺绣等技能专项培训。大力开发农村公益性岗位，安排、鼓励贫困户参与村景建设工作，在解决生计问题的同时，更直观地体现其劳动价值，进一步增强社会责任感。

（三）鼎力实施"集群互利"发展模式

以党支部的年轻活力为年画村产业注入创新、高效、现代、时尚四大元素，大力发展"党支部＋规划集群"四大产业集群。一是建立绵竹年画产业集群，依托现有的年画街坊、年画展示馆等旅游设施，拓展年画产业链；二是建立观光农业产业集群，结合向日葵示范园，因地制宜构建特色农产品产业布局；三是建立摄影产业集群，积极与婚纱摄影机构等团体对接，引入外来摄影团队，助推摄影产业发展；四是建立旅游服务产业集群，以轩辕年画展示馆等年画体验基地为平台，旅游服务产业与新农村建设相结合，实现经济发展与文化传播的有机统一。

三 建好一个农民大讲堂，素质提升谋产业

推行"菜单式"服务，开设农民大讲堂，通过举办"年画微党校""年画夜校""年画讲堂"等活动，以点带面辐射开展系列教育活动，让党员群众"下牌桌，进讲堂，学技能，搞产业"，全面提升科学生产的技能，加快增收致富的步伐。

（一）自主"点菜"，能动选择适用技能

年画村针对村民文化程度偏低的现状，采用"巧设学习时段、巧排授课内容、巧用教学资源"的方式，将惠民政策、法纪安全知识、感恩奋进教育等内容以故事形式进行表述，深入浅出，增强"农民夜校"吸引力。有针对性地开展种植、养殖等实用技术培训，积极联系涉农部门技术人员以及种养殖大户，切实采取多种方式进行教学，确保群众学得会、用得上、能致富。

（二）按需"配菜"，灵活设置教授方式

为造就一批有文化、懂技术、会经营、善管理的新型农民，"年画夜校"以贴近农民、融入农民、服务农民为方向，灵活设置送教方式，延伸送教形式。在课程设置上，采取按需"配菜"模式，综合运用院坝教学、实地操作、互动教学等方式，送学上门，把农民夜校办到农户院坝、田间地头，邀请农业技术人员、驻村干部、"土专家"等手把手操作，面对面沟通，帮助群众掌握所学知识、技术要领。

（三） 配强师资，增添发展产业动力

定期举办"年画微党校""年画夜校""年画讲堂"活动，由"田专家""土秀才"担任主讲人，从年画创作、摄影技术、农村种养殖等方面开展授课，培育村民做新时期农民。镇党委成立了讲师队伍，由党政班子成员、村"两委"干部作为年画"微党校"主讲人，讲解基层党建工作各项制度，传达上级会议精神。镇党委根据年画村实际情况，组织农村种养殖等方面带头人以主讲人的形式现身说法，将自己成功的经验说给大家听，增强了说服力和宣传效果。

四 建好一个人才信息库，示范带动强产业

始终把乡土人才作为推动新农村建设的第一资源，充分发挥乡土人才的示范和辐射带动作用，积极引导农民创业致富。

（一） 地毯式摸排挖"秀才"

通过寻访，将农技推广、种植能人、经营管理、养殖能手等乡土人才纳入人才信息库。通过支部书记带头讲党课，宣讲党的方针政策，定期开办年画夜校、年画讲堂，开展主题党日活动等形式，组织村民学习农业技术、法律法规知识，开展感恩教育。由年画大师定期教授感恩年画创作，让青少年在感恩中学会奋进。通过德孝文化、感恩文化的宣传及年画创作，不断提升良好的家风、社风、村风、民风。

（二） 立体式培训育"头雁"

通过年画夜校、年画讲堂等阵地开展实用技能专题分类培训。为选树培养的致富带头人、"田专家"、"土秀才"购买教材，自励勤学。致富带头人、行业精英结合自身知识优势及资源优势，带动群众发展产业、增收致富。

（三） 组团式服务架"金桥"

坚持"立足农村、以点带面"工作思路，为农村经济发展提供人才保障。组织乡土专家深入田间地头和种植、养殖基地，为老百姓提供农产品种植技术、饲养管理技术、防虫防病技术等方面的服务。

（四）精准式引才搭"舞台"

以支部为平台，筑巢引凤，吸引外来投资商和本地党员群众发展现代高效农业、年画产业、观光旅游业。结合年画村产业发展实际及总体规划，通过"走出去、请进来"等方式，引进、培养大批专业技术人才，引导更多的有志之士创业致富，影响和带动更多村民成为致富能手。

五 建好一个村民议事厅，群策群力议产业

大力培育村民民主法治观念，共建和谐新村，文明新村，提升群众参与度，实现产业和村民共荣共建。

（一）"线上""线下"无缝对接

采用线上线下对接的方式，让更多的村民参与对村域"三重一大"事项。坚持一事一议，民主决策，把各项事务纳入法治化轨道，实现了以法治村，村民自律自治。村民面对面讨论、沟通更有效，可通过微信公众号、微信群全程参与，让村民议事不受空间、时间的限制，提高村民参与度。

（二）"三个三"相得益彰

建立"三个三"项目保障机制，采取"三会议事决策"（支委会提事、联席会议议事、村民代表会决事）、"三类问题调处"（对"产业发展""劳务用工""矛盾纠纷"这三类问题，通过产业协会建立台账，上报年画村党小组研究，建议上报村党支部调处、决议）、"三级监督反馈"（由党员群众、村监委会、村两委共同监督）等管理措施，老百姓的道德素质不断提高，法制观念不断增强。

（三）"一支队伍"公道正派

努力建设一支高素质、熟法规、懂政策、公道正派的党员调解员队伍，切实把矛盾纠纷化解在基层、解决在萌芽状态，实现小矛盾处置不过夜、不出村，大纠纷稳控得当、化解得力、不出镇，发挥基层党支部的战斗堡垒作用。

六 建好一个"两新"孵化室，整合资源壮产业

建立"两新"党组织孵化室，积极扩大两新组织党的组织覆盖面和工作覆盖面，进一步优化了党建资源，构筑动态开放、区域互动的党建工作体系，提升区域内党建工作的整体水平。突出"五大功能"，切实发挥作用。一是党组织"孵化器"。对区域内具备单独建立党组织条件的企业，孵化室帮助及时组建党组织。反之，纳入孵化室进行管理，继续孵化培育。二是党员"接纳地"。将区域内企业党员纳入管理服务，使之成为党员的"温馨家园"。三是政策宣传"传声筒"。在区域内企业宣传贯彻党的路线方针政策，引导监督企业遵守国家法律法规，依法经营，照章纳税，推动企业履行社会责任。四是区域共建"枢纽带"。以孵化室为平台，整合多种资源，深化党群共建、村企共建、区域共建，实现"小区域大党建"功能。五是党建服务"工作站"。通过设立党员先锋岗、党员奔小康示范园，成立党员志愿服务队，开展党组织和党员承诺践诺、文体活动、技术攻关、志愿服务等活动，发挥党建引领作用。

探索推进村级巡检　筑牢基层监督防线

绵竹市依法治市领导小组办公室

为加强社会基层治理，推进全面从严治党向纵深发展、向农村基层延伸，扎紧筑牢基层监督防线，绵竹市采取"试点先行、逐步铺开、整体推进"的方式在全德阳市率先探索推进村级巡检。目前，已在4个镇乡5个村（社区）有序推进村级巡检工作，计划按3年换届时限对绵竹市203个村（社区）实现村级巡检全覆盖。

"三主体"发力，巡检"齐谋划"。制定《绵竹市镇乡党委巡检村（社区）工作实施办法（试行）》，明确巡检工作机构职能、巡检对象和程序方法等7方面具体内容，科学规范指导巡检工作。编印《绵竹市镇乡党委巡检村（社区）工作手册（2017年版）》，"县乡村"三级同步发力，层层压实责任，齐抓共管巡检工作。市纪委牵头抓总，综合协调、跟踪督促；镇乡党委、纪委具体实施，组建巡检办和巡检组，明确目标要求和节点任务，稳步推进；村（社区）协助配合，对照巡检重点自查自纠、查漏补缺，抓好整改落实。

"三结合"稳步推进，巡检"掌全局"。立足政治巡检定位，紧扣从严治党和小微权力规范运行，突出查纠村组干部处事不公平、履职不尽责、作风不民主、行为不守纪等侵害群众利益的不正之风和腐败问题，制定巡检项目表，区分重点、分项巡检，实施"三步"推进，全面掌握村（社区）总体情况。"汇报+测评"，借助巡检动员会专题听取村（社区）履责报告并进行勤廉民主测评，整体感知群众满意度，发出勤廉测评表285份，收回276份，满意度达94.2%；"走访+问卷"，对精准脱贫贫困户、信访反映人和党员（村民）代表等重点对象实地走访，对普通群众以实地走访和问卷调查相结合的方式进行100%摸底调查，全面透析问题病症，面对面实地走访群众464户，发出调查问卷3396份；"查阅+约谈"，结合摸排情况，调阅会议记录、档案资料和票据凭证，苗头性倾向性问题镇乡党委及时约谈提醒，问题线索移送镇乡纪委按权限及时处置，发现党风廉政建设工作中的共性问题和薄弱环节共17个。

"三防线"强化督导，巡检"严把关"。注重整改运用，增强巡检实效。一是实行问题整改清单管理，建立问题、责任和整改"三项"清单，对整改情况实施台账管理，对账销号、逐项落实。二是建立问题整改督导机制，结合整改问题数量及性质严重程度下达"红、黄、蓝"三色整改通知书，分类督促整改落实，整改情况定期报告镇乡党委并面向群众公示公开，目前发出三色整改通知书红色3份、黄色42份、蓝色135份。三是强化巡检结果运用，巡检组巡检结束5个工作日内形成巡检报告，经巡检领导小组审核后报市纪委、市委巡察办，市纪委定期梳理全市巡检工作情况并及时报告市委。巡检结果纳入镇乡党委党风廉政建设责任制考核，镇乡党委、纪委负责人巡检履责情况纳入年度述责述廉内容，巡检结果和整改情况作为村（社区）评先选优、干部任用和考核评价的重要依据。

遵道镇棚花村推进美丽家园建设

绵竹市依法治市领导小组办公室

为全面落实省委开展"住上好房子、过上好日子、养成好习惯、形成好风气"的工作部署,绵竹市委提出"1+1+6"美丽家园建设模式,以党建为龙头,以产业为支撑,以"六治"为抓手,用美丽家园建设推动物质文明和精神文明"两手抓",激发农村群众脱贫奔小康内生动力,切实加强农村依法治理,在遵道镇棚花村进行试点,分八个方面制定创建标准体系,并根据试点示范情况,计划用2~3年的时间,以"达标创建"的形式在全市推广。

一 抓党建促发展

(1) 全力做好村支部换届选举工作。认真落实中央和市委关于换届工作的部署要求,从严从实抓好各项工作,确保换届有力有序、稳步推进、风清气正,选出忠诚干净有担当的好干部、配出结构优功能强的好班子、换出心齐气顺劲足的好面貌,党支部的战斗堡垒作用充分发挥。

(2) 加强阵地建设。建设村级道德讲堂、农民夜校,积极邀请专家开展辅导讲座,加强党章党规、思想文化、科学知识、实用技术等教育和培训。建设青莲池,修建小品景观,加强党风廉政建设。

(3) 加强党支部制度建设。完善支部议事决策制度,规范议事和决策程序。严格支部"三会一课"、组织生活会制度,健全基层党的组织生活。坚持民主评议党员制度,每年至少开展一次党员民主评议活动,加强党员干部的教育、监督和管理,不断提高党员思想觉悟,增强党性观念。

(4) 充分发挥党员示范作用。建立健全党员学习教育、党务公开、监督管理、创先争优、激发活力五项机制,动员广大党员在模范遵纪守法、引领产业发展、树立文明新风等方面发挥先锋模范作用。支部书记带头示范。

二 抓产业促小康

（1）发展特色经济果木林。一是壮大猕猴桃产业。培育猕猴桃大户和家庭农场，做实产业发展基础，力争发展100亩以上猕猴桃大户3家，20亩以上家庭农场2个。试点在猕猴桃园区推行"大园区、小业主"管理模式，在园区统一管理措施、标准的前提下，农户认领园区中一块区域负责日常管理，实行"劳务+分红"双重报酬制，既增加农户收入，又培育一批懂技术、会经营、善管理、知市场的职业农民。办好猕猴桃采摘节，探索建设猕猴桃庄园。二是巩固发展优质梨等基地。利用现有产业基础，以稳定种植规模、标准果园建设为重点，确保优质果树种植面积达2000亩以上；依托"梨花节""赏果节"等节会平台，推动第三产业发展。

（2）发展旅游产业。一是推进民宿改造。根据群众自愿、统规自建、控制总量、打造精品的总体要求，鼓励群众依托现有农房改造发展民宿、乡村咖啡、乡村餐厅等，力争改造民宿9户以上。二是提升农家乐，发展乡村特色餐饮。与绵竹相关学校联系，采取村、校合作模式，开展农家乐管理、菜肴推新培训，支持业主按照自然简朴的"农家"特色，突出"山野味"、庭院、生态意味和自然情境等，充分挖掘和利用农家文化元素，拓展农家乐的民俗文化内涵。

（3）完善基础设施。加快道路交通规划建设，按照满足通行与打造景观兼备的要求，2017年春节前基本完成沿山公路连接线和棚花村5组道路工程，完成村域内骑游道规划建设。推进实施棚花村天然气管道入户工程，支持改造发展民宿、乡村咖啡、乡村餐厅等的农户先行实施。

三 抓六治促进步

（1）治脏。一是完善环卫设施，落实保洁人员。每个组有1辆垃圾转运车和1名卫生保洁员，每个集中居住点有1个垃圾收集池，倡导每户家庭使用垃圾收集袋。二是建设集中污水处理设施。突出农家乐、民宿发展等重点区域，在棚花村四组、五组建设集中污水处理场2个以上。三是实施"三建四改"工程，在农户推进建庭院、建入户路、建沼气池和改水、改灶、改厕、改圈，改善人居环境。四是在村域内规划新建1座公共厕所。

(2) 治乱。一是解决坟墓乱建的问题，强化宣传引导，倡导厚养薄葬的新风尚，在棚花村五组试点建设农村集中墓地。二是解决乱堆乱放、乱涂乱画、乱扔乱倒等问题，在民宿发展集中区域实施风貌改造，并动员村民在道路两侧、集中居住点、农户庭院等重点部位实施清除垃圾、清除柴垛、清除杂草、清除残垣断壁等活动。三是解决管线乱牵乱接问题，在教育引导农户的同时，严格执行管线新建须经市级主管部门审批同意后方可实施，并对重要节点的管线进行迁改。

(3) 治违。一是突出整治违章搭建行为，严格执行农房、农家乐等项目新建、改建申报审核制度，并在重点区域动员鼓励农户以风貌改造的方式全面清除彩钢、板房等。二是突出整治违规流转行为，严格执行市委市政府相关规定，做到土地流转规范。三是突出整治违规养殖行为，实施养殖污染综合治理，区域内禁止规模化养殖发展。

(4) 法治。一是全面推进"七五"普法，深入开展"法律七进"等活动，建设法治小广场，推动法治文化建设，增强群众学法兴趣，提高法治意识。二是积极联系推行"巡回法庭"等各类法律实践活动，通过案件的办理、纠纷的化解，让群众切身感受到法律的重要作用，增强学法、遵法、守法、用法的积极性和主动性。

(5) 德治。一是试点建设棚花村道德讲堂、明礼堂，每季度举办活动不少于1次，坚持"身边人讲身边事，身边人讲自己事，身边事教身边人"，充分发挥以德育人、以文化人的独特优势，弘扬社会道德风尚，传递正能量，形成讲文明、重品行、守纪律、促和谐的良好社会风气。二是每年开展道德模范评选、文明家庭创建等道德教育实践活动1次和群众喜闻乐见的文化体育活动2次以上，形成爱党爱国、尊老爱幼、互帮互助、自力更生等文明村风。三是深入开展"立家规、传家训、树家风"活动，引导3户以上农户完善家规、家训，以家风带民风、民风带社风、社风促发展，进一步促进城乡文明建设。

(6) 自治。一是完善乡村自治机制，围绕当前基层治理中的难点问题，开展村规民约修订工作，试点推行制定棚花村五组组规民约，将遵纪守法、公民道德、村民承诺制等纳入组规民约，达到真正自我规范和约束的目的。二是新建村民议事厅。探索设立村民议事厅，推行"民主商议、一事一议"，真正把民主落实到日常决策管理，提高村民民主监督水平，减少村干部"暗箱"操作、寻租谋私的空间。

构建"三治"结合治理体系
不断提升基层治理水平

什邡市元石镇箭台村

什邡市元石镇箭台村位于什邡城区西郊，地域面积3.2平方千米，全村共18个村民小组，1300余户，3500余人，党员112人，是德阳市级统筹城乡发展建设示范村，2014年荣获第五批全国人口和计划生育基层群众自治示范村和第一批德阳市民主法治示范村荣誉称号。

2009年以来，箭台村紧紧抓住灾后重建机遇，立足城郊，突出自身特色和优势，积极稳步推进统筹城乡发展试点工作，实施村民集中居住、土地集中流转、产业集中培育、文化集中打造，农民持续增收的"四集中一持续"发展思路，成立土地流转专业合作社，引进业主25家，吸引社会资金约两亿元，大力推进现代生态设施农业、休闲观光农业、新型农村住宅等功能区建设。目前全村2000余亩土地已全部流转完毕，初步形成"绿树成荫，瓜果飘香，溪水回流"的乡村旅游景观，并于2013年成功通过国家3A级景区验收，成为什邡首个国家A级景区，箭台村正由传统农业村向集休闲养身、旅游观光、现代农业为一体的综合型特色村转化。

箭台村在加快传统农村向综合特色村转变的过程中，创新基层治理体系，形成了突出支部领导，以增强人的法治观念为先导，以提高人的法律意识为重任，以德治为基础，法治为保障，自治为目标，"三治"结合，三位一体的基层治理体系，促进全村经济和各项社会事业的和谐健康发展，为创建"平安和谐村"营造了良好的环境。

一 发挥支部核心作用，推进"三治"三位一体

落实"三治"，推动基层治理体系创新，关键在人，只有人与人和谐了，社会才安定有序，基层党组织应该也必须在落实"三治"工作中起到先锋模

范和核心推动作用,箭台村支部从自身做起,从党员做起,以"三化"推进"三治"。

(一) 党员教育法制化

利用远程教育平台、三会一课、支部大会、党小组长会等载体和平台,普及法律知识,形成法律意识,树立法律底线思维,让每一位党员都成为法制宣传员和法律明白人。

(二) 党员管理标准化

探索建立《箭台村党支部不合格党员标准》,一方面细化、量化了不合格党员的具体表现,让党员评议不再模糊不清,让被评议党员特别是评定为不合格的党员心服口服;另一方面,结合本支部实际情况亮出底线、标明红线,让广大党员在党内政治生活和日常经济生活中有了标准和底线。

(三) 推动工作规范化

一方面,规范专业合作社,指导制定合作社章程和依法合规运行,切实做到了用法律保障投资业主和土地所有权人的合法权益,特别是在合同订立、经济纠纷调处方面,坚持按照法律方式解决问题、处理问题。另一方面,依法处置违法行为,维护社会公平正义,特别是针对几户村民在建好新房后经反复做工作拒不拆迁旧房,在村民中造成极其恶劣的影响的实际,在有关职能部门的支持下,依法合规帮助其拆除旧房并还耕,既在村民中树立了法不可侵的权威也切实维护了社会公平正义。

二 "三治"结合三位一体,推动基层治理体系创新

(一) 以良法善治为保障,创新基层治理体系

一是构建和谐平安网格,落实法治管理。实行网格化服务管理,将全村划分为18个网格,每个网格配备一名协管员作为民情信息收集员、法制义务宣传员、矛盾纠纷调解员,实行"定人、定位、定时、定责"的"四定"服务管理,基本实现群众"进一道门、上一个网、办所有事"。在"走基层"活动中全面推行"一二三三三"(一承诺、二评议、三包干、三落实、三监

督）工作机制，开展"走基层"八大行动服务惠民活动，切实解决联系服务群众"最后一公里"问题。建设公共安全保障体系，充分整合群众力量，开展社会治安联防。

二是提供高效便民举措，落实法治服务。加强法制宣传、人民调解队伍和调解工作室建设，配备法律顾问，定期组织开展义务法律咨询和法律服务活动。做好重点对象法律服务工作，开展返乡农民工大调查，及时梳理农民工所需解决的法律问题，提供上门服务，做好相关疏导工作。利用大调解平台，将人民调解与法律援助相结合，建立工会维权点，为民工维权，化解社会矛盾，维护社会稳定。

三是创新多样普法宣传，落实法治教育。积极组织开展农村"两委"干部、党员代表、村民代表法制教育轮训工作，开展村民小组长、村民集中学法活动。运用农村党员现代远程教育平台、村有线广播等，定期开展法律知识宣传。组织开展普法巡回讲座活动，现场为村民讲授《土地法》《婚姻法》等法律法规。组织开展义务法律咨询和法律服务活动，以"咨询"的形式开展普法宣传，强化村民法律意识，维护村民合法权益。

四是打造特色文体活动，落实法治文化。努力寻找常态普法工作与现实需求的有效契合点，按照"五个一"法治文化设施要求，逐步建设法治文化阵地和设施。投入资金3万余元建成老年人活动中心1处，建成文体活动场所6处、廉政文化基地1个、法制书屋1个。组建了以党团员为骨干的3支志愿者服务队，扎实开展"送法下乡"、"为留守儿童、残疾人、孤寡老人送温暖行动""城乡环境综合治理行动"等志愿服务。结合"荷塘月色"特色旅游活动，将群众文化活动融入法制文艺演出，形成由点及面、由浅入深、特色鲜明的普法工作格局。

（二）以自主自治为基础，创新基层治理体系

一是坚持民主选举。民主选举是村民自治的基础，村民自治主体在群众，村委会应该是本村群众意志的集中体现，村民通过自己手中的选票，在选举自己"利益代言人"中实现自治。民主选举不但是党纪国法的要求，更是从推动工作出发的现实需要。随着征地拆迁及幸福美丽新村建设工作的全面开展，箭台村村民的利益取向、诉求、矛盾呈多元化趋势，在这种大背景下，箭台村严格贯彻《村民委员会组织法》和《农村基层组织工作条例》，在开展村民委员会换届选举工作中推选出村民委员会主任1人，委员2人。同时，

采用同样的方法，由村民民主选举出监委会主任 1 人，委员 2 人，村民小组长 18 人，村民代表 54 人，民主选举不但维护了村民的选举权和被选举权，更为之后的各项工作顺利开展打下了坚实的基础。

二是坚持民主决策。箭台村充分发扬民主，对涉及本村经济、政治、文化和事关村民根本利益的重大事项和热点问题，按照村"两委"研究：提交村监委审核、最后由村民代表会议或村民大会讨论通过并形成决议后再予以实施的既定程序进行。在"农村基础设施运行维护费"的使用方案上，箭台村不但走足了上述既定程序，还创新性地参照成都地区的村民议事会制度创建了党员议事制度，不但丰富了党课的内容，提高了党员特别是无职党员参与村级事务的积极性，更重要的是在方案实施过程中全程参与制订方案的党员自觉成为方案的拥护者和宣传员，使得方案制订更为合理，推进落实更为顺利。自本届村两委上任以来，按照上述程序完成的民主决策共 10 余条，涉及集体资产处置、重大资金开支、村规民约制定、城乡环境整治等方方面面。

三是坚持民主管理。将"法律进乡村"与"民主法治示范村"创建相结合，着力规范和完善村规民约。先后制定了《箭台村村民公约》《箭台村村民自治守则》《箭台村村民自治章程》和《箭台村村规民约》，初步形成村民自治体系。实行村务公开、民主管理，完善村级各项制度，规范村级组织各项工作，化解基层各类矛盾，减少基层政府压力，推进基层民主法治建设。另外，在村民集中居住小区建成后，引入城市小区管理模式，选举建立了箭台村业主委员会，制定了小区公约，运用城市小区管理方法管理农村院落，随着村民自治体系的初步形成，箭台村村民逐渐完成了从单家独户到小区住户的身份转变，村民居住环境、邻里关系得到极大改善，初步形成了房前屋后、花园菜园、邻里之间守望相助的良好局面。

四是坚持民主监督。充分发挥村监督委员会的重要作用，严格规范监委会工作流程，做到参与不干预，监督不拆台，到位不越位，增强监督的针对性。认真审查村党务、村务和其他重大事项的公开情况，包括公开的内容、时间、方式和程序。特别是群众关心的财务问题，按照"村财镇管民主监督"制度严格执行，积极参与制定村集体财务计划和各项财务管理制度，对村级财务收支情况，集体资产（资源）的处置、公开等进行全程监督。箭台村在 2014 年斥资近万元专门为每个村民小组配备了公示栏，专门为村组财务情况及村级重大事项公示提供场地。自本届村两委上任以来，涉及村级财务资金 100 余万元，土地流转资金 540 余万元，在按规定进行村级财务公开、公示后尚未收到任何一条群众投诉。

（三）以厚德笃行为目标，创新基层治理体系

一是弘扬传统美德。良好的社会道德风气是一切良治善治的基础，箭台村在推进"三治"过程中。一方面，运用各种载体和机会宣传法制，普及法律知识；另一方面，结合各种活动提倡德治，以中华民族优秀传统美德为切入点，重拾家风家训，大力弘扬传统美德。通过集体举办90岁以上老人祝寿活动，既让老人们感受来自党和政府的关心，又让其子女受到全社会的肯定，对于弘扬中华传统孝文化、树立社会正能量起到了很好作用。

二是加强村民培训。地处城市近郊的箭台村，近年来因城市扩建和灾后重建，全村18个村民小组相继被列入统征统转和统筹城乡发展建设试点范围。征地拆迁和城乡统筹发展工作中的难点和热点问题，让过去一直较好的干群关系一度出现干群关系略显紧张、工作推动难度增大、进展缓慢的情况。其主要表现为在传统农民向新型农民和城市居民转变过程中所需的文化、文明、科学、健康、法律、道德等知识匮乏，感恩意识差以及部分群众等靠要思想严重等，其不良影响非常突出。针对这一情况，从2011年9月开始，委托职业培训学校对村组干部及城乡统筹建设和统征统转区域内部分群众，分批次开展了"创新社会化管理，干部（新时期公民）素质提升培训"。内容包括"感恩教育、人品人格""新农村、新观念""除陋习、转观念，幸福家园做贡献""昨天、今天、明天"，"新型文化生活"等五个方面，取得了较好的社会效果，其中最直接的成效是，箭台村的统筹城乡发展建设进程大大加快，"租地不交地"、小区乱搭乱建、破坏公共设施等不良现象都得到了进一步改善，群众积极主动配合支持政府及业主建设，确保了箭台村统筹城乡发展、新村建设工作顺利通过省市各级领导和部门的检查验收，并得到好评；同时，征地拆迁工作难度明显变小，征地拆迁工作进度加快。

三是开展道德讲堂。为进一步加强公民思想道德建设，弘扬社会新风，提升文明水平，箭台村围绕"四德"（社会公德、家庭美德、职业道德、个人品德）"五类"（助人为乐、见义勇为、诚实守信、敬业奉献、孝老爱亲）等内容，启动"身边人箭台情、点滴事现文明"道德讲堂主题活动。通过"唱、看、诵、讲、评"五个一规范化流程，引导箭台村居民唱一首道德讲堂主题歌曲，看一部道德建设先进人物事迹短片，诵一段中华经典，讲一个发生在群众身边的体现传统美德、具有时代精神的典型事例故事，做一次由群众评

议身边好人好事，努力在箭台村营造从现在做起、从身边做起、从小事做起的道德建设氛围。与此同时，箭台村还将充分利用市民学校、广场等阵地，综合利用网络、视频等现代化手段，采取"道德典型自己讲、居民骨干带头讲、邻里之间互相讲、正反事例分析讲"等形式，通过采用"三句半、诗朗诵、歌舞、小曲"等群众喜闻乐见的方式，形成室内室外、虚实结合的立体化阵地网络，为"讲堂"实现功能最大化提供源泉，使居民群众在道德大讲堂里"听得懂，信得过，学得了"，努力营造"社会协同、全民参与"的良好氛围。

三 几点体会

（一）推进基层治理体系创新，必须发挥党委政府的主导作用

基层治理体系创新是一场深刻的社会变革，是实现社会从稳定到有序、再到有序与活力兼备的动态转变。箭台村要实现动态的稳定，就必须坚持党委、政府的组织领导，充分发挥党委、政府的主导作用，在全局上鼓励和支持社会各方面参与，实现政府治理和社会自我调节、居民自治良性互动，这样才能保持长治久安。

（二）推进基层治理体系创新，必须发挥基层党组织的战斗堡垒作用

基层党组织是党的全部工作和战斗力的基础，因此，推进基层治理体系创新必须充分发挥基层党组织的战斗堡垒作用。一是要建优党的组织。以党建为统领，把党的基层组织建全、建强、建实，选准、配优基层骨干力量，真正发挥党组织的堡垒作用和党员的先锋模范作用。二是要充分发挥党的理论优势、政治优势、组织优势、制度优势，把基层党组织的多种优势转化为推进基层治理法治化的重要资源，不断推进基层治理体系创新。三是要加强和改进基层党组织建设，围绕基层治理体系建设，确立工作目标、工作内容、工作方式、工作制度，着力解决制约基层治理体系建设的突出问题，充分发挥基层党组织在基层治理体系创新中的领导核心和政治核心作用，把抓基层、打基础摆在更加重要的位置。四是要健全基层党组织对各类组织党建工作的引领指导和统筹协调制度，完善党组织和党员干部服务群众的工作机制，推

动党员干部志愿服务队等服务网络建设,形成开放式、综合性、互通式服务体制。健全党员干部宗旨教育、廉政教育和法治教育制度,增强基层党组织的创造力、凝聚力和战斗力。

(三) 推进基层治理体系创新,必须发挥广大群众的主体作用

群众是基层治理的对象,也是基层治理的主体。在实际工作中,我们要践行群众路线,做到一切为了群众,一切依靠群众,形成推进基层治理创新的强大群众动力。一是要激活主体意识。深入推进基层治理变革,需要群众广泛深入的参与,群众参与的程度直接决定基层治理的深度。因此,要激活群众主动自觉参与属地活动的积极性,回归属地、融入属地。二是要开发公共事务。将与群众利益密切相关的公共问题纳入基层治理中,形成基层治理的具体事务,使群众在参与基层治理的过程中,体会到责任感,体会到成就感。三是要发展自治组织。着力让村委会回归自治,整合村内部的治理资源,形成以村委会为中心,多种主体共同参与的自我管理、自我监督、自我教育、自我服务的自治体系。四是要培育服务组织。引入、培育市场力量和社会力量,发展专业化的社会服务组织,承接公共服务、公益服务和商业服务等多种形式的服务,搭建起多层次、多元化服务结构,提高基层治理的自我协调、自我管理、自我服务能力。

坚持问题导向 创新社区治理

什邡市马祖镇京什社区

党的十九大报告指出：要坚持党对一切工作的领导。"党政军民学，东西南北中"，党是领导一切的。这进一步坚定了什邡强化党建引领、整合各方资源、探索共建共享和谐社区治理新模式的信心和决心。近年来，什邡市在统征统转失地农民集中安置社区——马祖镇京什社区，积极探索"一心双翼，多元参与"共建共享社区治理机制，以党支部为核心，发挥居民委员会、业主委员会双翼自治功能和党员带动作用，吸纳多元力量共建共享幸福美丽社区，解决了社区组建初期存在的"群众融入规范治理的意识不强、干部治理服务的水平不高、社区治理群众参与不够、社区治理服务力量不足"4个突出问题。京什社区向着实现"人民对美好生活的向往"这一奋斗目标又迈进了坚实的一步。具体做法如下。

一 发挥党组织"核心"推动功能，引领社区治理"发展新风向"

针对群众融入规范治理的意识不强、干部抓社区治理的理念比较滞后的情况，社区党支部以建强"一心双翼"、强化党建引领，汇聚社区治理"正能量"。一是配强支部班子保证核心引领能力强。坚持政治素质好、道德修养好、统战能力强、建设新型社区能力强、服务群众能力强的"双好三强"标准，按照"两推一选"模式和"外引内推"方式，发动党员群众代表全程"挂牌"监督，以人选初推、差额遴选、大会选举"三个全程签字确认纪实"制度，从支委后备人选库中，阳光透明地选配"党员满意、群众满意、组织满意"的支部班子，为创建省级一流示范社区提供坚强的组织引领保障。二是选准"双翼"成员确保自治组织跟党走。狠抓"一提倡、三把关、两坚持"，大力提倡社区居民委员会成员以优秀党员为主，严把人选结构关、政治条件关、能力素质关,坚持支部委员会与居民委员会"双向进入,交叉任职",坚持支部委员兼任居委会主任、委员,强化党支部在居务工作上的领导地位,确保居委会的服务治理方向精准性。注重以"统战思维、全民公选方式"搭建业委会班子,按1∶1的比例吸纳社区党员骨干和各领域优秀党外居民进入业委会;同时探索支部委员对接业委会成员、业委会成员对接业主代表"两个对接"制度,既保证业委会成员的组成结构合理性,又确保业委会始终按党组织的要求依法自治。三是出实招抓示范推动党群齐心建家园。大力开展"我家是党员之家"亮牌示范行动和"党员三带头"标杆引领行动,在党员家门口和各楼院显眼位置,亮党员形象、亮党员承诺、亮党员电话微信,推动党员示范执行社区治理要求;同时根据党员的专长特点,组建治安防控、文明引导、帮贫扶困、环境治理4个功能型党小组,发动党员常年带头义务服务、关爱弱小、带头传承文明、弘扬美德,带头遵章守纪、诚信经营,社区党员的先锋模范作用得到有效激发,居民群众在党员的带动下,融入社区规范治理的意识逐步增强。

二 发挥居委会、业委会"双翼"自治功能,激活社区治理"群众内生动力"

针对居委会成员治理水平不高、群众参与不够的情况,社区党支部积极指导居委会、业委会以建立健全自治机制为突破口,打通"中梗阻",形成社区治理"方法对路、居民广泛参与"的良好局面。一是狠抓履职尽责,发挥居委会自治主导作用。探索"三个长效周报"和"五个主动"工作制度,推动居委会成员每周报告"包片联组""意见收集""实事办理"情况,每天自觉坚持"责任区域主动走访、困难群体主动关心、矛盾纠纷主动调解、办事结果主动反馈、社会资源主动对接",每半年接受一次党员群众满意度测评,确保居委会自治职能充分发挥、居民满意度不断提高。二是强化民主监管,发挥业委会自治载体功能。社区党支部指导业委会采取"三上三下"方式,科学制定《业主公约》《业委会议事规则》,明确社区治理新导向;建立推行"两个表决"制度,实行社区物业管理"常规事务业主代表表决、重要事务全体业主表决",为社区居民有效参与自治搭建平台,居民参与社区自治的热情不断提高。社区物业管理招聘、商铺出租调租、车位划分、基础设施建设等难点问题,在业委会的具体组织下顺利解决。三是创新自治抓手,增强居民参与共治的积极性。社区党支部坚持在全体社区居民中长期开展"学居民公约、学法律法规，做最美居民"活动和"五个一"爱心共建自治活动，发动广大居民立足自家实际，积极为社区献一本书、为家园添一点绿、为"两委"建一个议、为贫困户捐一件衣、感恩北京写一封信，并每年评选表扬一批"最美社区居民"，大力营造"大家事情大家干，自己家园自己建"的良好自治氛围。近两年，社区居民共捐献优秀书籍400余册，提出合理化建议600多条，为贫困群众捐献衣物1500多件，涌现出了一批值得广大居民群众学习的榜样，其中，无私修路20余年的彭会有一家，被评为德阳市和四川省"最美家庭"。

三 发挥"多元参与"精准服务功能，实现社区治理的"效益倍增"

针对社区驻区单位少、服务力量不足的情况，社区党支部坚持以内挖外引补短板、以精准服务促和谐，让三方力量服务社区老中青三代居民的"3×3"叠加效应充分释放。一是争取上级资源抓好法治引领服务。建立法治建设"手拉手"共建机制，社区党支部与市、镇两级司法部门签订结对共建协议书，建起了"社区流动法庭""社区法制教育长廊""居民法治夜校"，每月邀请法律专家走进社区，采取以案说法、用身边事教育身边人的方式，推出"总有一款适合你·京什法治讲座套餐"，提升群众法治意识。近年来，社区党支部共组织开展法律知识讲座32场次，放映法治影片12场次，社区年年被评为德阳市和什邡市"法治示范社区"。二是吸纳社会资源抓好颐乐文化服务。建立"广对接、抓两端"服务机制，依托上级部门、社区人脉资源等，广泛对接联系社会爱心人士、爱心服务机构，免费提供场地筑巢引凤，为老年人、青少年这两类社区日常主要服务群体提供丰富多彩的文化服务。近年来，社区党支部先后引进北京感恩公益基金会等爱心组织，建起了服务青少年的"竹马社区"、服务老年人的"京什颐乐·公元"，累计开展服务58000余人次，社区先后被评为"四川省和谐社区""四川省五四红旗团支部"。三是开发本级资源抓好创业发展服务。依托党委政府、职能部门、专业团队"三方支撑"，创建"金石劳务专业合作社、金石就业创业协会、京什智慧党建App"三个服务平台，建立"居民就业需求台账"，常年实施"幸福京什·温暖起航"就业创业工程，一有就业信息就及时温馨告知，每次招聘成功都专车专送，切实为社区居民创业就业提供"零距离"线上线下服务，居民群众满意度高。近年来，社区成功引进"四川蓝剑包装、四川蝶蝶制衣公司"入驻社区，先后与56家企业建立了长期劳务输送合作关系，对接输出劳务人员3100余人次，帮助800多人实现居家灵活就业，2016年社区被评为"四川省充分就业示范社区"。

建设"和睦家园" 传承家风家训

什邡市元石镇

一 开展"和睦家园"家风建设的初衷

元石镇地处什邡市西部，辖区面积 20 平方千米，其中约 1/5 的面积属城市规划区。辖 5 村 2 社区 83 个村（居）民小组，总人口 1.7 万人，党员 766 人。元石镇是成德同城化中什邡城市发展的优先发展区。有 2 条城市快速通道、1 条省道、3 条县道、1 条铁路。镇域经济较好，四川蓝剑集团就是从元石的乡镇企业起步逐步发展壮大的。花信箭台景区是什邡第一个国家 AAA 景区，被评为全国休闲农业与乡村旅游示范点。什邡第一所大学——四川城市轨道交通学院落户元石镇，2017 年 9 月开始招生。2016 年，全镇规模以上工业总产值 16.55 亿元，固定资产投资 5.45 亿元，社会消费品零售总额 2.15 亿元，农村居民人均可支配收入 1.57 万元。

近年来，伴随着城市发展、经济转型的社会问题和矛盾不断滋生。一是城市基础设施建设中形成的征地拆迁问题。从征地、拆迁到分房、安置，群众以追求利益最大化为目的，往往缺少法律意识，没有规矩意识，造成干群关系紧张。二是城乡统筹发展中产生的不良习惯。从分散居住到集中居住，群众没有公共概念，不愿承担公共服务，不服从公共管理。三是经济发展中带来的不良风气。特别是蓝剑系企业的发展，一部分人富了起来，形成了炫富、仇富等不良习气。四是传统家庭教育缺失，儿女不孝、婆媳不和、邻里不睦等现象屡有发生。

针对这些问题和矛盾，元石镇党委坚持问题导向，公开向社会承诺办好实施棚户区改造、建设教育产业新城、集镇提档升级、城西基础设施建设、创建"花信箭台"4A 级景区、建设城西农业公园、实施万人培训就业计划、完成全面脱贫任务和建设和睦家园"九件实事"。其中，"和睦家园"建设以家庭为基础、以家风为抓手、以传统文化为内容，是元石镇加强廉洁教育的一次实践，是弘扬清风正气、纠正不良风气的一次探索。

二 "和睦家园"家风建设的目标和路径

"和睦家园"家风建设着眼于人，着力于家庭，目标是达到身心和睦、家庭和睦、邻里和睦、乡村和睦。路径有四条。一是传承家风家训。通过重拾家训、注重家教、养成家风、中兴家道，使每个家庭成员树立规矩意识、培养家国情怀，以好家风带动好村风，涵养好政风。二是传习传统技艺。通过开设公益大讲堂，讲授中华优秀传统文化，教授书法、绘画、剪纸等传统艺术，用传统文化影响干部群众的价值观，促进家风建设。三是过好传统节日。梳理每个传统节日的传统，倡导引领每个家庭不崇洋媚外，找回传统节日的意义和快乐。四是留存乡村记忆。每个村建一个数字档案，把村里的大事，好人、好事、好家庭永久记录在乡村记忆档案里。百年之后也能让后人在乡村记忆档案中找到记录祖辈善举的文字、图片和视频。以此推动形成人人向往、以此为荣的好风气，建设一个乡村的文化高地和精神家园。

三 "和睦家园"家风建设的实践

"和睦家园"家风建设从2016年底正式启动，我们把经济社会发展较好但征地拆迁等矛盾较多的箭台村作为试点，围绕"四条途径"开展以下工作。

在传承家风家训方面，举荐了9户好家风的"和睦家庭"。经过一个多月的举荐，从18个村民小组1200多户中推选出了9户公认的"和睦家庭"，组织文化专家为首批"和睦家庭"整理、撰写家训，邀请北京、什邡两地书法家书写家训并精心装裱、制作牌匾。在启动仪式上，向全镇干部群众发出倡议，邀请首批"和睦家庭"成员代表分享自己的家风故事，以身边事教育身边人。最后由各级领导把家训牌匾送到各个"和睦家庭"家中，让"和睦家庭"成为村里的最高荣誉。

在传习传统技艺方面，箭台文驿的传统文化公益培训已持续3年。在箭台村的箭台文驿，由市文联副主席、传统文化传承者华晓峰负责，联合德阳市的爱心志愿者，为箭台村的留守儿童、贫困儿童免费传授书法、国画、陶艺、剪纸等传统文化，从小就培养孩子们对传统文化的兴趣，让孩子们在成长过程中潜移默化地形成良好的生活习惯和积极健康的兴趣爱好，最终在日常生活中向自己的父母、亲人、朋友展现积极向上的正能量,传递社会主义核心价值观。

在过好传统节日方面,在春节、清明、端午等传统节日举办了传统活动。我们的传统节日都有属于自己的故事和特殊的寓意。在春节,我们组织了"送春联下村"活动,免费为群众书写春联;在清明节,我们邀请广汉东禅书院的传统文化爱好者,动员箭台村德高望重的长辈和村民开展了祭祀活动;在端午节,我们开展了"端午情、箭台韵—诗歌诵读夜"活动,穿插系五彩丝、斗菖蒲等活动。通过以上传统活动,让村民对自己的传统文化有更深入的了解。

在留存乡村记忆方面,我们在箭台文驿打造了一个数字档案馆。在农村,有孩子考上大学、有人做了好事都是值得家里人骄傲的,数字档案馆就是要保存这些值得村民学习宣传,具有典型性的事迹档案材料,如图片、证书、书信、视频等,为村民营造一个精神家园。

下一步,我们还将做好以下几件事:一是继续开展"和睦家庭"举荐活动,让更多的家庭重拾家训,形成家规;二是办好"和睦家园"大讲堂,按照每周有讲座、每月有家风活动的安排,让更多家庭注重家教;三是开展"好家风、好习惯"家庭卫生评选活动,形成共同维护一个家、一个村的文明习惯;四是大力弘扬好家风,每年开展好家庭、好孝子、好婆媳、好邻居等评选活动;五是党员干部带头,引导广大家庭过好传统节日;六是维护好乡村记忆数字档案,营造浓厚的好家风、好村风舆论氛围;七是筹办全国家道家风传统文化论坛。我们将通过扎实稳步推进家风建设,力争用一年时间创建中央党校家道家风建设示范点、省级廉洁教育示范点、省级书法村。

四 "和睦家园"家风建设的体会

在"和睦家园"家风建设实践中,我们有三点认识。一是加强廉洁教育,家风建设是最有效的抓手。因为每个人都来自家庭,都受到家风的影响。二是党员干部必须要抓好家风建设。这是落实组织的要求,也是对自己负责、对家庭负责。三是抓家风建设必须常抓不懈,不能一蹴而就。必须形成风气,自下而上成为干部群众的自觉自愿,不能当作一项任务,自上而下简单作工作安排。

经过五个多月的实践,我们明显感受到干部群众都支持"和睦家园"家风建设,都希望把自己的家庭家风建设好。与此同时,随着清风行动、双风行动的开展,办好"九件实事"的公开承诺,干部工作作风更加务实,干群关系得到了改善,信访数量明显下降,群众满意度得到提升,已经初步达到了预期目标。

深入落实"五公开" 加快推进国家级基层政务公开标准化规范化试点

什邡市政务中心

现代国家治理需要政府和社会共同参与,实现更加充分的民主,必须让普通民众有机会参与政府决策,政府与民意之间需要协调互动,前提是权力运行过程足够透明,公民掌握充分的信息。党的十八大以来,党中央、国务院高度重视并继续推进政务公开工作。党的十八届三中全会提出,要"完善党务、政务和各领域办事公开制度,推进决策公开、管理公开、服务公开、结果公开"。近年来,什邡市委、市政府将政务公开作为打造阳光型、服务型、智慧型政府的重要抓手,积极探索全面推进政务公开的科学路径,营造法治化、常态化的政务公开环境,构建一体化、协同化的政务公开工作机制以及建设规范化、标准化的政务公开体系,特别是结合现代信息技术和传播手段,在全市建立起12个智能化、便民化的电子政务平台,确保了政务公开透明、规范、高效运行。2017年5月,什邡市被国务院列入全国100个基层政务公开标准化规范化试点单位之一,重点围绕征地补偿、拆迁安置、保障性住房、农村危房改造、扶贫、救灾、市政服务、政务服务、公共资源交易和义务教育等十大领域开展试点工作。以此为契机,什邡市深入调研、积极作为,加快推进国家级基层政务公开标准化规范化试点。

一 实施目录清单标准化梳理:做到权力公开透明,群众明白办事

围绕征地补偿、拆迁安置、保障性住房以及自选"政务服务"等10项内容,要求试点部门和各镇(街道、经济技术开发区)按照决策、执行、管理、服务、结果5个环节,依据权力清单、责任清单、公共服务事项、群众关切事项,全面梳理公开事项名称、依据以及应公开的内容、主体及责任、时限、

信息更新周期、渠道、方式等内容，并按条目式逐项细化分类，确保公开事项分类科学、名称规范、指向明确、内容完整。同时对依申请公开和不予公开的内容，要求在梳理事项目录时一并形成负面清单目录。

二 开展阳光公开专项宣传：把公开行动落到实处，让群众有切身感受

在激活传统公告栏、报纸、广播、电视台等媒介资源的基础上，充分吸纳新一代网络信息技术和手段，积极探索政务微博、微信发布、政务App等移动客户端应用，及时发布各类权威政务信息，尤其是涉及公众重大关切的公共事件和政策法规方面的信息。目前，每周编辑1期《什邡市基层政务公开标准化规范化试点工作简报》，及时向市领导、市级部门及各镇（街道、经济技术开发区）推送工作动态，目前已编辑简报9期。依托什邡之窗网站和《今日什邡报》，开辟《什邡市推进基层政务公开标准化规范化试点工作》宣传专栏，及时发布相关政策文件、特色亮点做法，开展深度报道。目前已刊登政策文件8件，动态信息21条。制作"什邡市基层政务公开'两化'试点工作"公益广告，在什邡电视台、LED应急平台进行滚动播放。利用微信、微博对其相关政策、推进情况、鲜活经验、先进典型等进行全方位、多角度宣传报道。试点部门乡镇在主要街道、路段、各村组（社区）群众居住聚集点采取标语横幅、LED电子屏进行广泛宣传。目前全市悬挂标语横幅117副，LED电子屏滚动播放宣传标语59条，微信、微博推送相关信息124条。

三 构建发布解读一体化机制：引导社会预期，增强政府公信力

以什邡市人民政府门户网站为引领，打造"一站式"发布平台，大力推进新媒体与传统媒体融合，政务公开与政务服务融合，打造统一、高效、便捷的公开传播渠道，集中发布各类政务信息，整合公共信息资源和经济领域数据，搭建统一的群众建议投诉互动渠道，提升政务公开用户体验，提供可用、实用、易用的政务信息发布、数据开放和便民服务。依托各部门、各乡镇政务微信公众平台，打造一体化"微政务平台"，实现资源共享、服务联动，建立与主流媒体、政务新媒体联系共振机制，推动各类数据无缝对接、

互动共享，形成传播合力。对什邡市政府或市政府办公室出台的重要政策文件，要求各相关部门做到政策性文件与解读方案、解读材料同步组织、同步审签、同步部署。对涉及群众切身利益、影响市场预期的重要政策，通过新闻发布会、在线访谈、主流媒体集中采访、新媒体立体发布以及编制图文并茂的小册子、组织政策解读送上门活动等形式进行深度解读发布，及时准确传递政策意图。

四 着力建立舆情回应机制：创新政民互动，优化政务公开环境

什邡各部门、乡镇（街道、经济技术开发区）组建由服务对象、政协委员、人大代表和纪工委委员组成的政务公开义务公众监督员共计51人，全面参与、监督公开事项目录梳理，利用义务公众监督员广泛联系群众的优势，收集群众意见建议。将公开的信息、政策解读、回应关切、媒体参与等纳入部门领导干部的绩效考核体系；做细政务公开的范围、内容、形式、程序、时间和责任等，进行科学规范；将组织考核和群众评议结合起来，进行定期和不定期考核；增强政府工作人员的责任意识，促使政府工作人员对照公开的内容依法行政、公开行政和透明行政，减少"暗箱操作""灰色交易""权力寻租"的生存空间；加强事前、事中、事后监督，促进行政机关按照法定权限和程序行使权力、履行职责；通过多种形式定期通报，确保对网络舆情政府第一时间"有声音、有态度、有行动"。

五 落实政务公开保障四个到位：统筹协调试点开展，增强政府执行力

各试点部门、各乡镇（街道、经济技术开发区）主动作为、细化措施，全力推进试点工作。一是组织保障到位。迅速成立什邡市开展基层政务公开标准化规范化试点工作领导小组，由常务副市长任组长，分管副市长任副组长，涉及部门单位负责人任成员，负责试点工作的统筹协调和工作落实。二是专业服务机构到位。鉴于试点工作时间紧、任务重、要求高，采用政府购买服务方式，由标准化专业机构具体指导、帮助德阳市开展各项工作，高质量完成试点工作各项任务。三是方案制订到位。要求涉及部门按照省

政府实施方案内容，结合德阳市实际，认真梳理细化德阳市公开内容，形成德阳市实施方案，报德阳市政府审核后上报省政府办公厅备案。四是工作对接到位。要求涉及部门积极主动与省厅和德阳市部门对接，争取工作和技术支持，同时加强对各镇（街道、经济技术开发区）的指导，确保各项工作同步开展。

微信立案出亮点　服务群众"零距离"

什邡市人民法院

2017年以来，什邡法院牢牢把握"司法为民、公正司法"主线，稳步推进司法改革，在优化审判权运行机制、落实审判责任制等方面都取得了阶段性实效。同时立足于"智慧法院"建设，结合"互联网+"时代背景，充分运用新媒体平台，积极开创科学高效的工作举措，以创新思维更优、更快、更好地适应司法改革的步伐，真正做到服务群众"零距离"。

一　重拳直击"立案难"，微信立案创先机

近年来，什邡法院收案数逐年增长。截至2017年10月31日，旧存案件104件、新收4599件，合计收案4703件，比上年同期增长41.07%。随着收案数的不断增长，"立案难"问题也开始凸显。当事人立案时，往往因诉讼服务大厅立案群众太多而长时间排队，或因材料准备不充分而往返奔波，无形中增加了诉讼时间和经济成本。自四川法院网开通诉讼服务中心后，立案群众省去了跑腿的麻烦，但网上诉讼服务中心立案的方式对硬件要求高，不仅需要使用台式电脑操作，还需要连接扫描仪等设备进行资料录入，对普通群众而言，很难有相应技能和设备支撑，一定程度上未能实现网上诉讼服务中心立案的预期目标。

针对"立案难"问题，什邡法院牢牢抓住"互联网+"时代机遇，于2017年3月24日正式上线运行了什邡市人民法院微信公众号，并依托公众号搭建起微信诉讼服务平台，开通案件查询、微信立案、诉讼费缴纳、执行信息查询等12项诉讼服务功能，成为四川省第一家开创微信网上立案的法院。立案群众只要有一部手机，会使用微信，会拍摄图片，就可轻松"玩转"这个服务平台。该举措进一步为当事人节省了时间和费用，真正实现"指尖上的诉讼"，提高了工作效率，降低了办案成本，减轻了人民群众的诉累。2017年7月，什邡法院微信立案工作入选四川法院信息工作成果展。

二 规范操作流程，立案方便快捷

群众关注什邡市人民法院微信公众号后，根据页面指引点击底部"诉讼服务"菜单栏中的"微信立案"板块，填写并上传相关资料，完成后就可以提交立案申请，诉讼服务中心立案法官会对相关资料进行审核，审核通过后即可对立案窗口现场办理时间进行预约。使用微信立案单次花费时间约为5分钟，比使用传统方式到现场立案效率提升了75%。微信立案极大地方便了当事人，真正实现"指尖上的诉讼"，既降低了办案成本，又提高了立案效率，切实做到了让信息多跑路，让群众少跑腿。

三 优化上传功能，轻松参与诉讼

传统网上立案方式对硬件要求高，需要使用扫描仪等设备进行资料录入。什邡市人民法院微信诉讼服务平台在搭建时对这一功能进行了优化，以用手机对图文资料进行拍照上传替代使用扫描仪扫描录入，快速实现资料的翻拍、上传，借助手机拍摄功能，一体化实现网上诉讼。同时，在预约办理阶段对资料进行二次现场审核，进一步确保诉讼参与人提交资料的准确性、有效性和规范性。

四 预约优先办理，服务专业高效

预约好的当事人或代理人在约定时间内前往立案窗口办理立案手续，无须再排队排号，即到即办，专业高效，大大缩短办理时间。目前什邡法院辖区内涉及机械工程、金融借款、物业服务合同、劳动争议等案件，大部分都通过微信预约平台进行立案，为到现场咨询、立案的群众节约了大量时间，也让立案庭工作人员能有更多时间服务现场群众，避免诉讼服务大厅出现排队人群拥堵现象。

五 预约逐月上升，专人管理台账

自微信诉讼服务平台开通以来，已有12897名群众关注该平台，截至

2017年10月31日微信预约立案总量为498件，占该院同期民商事案件立案总数的35%。为更好地适应逐月上升的预约量，什邡法院建立独立的微信预约立案书面台账，专人负责，专人管理，做到预约必登记，登记必答复，答复必满意。在通过微信与当事人交流时，法官还注重使用温馨易懂的语句回复当事人的问题和指导当事人办理预约立案手续，让当事人感受到法院和法官浓浓的人情味。

  尽管什邡法院在微信立案上取得了一定成效，但随着司法改革进程的不断深入，什邡法院还将以更高层次的目标和要求来完善微信平台功能，为群众提供更多优质的司法服务，推动改革向纵深发展。一是进一步完善微信预约立案通道。通过进一步升级硬件、优化系统，开拓高效便捷的立案通道，完善对微信公众号的管理和预约立案排期。二是丰富微信平台内容。微信平台推出后，要让大家关注，就必须要有丰富的内容。坚持每天发送两条原创动态信息，及时反映法院工作情况，并通过智慧传播这个板块，为公众呈现"法官说案""法院微视""庭审视频""拍案说法"四个视频专栏，让微信公众平台的内容除了静态的文字，也有动态的画面，使公众号的可读性进一步增强，也更加全面地反映了法院各个方面的工作，以内容吸引关注度后，也更有利于增加群众对微信立案的了解。三是加大宣传力度。通过德阳全搜索网站的多个平台，在四川新闻网、今日头条、一点资讯、搜狐新闻客户端和移动手机报等传媒渠道宣传什邡法院微信预约立案便捷高效的便民工作方式，锁定精准用户群体，并争取做到律师代理的绝大部分案件通过微信预约方式完成立案。四是开发更多服务功能。微信公众号的诉讼服务板块将开通更多服务功能，打造集微信立案、查询开庭时间、领取裁判文书、查询执行信息等各相关动作为一体的综合服务平台，解决群众到法院"最后一公里"的问题。同时，群众还可通过微信平台及时了解什邡法院工作、学习法律知识、查询相关案件，与法院进行零距离沟通和互动。下一步，什邡法院还将开通网上缴费和法官书记员连线服务，让诉讼服务功能更加便捷，也让群众在有法律咨询需要时，第一时间获得法官帮助。

"一核"坚如磐石 "三治"春雨润物

什邡市风景名胜旅游管理局

十八大以来,党和国家高度重视法治建设,党的十八届四中全会提出全面依法治国,党的十八届六中全会提出全面从严治党。对于怎样开展法治建设,全国、各省市都进行了各种积极的探索,2016年底,德阳在基层治理实践中总结出"一核三治"(以基层党组织为领导核心、法治德治自治相结合)基层治理体系,并积极在全市推广。2017年,什邡市风景名胜旅游管理局紧抓"一核三治"深刻内涵,全面推动机关法治建设及依法治市工作。结合2017年工作实际,我们认为构建"一核三治"基层治理体,应重点做好以下几个方面。

一 牢固"一核"根基

"一核三治"的根基在"一核",即以基层党组织领导为核心。"万丈高楼平地起,枝繁叶茂缘根深",只有夯实基层党组织这个根基,让其坚如磐石,才能发挥其战斗堡垒作用、组织领导作用,引领基层治理工作不崩塌、不走样。

(一)抓好班子队伍建设

一是强化班子成员思想政治建设,制定班子成员自主学习计划,紧跟时代需要,强化学习提升;二是着重培养班子抓党建促脱贫攻坚、中心工作等责任意识,树立班子成员引导带领作用意识,及时掌握指导机关各项工作开展;三是强化班子成员廉政意识,发挥率带作用,营造良好氛围。

(二)抓好党员培训教育

按照保持和发展党的先进性、建设学习型党组织的要求,加强党员的经常性教育，扎实开展集中培训，强化党员意识，增强政治素质，提高工作能力，建设"政治素质优、岗位技能优、工作业绩优、群众评价优"的党员队伍，充分发挥党员在本行业建设中的先锋模范作用。

（三）抓好组织生活开展

一是按照《关于新形势下党内政治生活的若干准则》相关要求，严肃执行"三会一课""民主生活会"等制度；二是深入开展创先争优活动、党员示范行动，坚持从实际出发，改革创新，务求实效，统筹推进党的建设和其他经常性工作；三是结合中心工作，创新主题党日活动开展形式，通过活动开展，凝聚党员合力，增强党员归属感。

（四）抓好后备干部培养

通过树立正确的用人导向，加强后备人才队伍建设，切实做好后备人才的培养、选拔、使用和管理工作，着力打造一支政治素质强、党建业务强、带动能力强的党组织带头人队伍。

二 灵活"三治"手段

"一核三治"的落脚点在"三治"，即德治、法治、自治。德治、法治和自治都是基层治理不可或缺、不可偏废的重要方式，只有三者相互补充、相互联系、相互促进，才能如春雨润物细无声般滋润千家万户，确保基层治理深入人心、被民拥护。

（一）强化"德治"赢民心

一是通过党员大会、微信群等进行德育培训，深入学习先进典型事迹，弘扬优良家风，营造德育氛围；二是深入开展"五化一推"活动，结合利民路社区"以孝治家"文化，机关党员进社区道德大讲堂做主题演讲，弘扬学习德孝文化；三是采用进社区志愿服务，开展环境卫生整治，引领群众整治小区、楼道等环境卫生，共同树立良好品德；四是通过走访座谈、农民夜校宣传道德模范典型事迹，传播核心价值观；五是通过给社区书屋捐赠历史文化书籍，弘扬传统礼教文化。

（二）强化"法治"建体系

一是建立完善基层干部会前学法、法律顾问等制度，通过开展集中学法，不断提升基层干部依法执政、依法问政、民主管理的能力和水平；二是强化普法阵地建设，坚持"谁执法谁普法"，通过发放宣传单、张贴宣传画、悬挂宣传横幅、设立宣传点等方式加强旅游方面法律法规普及，增强民众法律意识；三是组建法治宣传队伍，深入开展法律"七进"活动，结合"走基层"等活动开展，到景区、社区、村庄宣传《旅游法》《公民文明旅游公约》等，强化游客、群众法律意识。

（三）强化"自治"实监督

一是健全完善党员民主评议制度，落实机关纪检组责任，对机关工作开展情况进行监督管理；二是强化谈话谈心制度，领导班子成员、分管领导分别对机关工作人员进行谈话谈心，了解工作人员工作、生活、思想状态，对工作人员反馈的意见建议，及时研究整改；三是健全完善各项管理制度，确保规章制度人人遵守，落实到位，对违反规章制度的及时处理；四是强化问题整改，机关党组落实指导监督责任，加强对机关党建的监督管理，每月对工作开展情况进行督查，严肃整改落实。

联合接访敞亮民工心扉

什邡市依法治市领导小组办公室

"在工地上做了几个月,欠我的工资,工作组帮我讨回来了,这下可以过个开心年了!"这是什邡市民工工资"联合"清欠工作组(以下简称工作组)进驻什邡市委群工部工作以来听到最多的话语之一。

每年1月初至除夕民工外出打工准备回家过年、秋季学生入学需要资金,是民工集中讨薪的两个高峰期。2013年以来,什邡市根据民工讨资特点,成立了工作组,定时定期入驻市委群工部(信访局)窗口,接待讨薪群体,形成"一站式"服务新格局,避免民工因欠薪围堵市委、市政府现象发生,有力保障了党政机关的正常办公秩序。据统计,2013年至2016年4年间,工作组共接待农民工欠薪投诉415批(次),涉及农民工8950人、65家施工单位、56家建设单位、105个施工工地(项目、企业),兑现民工工资额8492.8万元。

工作组由市政府常务副市长任组长,抽调市人社、住建、公安、群工等部门以及可能涉及相关行业部门的具体业务经办人组成。市人社局作为牵头部门,根据职责,负责调查、核实欠薪事实,及时向企业(单位)发出支付令并限时支付,未按时支付则依法处理。市公安局全程介入市人社局调查核实阶段,若发现企业(单位)负责人涉嫌构成犯罪,及时立案,对犯罪嫌疑人立即实施抓捕。同时公安机关负责维护现场秩序,训诫缠访、闹访人员以及耍赖企业(单位)负责人。市司法局现场向民工提供免费法律咨询和法律援助。市总工会负责向民工提供政策保障。市委群工部负责提供工作场所,接待讨薪农民工群体,全程参与各方协调,避免讨薪群体到党政主要部门聚集。住建、交通、水务等部门在人社部门的指导下各尽其责。

工作组工作模式如下。一是摸清底数,强化督查。定期不定期对全市各相关企业、建设单位和建筑工地进行"拉网式"大排查,特别是农民工工资支付情况。做到底数清、情况明,问题早发现、措施早采取、情势早控制、矛盾早化解。对管理不规范、不到位的建设、施工企业,当场责令整改。每到一处工地,工作组就工资发放和兑现情况分别询问业主、承建方以及劳务承包等负责人和民工。同时,张贴"民工工资维权告示牌",明确告知民工维权渠道以及投诉机构、办公电话。二是重点约谈,强化兑付。在专项检查基础上,对举报投诉较多的建筑单位或可能引发群体性上访讨薪事件的欠薪隐患工程项目以及存在欠薪风险的企业负责人进行约谈,提出切实有效的解决方案和建议,并签订《兑现农民工工资承诺书》。同时,用活农民工工资保证金、工程质量保证金。三是畅通渠道,强化处置。简化拖欠问题仲裁、诉讼程序,强化裁决执行力度,引导工资拖欠问题进入法治轨道。对以访施压、恶意欠薪、拒不支付工资的用人单位和责任人,及时移送公安机关查处。

2017年1月26日,什邡一建筑工地50余名民工围堵市内交通要道"北京大道",工作组接警后立即赶赴现场。工作组同志综合分析认为,该工地不应拖欠民工工资,应该有其他原因。到现场了解到,确有部分民工未领到劳务工资。民工们声称:劳务承包老板说他们未足额收到建筑承包人的拨款,所以无法兑现工资,他们感到无望才通过这种方式向政府和承包人施压,促使政府和建筑承包人拿钱来解决问题。工作组在疏散民工后分两组立即开展工作,一个组调查核实民工工单、单价、应该领取的工资等,一个组召集业主、建筑承包人以及劳务承包人进行调查核实。不到半个小时查清了事情真相:原来是建筑承包人根据合同约定按照工程进度支付70%的劳务费且已支付,但劳务承包人认为将70%的劳务费发放给工人后自己没了利润,劳务承包人要求建筑承包人再支付工程量15%的劳务费,未果后,发动工人采取堵路的过激行为,以施压的方式达到多要劳务费的目的。工作组在劝导劳务承包人严格按照合同支付工人工资未果的情况下,决定移交公安机关依法处理。公安机关遂以恶意欠薪拟采取行政拘留措施,劳务承包人见工作组动了真格,又愿意足额发放民工工资了,一起因恶意欠薪可能引发的群体性事件得以妥善处置。工作组成立至今,打击恶意欠薪绝不手软:2014年,处置3起,被公安机关刑拘3人;2015年处置1起,刑拘2人;2016年处置1起,治安拘留2人、刑拘1人,有力打击了恶意欠薪,规范了各行业领域民工工资支付行为,维护了农民工合法权益。

据统计,2013年市"联合"清欠工作组共接待农民工欠薪投诉185批(次),涉及农民工3550人、45家施工单位、138个工地(项目、企业),兑现工资额4250.7万元;2014年共接待民工欠薪投诉150批(次),涉及农民工2850人、47家施工单位、124个工地(项目、企业),兑现工资额2950万

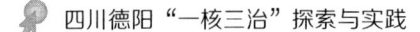

元；2015年，共接待民工欠薪投诉98批（次），涉及农民工1850人、46家施工单位、135个工地（项目、企业），兑现工资额1350.5万元；2016年，共接待民工欠薪投诉56批（次），涉及农民工980人、40家施工单位、123个工地（项目、企业），兑现工资额656.4万元。从近几年"清欠"数据分析，什邡市拖欠民工工资现象呈逐年减少趋势，外地民工到什邡务工的人数呈上升态势，未发生一起因农民工讨薪而引发的恶性案件和重大群体事件。

图书在版编目(CIP)数据

四川德阳"一核三治"探索与实践／孙成斌，姜建生主编.－－北京：社会科学文献出版社，2018.1
（依法治国·地方治理书系）
ISBN 978－7－5201－2180－4

Ⅰ.①四… Ⅱ.①孙…②姜… Ⅲ.①农村－地方政府－行政管理－研究－中国 Ⅳ.①D625

中国版本图书馆CIP数据核字（2018）第014955号

依法治国·地方治理书系
四川德阳"一核三治"探索与实践

主　　编／孙成斌　姜建生
执行主编／陈俊伶

出 版 人／谢寿光
项目统筹／曹长香
责任编辑／曹长香

出　　版／社会科学文献出版社·社会政法分社（010）59367156
　　　　　地址：北京市北三环中路甲29号院华龙大厦　邮编：100029
　　　　　网址：www.ssap.com.cn
发　　行／市场营销中心（010）59367081　59367018
印　　装／北京季蜂印刷有限公司

规　　格／开　本：787mm×1092mm　1/16
　　　　　印　张：24.25　字　数：420千字
版　　次／2018年1月第1版　2018年1月第1次印刷
书　　号／ISBN 978－7－5201－2180－4
定　　价／108.00元

本书如有印装质量问题，请与读者服务中心（010－59367028）联系

▲ 版权所有 翻印必究